[제2판]

상속법판례연구

김 상 훈

세창출판사

제2판 머리말

초판을 낸 지 벌써 5년이 지났다. 독자들의 과분한 사랑을 받은 덕에 초판이 3년 만에 절판되어 개정판을 내 달라는 요구를 많이 받았다. 원래 이 책은 가족법을 공부하는 학생들 또는 상속 문제에 직면한 일반인들을 대상으로 한 것이었다. 그런데 저자에게 개정판 발간을 요구하는 사람들 중 상당수가 변호사들이었다. 실무를 처리함에 있어서 꼭 필요한 상속 판례를 알기 쉽게 정리한 책에 대한 변호사들의 목마름을 알 수 있었다. 그래서 '쉬우면서도 읽을 만한 내용이 있는 상속판례해설서'라는 초판의 목표를 제2판에도 그대로 가져왔다. 그리고 독자들의 이해를 돕기 위해 초판과 마찬가지로 판례의 사실관계를 요약한 개요도를 서두에 그려 넣었다.

제2판에서는 초판 발간 이후에 선고된 중요 상속 판례를 추가했고, 새로 발간된 주석서와 교과서, 논문 등을 업데이트했으며, 초판에서 해설한 판례가 변경된 경우에는 변경된 새로운 판례를 대상으로 하였다(예컨대 제사주재자의 결정방법에 관한 대법원 2023. 5. 11. 선고 2018다248626 전원합의체 판결, 자녀 전원이 상속을 포기한 경우 피상속인의 배우자와 손자녀의 상속관계에 관한 대법원 2023. 3. 23.자 2020그42 전원합의체 결정 등). 그리고 상속에 있어서 세금의 중요성을 간과할 수 없기에 [제6장 상속과 세금] 부분을 신설하였다.

초판 발간 이후 저자의 신변에 큰 변화가 생겼다. 우선 오랫동안 몸담았던 법무법인(유한) 바른을 떠나 홀로서기를 하게 되었다. 그리고 저자가 바른에 있을 때 만들었던 상속신탁연구회의 한계를 극복하고 상속신탁 분야에 대한 지속적이고 폭넓은 연구를 위해 한국상속신탁학회를 만들었다. 법률가들뿐 아니라 금융기관의 신탁부와 패밀리오피스의 많은 실무가들이 학회에 참여함으로써 이론과 실무를 넘나드는 독특하고 매력적인 학회가 탄생했다.

끝으로 혼신의 힘을 다해 저자를 도와주고 있는 동료인 라병룡, 김태훈 변호사, 그리고 이교선 차장에게 감사의 마음을 전한다. 특히 상속신탁학회의 간사 역할까지 맡고 있는 라병룡 변호사가 고생을 많이 했다. 가족법 분야의 전문가로 대성하길 바란다.

2025년 8월

김상훈

머리말

상속법은 우리의 일상생활과 매우 밀접하면서도 법리가 까다롭고 연구가 많이 이루어지지 않은 법률분야이다. 로스쿨에서 가족법(친족상속법)을 강의하는 교수로서, 그리고 로펌에서 가사상속사건을 전문으로 처리하는 변호사로서 어떻게 하면 상속판례를 이해하기 쉽게 설명할 수 있을지 고민해 왔다. 가족법을 공부하는 학생들이나 상속 문제에 직면한 일반인들 모두 상속판례를 잘 알고 싶어 하면서도 마땅한 책을 구하기가 어려웠던 것이 사실이다. '쉬우면서도 읽을 만한 내용이 있는 상속판례 해설서', 이 책은 바로 그러한 지향점을 가지고 만들어졌다.

이 책은 2009년부터 2018년까지 최근 10년간 우리나라 대법원에서 선고한 상속 관련 주요 판례 약 40여 개에 관한 평석 내지 해설을 모아 놓은 것이다. 이 중에는 학술지에 기고했던 논문도 있지만, 대부분의 글은 지난 3년간 한국경제신문사(hankyung.com)에 연재했던 상속칼럼이 기초자료가 되었다. 신문에 연재하는 칼럼은 아무래도 비법률가들에게 포커스를 맞추어 작성하게 되는지라 일반적인 판례평석이나 학술논문에 비하여 분량이 적고 난이도가 높지 않은 게 사실이다. 그렇지만 그 점이 오히려 일반인들이나 법학을 공부하는 학생들이 이해하기 쉽고 접근하기 용이하다는 장점이 될 수도 있을 것 같다. 그래도 이 책은 단순한 교양서적이 아닌 전문서적으로서 법률가들도 참고할 수 있기 때문에 관련 학설 등 전문적인 내용을 대폭 보강하였고, 가급적 판례에 대한 저자의 입장을 밝히려고 노력하였으며, 각주를 추가하는 대대적인 수정작업을 거쳤다. 그리고 판례의 사실관계를 보다 쉽게 이해할 수 있도록 사건 개요도를 그려 넣은 것이 이 책의 또 하나의 특징 내지 장점이라고 할 수 있겠다(사실 이 개요도는 고려대 로스쿨 학생들을 위한 변호사시험대비 특강자료로 사용했던 것인데, 학생들의 반응이 좋아서 이 책에 포함시키기로 하였다). 한편 부록으로는 상속과 신탁에 관한 저자의 견해를 피력한 글을 한 편 실었다. 이 글은 2019년

3월 한국신탁학회 창립기념 학술대회에서 발표했던 것인데, 새로운 재산승계수단으로서 유언대용신탁이 어떠한 효용가치가 있고 기존 상속제도와 관련하여 어떠한 특징이 있는지를 서술한 논문이다.

이 책이 나오기까지 많은 분들의 도움이 있었다. 저자가 몸담고 있는 법무법인(유한) 바른 자산관리그룹(가사소송/상속증여/신탁팀)과 상속신탁연구회 소속 변호사님들의 적극적인 지지와 성원에 감사드리고, 이 책의 근간이 되었던 상속칼럼이 연재될 수 있도록 도와주었던 한국경제 법조팀과 한경닷컴 관계자분들에게 감사를 드린다. 그리고 나날이 어려워지는 출판시장의 상황에도 불구하고 본서의 출간에 흔쾌히 응해 주신 세창출판사 임길남 상무님의 후의에도 감사드린다. 무엇보다 저자에게 가족법의 길을 제시해 주시고 학문하는 사람의 자세를 가르쳐 주셨던 신영호 선생님(고려대학교 법학전문대학원 명예교수)의 학은(學恩)에 머리 숙여 감사의 인사를 올린다.

2020년 1월

법무법인(유한) 바른 사무실에서

김상훈

차 례

제1장 상속인

제2장 상속의 효과

제3장 상속의 승인과 포기

제4장 유 언

제5장 유류분

제6장 상속과 세금

주요 참고문헌: 약어

곽윤직, 『상속법』, 박영사(1997) : 곽윤직

김주수/김상용, 『친족상속법(제20판)』, 법문사(2024): 김주수/김상용

민유숙 편집대표, 『주석 민법[상속]』, 한국사법행정학회(2020): 주석 민법[상속]

박병호, 『가족법』, 한국방송통신대학교(1994): 박병호

법원실무제요 가사[II], 사법연수원(2021): 실무제요 가사[II]

상속등기실무, 법원행정처(2012): 상속등기실무

신영호/김상훈/정구태, 『가족법강의(제4판)』, 세창출판사(2023): 신영호/김상훈/정구태

윤진수, 『친족상속법강의(제6판)』, 박영사(2025): 윤진수

윤진수 편집대표, 『주해친족법(제1권)』, 박영사(2015): 주해친족법(제1권)

윤진수 편집대표, 『주해상속법(제1권)』, 박영사(2019): 주해상속법(제1권)

윤진수 편집대표, 『주해상속법(제2권)』, 박영사(2019): 주해상속법(제2권)

이경희/윤부찬, 『가족법(제11판)』, 법원사(2024): 이경희/윤부찬

정동윤/유병현/김경욱, 『민사소송법(제9판)』, 법문사(2022): 정동윤/유병현/김경욱

제 1 장

상속인

1 무효인 상속재산분할 협의와 상속회복청구

〈대법원 2011. 3. 10. 선고 2007다17482 판결: 소유권이전등기말소등기〉

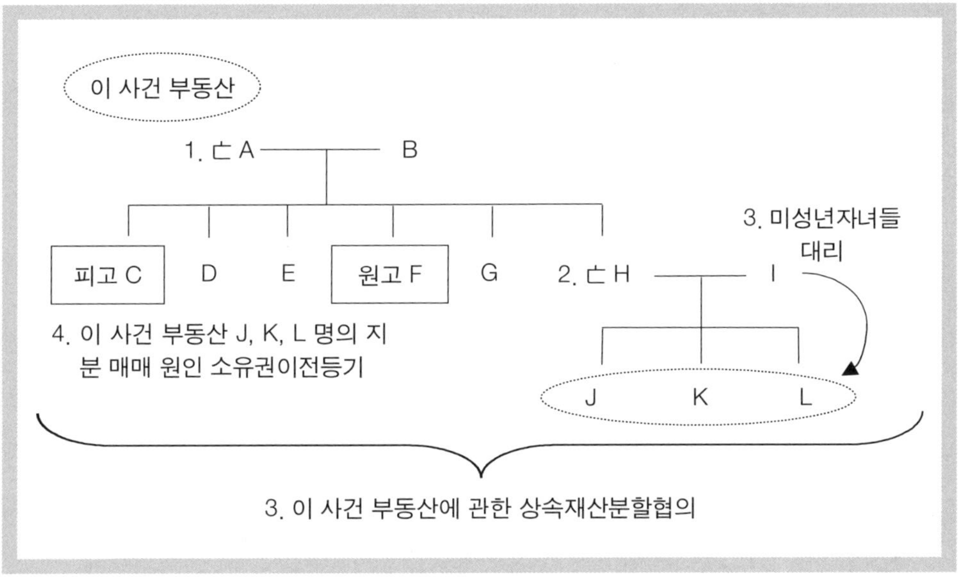

Ⅰ. 사실관계

피상속인 망 A는 화성시 소재 임야(이하 '이 사건 부동산'이라 한다)를 소유하고 있었고, 1984. 4. 25. 사망하였는데, 유족으로는 처 B(1995. 5. 4. 사망), 장남 C(피고), 차남 D, 삼남 E, 장녀 F(원고), 차녀 G, 삼녀 H가 있었다. A가 사망한 후인 1987. 2. 20. H가 사망하였는데, 유족으로는 남편인 I와 미성년 자녀들인 J, K, L이 있었다. I와 J, K, L 및 나머지 공동상속인들은 1987. 10. 30. 상속재산인 이 사건 부동산을 C와 J, K, L의 공유로 하되 C와 J, K, L이 나머지 공동상속인들에게 각 150만 원씩을 지급하기로 하는 내용의 상속재산분할협의(이하 '이 사건 분할협의'라 한다)를 하였다.

당시 J, K, L의 아버지이자 공동상속인 중 1인인 I가 미성년자인 J, K, L의 친권자로서 그들을 대리하여 위 협의를 체결하였다. 위 협의에 따라 1987. 10. 30. 이 사건 부동산 중 각 1/4 지분에 관하여 상속재산 협의분할을 원인으로 하여 C와 J, K, L 명의로 소유권이전등기가 경료되었다. 그 후 J, K, L 명의의 지분 3/4에 관하여 1987. 12. 29. C 명의로 매매를 원인으로 한 소유권이전등기가 경료되었다.

Ⅱ. 소송경과

원고는, 망 A의 공동상속인 간에 상속재산분할협의가 없었거나 그 분할협의는 무효이므로 이 사건 분할협의를 원인으로 1987. 10. 30.에 경료된 C와 J, K, L 명의의 소유권이전등기(각 1/4) 및 1987. 12. 29. 매매를 원인으로 경료된 C 명의의 소유권이전등기(J, K, L의 지분 3/4)는 원인무효라고 주장하면서 위 각 등기 중 원고의 상속지분에 해당하는 부분의 말소를 구하는 이 사건 소유권이전등기말소청구의 소를 제기하였다.

이에 대하여 원심[1)]은 다음과 같이 두 부분으로 나누어 판단하였다.

① 이 사건 부동산 중 1/4 지분에 관하여 1987. 10. 30.자 협의분할에 의한 상속을 원인으로 하여 이루어진 피고 명의의 소유권이전등기 중 원고의 법정 상속지분에 관하여 말소를 구하는 부분은, 상속회복청구의 소인데, 피고 명의의 소유권이전등기가 경료됨으로써 원고의 상속권에 대한 침해가 이루어진 날인 1987. 10. 30.부터 10년이 지난 뒤에 이 소가 제기되었으므로 부적법하다.
② 이 사건 부동산 중 3/4 지분(J, K, L의 지분)에 관하여 1987. 12. 29.자 매매를 원인으로 하여 이루어진 소유권이전등기 중 원고의 법정 상속지분에 관하여 말소를 구하는 부분은, J, K, L이 참칭상속인이 아니므로[2)] J, K, L 명의의 1987. 10. 30.자 소유권이전등기에 터잡

1) 서울남부지방법원 2006. 12. 21. 선고 2006나840 판결.
2) 원심은 "J, K, L이 원고의 상속지분을 다투고 있음을 인정할 만한 아무런 자료가 없고, 오히려 J, K, L이 이 사건 분할협의의 성립을 부인하면서 이 사건 부동산에 관한 자기들 명의의 소유권이전등기의 존재조차 알지 못했다고 진술하고 있"다는 점을 J, K, L이 참칭상속인이 아

은 피고 명의의 1987. 12. 29.자 소유권이전등기의 말소청구의 소는 상속회복청구의 소가 아니고, I가 미성년자인 J, K, L을 대리하여 체결한 이 사건 분할협의는 무효이므로 이 사건 부동산 중 3/4 지분에 관하여 이 사건 분할협의를 원인으로 하여 경료된 J, K, L 명의의 1987. 10. 30.자 소유권이전등기 및 이에 터잡아 경료된 피고 명의의 1987. 12. 29.자 소유권이전등기는 원인무효의 등기이다.

Ⅲ. 대상판결의 요지

[1] 공동상속인 중 1인이 협의분할에 의한 상속을 원인으로 하여 상속부동산에 관한 소유권이전등기를 마친 경우에, 협의분할이 다른 공동상속인의 동의 없이 이루어진 것이어서 무효라는 이유로 다른 공동상속인이 위 등기의 말소를 청구하는 소는 상속회복청구의 소에 해당한다.

[2] 강행법규를 위반한 자가 스스로 강행법규에 위배된 약정의 무효를 주장하는 것이 신의칙에 위반되는 권리의 행사라는 이유로 그 주장을 배척한다면, 이는 오히려 강행법규에 의하여 배제하려는 결과를 실현시키는 셈이 되어 입법 취지를 완전히 몰각하게 되므로 달리 특별한 사정이 없는 한 위와 같은 주장은 신의칙에 반하는 것이라고 할 수 없고, 한편 신의성실의 원칙에 위배된다는 이유로 권리의 행사를 부정하기 위해서는 상대방에게 신의를 공여하였다거나 객관적으로 보아 상대방이 신의를 가짐이 정당한 상태에 있어야 하며, 이러한 상대방의 신의에 반하여 권리를 행사하는 것이 정의관념에 비추어 용인될 수 없는 정도의 상태에 이르러야 한다.

[3] 상속재산에 대하여 소유의 범위를 정하는 내용의 공동상속재산 분할협의는 그 행위의 객관적 성질상 상속인 상호간 이해의 대립이 생길 우려가 없다고 볼 만한 특별한 사정이 없는 한 민법 제921조의 이해상반되는 행위에 해당한다. 그리고 피상속인의 사망으로 인하여 1차 상속이 개시되고 그 1차 상속인 중 1인이 다시 사망하여 2차 상속이 개시된 후 1차 상속의 상속인들과 2차 상속의 상속인들이 1차 상속의

넌 이유로 설시하였다.

상속재산에 관하여 분할협의를 하는 경우에 2차 상속인 중에 수인의 미성년자가 있다면 이들 미성년자 각자마다 특별대리인을 선임하여 각 특별대리인이 각 미성년자를 대리하여 상속재산 분할협의를 하여야 하고, 만약 2차 상속의 공동상속인인 친권자가 수인의 미성년자 법정대리인으로서 상속재산 분할협의를 한다면 이는 민법 제921조에 위배되는 것이며, 이러한 대리행위에 의하여 성립된 상속재산 분할협의는 피대리자 전원에 의한 추인이 없는 한 전체가 무효이다.

[4] 피상속인의 사망으로 인하여 1차 상속이 개시된 후 그 1차 상속인 중 1인이 사망하여 2차 상속이 개시되었는데, 2차 상속의 공동상속인 중 1인이 친권자로서 다른 공동상속인인 수인의 미성년자를 대리하여 1차 상속재산에 관하여 1차 상속의 공동상속인들과 상속재산 분할협의를 체결한 사안에서, 강행법규인 민법 제921조에 위배되는 위 상속재산 분할협의에 참가한 1차 상속의 공동상속인 중 1인이 그 상속재산 분할협의가 무효라고 주장하는 것이 모순행위금지의 원칙이나 신의칙에 반하는 것이라고 할 수 없고, 민법 제921조에 의하여 무효가 되는 것은 위 상속재산 분할협의 전체이며, 2차 상속의 공동상속인 사이의 상속재산 분할협의에 한정되는 것이 아니라고 한 사례.

Ⅳ. 해 설

1. 피고 C가 이전등기한 1/4 지분에 관하여

자신이 진정한 상속인임을 전제로 그 상속으로 인한 소유권 또는 지분권 등 재산권의 귀속을 주장하면서 참칭상속인 또는 참칭상속인으로부터 상속재산에 관한 권리를 취득하거나 새로운 이해관계를 맺은 제3자를 상대로 상속재산인 부동산에 관한 등기의 말소 등을 청구하는 경우에는, 그 소유권 또는 지분권이 귀속되었다는 주장이 상속을 원인으로 하는 것인 이상 그 청구원인 여하에 관계없이 이는 민법 제999조가 정한 상속회복청구의 소에 해당한다.[3)]

그리고 상속회복청구의 상대방이 되는 참칭상속인은 정당한 상속권이 없음에도 재산상속인임을 신뢰케 하는 외관을 갖추고 있는 사람이나 상속인이라고 참칭하여 상속재산의 전부 또는 일부를 점유하는 사람을 가리키는 것이므로, 상속재산인 부동산에 관하여 공동상속인 중 1인 명의로 소유권이전등기가 경료된 경우, 그 등기가 상속을 원인으로 경료된 것이라면 등기명의인의 의사와 무관하게 경료된 것이라는 등의 특별한 사정이 없는 한 그 등기명의인은 재산상속인임을 신뢰케 하는 외관을 갖추고 있는 사람으로서 참칭상속인에 해당한다.[4)]

따라서 공동상속인 중 1인이 협의분할에 의한 상속을 원인으로 하여 상속부동산에 관한 소유권이전등기를 마친 경우에 그 협의분할이 다른 공동상속인의 동의 없이 이루어진 것으로 무효라는 이유로 다른 공동상속인이 그 등기의 말소를 청구하는 소 역시 상속회복청구의 소에 해당한다는 것이 대상판결의 결론이다. 이러한 결론에 따른다면, 이 사건 부동산 중 1/4지분에 관하여 협의분할에 의한 상속을 원인으로 하여 이루어진 피고 명의의 소유권이전등기 중 원고의 법정 상속지분에 관하여 말소를 구하는 원고의 이 사건 청구는 상속회복청구에 해당하고 10년의 제척기간이 경과된 후에 제기되어 부적법하다고 본 원심은 정당하다.

2. J, K, L이 이전등기한 후 피고 C에게 이전등기해준 3/4 지분에 관하여

상속재산분할협의는 민법 제921조가 규정하는 이해상반행위에 해당한다. 따라서 공동상속인인 친권자와 미성년인 수인의 자녀 사이에 분할협의를 하게 되는 경우에는 친권자는 미성년자들의 특별대리인을 선임하여 분할협의를 하여야 한다. 이에 위반한 상속재산분할협의는 적법한 추인이 없는 한 무효이다.[5)] 이 사건 분할협의 당시 공동상속인 중에 미성년자 J, K, L이 있었다. 그런데 이들의 친권자인 I는 이들

3) 대법원 1991. 12. 24. 선고 90다5740 전원합의체 판결; 대법원 2009. 10. 15. 선고 2009다42321 판결 등.
4) 대법원 2010. 1. 14. 선고 2009다41199 판결 등.
5) 대법원 2001. 6. 29. 선고 2001다28299 판결 등.

을 위한 특별대리인을 선임하지 않고 이들을 대리하여 이 사건 분할협의를 하였다. 그리고 그 후 J, K, L은 이를 추인하지도 않았다. 따라서 이 사건 분할협의는 무효이다. 그리고 이 경우 분할협의 전체가 무효인 것이지 I와 J, K, L 사이의 분할협의만 무효가 되는 것이 아니다.

그런데 이 사건 분할협의의 무효를 주장하는 원고 역시 당시 분할협의에 참여한 당사자였다. 그래서 피고는 금반언의 원칙 내지 모순행위금지원칙 위반을 주장하였다. 그러나 강행법규 위반의 경우에는 그 강행법규를 위반한 자가 스스로 강행법규 위반으로 인한 계약의 무효를 주장하더라도 신의칙에 반하는 것은 아니라는 것이 대상판결의 취지이다. 원심이 같은 취지에서 이 사건 분할협의 전체가 무효이고 위 협의를 원인으로 하는 J, K, L 명의의 소유권이전등기 및 이에 기한 피고 C 명의의 소유권이전등기는 모두 원인무효의 등기이므로, 피고는 진정상속인인 원고에게 이 사건 부동산 중 그 법정 상속지분에 관하여 1987. 12. 29.자 소유권이전등기의 말소등기절차를 이행할 의무가 있다고 판단한 원심은 정당하다.

3. 대상판결의 문제점

대상판결에 의하면, 분할협의가 이해상반행위에 해당하여 무효인 경우에 그러한 무효를 주장하며 등기말소를 구하는 원고의 청구는, 원고의 상속권을 다투는 피고에 대한 부분은 상속회복청구에 해당하여 제척기간의 적용을 받게 되는 반면, 원고의 상속권을 다투지 않는 J, K, L은 참칭상속인에 해당하지 아니하여 그들에 대한 청구부분은 상속회복청구에 해당하지 않게 되어 제척기간의 적용을 받지 않게 된다. 이러한 결론은 상당히 어색하고 모순된다는 느낌을 지울 수 없다. 공동상속인들 사이의 상속재산분할협의가 무효라면 그러한 무효의 효과는 그 분할협의에 참여했던 모든 공동상속인들에게 동일하게 인정되어야 하는 것이 옳다.[6] 분할협의가 무효인데도 당사자들의 주장이나 태도에 따라 상속회복청구의 소에 해당하는지 여부와 제

6) 김병선, "공동상속인을 상대로 한 상속재산에 관한 말소등기청구의 소의 법적 성질," 이화여자대학교 법학논집 제16권 제2호(2011/12), 111~112면.

척기간의 적용 여부가 달라지고 그에 따라 판결의 결론이 달라진다는 것은 문제이다. 결론적으로 공동상속인 간의 상속분쟁은 상속회복청구가 아닌 상속재산분할의 문제로 해결하는 것이 타당하다고 생각한다.[7] 만약 이 사건을 상속회복청구가 아닌 상속재산분할의 문제로 보게 된다면, 애초의 분할협의가 무효이므로 모든 상속인들 간에 새로운 분할협의를 하여야 할 것이고, 이때는 당연히 제척기간의 문제는 생기지 않는다.

---

7) 신영호, "상속회복청구권의 법적 성질," 가족법연구 제10호(1996/12), 490면.

2 상속을 포기한 공동상속인이 참칭상속인에 해당할까?

〈대법원 2012. 5. 24. 선고 2010다33392 판결: 소유권말소등기〉

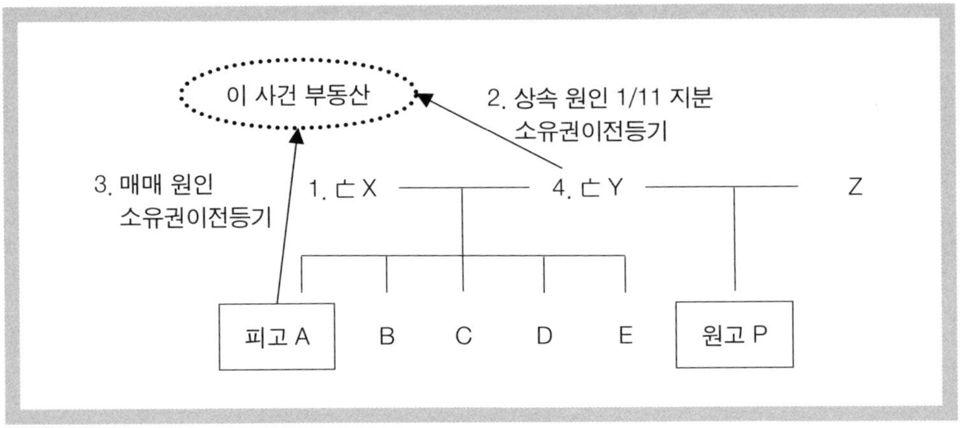

Ⅰ. 사실관계

X는 1964. 9. 21. 사망하였는데, 유족으로 처인 Y, 자녀들인 A(피고), B, C, D, E가 있었다. Y는 2005. 1. 17. 사망하였는데, Y의 자녀들로는 Y와 X 사이에서 태어난 A(피고), B, C, D, E와 Y와 Z 사이에서 태어난 P(원고)가 있었다.

X는 용인시 소재 임야 약 3만 평(이하 '이 사건 부동산'이라 한다)을 소유하고 있었는데, X가 사망한 이후 X의 상속인들 중 피고를 제외한 나머지 상속인들(이하 'Y 등'이라 한다)은 선산이 있는 이 사건 부동산을 장남인 피고의 단독명의로 해 두기 위하여 상속을 포기하였다. 그런데 1973. 5. 22. 이 사건 부동산에 관하여 재산상속을 원인으로 하여 당시의 법정상속분에 따라 장남인 피고 3/11지분, 아들인 B, C, D 각 2/11지분, 처인 Y와 미혼의 딸인 E 각 1/11지분에 관하여 각 소유권이전등기가 마쳐졌다.

그 후 피고는 Y 등으로부터 이 사건 부동산을 매수한 사실이 없는데도 불구하고 Y 등의 위 각 지분에 관하여 1995. 6. 22. 매매를 원인으로 하여 구 부동산소유권 이전등기 등에 관한 특별조치법(이하 '특별조치법'이라 한다)에 의하여 피고 명의로 소유권이전등기(이하 '이 사건 소유권이전등기'라 한다)를 마쳤다. 그러자 원고는 위 부동산에 관한 Y의 지분 중 피고의 상속분을 제외한 나머지 지분의 말소를 청구하는 이 사건 소를 제기하였다.

II. 쟁 점

1. 이 사건 소유권이전등기가 원인 무효인지 여부

(1) 원고의 주장

Y는 이 사건 부동산 중 1/11 지분에 관하여 피고에게 매도한 사실이 없음에도 피고는 특별조치법에 의하여 매매를 원인으로 이 사건 소유권이전등기를 마쳤는바, 이 사건 부동산 중 Y의 1/11 지분 중 피고의 상속 지분(1/6)을 제외한 나머지 지분(5/6)에 관한 소유권이전등기는 원인무효의 등기에 해당하므로, 이 사건 부동산의 공유자들 중의 한 명인 원고는 공유물의 보존행위로서 피고에게 위 지분에 관한 소유권이전등기의 말소등기절차의 이행을 구하였다.

(2) 법원의 판단

이에 대해 법원은, Y가 피상속인 X의 사망으로 이 사건 부동산 중 1/11 지분을 상속하였고, Y 역시 사망하여 원고가 피상속인 Y의 상속재산 중 1/6 지분을 상속한 사실, 피고는 Y로부터 이 사건 부동산을 매수한 사실이 없음에도 매매를 원인으로 하여 특별조치법에 의하여 이 사건 소유권이전등기를 마친 사실은 인정된다고 보았다. 그리하여 이 사건 소유권이전등기는 권리변동의 원인에 관한 실체적 기재 내용이 진실에 부합하지 않는 보증서나 확인서에 기하여 등기한 것으로 볼 수 있으므로 실체적 권리관계에 부합하는 유효한 등기로 추정되는 추정력이 깨어져서 원인무효의 등기라고 판단하였다.

2. 이 사건 소유권이전등기가 실체관계에 부합하여 유효인지 여부

(1) 피고의 주장

이에 대하여 피고는, Y 등은 X의 상속재산에 대하여 상속을 포기하여 피고가 상속재산을 단독 상속하였으므로, 이 사건 소유권이전등기는 실체적 권리관계에 부합하는 유효한 등기라고 주장하였다.

(2) 법원의 판단

이에 대해 법원은, Y 등은 X의 상속재산에 대하여 상속을 포기하였으므로, 피고 명의의 이 사건 소유권이전등기는 일응 실체적 권리관계에 부합하여 유효한 등기라고 판단하였다.

3. Y 등이 참칭상속인이어서 상속회복청구권의 제척기간이 적용되는지 여부

(1) 원고의 주장

이에 대하여 원고는 다음과 같은 취지로 주장하였다. "피고가 자기 명의로 이 사건 소유권이전등기를 마친 것은 Y 등 참칭상속인 명의의 상속재산을 진정한 상속인인 피고가 회복한 것으로 상속회복청구권을 행사한 것이다. 그런데 상속회복청구는 상속권이 침해된 날로부터 10년 내에 행사해야 하는 것인데 이 사건 소유권이전등기는 상속등기가 이루어짐으로써 상속권이 침해된 1973. 5. 22.로부터 10년이 지난 1995. 6. 22.에 이루어졌기 때문에 허용될 수 없다. 따라서 이 사건 소유권이전등기는 실체적 권리관계에 부합하지 않아 원인무효이므로 Y의 지분 중 피고의 상속분을 제외한 나머지 지분은 말소되어야 한다." 대상판결에 등장하는 여러 가지 주장들 중 가장 핵심적인 사항이고, 바로 이 쟁점에 관하여 하급심과 대법원의 판단이 엇갈

렸다.

(2) **서울고등법원** 2010. 4. 9. **선고** 2009**나**97279 **판결**(환송전 판결)

[1] Y 등은 X의 상속재산에 대한 상속을 포기함으로써 처음부터 상속인이 아닌 자가 되어 그 명의로 상속등기를 하는 것은 상속인으로 외관을 갖는 것으로 참칭상속인이라 할 것이고, 피고만이 진정한 상속인이라 할 것이다. 한편, 상속회복청구권이 제척기간의 경과로 소멸하게 되면 상속인은 상속인으로서의 지위 즉 상속에 따라 승계한 개개의 권리의무 또한 총괄적으로 상실하게 되고, 그 반사적 효과로서 참칭상속인의 지위는 확정되어 참칭상속인이 상속개시시로부터 소급하여 상속인으로서의 지위를 취득한 것으로 봄이 상당하다(대법원 1998. 3. 27. 선고 96다37398 판결 참조).

[2] 이 사건에 관하여 보건대, X의 진정상속인인 피고가 참칭상속인인 Y 등으로부터 이 사건 부동산을 회복하기 위해서는 민법 제999조에 따라 상속회복청구권을 그 제척기간 내에 행사하여야 하는데 이를 행사하지 않고 특별조치법에 따라 이 사건 소유권이전등기를 마쳤는바, 그렇다면 피고는 Y 등의 지분에 관하여 늦어도 상속등기일로부터 10년의 제척기간이 도과하는 1983. 5. 23.자로 상속인으로서의 지위를 상실하게 되고, 그 반사적 효과로서 참칭상속인인 Y 등은 상속개시의 시점인 1964. 9. 21.부터 소급하여 상속인으로서의 지위를 취득한 것이다. 따라서 이 사건 소유권이전등기가 마쳐진 1995. 6. 22. 무렵에 이 사건 부동산 중 Y 명의로 상속등기된 1/11 지분은 그 명의대로 Y가 그 소유자라고 할 것이다. 그렇다면, 피고는 원고에게 이 사건 부동산 중 Y의 지분 1/11 중 피고의 상속분 1/6을 제외한 나머지 5/6 지분에 관하여 마친 소유권이전등기의 말소등기절차를 이행할 의무가 있다.

(3) **대법원** 2012. 5. 24. **선고** 2010**다**33392 **판결**(환송판결)

[1] 상속회복청구의 상대방이 되는 참칭상속인이라 함은 정당한 상속권이 없음에도 재산상속인인 것을 신뢰케 하는 외관을 갖추고 있는 자나 상속인이라고 참칭하여 상속재산의 전부 또는 일부를 점유하는 자를 가리키는 것으로서, 공동상속인의

한 사람이 다른 상속인의 상속권을 부정하고 자기만이 상속권이 있다고 참칭하여 상속재산인 부동산에 관하여 단독 명의로 소유권이전등기를 한 경우는 물론이고, 상속을 유효하게 포기한 공동상속인 중 한 사람이 그 사실을 숨기고 여전히 공동상속인의 지위에 남아 있는 것처럼 참칭하여 그 상속지분에 따른 소유권이전등기를 한 경우에도 참칭상속인에 해당할 수 있으나, 이러한 상속을 원인으로 하는 등기가 그 명의인의 의사에 기하지 않고 제3자에 의하여 상속 참칭의 의도와 무관하게 이루어진 것일 때에는 위 등기명의인을 상속회복청구의 소에서 말하는 참칭상속인이라고 할 수 없다(대법원 1994. 3. 11. 선고 93다24490 판결, 대법원 1997. 1. 21. 선고 96다4688 판결 등 참조). 그리고 수인의 상속인이 부동산을 공동으로 상속하는 경우 그와 같이 공동상속을 받은 사람 중 한 사람이 공유물의 보존행위로서 공동상속인 모두를 위하여 상속등기를 신청하는 것도 가능하므로, 부동산에 관한 상속등기의 명의인에 상속을 포기한 공동상속인이 포함되어 있다고 하더라도 그 상속을 포기한 공동상속인 명의의 지분등기가 그의 신청에 기한 것으로서 상속 참칭의 의도를 가지고 한 것이라고 쉽게 단정하여서는 아니 된다.

[2] Y가 생전에 선산이 있는 이 사건 부동산은 자녀들에게 분할상속되면 안 된다고 하면서 피고의 단독 명의로 소유하라고 말하였다는 사실관계에 비추어 보면 Y가 이 사건 부동산을 피고에게 단독으로 귀속시킬 의사를 갖고 있었음은 분명하다. 그러한 Y가 1973. 5. 22.경에 이르러 특별한 사유 없이 종전의 의사를 번복하여 자신이 적극적으로 주도한 상속포기의 효력을 부정하고 공동상속인으로서 상속권을 주장할 의도로 위 부동산에 관하여 상속등기를 마친다는 것은 매우 이례적이라고 하지 않을 수 없고, 따라서 위 상속등기가 이루어진 경위나 그 신청인 등을 구체적으로 살펴보지 아니하고서는 단지 위 부동산에 Y 명의의 상속지분을 포함하는 공동상속의 등기가 마쳐졌다는 사정만으로 위 Y 명의의 상속지분에 관한 등기가 그의 의사에 의하여 이루어졌다고 단정하기는 어렵다. 따라서 원심으로서는 이 사건 부동산에 Y 명의의 상속지분에 관한 등기가 경료된 경위 등을 구체적으로 심리하여 과연 위 상속등기가 실제 Y의 의사에 의하여 된 것인지를 따져보았어야 할 것임에도 이러한 사정에 관한 심리에 나아가지 아니한 채 단지 위 부동산에 Y 명의의 상속등

기가 마쳐졌다는 사정만으로 그를 해당 지분에 관한 참칭상속인으로 보았으니, 이러한 원심의 판단에는 참칭상속인에 관한 법리를 오해하여 판결에 영향을 미친 위법이 있다.

Ⅲ. 평 석

1. 원고가 Y 등을 참칭상속인이라고 주장하는 이유(실익)

이 사건에서 원고는 상속포기자인 Y 등을 참칭상속인으로 만들고 싶어 했다. 그 이유는 Y 등이 참칭상속인이 되어야만 진정상속인인 피고에게 상속회복청구권의 제척기간이 적용되기 때문이다. 만약 Y 등이 참칭상속인이어서 제척기간이 적용된다면, 그리고 이미 상속등기일로부터 10년의 제척기간이 도과하였다면, Y 등은 상속개시시부터 소급하여 상속인으로서의 지위를 취득하게 된다. 이렇게 되면 피고가 진정상속인으로서 이 사건 부동산의 소유자임을 전제로 이 사건 소유권이전등기가 실체관계에 부합한다는 피고의 항변은 이유가 없게 되고 결국 원고의 소유권이전등기말소청구는 인용되게 된다.

2. 참칭상속인의 요건

상속회복청구권을 행사할 수 있는 청구권자는 진정상속인이고 그 상대방은 참칭상속인이다. 참칭상속인이라 함은 정당한 상속권이 없음에도 불구하고 자기도 상속인임을 주장하고 상속인이라 믿게 할 만한 외관을 지니며 진정상속인의 상속권 일부 또는 전부를 침해하고 있는 사람을 말한다. 즉 참칭상속인이 되기 위해서는 '상속인이 되려는 의사'와 '상속인이라고 믿을 만한 외관'이 필요하다. 참칭상속인의 선의, 악의, 과실 유무를 묻지 않으며, 현재 상속재산을 점유하고 있기 때문에 객관적으로 상속권을 침해하는 사실상태가 발생하면 충분하다. 상속권 침해의 의사나 소유의 의사로 상속재산을 점유할 것이 필요하지 않다.[1] 따라서 상속을 유효하게 포기한 공동상속인 중 한 사람이 그 사실을 숨기고 여전히 공동상속인의 지위에 남아 있는 것처럼 행세하면서 그 상속지분에 따른 소유권이전등기를 한 경우에는 '의사'와 '외관'이 존재하므로 당연히 참칭상속인이 될 수 있다. 그러나 이러한 상속을 원인으로 하는 등기가 그 명의인의 의사에 기하지 않고 제3자에 의하여 상속 참칭의 의도와 무관하게 이루어진 것일 때에는 '의사'가 존재하지 않기 때문에 참칭상속인이라고 할 수 없다.

3. 상속등기의 명의인에 상속포기자가 포함되어 있는 경우

그런데 상속등기는 공동상속을 받은 사람 중 한 사람이 공유물의 보존행위로서 공동상속인 모두를 위하여 신청하는 것이 가능하다. 그러므로 설사 상속을 포기했더라도 다른 공동상속인이 상속등기를 함으로 인해 상속포기자가 상속등기의 명의인에 포함되게 될 가능성이 있다. 또는 상속인의 채권자가 상속인을 대위하여 상속등기를 할 수도 있다. 이런 경우에는 그 상속포기자가 상속등기의 명의인이 되었더라도 그것을 그 상속포기자의 의사에 따른 것이라고 할 수는 없다. 즉 '외관'은 존재하지만 '의사'가 존재하지 않기 때문에 참칭상속인에 해당하지 않는다. 따라서 부동산에 관한 상속등기의 명의인에 상속포기자가 포함되어 있다고 하더라도 그 상속포기자 명의의 지분등기가 그의 신청에 기한 것으로서 상속 참칭의 의도를 가지고 한 것이라고 쉽게 단정해서는 안 된다는 것이 이 사건 대법원의 견해이다. 그리하여 이 사건의 경우에도 상속등기가 이루어진 경위나 그 신청인이 누구인지 등에 관하여 구체적으로 살펴보지 않고서 단지 위 부동산에 Y 명의의 상속지분을 포함하는 공동상속의 등기가 마쳐졌다는 사정만으로 위 Y 명의의 상속지분에 관한 등기가 그의 의사에 의하여 이루어졌다고 단정할 수 없다는 것이다.

---

1) 신영호/김상훈/정구태, 317면.

4. 환송 후 판결

이렇게 대법원에서 파기 환송된 뒤 환송후 판결에서는 “이 사건 부동산에 관하여 경료된 피고와 Y 등 명의의 상속등기는, 재단법인 N학원이 증여로 인한 소유권이전등기 청구권을 보전하기 위하여 등기의무자인 피고와 Y 등을 대위하여 피고와 Y 등의 명의로 상속등기를 경료하는 과정에서 피고와 Y 등 명의의 상속등기가 경료된 것으로 보이므로, 결국 위 상속등기 중 적어도 Y에 관한 상속지분등기는 Y의 의사에 따라 이루어졌다고 볼 수는 없다. 그렇다면 Y는 상속회복청구의 소에서 말하는 참칭상속인이라고 볼 수 없다”고 판단하며 원고 청구를 기각하였다.[2] 이에 대해서는 원고가 다시 대법원에 상고하였으나 상고가 기각되어 결국 원고 청구 기각으로 확정되었다.[3]

5. 원고의 청구는 상속회복청구에 해당하지 않는가?

이 사건에서 원고가 피고를 상대로 소유권이전등기말소청구를 한 것이 상속회복청구권을 행사한 것은 아닌지 문제될 수 있다. 만약 이에 해당한다면 원고의 이 사건 소는 제척기간 도과로 각하될 수 있다. 실제로 이 사건에서 피고는 Y 등이 참칭상속인에 해당하지 않는다고 하면서 오히려 원고의 청구가 상속회복청구로서 피고 자신이 참칭상속인에 해당한다고 주장했다. 참칭상속인이 되면 제척기간의 적용을 받기 때문에 피고에게 유리하다. 위에서 살펴본 것처럼 참칭상속인이 되기 위해서는 상속인이라 믿게 할 만한 외관을 갖추고 있어야 한다. 그런데 소유권이전등기에 의하여 상속인임을 신뢰케 하는 외관을 갖추었는지는 권리관계를 외부에 공시하는 등기부의 기재에 의하여 판단한다. 따라서 비록 등기의 기초가 된 보증서 및 확인서에 취득원인이 상속으로 기재되어 있다 하더라도 등기부상 등기원인이 매매로 기재된 이상 상속인임을 신뢰케 하는 외관을 갖추었다고 볼 수 없다(대법원 1997. 1. 21.

---

2) 서울고등법원 2012. 9. 28. 선고 2012나44442 판결.

3) 대법원 2013. 2. 15. 선고 2012다98744 판결.

선고 96다4688 판결 참조). 위 법리에 비추어 보면, 이 사건 부동산에 관한 등기부에 소유권이전등기의 등기원인이 매매로 기재된 이상, 원고의 이 사건 소는 상속회복청구의 소에 해당하지 않는다. 대상판결의 결론도 이와 같다.

6. 판례변경의 필요성 및 입법론

상속회복청구권(*hereditatis petitio*)은 일찍이 로마법부터 참칭상속인(*pro herede*)에 대한 권리로서 소유물반환청구소송(*rei vindicatio*)과는 별도로 인정된 것이므로,[4] 진정상속인 보호라는 규범목적에 비추어 본다면 자신의 상속권을 회복하고자 하는 상속인으로서는 상속권을 침해한 상대방이 참칭상속인이라고 주장하면서 상속회복청구권을 행사하고, 상대방으로서는 자신은 참칭상속인에 해당하지 않는다고 다투는 것이 정상적이다. 그러나 사안에서 원고는 "Y 등은 참칭상속인이므로 진정상속인인 피고가 Y 등을 상대로 제기한 소는 상속회복청구의 소"라고 주장하고 있고, 반대로 피고는 "자신(피고)이 참칭상속인이므로 진정상속인인 원고가 자신(피고)을 상대로 제기한 소는 상속회복청구의 소"라고 주장하고 있다. 상속권을 침해한 상대방은 자신이 참칭상속인에 해당한다고 주장하고, 반대로 상속권을 회복하고자 하는 자는 상대방은 참칭상속인이 아니라고 다투는 이상한 상황이 벌어지고 있는 것이다. 이런 사태는 근본적으로 우리 판례가 공동상속인도 참칭상속인에 해당하는 것으로 보면서, 물권적 청구권과 상속회복청구권의 관계에 대하여 집합권리설을 취하고 있는 데[5]서 비롯된 것이다.

상속회복청구권에 단기의 제척기간을 둔 이유는 참칭상속인이 상속권을 참칭하

---

4) 윤진수, "상속회복청구권의 연구—역사적 및 비교법적 고찰," 서울대학교 법학 제41권 제1호(2000), 173~176면.

5) 대법원 1991. 12. 24. 선고 90다5740 전원합의체 판결: "재산상속에 관하여 진정한 상속인임을 전제로 그 상속으로 인한 소유권 또는 지분권 등 재산권의 귀속을 주장하고, 참칭상속인 또는 자기들만이 재산상속을 하였다는 일부 공동상속인들을 상대로 상속재산인 부동산에 관한 등기의 말소 등을 청구하는 경우에도, 그 소유권 또는 지분권이 귀속되었다는 주장이 상속을 원인으로 하는 것인 이상 그 청구원인 여하에 불구하고 이는 제999조 소정의 상속회복청구의 소라고 해석함이 상당하다."

여 상속재산을 침해한 경우, 진정상속인으로 하여금 서둘러 참칭상속인 내지 제3취득자로부터 상속재산을 회복하도록 함으로써 권리안정을 기하고자 함에 있다. 그런데 공동상속인 간에는 상속자격에 의문의 여지가 없으므로 그들 사이의 상속 분쟁은 상속회복청구권이 아닌 통상의 물권적 청구권 행사에 의해 해결하면 족하다. 즉, 공동상속인은 참칭상속인에 해당하지 않는 것으로 판례가 변경되어야 한다.[6]

입법론으로서는 단기의 제척기간을 통해 오히려 참칭상속인을 보호하는 제도로 기능하고 있는 상속회복청구권 규정은 아예 폐지하는 것이 바람직하다.[7] 상속회복청구권이 없더라도 진정상속인은 물권적 청구권을 행사함으로써 충분히 보호될 수 있을 것이다.

---

6) 같은 취지로 정구태/신영호, "민법 제1014조의 상속분가액지급청구권 再論—헌법재판소 2010. 7. 29. 선고 2005헌바89 결정에 대한 비판적 연구," 가족법연구 제27권 3호(2013/11), 222~224면.

7) 김상훈, "북한주민의 상속회복청구권 행사와 제척기간," 가족법연구 제30권 3호(2016/11), 507면. 같은 취지로 정구태/신영호, 위의 논문, 228면; 정구태, "상속회복청구권 규정의 존재의의에 대한 의문—상속회복청구권 규정의 폐지에 대한 입법론적 제언," 호원논집 제10호(2002/12), 85~125면.

3 북한주민의 상속회복청구권 행사와 제척기간

〈대법원 2016. 10. 19. 선고 2014다46648 전원합의체 판결: 상속재산회복〉

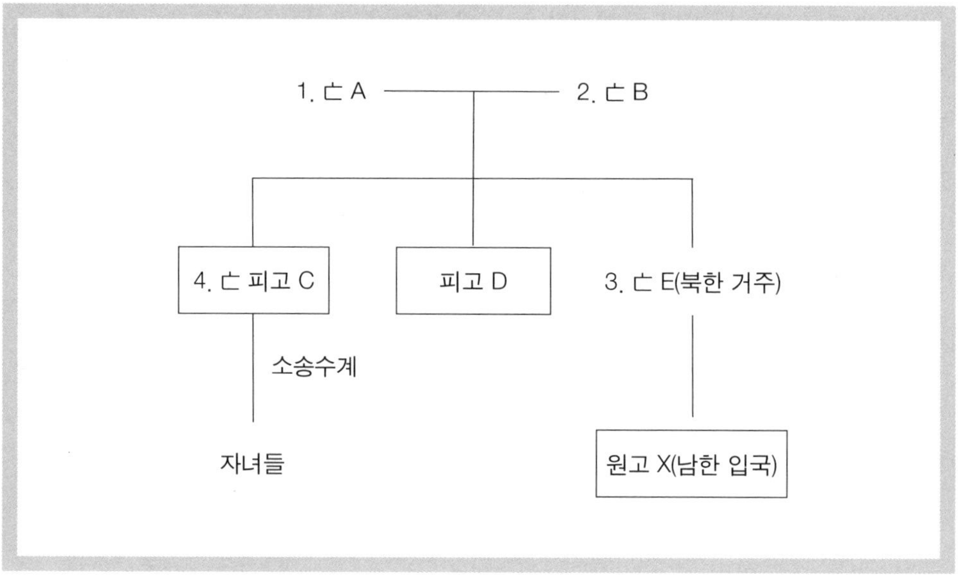

Ⅰ. 사실관계

A는 1924. 3. 6. B와 혼인하여 슬하에 자녀들로 C, D, E 등을 두었다. A는 1961. 12. 13. 사망하였고, B는 1990. 4. 10. 사망하였다. A의 상속재산인 이 사건 부동산에 관하여는 1978. 1. 23. 남한에 있던 A의 처 및 자녀들 앞으로 소유권보존등기가 경료되었다. 한편 E는 1932. 5. 22. 출생하였는데 한국전쟁 발발직후인 1950. 9. 서울에서 실종된 이래 북한에서 생존해 있다가 2006. 12. 31. 북한에서 사망하였다. E의 딸인 원고 X는 2007. 9. 17. 북한을 탈출한 후 2009. 6. 11. 국내에 입국하였다. 원고 X는 "A의 사망 당시 E가 생존해 있었으므로 자신도 A의 재산을 상속받을 권리

가 있다."며 2011. 10. 26. 피고 C와 D를 상대로 이 사건 상속회복청구의 소를 제기하였다. C는 이 사건 소송제기 이후인 2012. 6. 24. 사망하여 C의 자녀 6명이 C의 재산을 상속받아 소송수계절차를 밟았다.

II. 소송경과

1. 제1심 판결[1]의 요지

"E는 1950. 9. 서울에서 실종된 이래 사망한 것이 아니라 북한에서 생존해 있었고 E에 대한 실종선고도 취소되었으므로 E는 부친 A의 사망 시점인 1961. 12. 13. 당시 정당한 상속권을 갖고 있었다.

민법 제999조(상속회복청구권) 제1항은 "상속권이 참칭상속권자로 인하여 침해된 때에는 상속권자 또는 그 법정대리인은 상속회복의 소를 제기할 수 있다."고 규정하는 한편, 제2항에서는 "제1항의 상속회복청구권은 그 침해를 안 날부터 3년, 상속권의 침해행위가 있은 날부터 10년을 경과하면 소멸된다."고 규정함으로써 상속침해가 있은 날로부터 10년이 지난 후에는 더 이상 상속회복청구권을 행사할 수 없도록 제한하고 있다.

그런데 2012. 2. 10. 법률 제11299호로 제정되어 2012. 5. 11.부터 시행된 「남북 주민 사이의 가족관계와 상속 등에 관한 특례법」(이하 '특례법'이라 칭한다)에서는 위 민법 규정에 대하여 특별규정을 마련하였다. 특례법 제11조 제1항[2]에서는 상속회복청구의 청구권자로 현재 북한에서 거주하고 있는 '북한 주민'은 물론 '북한 주민이었던 사람'도 포함한다고 명확히 밝히고 있다. 따라서 2006. 12. 31. 북한에서 사망

---

1) 서울남부지방법원 2014. 1. 21. 선고, 2011가단83213 판결.

2) 제11조(상속회복청구에 관한 특례) ① 남북이산으로 인하여 피상속인인 남한주민으로부터 상속을 받지 못한 북한 주민(북한 주민이었던 사람을 포함한다) 또는 그 법정대리인은 「민법」 제999조 제1항에 따라 상속회복청구를 할 수 있다. 이 경우 다른 공동상속인이 이미 분할, 그 밖의 처분을 한 경우에는 그 상속분에 상당한 가액으로 지급할 것을 청구할 수 있다.

한 E가 '북한 주민'에 포함됨은 명백하다. 그리고 위와 같은 규정내용의 취지에 비추어 보면, 북한 주민의 사망에 따라 그 상속권을 취득한 상속인들 역시 북한 주민에 포함된다고 봄이 합당하다. 원고는 북한 주민이었던 E의 딸로서 탈북하여 한국으로 입국한 후 E의 상속인 지위에서 이 사건 상속재산회복소송을 제기하였으니, 원고 역시 특례법에서 규정한 '북한 주민'으로 보아야 한다.

나아가, 특례법 제11조의 제목이 [상속회복청구에 대한 특례]인 점에 비추어 이는 민법 제999조의 적용보다 우선하는 특별내용을 규정하였음을 알 수 있고, 제1항에서는 북한 주민 또는 그 법정대리인은 민법 제999조 제1항에 따라 상속회복청구를 할 수 있다고 규정함으로써 민법 제999조 제2항에서 규정하는 '10년'이라는 권리행사기간을 배제시키고 있다.

[특례법 제11조의 규정내용을 제8조, 제9조의 그것과 비교할 때 북한 주민의 상속회복청구권행사에 대해서는 '민법규정에도 불구하고 분단의 종료 등의 사유로 인하여 소의 제기에 장애사유가 없어진 날부터 2년 내에 소를 제기할 수 있다.'는 것과 같은 별도의 규정을 두지 않았으므로, 특례법 제11조 제1항에 따른 상속회복청구권의 행사에 대해서도 여전히 민법 제999조 제2항에서 정한 〈3년 또는 10년의 권리행사기간 제한〉을 적용받아야 한다고 볼 여지가 있다. 또한 특례법에서는 상속회복청구권의 제척기간에 대하여 별도의 특례를 두지 않았음을 이유로 원칙으로 돌아가 민법 제999조 제2항이 여전히 적용되어야 한다는 견해[3)]도 있다.

그러나 다른 한편으로, ① 만일 남한의 부친이 사망하여 남한의 자식들이 상속재산을 분할 혹은 처분함으로써 북한에 있는 다른 자식의 상속권을 침해하여 10년이 지나게 되면 북한의 상속인은 권리를 행사할 수 있는 제척기간을 넘겼기 때문에 도저히 상속회복청구를 제기할 수 없게 되는바, 우리나라의 분단이 장기화되면서 침해행위가 있은 때로부터 10년이 지난 경우가 허다할 것이고 이 경우 분단이라는 역사적 특수성을 전혀 고려하지 않은 채 민법을 그대로 적용하게 되면 자신의 의사와 관계없이 분단이라는 특수한 상황 때문에 상속을 제때에 받을 수 없었던 북한의 상

---

3) 최성경, "북한주민의 상속회복청구권과 제척기간—대법원 2016. 10. 19. 선고 2014다46648 전원합의체 판결," 법조 제721호(2017/2), 590~591면.

속인으로서는 사실상 상속권을 박탈당하는 등 다소 가혹한 결과가 초래된다는 점을 고려하여 특례법이 제정된 것으로 보이는 점, ② '제척기간'이나 '소멸시효' 제도의 각 취지 및 북한 주민인 진정상속인으로서는 자신의 권리의 존재 자체를 알 수 없었거나 알지 못하였고, 설령 알 수 있었다 하더라도 권리를 회복하기 위한 구제수단을 사용하는 것이 원천적으로 불가능한 남북분단의 상황에 처해 있었던 사정을 고려할 때, 기존의 남한 민법에 존재하던 제척기간이나 소멸시효의 효력은 북한 주민인 진정상속인에게는 원천적으로 미칠 수 없다고 보아야 하는 점, ③ 따라서 설령 특례법에서 제8조, 제9조와 같은 특별규정으로 상속회복청구권에 관하여 권리행사기간을 따로 두더라도, 이는 특별히 북한 주민을 위하여 이미 소멸하여 없어진 상속회복청구권을 예외적으로 되살려 주는 형성적 규정이 아니라, 북한 주민으로서는 처음부터 위와 같은 본래적인 권리를 갖고 있음을 확인시켜 주는 확인적인 규정으로 해석해야 하는 점, ④ 한편, 남한의 피상속인으로서는 만약 북한 상속인의 생존사실을 알았더라면 당연히 그에게도 재산을 나누어 주려는 의사를 가졌을 것임이 명백하고, 따라서 권리행사기간을 '10년'으로 묶어 놓은 남한법의 제한규정만을 들어 북한 상속인의 권리를 배척할 것이 아니라 오히려 북한 상속인의 권리를 사후에라도 특별히 보호하는 것이 남한 피상속인의 의사에도 어긋나는 것이 아닌 점, ⑤ 나아가, 북한 주민에 대하여는 민법 제999조 제2항의 적용을 배제시키더라도 헌법 제13조 제2항에 따른 '재산권 박탈' 등 헌법 위반의 소지가 없는 점[4] 등의 사정을 모두 종합하면, 특례법 제11조는 민법 제999조에 대한 특별법으로서 북한 주민 또는 그 법정대리인이 제기하는 상속회복청구 사건에 대해서 우선 적용될 뿐 아니라 그 권리행사기간 역시 민법 제999조 제2항에서 규정하는 '10년'의 제한을 받지 않는다고 해석함이 타당하다.]

그리고 특례법 부칙 제2항 단서[5]에서는 특례법의 시행 당시 법원에서 북한 주민

4) 이인호, "북한거주 상속인에게 상속회복청구권 제척기간의 연장특례를 인정하는 것에 대한 헌법적 평가," 통일과 법률 제8호(2011) 참조.

5) 제2조(효력의 불소급 및 경과조치) 이 법은 이 법 시행 전에 이 법에서 규율하는 내용과 관련된 법률에 따라 생긴 효력에 영향을 미치지 아니한다. 다만, 이 법 시행 당시 남한주민과 북한 주민 사이에 가족관계 또는 상속 · 유증 등에 관한 소송이 법원에 계속 중인 사건에 관

과 남한주민 사이에 상속 등에 관한 소송이 진행중인 사건에 대하여 특례법을 적용할 것을 요구하고 있다. 원고가 2011. 10. 26. 이 사건 소송을 제기하여 2012. 3. 7. 피고 I와 망 C에게 소장부본이 송달된 이후인 2012. 5. 11.부터 특례법이 시행되었으니, 이 사건에도 특례법이 당연히 적용된다. 이에 따라 원고가 제기한 이 사건 상속재산회복 사건에 대하여는 '10년'이라는 기간의 제한을 받지 않는다."

2. 원심 판결[6]의 요지

"① 남북주민 사이의 가족관계와 상속 등에 관한 특례법 제8조 제2항, 제9조 제2항과 달리, 특례법 제11조에서는 아무런 별도의 규정을 두고 있지 않으므로, 상속회복청구권의 행사에 대해서는 원칙으로 돌아가 민법 제999조 제2항에서 정한 '3년 또는 10년의 권리행사기간 제한'이 적용된다고 해석하여야 하는 점, ② 특례법 입법시 가안에서는 북한주민에 대하여 상속회복청구권을 보장함과 동시에 제척기간의 특례를 인정하며 반환의 범위 제한 및 제3자 보호규정을 두었으며, 상속재산의 반환의무자는 상속재산반환청구권자 및 상속회복청구권자에게 시효취득을 주장할 수 없다는 규정들도 포함되어 있었던 점, ③ 위와 같이 상속회복청구권의 제척기간에 대한 특례를 인정할 경우 남한주민에 대한 기여분을 인정할지 여부, 남한주민의 반환범위를 현존이익의 범위로 축소할지 여부, 제3자에 대한 반환청구를 제한하는 등 상속재산을 대상으로 남한에서 이루어진 거래의 안전을 보호하는 특례를 인정할지 여부, 반환청구 상대방에 대하여 시효취득을 제한할지 여부, 남한주민의 상속재산에 대한 가치유지증가비용을 인정할지 여부, 허위 사망신고 등으로 인한 재산반환청구권 행사시에 채권적 청구권에 대한 소멸시효의 특례를 인정할지 여부 등 여러 가지 측면에서 부수적인 법률적 문제들이 파생되는바, 이는 모두 입법을 통한 해결이 필요한 부분임에도 특례법에서는 위와 같은 문제들에 대하여 아무런 규정이 없는 점, ④ 결국 특례법에서 상속회복청구권의 제척기간에 대한 특례가 인정된다고

하여는 이 법을 적용한다.

6) 서울남부지방법원 2014. 6. 19. 선고 2014나2179 판결.

해석할 경우 위와 같은 파생적인 법률적 쟁점들로 인하여 오히려 혼란을 가중시키는 측면이 있는 점, ⑤ 특례법 제정 당시에도 상속회복청구권의 제척기간에 대한 특례를 인정할지 여부에 관하여 여러 논의가 있었지만, 이미 제척기간이 경과하여 상속재산을 확정적으로 취득한 남한주민들에게 발생하는 불이익 문제, 소급입법에 의한 재산권 박탈에 해당하는지 문제, 북한정권에 재산을 몰수당하고 월남한 남한주민의 북한 소재 재산 처리와의 형평 문제 등을 고려할 때 현 단계에서 상속회복청구권의 제척기간에 대한 특례를 인정하는 것은 사회적으로 많은 논란이 있을 수 있기 때문에 추후 사회 각 분야의 의견을 수렴하여 특례법 개정을 통해 이를 해결하기로 하고 일단 제척기간에 관한 특례 규정을 포함시키지 않은 채 특례법이 제정된 점 등을 종합하여, 특례법 제11조 상속회복청구권 규정을 해석함에 있어 민법 제999조 제2항 제척기간의 적용이 배제된다고 볼 수 없고 결국 위 제척기간이 적용된다고 볼 수밖에 없다."

Ⅲ. 대상판결의 요지

1. 다수의견(대법관 8인)

"제척기간은 권리자로 하여금 해당 권리를 신속하게 행사하도록 함으로써 법률관계를 조속히 확정시키는 데에 그 제도의 취지가 있는 것으로서, 소멸시효가 일정한 기간의 경과와 권리의 불행사라는 사정에 의하여 권리소멸의 결과를 가져오는 것과는 달리 제척기간의 경과 자체만으로 곧 권리소멸의 결과를 가져오므로, 제척기간 진행의 기산점은 특별한 사정이 없는 한 원칙적으로 권리가 발생한 때이다. 민법 제999조 제2항이 "상속회복청구권은 그 침해를 안 날로부터 3년, 상속권의 침해행위가 있은 날부터 10년을 경과하면 소멸된다."라고 규정하여 상속회복청구권의 제척기간을 둔 취지 역시 상속을 둘러싼 법률관계를 조속히 확정시키려는 것이며, 그중 10년의 장기 제척기간은 3년의 단기 제척기간과 달리 상속권 침해행위로 인하여 상속회복청구권이 발생한 때부터 바로 진행한다.

「남북 주민 사이의 가족관계와 상속 등에 관한 특례법(이하 '남북가족특례법'이라 한다)」은 남한주민과 북한주민 사이의 가족관계와 상속 등에 관련한 사항을 규정함으로써 그들 사이의 가족관계와 상속 등에 관한 법률관계의 안정을 도모할 목적으로 제정되었다(제1조). 그에 따라 남북가족특례법은 남한주민인 아버지나 어머니의 혼인 중의 자 또는 혼인 외의 자로 출생한 북한주민이 친생자관계존재확인의 소나 인지청구의 소를 제기할 경우에 민법의 관련 규정에서 정한 제척기간에 대한 특례를 인정하여 분단의 종료, 자유로운 왕래, 그 밖의 사유로 인하여 소의 제기에 장애사유가 없어진 날부터 2년 내에 소를 제기할 수 있도록 규정하고 있다(제8조 제2항, 제9조 제2항). 한편 북한주민이 상속회복청구를 하는 경우에는 피상속인의 재산의 유지, 증가에 기여한 사람은 기여분을 공제한 것을 상속재산으로 보고 상속회복청구권자의 상속분을 산정하도록 규정하고 있다(제11조 제2항). 그런데 남북가족특례법은 상속회복청구와 관련하여서는, 제11조 제1항에서 남북이산으로 인하여 피상속인인 남한주민으로부터 상속을 받지 못한 북한주민(북한주민이었던 자를 포함한다) 또는 그 법정대리인은 민법 제999조 제1항에 따라 상속회복청구를 할 수 있다고 규정하고 있을 뿐, 친생자관계존재확인의 소나 인지청구의 소의 경우와 달리 민법 제999조 제2항에서 정한 제척기간에 관하여 특례를 인정하는 규정을 두고 있지 아니하다. 이들 법률관계를 구분하여 상속회복청구에 관하여 특례를 인정하지 아니한 것은 입법적인 선택이라 할 것이다. 친생자관계존재확인이나 인지청구는 가족관계의 존부 내지 형성 그 자체에 영향을 미치는 사항으로서 재산에 관한 법률관계에 그치는 상속회복청구의 경우보다 보호의 필요성이 훨씬 크다고 할 수 있으므로, 남북가족특례법은 이러한 차이를 고려하여 입법에 반영한 것으로 보인다.

상속의 회복은 해당 상속인들 사이뿐 아니라 그 상속재산을 전득한 제3자에게까지 영향을 미치므로, 민법에서 정한 제척기간이 상당히 지났음에도 그에 대한 예외를 인정하는 것은 법률관계의 안정을 크게 해칠 우려가 있다. 상속회복청구의 제척기간이 훨씬 지났음에도 그 특례를 인정할 경우에는 그로 인한 혼란이 발생하지 않도록 예외적으로 제척기간의 연장이 인정되는 사유 및 그 기간 등에 관하여 구체적이고 명확하게 규정할 필요가 있고, 또한 법률관계의 불안정을 해소하고 여러 당사자들의 이해관계를 합리적으로 조정할 수 있는 제도의 보완이 수반되어야 할 것이며, 결국 이는 법률해석의 한계를 넘는 것으로서 입법에 의한 통일적인 처리가 필요하다.

이와 같은 상속회복청구권에 관한 제척기간의 취지, 남북가족특례법의 입법목적 및 관련 규정들의 내용, 가족관계와 재산적 법률관계의 차이, 법률해석의 한계 및 입법적 처리 필요성 등의 여러 사정을 종합하여 보면, 남북가족특례법 제11조 제1항은 피상속인인 남한주민으로부터 상속을 받지 못한 북한주민의 상속회복청구에 관한 법률관계에 관하여도 민법 제999조 제2항의 제척기간이 적용됨을 전제로 한 규정이라 할 것이며, 따라서 남한주민과 마찬가지로 북한주민의 경우에도 다른 특별한 사정이 없는 한 상속권이 침해된 날부터 10년이 경과하면 민법 제999조 제2항에 따라 상속회복청구권이 소멸한다고 해석된다.

A의 상속재산인 이 사건 부동산에 관하여는 1978. 1. 23. 남한에 있던 A의 처 및 자녀들 앞으로 소유권보존등기가 경료됨에 따라 E의 상속권이 침해되었고, E의 딸인 원고 X가 E의 상속권이 침해된 때부터 10년이 경과한 2011. 10. 26. 이 사건 상속회복청구의 소를 제기한 사실은 기록상 명백하므로, 이 사건 상속회복청구의 소는 제척기간이 경과하여 제기된 소로서 부적법하다.”

2. 반대의견(대법관 5인)

“현행 민법에 의하면 북한주민의 상속권도 인정되고, 대법원도 일찍부터 북한 거주 상속인의 상속권을 인정하여 왔다(대법원 1982. 12. 28. 선고 81다452, 453 판결). 상속권은 재산권의 일종이고 북한주민도 대한민국 국민으로서(대법원 1996. 11. 12. 선고 96누1221 판결) 재산권의 주체인 이상 상속권이 침해된 북한주민이 상속회복청구권을 행사할 수 있음은 당연하다. 6 · 25 사변 이후 남북분단의 장기화, 고착화로 인해 민간 차원의 교류가 단절되고 북한 사회에서 거주 · 이전 및 통신의 자유가 강하게 통제됨으로써 이 기간 동안 북한주민인 진정상속인으로서는 자신의 상속권이 침해된 사실을 알 수 없었고, 설령 알 수 있었다 하더라도 남한의 참칭상속인을 상대로 상속회복청구의 소를 제기하는 등으로 권리를 행사하는 것은 객관적으로 불가능하였다. 아직도 북한주민은 위험을 무릅쓰고 북한을 탈출하거나 북한 당국이 정책적으로 상속재산의 회복에 적극 협력하는 등의 예외적인 사정이 없는 한 대한민국 법원에 소를 제기할 수 없다. 법은 누구에게나 불가능한 것을 요구할 수 없는 것이므로, 제척기간 역시 소멸시효와 마찬가지로 최소한 권리자가 권리를 행사할 수 있다는 전제가 내재되어 있다고 보아야 한다. 남북가족특례법이 북한을 이탈하여 남한에 입국한 사람(이하 '북한주민이었던 사람'이라 한다)에 대하여서까지 단순히 상속권의 침해행위가 있은 날부터 10년이 경과하였으니 상속권이 소멸한 것으로 규정하였다고 해석하는 것은 제척기간에 내재된 전제와 부합하지 않는다.

남북가족특례법 제11조는 북한주민은 민법 제999조 제1항이 정하는 요건과 방식에 따라 상속회복청구를 할 수 있다고만 규정하고, 그 제척기간에 관하여는 명시적인 규정을 두지 아니함으로써 제척기간의 연장에 관하여 법률해석에 맡겨 둔 것으로 보아야 한다. 남북가족특례법 제11조 제1항의 해석상 북한주민의 상속회복청구권의 제척기간의 연장에 관하여 별도의 규정이 없는 법률의 흠결이 존재하기 때문에 가장 유사한 취지의 규정을 유추하여 흠결된 부분을 보충하는 법률해석이 가능하다. "소멸시효는 권리를 행사할 수 있는 때로부터 진행한다."는 민법 제166조 제1항을 제척기간의 기산점에 유추적용하되 '권리를 행사할 수 있는 때'라 함은 '북한주민이 남한에 입국함으로써 남한 내 존재하는 상속재산에 관하여 상속회복청구권을 행사할 수 있는 때'로 해석하여야 한다. 다음으로 권리행사기간에 관하여는 민법 제999조 제2항 전단을 유추적용하여 북한주민이 남한에 입국한 때에 민법상 제척기간이 경과한 경우에는 '남한에 입국한 때부터 3년'의 제척기간에 걸리고 민법 제999조 제2항 후단 소정의 '상속권 침해 시부터 10년'은 적용되지 않는다고 함이 타당하다.

비록 E의 상속권의 침해행위가 있은 1978. 1. 23.부터 10년의 기간이 경과하였지만, 원고 X는 남한에 입국한 2009. 6. 11.부터 3년이 경과하기 전인 2011. 10. 26. 이 사건 소를 제기하였으므로, 원고의 이 사건 상속회복청구의 소는 적법하다고 할 것이다."

Ⅳ. 해 설

1. 우리 민법상 상속회복청구권의 문제점

우리 민법은 부동산물권변동과 관련하여 상속의 경우에는 권리취득을 위한 어떠한 형식도 필요하지 않다고 규정하여(제187조), 형식주의의 예외를 인정한다. 이에 따라 상속이 개시되면 상속인은 당연히 상속재산에 대한 소유권을 취득한다. 소유권은 선의취득이나 취득시효 등의 반사적 효과로 인해 소멸할 수는 있을지언정 일정 기간 행사하지 않았다는 사정만으로 소멸하지는 않는 권리이다. 그런데 민법 제999조는 제1항에서 상속권이 침해된 경우에 진정상속인이 상속회복청구권을 행사할 수 있다고 하면서, 제2항에서 제척기간을 두어 그 권리행사의 기간을 제한하고 있다. 즉 상속권의 침해를 안 날로부터 3년, 상속권이 침해된 날로부터 10년을 경과하면 상속회복청구권은 소멸한다. 공용징수, 판결, 경매 그 밖의 법률의 규정에 의하여 부동산소유권을 취득한 사람과 달리, 상속에 의하여 부동산소유권을 취득한 진정상속인만은 그 권리행사에 제한을 받고 있는 것이다. 다른 경우의 부동산소유권 취득자는 타인에 의하여 소유권이 침해를 받더라도 기간의 제한 없이 구제를 받을 수 있는 데 비하여, 상속에 의한 부동산소유권 취득자는 그렇지 못한 것이다.

상속관계의 조속한 확정을 위하여 권리의 행사기간을 두어야 할 필요성을 수긍한다 하더라도, 비교법적으로 볼 때 우리 민법과 같이 3년, 10년이라는 단기의 제척기간을 정하고 있는 입법례는 찾아보기 힘들다. 우리 민법의 모델이 되었던 일본 민법은 상속권이 침해된 사실을 안 때로부터 5년 또는 상속이 개시된 때부터 20년의 소멸시효를 규정하고 있고(일본 민법 제884조), 독일과 프랑스 민법에서는 30년의 소멸시효에 걸리는 것으로 하고 있다(독일 민법 제2026조, 프랑스 민법 제2262조). 스위스 민법의 경우에도 피고가 악의인 경우에는 시효기간을 30년으로 하고 있다(제600조). 나아가 이탈리아 민법상의 상속회복청구권은 아예 시효에 걸리지 않는다. 따라서 시효취득이 인정되지 않는 한 참칭상속인으로부터 언제라도 상속재산을 회복할 수 있다.[7] 이와 같이 외국의 입법례에 비한다면 우리 민법상의 상속회복청구권은 진정상속인의 입장에서는 가장 불리한 입법에 속한다.[8] 우리의 상속회복청구권은 진정상속인을 보호하기 위한 것이 아니라, 제척기간을 통해 참칭상속인을 보호하는 데 그 존재의의가 있다고밖에 볼 수 없는 게 현실이다.[9] 사견으로는 물권적 청구권과 별도로 상속회복청구권을 인정할 필요가 있는지 의문이며, 제척기간을 통해 진정상속인의 권리를 박탈하는 상속회복청구권 제도는 폐지해야 한다고 생각한다.[10]

2. 재산권의 제한에 관한 법률유보원칙과 제척기간제도

제척기간은 기간의 경과를 이유로 예외적으로 권리를 소멸시키는 제도이다. 제척기간에 관한 규정이 없다면 원칙적으로 소유권은 소멸하지 않고 그 권리를 행사하는 데 기간제한이 있을 수 없다. 제척기간에 관한 규정을 두었기 때문에 그 기간이 경과함으로써 권리가 소멸하는 것이다. 권리의 존속기간을 정함으로써 권리행사를 제한하는 규정은 권리자에게 매우 불리하다. 따라서 이를 위해서는 반드시 명시적인 규정을 두어야만 하고 이를 규정하지 않은 이상은 권리의 존속 내지 행사에 있어서 기간제한은 없다고 보아야 한다. 이렇게 보는 것이 헌법상 재산권 제한에 관한 법률유보원칙에도 부합한다(헌법 제23조). 진정상속인에게 치명적인 불이익을 가져다주는 상속회복청구권의 제척기간제도는 그 적용범위를 최소화시켜야 한다. 명문

7) 박병호, 314면.

8) 제척기간은 권리의 존속기간으로서 그 기간이 지나면 왜 권리를 행사하지 못했는지를 따지지 않고 무조건 권리를 소멸시키는 제도이다. 빨리 권리관계를 확정지을 필요가 있는 경우에 제척기간을 둔다. 일정 기간 권리를 행사하지 않으면 권리가 소멸한다는 점에서 제척기간과 소멸시효는 유사하다. 그러나 소멸시효의 경우에는 일정한 사유가 있으면 중단, 정지가 가능하다. 그러나 제척기간은 중단이나 정지가 허용되지 않는다. 권리자에게는 제척기간이 소멸시효보다 불리한 제도라고 볼 수 있다.

9) 신영호/김상훈/정구태, 312면.

10) 같은 취지로 정구태, "상속회복청구권 규정의 존재의의에 대한 의문—상속회복청구권 규정의 폐지에 대한 입법론적 제언," 호원논집 제10호(2002.12), 85~125면; 정구태/신영호, "민법 제1014조의 상속분가액지급청구권 再論—헌법재판소 2010.7.29. 선고 2005헌바89 결정에 대한 비판적 연구," 가족법연구 제27권 제3호(2013.11), 228면.

의 규정 없는 유추적용을 가급적 허용해서는 안 된다. 진정한 권리자의 희생 아래 참칭상속인을 보호해 줘야 할 필요성은 생각보다 크지 않다.

그런데 남북가족특례법은 상속회복청구와 관련하여, 제11조 제1항에서 남북이산으로 인하여 피상속인인 남한주민으로부터 상속을 받지 못한 북한주민(북한주민이었던 자를 포함한다) 또는 그 법정대리인은 민법 제999조 제1항에 따라 상속회복청구를 할 수 있다고 규정하고 있을 뿐, 상속회복청구권의 제척기간에 관한 규정은 두지 않았다. 그렇다면 상속회복청구권의 제척기간에 관한 민법 제999조 제2항의 규정이 남북가족특례법에 의해 북한주민이 행사하는 상속회복청구권에도 당연히 적용된다고 볼 수는 없다. 오히려 위에서 언급한 것처럼, 제척기간에 관한 규정은 권리자에게 매우 불리한 것이기 때문에 법률상 명문의 규정 없이 제척기간을 인정해서는 안 된다. 진정상속인과 참칭상속인 중 누가 더 보호를 받아야 하는 사람인지도 생각해 보아야 한다. 남의 것인 줄 모르고 남의 것을 가져갔으면 그것을 알고 난 후에는 원래 주인에게 돌려주는 것이 상식이다. 시간이 지났다고 하여 안 돌려줘도 된다고 생각하는 것은 도둑의 심리이다. 구체적 타당성과 법적 안정성이 충돌하는 상황에서 우리 법원은 법적 안정성을 선택하는 경우가 많다. 이번 사건도 그러한 예이다. 그러나 진정한 권리자를 보호함으로써 정의를 바로 세우는 것이 궁극적으로는 법적 안정성에도 기여한다고 생각한다.

다수의견은, 친생자관계존재확인의 소나 인지청구의 소의 경우에는 민법의 특례를 인정하여 소의 제기에 장애사유가 없어진 날부터 2년 내에 소를 제기할 수 있도록 규정했으나 상속회복청구의 경우에는 이러한 특례를 규정하지 않았기 때문에 민법 제999조 제2항의 제척기간을 그대로 적용해야 한다고 판단했다. 이에 대해 반대의견은, 민법 제999조 제2항을 유추적용하여 '북한주민이 남한에 입국한 때로부터 3년'으로 제척기간을 연장해야 한다고 주장했다.[11] 그러나 친생자관계존재확인의

---

11) 제1심 판결에 대한 평석인 정구태, "북한 주민의 상속회복청구권 행사와 제척기간 —서울남부지방법원 2014.1.21. 선고 2011가단83213 판결," 아주법학 제8권 제1호(2014.5), 241~242면과, 원심 판결에 대한 평석인 정구태, "2014년 친족상속법 관련 주요 판례 회고," 민사법의 이론과 실무 제18권 제2호(2015.4), 160면은, 제척기간 역시 소멸시효와 마찬가지로 최소한 권리자가 권리를 행사할 수 있음을 전제로 한다는 이유에서, 민법 제166조 및 민법 제999조

소나 인지청구의 소의 경우에는 남북가족특례법이 제척기간에 관한 규정을 두었기 때문에 그에 따라 제척기간이 적용되는 것이다. 상속회복청구의 경우에는 남북가족특례법이 제척기간에 관해 아무런 규정도 두지 않았으므로 북한주민의 상속회복청구권에 관해서는 제척기간이 없다고 보아야 한다. 다수의견처럼 민법 제999조 제2항을 그대로 적용해서도 안 되고, 반대의견처럼 이를 유추적용해서도 안 된다. 이것이 남한주민에 비해 북한주민에게 과도한 특혜를 주는 것으로서 불공평하다면, 북한주민의 상속회복청구권의 제척기간에 관한 공평하고 합리적인 규정을 마련하면 될 일이다. 그렇지 않은 한 현재의 남북가족특례법하에서는 북한주민의 상속회복청구권은 제척기간이 없어서 언제라도 행사할 수 있다고 보는 것이 소유권의 본질과 법률유보원칙에 부합한다. 결론적으로 제1심 판결의 태도에 기본적으로 찬성한다.

3. 남한주민의 신뢰와 거래 안전을 위한 장치

북한주민의 상속회복청구권에 대해 제척기간을 적용하지 않을 경우 상속재산에 대한 침해상태를 유효한 것으로 믿고 상속재산을 취득한 제3자의 신뢰 등 거래 안전에 심각한 위협이 될 수 있다. 또한 남한에서 피상속인과 함께 살면서 상속재산 형성에 직, 간접적으로 기여한 남한의 다른 공동상속인은 북한주민에 비해 불공평한 상황에 처할 수도 있다. 그러나 이러한 경우 남한주민에 대하여는 다음과 같이 이해관계를 조절할 수 있는 법적 수단이 마련되어 있다. 즉 남북가족특례법 제11조 제1항 제2문은 "이 경우 다른 공동상속인이 이미 분할, 그 밖의 처분을 한 경우에는 그 상속분에 상당한 가액으로 지급할 수 있다."고 규정하고 있다. 위 규정은 상속재산에 대한 침해상태를 유효한 것으로 믿고 상속재산을 취득한 제3자의 신뢰를 보호

제2항 전단을 유추적용하여 북한 주민의 상속회복청구권은 '북한 주민이 실제로 권리를 행사할 수 있는 것(분단의 종료, 자유로운 왕래 그 밖의 사유로 소의 제기에 장애가 없어지게 된 때)'을 전제로 '상속권 침해 사실을 안 때'로부터 3년의 제척기간에 걸리고, 민법 제999조 제2항 후단 소정의 '상속권 침해시부터 10년'의 규정은 이에 적용되지 않는다고 보았는데, 반대의견도 이러한 견해와 같은 맥락에 있는 것으로 보인다.

하기 위하여 북한주민은 남한의 다른 공동상속인이 상속재산을 이미 처분한 경우에는 제3자를 상대로 원물반환을 청구할 수 없고 남한의 다른 공동상속인을 상대로 상속분 상당의 가액반환청구권만 행사할 수 있다는 의미이다. 이 규정을 통해 거래의 안전을 보호할 수 있다. 그리고 남한의 다른 공동상속인은 남북가족특례법 제11조 제2항에 따라 북한주민의 상속회복청구에 대하여 기여분 청구를 할 수도 있다.[12] 원래 상속재산분할절차에서만 가능한 기여분 청구를 상속회복청구절차에서도 예외적으로 인정한 것이다. 이러한 규정들을 통해 남한주민의 신뢰와 거래 안전은 어느 정도 보호될 수 있을 것이다.

12) 대상판결의 다수의견에 대한 반대의견의 논거 중 하나이다.

4 상속인의 채권자가 상속회복청구권을 대위하여 행사할 수 있을까?

1. 누가 상속회복청구권을 행사하는가?

상속은 피상속인의 사망이라는 우연한 사실에 의해 개시되고, 상속인은 그 사실을 알든 모르든 또는 상속재산이 상속인에 의하여 현실적으로 지배되고 있는가를 불문하고, 법률상 당연히 상속인에게 승계된다. 따라서 현실에서는 법률상 자격이 없는 사람이 고의 또는 착오로 스스로 상속인이 되어 상속재산을 사실상 점유하고 관리하는 경우도 생긴다. 이때 정당한 상속인(진정상속인)이 권한 없는 자(참칭상속인)를 상대로 자신의 권리를 회복하는 방법이 상속회복청구권이다.

상속회복청구권을 행사할 수 있는 청구권자는 상속권자(진정상속인)와 그 법정대리인이다(민법 제999조 제1항). 법정대리인은 자신의 고유의 권리를 가지고 청구를 하는 것이 아니라, 상속권자가 미성년자이거나 피성년후견인이어서 스스로 자신의 권리를 행사할 수 없는 경우에 그의 권리를 대리하여 행사하는 것에 지나지 않는다.

2. 상속인의 채권자가 상속인을 대신하여 상속회복청구권을 행사할 수 있는가?

채권자는 자기의 채권을 보전하기 위하여 채무자가 가진 권리를 행사할 수 있다. 이것을 채권자대위권이라 한다(민법 제404조 제1항 본문). 그러나 채권자가 채무자의 모든 권리를 대위하여 행사할 수 있는 것은 아니고 그 권리가 일신에 전속한 권리(일신전속권)인 경우에는 대위행사할 수 없다(제404조 제1항 단서).

사법상의 권리는 일반적으로 그 주체의 긴밀한 정도를 표준으로 일신전속권과 비전속권으로 구분한다. 일신전속권은 권리의 성질상 타인에게 귀속시킬 수 없는 권리를 말하고, 비전속권은 그렇지 않은 대부분의 권리를 말한다. 일신전속권은 다시 귀속상 일신전속권과 행사상 일신전속권으로 나뉘는데, 귀속상 일신전속권은 권리의 주체만이 향유할 수 있고 양도와 상속 등에 의해 타인에게 이전할 수 없는 권리이고, 행사상 일신전속권은 권리의 주체만이 이를 행사할 수 있는 권리로서 권리자 이외의 타인이 대위하여 행사할 수 없는 권리이다. 따라서 민법 제404조 제1항에서 말하는 일신전속권은 행사상 일신전속권이다.

상속회복청구권자가 상속회복청구권을 행사할지 여부를 결정함에 있어서는, 단지 그 재산적 이익만을 좇아서가 아니라 많은 경우에 반환청구의 상대방이 되는 다른 공동상속인 또는 후순위상속인과의 전인격적 관계까지 모두 포괄하여 고려한다. 따라서 유류분반환청구권과 마찬가지로 상속회복청구권 역시 그 행사여부에 대한 결정은 강한 인적 특성을 가지며, 청구권자의 이러한 결단은 그의 채권자에 의해 영향을 받아서는 안된다.[1] 따라서 상속회복청구권은 행사살 일신전속권이라고 보아야 하고, 결국 상속권자의 채권자는 상속권자가 가지는 상속회복청구권을 대위행사할 수 없다.

3. 상속회복청구권도 상속이 되는가?

상속권을 침해당한 진정상속인이 상속회복청구권을 행사하기 이전에 사망한 경우 그의 상속인에게 상속회복청구권이 승계되는지 문제될 수 있다. 이에 대해서는 긍정설[2]과 부정설[3]이 대립하는데, 긍정설은 상속회복청구권의 재산권성을 중시하고, 부정설은 일신전속성을 강조한다. 즉 부정설은 상속회복청구권을 귀속상 일신전속권으로 보기 때문에 권리의 상속을 부정한다. 그렇지만 부정설에 의하더라도 진정상속인의 상속인 자신의 상속회복청구가 가능하기 때문에 굳이 승계를 인정할 필요가 없다고 본다.[4] 그러나 긍정설과 부정설의 대립이 전혀 무의미한 것은 아니

1) 정구태, "유류분반환청구권의 일신전속성," 홍익법학 제14권 제2호(2013/6), 696면.
2) 주해상속법(제1권), 47면(윤진수 집필부분); 주석 민법[상속], 59면(이대로 집필부분) 등.
3) 곽윤직, 165면; 박병호, 318면; 김주수/김상용, 638면 등 다수설.
4) 곽윤직, 165면; 박병호, 318면; 김주수/김상용, 638면 등.

다. 절차법적으로는 소송수계를 허용할 것인지의 차이가 생기고, 실체법적으로는 제척기간의 기산점을 정하는 데 차이가 생긴다. 즉 진정상속인이 상속회복청구소송 도중에 사망한 경우 긍정설에 의하면 상속인의 소송수계가 허용되지만, 부정설에 의하면 소송수계는 허용되지 않고 소송은 당사자의 사망으로 종료하며 진정상속인의 상속인은 새로운 상속회복청구의 소를 제기하여야 한다. 그리고 긍정설에 의하면 상속회복청구의 소의 제척기간의 기산점을 진정상속인이 침해를 안 날로부터 기산하지만, 부정설에 의하면 진정상속인의 상속인이 침해를 안 날로부터 기산하게 된다.

판례는 호주상속회복청구권이 귀속상 일신전속권이어서 상속인에게 상속될 수 없는 권리이고 따라서 호주상속회복소송 중에 당사자가 사망하더라도 상속인이 그 소송절차를 수계할 수 없다고 하였다.[5] 이 판결을 근거로 상속회복청구권의 상속은 허용되지 않는다는 부정설이 판례의 입장이라는 견해도 있으나, 호주상속회복청구권과 (재산)상속회복청구권은 엄연히 구분되는 별개의 권리이다. 민법 개정 전의 호주상속회복청구권 내지 호주승계회복청구권은 '호주'라는 신분상 지위의 회복을 목적으로 하는 권리로서 청구권자 자신에게 귀속되어 있을 때에만 비로소 의미가 있으므로 귀속상 일신전속권으로 보는 것이 옳다.[6] 그러나 상속회복청구권은 어디까지나 재산의 회복에 관한 문제로서 완전한 재산권으로 성립한 이상 청구권자가 사망한 경우 그의 상속인에게 권리가 상속된다고 보아야 한다.[7] 따라서 상속권자가

---

5) 대법원 1990. 7. 27. 선고 89므1191 판결: "호주상속회복청구권은 상속권이 침해된 상속인의 일신에 전속되는 권리로서 그의 사망으로 당연히 소멸하고 그 상속인의 상속인이 이를 상속하는 것은 아니라고 할 것이고, 또한 인사소송법 제54조 제1항, 제55조, 제28조가 상속무효원인을 시정하는 일반적인 소송형태인 상속무효의 소에 관하여는 소송수계를 인정하면서도 그 특별한 소송형태인 상속회복의 소에 관하여는 민법 제982조가 상속인과 그 법정대리인을 청구권자로 규정하고 있을 뿐 소송수계에 관하여는 아무런 규정을 두고 있지 아니함에 비추어 볼 때, 호주상속회복의 소의 소송 중에 청구인이 사망한 경우 그의 상속인은 자기 고유의 상속권이 침해되었음을 이유로 별도의 소송을 제기할 수 있는 것은 별론으로 하고 사망한 청구인이 제기한 소송절차를 수계할 수는 없다."

6) 정구태, 앞의 논문, 695~696면.

7) 같은 견해로는 박철, "상속회복청구권의 성질과 제도적 취지에 관한 연구," 민사판례연구 제25권(2003.2), 745면("피상속인의 권리 중 일신전속적인 권리를 제외한 나머지 재산권을 포

상속회복청구권을 행사하지 않은 채 사망한 경우 상속권자를 기준으로 제척기간의 기산점을 따져야 할 것이고, 상속권자가 소송 도중 사망한 경우에는 그의 상속인의 소송수계를 허용해야 할 것이다.

괄승계한다는 개념에서의 상속권은 인격적 요소가 없는 재산권으로서의 성격을 가지므로 일신전속적일 수 없는 것이고, 그 권리의 침해를 원인으로 하는 상속회복청구권 역시 일신전속적이라고 할 수는 없지 않을까 싶다.").

5 민법 시행 전에 호주 아닌 기혼 장남이 직계비속 없이 사망한 경우 재산상속에 관한 관습

〈대법원 2015. 1. 29. 선고 2014다205683 판결: 손해배상(기)〉

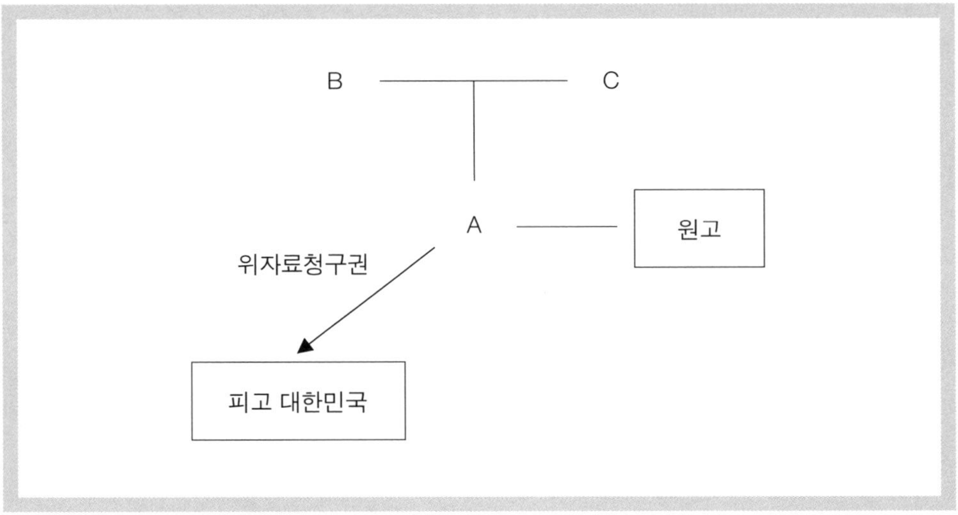

Ⅰ. 사실관계

한국전쟁 발발 직후인 1950년 7월 초순, 내무부 치안국은 각 지역 경찰서에 해당 지역의 보도연맹원과 요시찰대상자들을 예비검속하라고 지시하였고, 이에 따라 대구지역 각 경찰과 헌병들은 같은 해 7월 중순에서 8월 초순 사이 대구의 보도연맹원들과 요시찰대상자들을 연행하여 경찰서 유치장, 대구형무소, 극장 등에 구금하였다가 경산시 폐코발트광산 등 여러 곳에서 사살하였다. 그리고 이와 유사한 희생사건이 그 무렵 경북 영덕, 울진, 경남 함양 등에서도 발생하였다(이하 '국민보도연맹사건'이라 한다).

국민보도연맹사건으로 희생된 망인들의 유족 내지 그 상속인들은, 피고 대한민국

(이하 '피고'라 한다) 소속 군인 또는 경찰관, 치안대가 이 사건 각 희생사건에서 망인들을 적법 절차 없이 연행 · 구금하고 살해하는 등 불법행위를 범하였으므로, 피고는 망인들의 유족 내지 그 상속인들에게 유족으로서의 정신적 고통으로 말미암은 위자료(유족 본인의 위자료)와 그 상속분(망인의 위자료)에 해당하는 금원 및 이에 대한 지연손해금을 지급하라는 손해배상청구를 하였다.

한편 진실 · 화해를 위한 과거사정리기본법에 따라 설치된 진실 · 화해를 위한 과거사정리위원회는 이 사건 각 희생사건에 대한 관련자들의 진실규명신청을 접수하여 위 사건을 조사한 끝에 2009.11.10. 망 A(이하 '망인'이라 한다)가 경남 함양 국민보도연맹사건에서 희생된 희생자임을 확인하는 내용의 진실규명 결정을 하였다. 장남이었던 망인은 위 국민보도연맹사건으로 인해 1959.8.10. 사망하였는데, 그 당시 유족으로 호주이자 아버지인 B, 어머니 C, 처인 원고 등이 있었고, 망인의 슬하에 자녀는 없었다. 원고는 망인의 피고에 대한 위자료청구권을 자신이 단독으로 상속하였다고 주장하면서 그 위자료 8000만 원과 본인의 위자료 4000만 원 및 이에 대한 지연손해금의 지급을 구하였다.

II. 대상판결의 요지

1. 불법행위에 기한 손해배상책임의 발생

국군과 각 지역 경찰서 소속 경찰 등이 적법절차를 거치지 않고 단지 국민보도연맹원 등이라는 이유만으로 연행한 후 위에서 인정한 희생자들을 살해하거나 사망에 이르게 한 행위는 헌법에 보장된 국민의 기본권인 신체의 자유, 생명권, 적법절차에 따라 재판을 받을 권리 등을 침해한 행위로서 공무원 등의 직무상 불법행위에 해당하고, 이로 인하여 망인들과 그 유족들이 극심한 정신적 고통을 당하였을 것임은 경험칙상 명백하므로, 피고는 특별한 사정이 없는 한 제헌 헌법(1948. 7. 17. 제정되어 1960. 6. 15. 개정되기 전의 것) 제27조에 따라 그 소속 공무원 등의 위법한 직무집행으로 인하여 희생당한 망인들과 그 유족들이 입은 손해를 배상할 의무가 있다.

2. 상속관계

현행 민법이 시행되기 전에 호주 아닌 기혼의 장남이 직계비속 없이 사망한 경우 그 재산은 처가 상속하는 것이 우리나라의 관습이었다. 장남이었던 망인의 당시 유족으로 호주이자 아버지인 B, 어머니인 C, 처인 원고 등이 있었고, 망인의 슬하에 자녀는 없었다면, 망인의 처인 원고가 망인의 재산을 단독으로 상속하였다고 할 것이다. 그럼에도 이와 달리 원심은, 관습법에 의하면 망인의 아버지인 호주 B가 망인의 재산을 단독으로 상속한다고 잘못 판단하였는바, 이러한 원심의 판단에는 구관습상 상속에 관한 법리를 오해하여 판결에 영향을 미친 위법이 있다.

Ⅲ. 해 설

1. 조선민사령과 친족상속에 관한 구관습

조선을 병합한 일제는 조선인 사이의 민사관계를 규제하기 위하여 1912년 조선민사령(동년 4월 1일 시행)을 제정, 공포하였다. 동령 제1조는 "민사에 관한 사항은 본령 기타의 법령에 특별한 규정이 있는 경우를 제외한 외에는 다음의 법률에 의한다."고 규정하고, 다음의 법률로서 일본의 민법과 상법, 민사소송법 등 23종의 일본의 민사관계법을 열거하였다. 이로써 일본의 민사법이 우리나라에 적용되게 되었는바, 이를 의용민법이라 부른다. 그런데 조선민사령은 친족과 상속 분야에 관하여는 일본민법을 적용하지 않고 관습에 의한다고 하여 예외를 인정하였다(동령 제11조). 이처럼 가족법분야에서 일본민법을 의용하지 않고 우리의 관습법만을 법원(法源)으로 인정한 것은 재산법분야와 달리 가족법분야는 각기 고유한 전통과 습속에 의해 형성되는 경우가 많기 때문에 일본민법을 그대로 적용하기가 곤란하였기 때문이다.

조선의 관습을 조사하기 위해 조선총독부에서는 1908년 5월부터 1910년 9월에 걸쳐 부동산법조사회와 법전조사국에서 조사한 것을 토대로 하여 1910년에 한국관습조사보고서를 간행하였으며, 이를 정정 보충하여 1912년에 관습조사보고서를 간행하였다. 이 보고서는 근대법이 수용된 후 현재까지 우리나라의 관습을 전국적인 규모로 체계적으로 조사한 유일한 보고서일 것이다. 이와 같은 일반적인 관습의 조사 이외에 구체적인 사안에 있어서, 즉 재판에 있어서 관습의 존부가 문제로 되는 경우에는 사법부장관 · 조사국장관의 통첩 · 회답, 법원장 · 판사의 통첩 · 회답, 사법협회민사심사회의 질의 · 회답, 판례조사회의 결의, 구관급제도조사위원회[1)]의 결의 등을 통하여 개별적으로 관습의 존부를 결정하였다.

2. 일제에 의해 왜곡된 관습상속법

재산상속에 관하여 조선시대에는 남녀균분상속이 대원칙이었으며 이는 조선시대가 끝날 때까지 변하지 않았다. 역사적으로 볼 때 이와 같은 균분상속제도가 20세기 초까지 존속한 나라는 베트남과 우리나라뿐이라고 한다.[2)] 비록 조선후기에 이르러서는 아들, 특히 장자를 우대하는 관행이 우세하였다고는 하나, 이러한 경향은 피상속인이 생전에 자신의 의사에 기하여 상속재산의 분할을 지정하는 경우에 한하며, 법정상속이 행하여지거나 공동상속인이 협의하여 상속재산을 분할하는 경우에는 거의 全 시대에 걸쳐 균분상속이 원칙이었다. 또한 장자를 우대하였다고는 하나 이는 제사주재자에 대한 봉사조(奉祀條)[3)]의 설정이라는 형식을 통해서였지 일반 상속재산에 대한 장자우대는 아니었다.[4)] 즉 우리나라의 상속에 관한 전통 성문법전상

1) 일제는 1921년 舊慣及制度調査委員會를 설치하여 구제도와 풍습 등을 참작하여야 할 법령과 시설에 대해 미리 그 가부를 심사하였다. 이 위원회는 1924년에 폐지되었는데, 그 심사결과는 民事慣習回答彙集의 부록에 수록되어 있다. 정긍식, 『국역관습조사보고서』, 한국법제연구원(1992), 25면.

2) 박병호, 『한국법제사』, 한국방송통신대학교(1986), 164면.

3) 조상을 항구적으로 봉사하기 위해 상속재산을 분할할 때 별도로 설정한 재산으로서, 현행 민법상의 제사용재산인 금양임야나 묘토가 이에 해당한다고 볼 수 있다(제1008조의3).

4) 김상훈, "제사용재산의 승계에 관한 연구," 고려대학교 대학원 박사학위논문(2008), 93~94

으로는 남녀균분상속의 원칙이 포기된 바가 없었다.[5)]

그런데 일제에 의해 우리나라의 재산상속에 관한 관습법으로 정립된 것은, 조선시대 성문상속법제의 내용과 크게 달라진 남자 중심, 특히 장자 중심의 조선 후기의 상속관행이었다. 이때 일본상속법, 즉 가독상속의 법리가 침투되어 상속의 기본원리가 변경되었다. 일제에 의한 관습재산상속법은 재산상속을 호주상속과 연결지어 규율해야 할 경우와 그렇지 아니한 경우로 나누어 이원적으로 규정하였다. 피상속인의 신분이 남호주인 경우에는, 제1차적인 상속인으로서의 자격이 인정되는 사람으로서 가계를 계승할 자격이 있는 남자손만을 규정하여 여자손을 상속에서 배제하고, 호주상속을 겸하게 되는 장자를 특히 우대하게 된다. 호주상속을 겸하는 장자가 일단 유산 전부를 독점상속하고, 차자 이하의 다른 상속인이 분가할 때에 분재하며, 분가에는 호주의 동의가 필요요건이었음을 고려한다면, 사실상 장자단독상속이라 할 수 있다. 반면에 피상속인이 남호주가 아닌 가족일 경우에는, 남녀를 불문하고 공동균분상속하는 것으로 보았다. 일본 민법상의 가독상속과 유산상속의 법리가 그대로 반영된 것이다. 그 결과 호주상속이 상속법의 전면에 등장하게 되었고 재산상속은 그에 예속되었으며, 상속에서의 남녀, 적서의 차별이 더욱 확대되었다.[6)]

3. 제정 민법에 따른 상속관습의 적용

이러한 관습상속법은 단지 법제사적인 측면에서만 의미가 있는 것이 아니라 현재 우리의 법률관계에도 직접적인 영향력을 행사할 수 있다. 그 이유는 1960년 제정 민법 부칙 제25조에 의하면 민법 시행일 전에 개시된 상속에 관하여는 민법 시행일 이후에도 구법의 규정을 적용하도록 되어 있는데, 구법인 조선민사령에서 상속에 관하여는 관습에 의하도록 되어 있기 때문이다. 이 사건에서도 망인이 1959년에 사망하여 민법이 시행되기 전에 상속이 개시되었기 때문에 상속에 관한 구 관습을 확

면 및 138면.

5) 신영호, 『공동상속론』, 도서출판 나남(1987), 211면.

6) 신영호/김상훈/정구태, 300면.

인해야 할 필요가 생겼다. 대법원은, 현행 민법이 시행되기 전에 호주 아닌 기혼의 장남이 직계비속 없이 사망한 경우 그 재산은 처가 상속하는 것이 우리나라의 관습이라고 판단했다. 그러나 이와 같이 판단한 근거에 대해서는 밝히지 않았다. 이 부분에 관한 관습을 확인한 자료로는 사법협회의 질의 · 응답과 민사관습회답휘집이 있다. 그런데 이 두 자료는 그 내용이 상반된다. 즉 "가족인 기혼의 장남이 남자 없이 사망한 때에는 그 유산은 처가 상속해야 하는 것이 관습이고 처에 앞서 호주인 부(父)가 상속하는 일은 없다. 호주의 장남이 무후(無後)로 사망한 경우 사자(死者)의 유산은 유처(遺妻)가 종국적으로 상속하여야 한다."고 하는 사법협회의 질의 · 응답과[7] "호주의 기혼 장남이 처만 남기거나 처와 딸만 남기고 사망한 때에는 그 유산은 부(父)인 호주에게 귀속하고 그 호주가 사망한 후에는 망장남의 처에게 귀속한다."고 하는 민사관습회답휘집[8]이 서로 충돌하는 것이다. 이처럼 상반된 관습조사결과 중 원심은 후자를, 대법원은 전자를 선택한 것으로 보인다. 조선고등법원 1917. 1. 16. 판결에서도 대상판결과 같은 결론을 내린 바 있다.[9]

대법원이 위와 같이 결론을 내린 이유는 무엇이었을까? 판결문만으로는 알 수 없으나, 민사관습회답휘집에 따라 호주인 B에게 상속을 시키더라도 B가 사망하면 결국 다시 망인의 처인 원고에게 상속재산이 귀속될 것이라는 점, 상속의 순위에 있어서 직계존속보다는 배우자를 우선시하는 것이 우리나라뿐 아니라 세계적인 추세라는 점 등의 현실적인 이유 내지는 정책적인 고려가 있었던 것이 아닐까 조심스럽게 추측해 본다.

4. 제정 민법이 적용되었을 경우

만약 이 사건에서 망인이 민법이 시행된 1960. 1. 1. 이후에 사망하였다면 제정

7) 법원행정처, 『친족상속에 관한 구관습(재판자료 제29집)』, 1985, 506, 512면.

8) 법원행정처, 앞의 책, 511면.

9) 법원행정처, 앞의 책, 512면("夫가 사망하여 남자의 상속인이 없는 때 처가 亡夫의 유산을 상속해야 하는 것은 조선에 있어서의 관습이다").

민법에 따라 상속관계가 해결되었을 것이다. 제정 민법에 따르면, 동순위의 상속인이 수인인 때에는 그 상속분은 균분으로 하지만, 재산상속인이 동시에 호주상속을 할 경우에는 상속분은 그 고유의 상속분의 5할을 가산하고 여자의 상속분은 남자의 상속분의 2분의 1로 한다(제1009조 제1항). 그리고 피상속인의 처의 상속분은 직계비속과 공동으로 상속하는 때에는 남자의 상속분의 2분의 1로 하고 직계존속과 공동으로 상속하는 때에는 남자의 상속분과 균분으로 한다(제1009조 제3항). 따라서 이 사건처럼 피상속인이 호주가 아니어서 호주상속이 일어나지 않고 피상속인에게 직계비속이 없는 경우 배우자는 직계존속과 동순위로 상속을 하게 된다. 결국 원고는 망인의 부모인 B, C와 공동으로 피상속인의 위자료를 상속하게 되며, 그 비율은 원고와 B(男)가 각 2/5, C(女)가 1/5이 될 것이다.

5. 민법 시행 전에 호주 아닌 기혼 장남이 처와 직계비속을 남기고 사망한 경우

대상판결은 민법 시행 전에 호주 아닌 기혼 장남이 직계비속 없이 사망한 사안이다. 그렇다면 만약 호주 아닌 기혼 장남이 처와 직계비속을 남기고 사망한 경우에는 누가 상속인이 될까? 이에 관해서는 처가 상속인이 된다는 것이 종래의 대법원 판례였다.[10] 그러나 대법원 1990. 2. 27. 선고 88다카33619 전원합의체 판결[11]에 의해 동일호적 내에 있는 자녀들이 균등하게 상속하는 것이 우리나라의 관습인 것으로 판례가 변경되었다.[12] 이처럼 상속관습의 내용에 관해 대법원 판례가 변경되는 것만 보더라도 상속에 관한 구관습을 찾아서 확정하는 작업이 얼마나 어려운 일인지

---

10) 대법원 1981. 6. 23. 선고 80다2621 판결; 대법원 1981. 8. 20. 선고 80다2623 판결; 대법원 1982. 12. 28. 선고 81다카545 판결; 대법원 1983. 9. 27. 선고 83다414, 415 판결 등.

11) "1960. 1. 1. 민법이 공포시행되기 전에 있어서는 조선민사령 제11조의 규정에 의하여 친족 및 상속에 관하여는 관습에 의하도록 되어 있었는바, 호주 아닌 가족이 사망한 경우에 그 재산은 배우자인 남편이나 처가 아니라 동일호적 내에 있는 직계비속인 자녀들에게 균등하게 상속된다는 것이 당시의 우리나라의 관습이었다."

12) 정긍식, "식민지기 상속관습법의 타당성에 대한 재검토," 서울대학교 법학 제50권 제1호(2009), 314~315면은 이 판결에 대해 찬성하는 입장인 반면, 정구태, "2016년 상속법 관련 주요 판례 회고," 법학논총 제24집 제1호(2017), 184면은 이 판결에 대해 비판적인 입장이다.

를 알 수 있다.

한편 민법 시행 전에 호주 아닌 기혼 장남이 처와 아들을 남기고 사망했는데 그 아들이 아버지와 동일 호적에 없는 경우에는 누가 상속인이 되는가가 최근에 문제된 적이 있다. 이에 관해서 원심은 직계비속인 남자 또한 피상속인과 동일 호적 내에 있어야만 상속권이 있다는 것을 전제로, 호주 아닌 남자 소외 2가 1942년경 사망할 당시 장남인 소외 1도 소외 2와 동일호적 내에 있어야만 소외 2의 재산을 상속받을 수 있는데, 소외 1이 소외 2와 동일호적 내에 있는 직계비속인 자녀로서 소외 2의 재산을 상속하였다고 인정하기에 부족하다는 이유로 원고의 아버지인 소외 1이 소외 2의 재산을 상속하였음을 전제로 한 원고의 청구를 배척하였다.[13] 그러나 대법원은 현행 민법이 시행되기 전에 호주 아닌 남자가 사망한 경우 그 재산은 그 직계비속이 평등하게 공동상속하며, 그 직계비속이 피상속인과 동일 호적 내에 있지 않은 여자일 경우에는 상속권이 없지만 남자일 경우에는 동일 호적 내에 있지 않아도 상속권이 있다는 것이 우리나라의 관습이었다고 하면서 원심판결을 파기하였다.[14]

13) 서울중앙지방법원 2012. 5. 11. 선고 2011나40617 판결.

14) 대법원 2014. 8. 20. 선고 2012다52588 판결.

6 형부와 사실혼관계의 처제는 유족연금을 받을 수 있을까?

〈대법원 2010. 11. 25. 선고 2010두14091 판결: 유족연금승계불승인결정취소〉

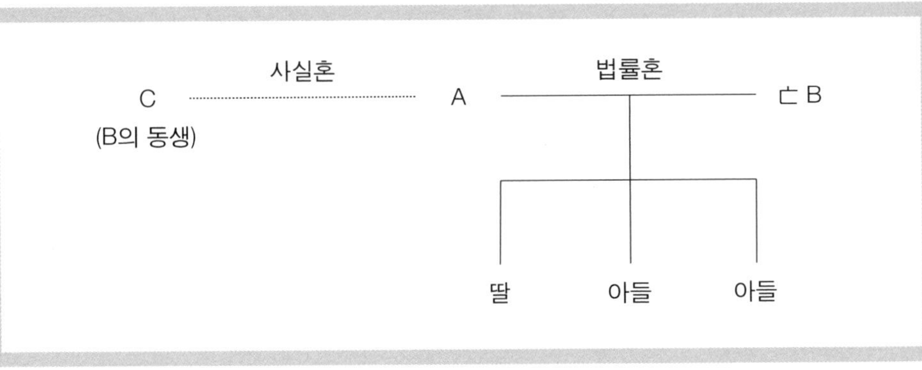

Ⅰ. 사실관계

1965년 혼인신고를 한 A와 B는 2남 1녀의 자녀를 두고 서울에서 거주하고 있었으나 1982년 A가 군산에 있는 국립 K대학교 교수로 임용되면서 주말부부로 살게 되었고 그러던 중 B가 1992년 병으로 사망하였다. 그러자 B의 동생으로 당시 42세의 미혼이던 원고 C는 서울 집에 남아 있는 A의 미혼인 두 아들(C의 조카들. 딸은 이미 출가하였다)을 돌보게 되었고 1993년 4월경부터는 위 집에 들어와 조카들과 함께 살기 시작하였다. 이후 1995년 A의 장남이 결혼하면서 위 집에서 살림을 차리게 되자 C는 A가 살고 있던 군산 주소지로 이사를 하여 그때부터 A와 C는 동거를 시작하였다. A와 C는 부부동반 모임이나 여행 등에 참가하는 등 부부로서 생활하였고, A는 C에게 배우자용 가족신용카드를 발급해 주는 한편 C의 국민연금 및 건강보험료를 납부하는 등 부부로서 생활하였다. 이러한 A와 C의 생활관계는 A의 자녀들을 포함한 친인척과 주변 지인들로부터 부부로서 인정되었다. A는 2003. 8. 31. K대학교에서 퇴직하였고, 그에 따라 퇴직연금을 받아오던 중 2009. 1. 6. 사망하였다. A의 사망 당시까지 A와 C는 혼인신고를 하지 않았다. A가 사망하자 C는 공무원연금공단에 유족연금을 신청하였다.

II. 소송경과

C의 유족연금신청에 대하여 피고 공무원연금공단(이하 '피고'라 한다)은, 구 공무원연금법 제3조 제1항 제2호 (가)목에 의하면 유족연금을 받을 수 있는 배우자는 공무원 재직 당시 혼인신고를 마친 법률상의 배우자이거나 사실상 혼인관계에 있던 자이어야 하는데, A가 공무원으로 재직할 당시 시행되던 1990년 민법의 규정상 형부와 처제 사이의 혼인은 무효이었고 혼인무효에 해당하는 사실혼관계는 구 공무원연금법 제3조 제1항 제2호 (가)목의 사실상 혼인관계로 인정될 수 없다는 이유를 들어 그 신청을 거부하는 처분(유족연금승계불승인결정)을 하였다. 이에 C는 이 처분을 취소해달라는 이 사건 소를 제기하였다. 1심[1]과 항소심[2]은 모두 C를 유족연금의 수급권자로 인정하지 아니한 피고의 이 사건 처분이 위법하다고 판결하였다.

III. 대상판결의 요지

[1] 민법이 정하는 혼인법질서에 본질적으로 반하는 사실혼관계에 있는 사람은 유족연금 수급권자인 배우자에 해당한다고 할 수 없다. 그리고 혼인할 경우 그 혼인이 무효로 되는 근친자 사이의 사실혼관계라면 원칙적으로 혼인법질서에 본질적으로 반하는 사실혼관계라고 추단할 수 있다. 그러나 비록 민법에 의하여 혼인이 무효로 되는 근친자 사이의 사실혼관계라고 하더라도, 그 근친자 사이의 혼인이 금지된 역

1) 서울행정법원 2009. 12. 10. 선고 2009구합31090 판결.

2) 서울고등법원 2010. 6. 17. 선고 2010누209 판결.

사적 · 사회적 배경, 그 사실혼관계가 형성된 경위, 당사자의 가족과 친인척을 포함한 주변 사회의 수용 여부, 공동생활의 기간, 자녀의 유무, 부부생활의 안정성과 신뢰성 등을 종합하여 그 반윤리성 · 반공익성이 혼인법질서 유지 등의 관점에서 현저하게 낮다고 인정되는 경우에는 근친자 사이의 혼인을 금지하는 공익적 요청보다는 유족의 생활안정과 복리향상이라는 유족연금제도의 목적을 우선할 특별한 사정이 있고, 이와 같은 특별한 사정이 인정되는 경우에는 그 사실혼관계가 혼인무효인 근친자 사이의 관계라는 사정만으로 유족연금의 지급을 거부할 수 없다.

[2] 2005. 3. 31. 법률 제7427호로 개정된 민법은 부칙 제4조에서 혼인의 무효 · 취소에 관한 경과조치로 "이 법 시행 전의 혼인에 종전의 규정에 의하여 혼인의 무효 또는 취소의 원인이 되는 사유가 있는 경우에도 이 법의 규정에 의하여 혼인의 무효 또는 취소의 원인이 되지 아니하는 경우에는 이 법 시행 후에는 혼인의 무효를 주장하거나 취소를 청구하지 못한다."고 정하고 있고, 이 경과규정의 취지는 특별한 사정이 없는 한 사실혼관계에 대하여도 미친다. 따라서 2005년 개정된 민법 시행 이후에는 1990년 1. 13. 법률 제4199호로 개정된 민법이 시행되던 당시의 형부와 처제 사이의 사실혼관계에 대하여 이를 무효사유 있는 사실혼관계라고 주장할 수 없다.

[3] 형부와 처제 사이의 혼인에 관한 구관습법의 태도, 민법의 개정 경과 및 그 내용, 위 형부와 처제 사이의 사실혼관계의 형성경위, 그 사실혼관계가 가족과 친인척을 포함한 주변 사회에서 받아들여진 점, 약 15년간의 공동생활로 부부생활의 안정성과 신뢰성이 형성되었다고 보이는 점 등을 종합하면, 비록 형부가 공무원으로 재직할 당시 시행되던 1990년 개정된 민법상 형부와 처제 사이의 혼인이 무효이었다고 하더라도 위 사실혼관계는 그 반윤리성 · 반공익성이 혼인법질서에 본질적으로 반할 정도라고 할 수 없고, 2005년 개정된 민법 부칙 제4조에 비추어 공무원연금공단은 2005년 개정된 민법이 시행된 이후에는 위 사실혼관계가 무효사유 있는 사실혼관계에 해당한다는 주장을 할 수도 없으므로, 위 사실혼관계는 구 공무원연금법 제3조 제1항 제2호 (가)목의 '사실혼관계'에 해당하고 위 신청인은 공무원연금법에 의한 유족연금의 수급권자인 배우자라고 할 것이다.

Ⅳ. 해 설

1. 유족연금제도의 목적

공무원연금법(이하 '법'이라고 한다)은 유족연금을 지급받을 수 있는 유족인 배우자에 관하여 공무원 또는 공무원이었던 자(이하 '공무원'이라고만 한다)의 사망 당시 그에 의하여 부양되고 있던 사람으로서 "재직 당시 사실상 혼인관계에 있던 자"가 이에 포함된다고 규정하고 있다. 법이 이와 같이 유족연금을 지급받을 수 있는 지위를 "사실상 혼인관계에 있던 자"에게도 인정하는 이유는, 유족의 생활안정과 복리향상에 이바지한다는 유족연금제도의 목적에 비추어 유족연금의 수급권자인 배우자는 반드시 민법상의 배우자 개념과 동일할 필요는 없고 오히려 공무원과의 관계에 있어서 사회통념상 부부로서의 공동생활을 현실적으로 영위한 사람에게 유족연금을 지급하는 것이 유족연금의 사회보장적 성격이나 그 제도의 취지에 부합하기 때문이다.

그렇다면 법이 허용하지 않는 사실혼관계에 있는 사람에게도 생활안정과 복리향상의 필요가 있다는 이유만으로 유족연금의 수급권자로서의 지위를 인정할 수 있을까? 민법이 정하는 혼인법질서에 본질적으로 반하는 사실혼관계에 있는 사람에게까지 유족연금 수급권자인 배우자로서의 지위를 인정하기는 어려울 것이다. 그렇다면 어떤 사실혼관계가 혼인법질서에 본질적으로 반하는 것일까? 이에 관하여 대법원은, 혼인할 경우 그 혼인이 무효로 되는 근친자 사이의 사실혼관계라면 원칙적으로 혼인법질서에 본질적으로 반하는 사실혼관계라고 추단할 수 있다고 판시하고 있다. 그러나 무효인 사실혼이라고 하여 언제나 혼인법질서에 본질적으로 반한다고 보기는 어렵다. 무효인 사실혼이라 하더라도 경우에 따라서는 반윤리성이나 반공익성이 크지 않을 수 있고(바로 이 사건의 사실관계가 그렇다), 그러한 경우에는 유족의 생활안정과 복리향상의 필요성이 더 높기 때문에 유족연금 수급권자인 배우자의 지위를 인정하는 것이 옳을 것이다. 이처럼 무효인 사실혼이 혼인법질서에 본질적으로 반하는지 반하지 않는지 여부를 판단하는 기준으로 판례가 들고 있는 것이, ① 그 근친자 사이의 혼인이 금지된 역사적 · 사회적 배경, ② 그 사실혼관계가 형성된 경위, ③ 당사자의 가족과 친인척을 포함한 주변 사회의 수용 여부, ④ 공동생활의 기간, ⑤ 자녀의 유무, ⑥ 부부생활의 안정성과 신뢰성 등이다.

그래서 이 사건에서 대법원은 A와 C의 사실혼관계가 비록 무효라 하더라도 반윤리성과 반공익성이 크지 않기 때문에 C에게 유족연금 수급권자인 배우자로서의 지위를 인정하여야 한다고 판시하였다.

2. 형부와 처제 간 혼인의 효력에 관한 변천

이 사건에서 문제된 형부와 처제의 혼인은 구관습법상으로 금지되는 것이 아니었다. 1960년 제정 민법 아래에서는 관련 규정상 그 혼인이 금지되는지 여부 및 금지되는 경우 그 혼인이 무효인지 취소사유인지에 관하여 견해의 대립이 있었다. 제정 민법상으로는 처족인척이 처의 부모만을 의미하였기 때문에 형부 입장에서 처제는 친족이 아니어서 형부와 처제간의 혼인이 유효하다는 것이 다수설이었다. 그리고 처제의 입장에서 형부는 남계혈족(동성동본인 혈족)의 배우자이므로 형부와 처제간의 혼인은 무효라는 견해가 소수설이었다.

그런데 1990년 개정 민법은, 친족의 범위에 관한 제777조를 개정하여 처족 인척의 범위를 '처의 부모'에서 '4촌 이내'로 확대하면서도 근친혼의 제한 및 혼인무효에 관한 제809조[3] 및 제815조[4]의 규정을 그대로 둔 결과, 형부와 처제 사이의 혼인이 금지되고 또한 그것은 무효인 혼인에 해당하게 되었다. 이에 따르면, 처제 입장에서

---

3) 제809조(동성혼 등의 금지)
① 동성동본인 혈족 사이에서는 혼인하지 못한다.
② 남계혈족의 배우자, 부의 혈족 및 기타 8촌 이내의 인척이거나 이러한 인척이었던 자 사이에서는 혼인하지 못한다.

4) 제815조(혼인의 무효) 혼인은 다음 각호의 경우에는 무효로 한다.
1. 당사자 간에 혼인의 합의가 없는 때
2. 당사자 간에 직계혈족, 8촌 이내의 방계혈족 및 그 배우자인 친족관계가 있거나 또는 있었던 때
3. 당사자 간에 직계인척, 부의 8촌 이내의 혈족인 인척관계가 있거나 또는 있었던 때

볼 때 형부는 2촌 방계혈족의 배우자로서 제815조 제2호에서 말하는 '8촌 이내의 방계혈족 및 그 배우자인 친족관계가 있거나 또는 있었던 때'에 해당하게 된다. 개정 전에는 형부와 처제가 친족관계가 아니었는데 1990년 개정 민법에 의해 친족관계가 된 것이다. 따라서 형부와 처제간의 혼인은 무효가 되게 되었다.

이러한 개정 결과에 대하여는 입법론적으로 부당하다는 비판이 적지 않았고, 결국 2005년 개정 민법이 근친혼의 제한, 혼인무효 및 혼인취소의 사유에 관한 제809조, 제815조, 제816조를 개정한 결과 형부와 처제 사이의 혼인은 금지되지만 그 위반의 효과는 그 혼인을 취소할 수 있는 데에 그치는 것으로 변경되었다. 한편 2005년 개정 민법은 부칙 제4조에서 혼인의 무효 · 취소에 관한 경과조치로 "이 법 시행 전의 혼인에 종전의 규정에 의하여 혼인의 무효사유가 있는 경우에도 이 법의 규정에 의하여 혼인 무효의 원인이 되지 아니하는 경우에는 이 법 시행 후에는 혼인의 무효를 주장하지 못한다."고 규정하고 있는데, 이 경과규정은 사실혼관계에도 적용된다. 따라서 1990년 개정 민법이 시행되던 당시의 형부와 처제 사이의 사실혼관계라 하더라도 2005년 개정 민법 시행 이후에는 이를 무효라고 주장할 수 없다.

그래서 이 사건에서 대법원은, "2005년 개정된 민법 부칙 제4조에 비추어 공무원연금공단은 2005년 개정된 민법이 시행된 이후에는 위 사실혼관계가 무효사유 있는 사실혼관계에 해당한다는 주장을 할 수도 없으므로, 위 사실혼관계는 구 공무원연금법상의 '사실혼관계'에 해당하고 원고는 공무원연금법에 의한 유족연금을 받을 수 있는 배우자"라고 판단하였던 것이다.

3. 결 론

유족연금제도의 취지와 목적에 비추어 볼 때 형부와 처제라도 사실혼관계를 유지해왔던 것이 사실이라면 사실혼 배우자로 인정하여 유족연금을 지급받을 수 있도록 하는 것이 타당하다고 생각한다. 더구나 2005년 개정 민법 이후부터는 형부와 처제의 혼인은 무효가 아닌 취소사유에 불과하기 때문에 이제는 단순히 형부와 처제 사이였다는 이유만으로 유족연금의 지급을 거부할 수는 없을 것이다. 취소사유에 해당하는 혼인은 취소되기 전까지는 유효한 혼인에 해당하고, 설사 취소가 되더라도 취소되기 이전의 법률관계에 있어서는 유효한 혼인이었던 것으로 취급되기 때문이다.

7 대습상속인이 대습원인 발생 이전에 피상속인으로부터 받은 증여가 특별수익에 해당할까?

〈대법원 2014. 5. 29. 선고 2012다31802 판결: 소유권이전등기절차이행〉

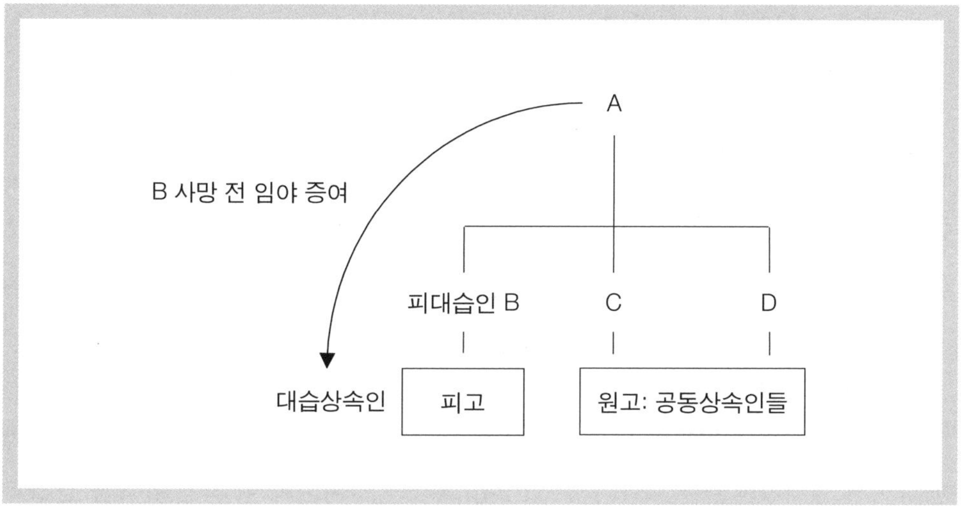

Ⅰ. 사실관계

A는 2009. 8. 12. 사망하였는데, A의 사망 이전에 A의 자녀들 중 B. C. D가 먼저 사망하여 그들의 처 또는 자녀들이 그들의 재산을 대습상속하였다. A는 B가 사망하기 이전인 1991. 6. 12. B의 장남인 피고에게 남양주시 소재 임야 16,811㎡(이하 '이 사건 임야')를 증여하여 그 소유권이전등기를 마쳤다. A는 사망할 당시 다른 재산이나 채무는 없었다. 그러자 다른 상속인들이 피고를 상대로 이 사건 임야에 대하여 유류분침해를 원인으로 한 소유권이전등기청구의 소를 제기하였다.

Ⅱ. 소송경과

1. 피고의 주장

가. 민법 제1114조(산입될 증여) 적용 여부

피고는 "민법 제1114조에 의하면 증여는 상속개시 전의 1년간에 행한 것에 한하여 제1113조[1]의 규정에 의하여 그 가액을 산정한다고 규정하고 있는데, 망인이 이 사건 임야를 피고에게 증여한 때는 망인의 사망일인 2009. 8. 12.보다 18년 전이므로 이 사건 임야는 유류분 산정의 기초가 되는 재산에 포함되지 않는다."고 주장하였다.

나. 기여분 공제 여부

피고는 "피고의 아버지인 소외 2가 장남으로서 망인을 부양하거나 소외 2를 제외한 나머지 형제자매들을 보살펴 주었으니, 그러한 기여분이 이 사건 유류분 산정의 기초재산에서 공제되어야 한다."고 주장하였다.

2. 원심판결[2]

가. 특별수익 해당 여부에 관하여

민법 제1118조는 특별수익자의 상속분에 관한 제1008조[3]를 유류분에 준용하고

---

1) 제1113조(유류분의 산정)
① 유류분은 피상속인의 상속개시시에 있어서 가진 재산의 가액에 증여재산의 가액을 가산하고 채무의 전액을 공제하여 이를 산정한다.
② 조건부의 권리 또는 존속기간이 불확정한 권리는 가정법원이 선임한 감정인의 평가에 의하여 그 가격을 정한다.

2) 서울북부지방법원 2012. 2. 17. 선고 2011나5552 판결.

3) 공동상속인 중에 피상속인으로부터 재산의 증여 또는 유증을 받은 자가 있는 경우에 그 수증재산이 자기의 상속분에 달하지 못한 때에는 그 부족한 부분의 한도에서 상속분이 있다.

있으므로 공동상속인 중에 피상속인으로부터 재산의 증여에 의하여 특별수익을 한 사람이 있는 경우에는 민법 제1114조의 규정은 그 적용이 배제되고, 따라서 그 증여는 상속개시 전의 1년 간에 행한 것인지 여부에 관계없이 유류분 산정을 위한 기초재산에 산입된다고 할 것이므로(대법원 1995. 6. 30. 선고 93다11715 판결 참조), 피고의 위 주장은 이유 없다.

나. 기여분 공제 항변에 관하여

공동상속인 중 피상속인의 재산의 유지 또는 증가에 관하여 특별히 기여하거나 피상속인을 특별히 부양한 자가 있는 경우 그 기여분의 산정은 공동상속인들의 협의에 의하여 정하도록 되어 있고, 협의가 되지 않거나 협의할 수 없는 때에는 기여자의 신청에 의하여 가정법원이 심판으로 이를 정하도록 되어 있으므로, 이와 같은 방법으로 기여분이 결정되기 전에는 유류분반환청구소송에서 피고가 된 기여상속인은 상속재산 중 자신의 기여분을 공제할 것을 항변으로 주장할 수 없다고 할 것이므로, 피고의 위 주장 역시 이유 없다.

Ⅲ. 대상판결의 요지

민법 제1008조는 공동상속인 중에 피상속인으로부터 재산의 증여 또는 유증을 받은 특별수익자가 있는 경우 공동상속인들 사이의 공평을 기하기 위하여 수증재산을 상속분의 선급으로 다루어 구체적인 상속분을 산정함에 있어 이를 참작하도록 하려는 데 취지가 있는 것인바, <u>대습상속인이 대습원인의 발생 이전에 피상속인으로부터 증여를 받은 경우 이는 상속인의 지위에서 받은 것이 아니므로 상속분의 선급으로 볼 수 없다</u>. 그렇지 않고 이를 상속분의 선급으로 보게 되면, 피대습인이 사망하기 전에 피상속인이 먼저 사망하여 상속이 이루어진 경우에는 특별수익에 해당하지 아니하던 것이 피대습인이 피상속인보다 먼저 사망하였다는 우연한 사정으로 인하여 특별수익으로 되는 불합리한 결과가 발생한다. 따라서 <u>대습상속인의 위와</u>

같은 수익은 특별수익에 해당하지 않는다. 이는 유류분제도가 상속인들의 상속분을 일정 부분 보장한다는 명분 아래 피상속인의 자유의사에 기한 자기 재산의 처분을 그의 의사에 반하여 제한하는 것인 만큼 **인정 범위를 가능한 한 필요최소한으로 그치는 것이 피상속인의 의사를 존중한다는 의미에서 바람직하다**는 관점에서 보아도 더욱 그러하다.

Ⅳ. 해 설

1. 대습상속

대습상속이란, 상속인이 될 직계비속 또는 형제자매가 상속개시 전에 사망하거나 상속결격자가 되어 상속권을 상실하게 된 경우, 그 직계비속 또는 배우자가 사망하거나 결격된 사람의 순위에 갈음하여 상속인이 되는 것을 말한다(제1001조, 제1003조 제2항). 이 때 원래 상속인이 되었을 직계비속 또는 형제자매를 피대습자라 하고, 피대습자에 갈음하여 상속인이 된 직계비속 또는 배우자를 대습자(대습상속인)라 한다. 좀 더 쉽게 예를 들어 설명하면, 상속인이 피상속인보다 먼저 사망한 경우에는 그 상속인의 자녀가 상속인에 갈음해서 상속을 받는다. 이것을 대습상속이라고 한다. 피상속인(할아버지)보다 먼저 사망한 상속인(아버지)을 피대습자라고 하고, 상속인의 자녀로서 대신 상속을 받는 사람을 대습자(손자)라고 한다. 대습상속을 하게 되면 대습자가 피대습자의 순위에서 피대습자의 상속분을 상속하게 된다(제1010조 제1항). 이 사건에서 피상속인 A가 사망하기 이전에 A의 상속인인 자녀들 중 B. C. D가 먼저 사망하였기 때문에 B, C, D는 피대습자가 되었고 이들의 배우자와 자녀들이 대습자가 되어 그들의 재산을 대습상속하였다. 피고 역시 B의 아들로서 B를 대습상속하였다.

2. 특별수익자의 상속분

가. 특별수익반환(조정)제도

공동상속인 중에 피상속인으로부터 증여 또는 유증을 받은 사람을 특별수익자라 한다. 특별수익자는 그 수증재산이 자기의 상속분에 달하지 못한 때에 그 부족한 부분에 한해서만 상속분을 인정한다(제1008조). 피상속인으로부터 받은 증여나 유증을 고려하지 않고 상속이 개시되었을 때 현존하는 재산만을 가지고 법정상속분에 따라 상속재산을 분배하게 되면 실질적으로 불공평하다. 그래서 피상속인이 남긴 재산의 가액에 생전에 증여한 재산의 가액을 더한 것을 상속재산으로 보고(이를 '명목상의 상속재산'이라 한다), 법정상속분에 따라 각 상속인의 상속분을 산출한 후(이를 '본래의 상속분'이라 한다), 특별수익자에 대하여는 그 산출된 상속분에서 증여 또는 유증받은 가액을 공제하여 그 사람의 상속분으로 하는 것이다(이를 '구체적 상속분'이라 한다).[4] 생전증여는 상속분을 선급한 것이므로 구체적 상속분의 계산을 위해 이를 반환하게 하여 산입하는 것이다. 이를 특별수익분반환제도라 한다. 그러나 유류분을 침해하지 않는 한 특별수익자는 특별수익을 실제로 반환하는 것이 아니라 어디까지나 구체적 상속분의 산정을 위해 계산상으로만 반환하는 것이다. 그래서 이를 특별수익의 '반환'이 아니라 '조정'이라고 표현하기도 한다.[5] 특별수익자가 실제로 반환하는 것은 유류분을 침해한 액에 해당하는 초과수익분이다.

나. 이 사건의 경우

이 사건에서 피고는 대습상속인으로서 다른 상속인들과 함께 피상속인의 재산을 상속하기 때문에 공동상속인의 지위에 있다고 볼 수 있다. 그리고 피고는 피상속인으로부터 이 사건 임야를 증여받았다. 그렇다면 피고가 증여받은 이 사건 임야는 특별수익에 해당하여 이를 반환해야 하는가? 특별수익은 상속분의 선급에 해당되기

---

4) 따라서 특별수익을 얻은 것이 없는 상속인은 본래의 상속분과 구체적 상속분이 동일하게 된다.

5) 윤진수, 450~451면.

때문에 반환해야 한다는 특별수익반환제도의 취지에 비추어 볼 때, 대습상속인이 피상속인으로부터 증여를 받은 경우에는 그것이 상속분의 선급으로 볼 수 있을 때에만 특별수익으로서 반환해야 한다고 해석한다.[6] 따라서 대습상속인이 피상속인으로부터 증여를 받았더라도 대습상속인으로서의 자격을 취득하기 전, 즉 피대습자가 사망하기 전에 받았을 때에는 대습상속인이 아직 추정상속인이 아니기 때문에 상속분의 선급이라고 할 수 없어서 특별수익에 해당하지 않는다. 반면 대습상속인의 자격을 취득한 이후에 증여받은 경우에는 특별수익에 해당하여 반환해야 한다.

이 사건에서 피고가 피상속인 A의 사망 전에 A로부터 임야를 증여받은 것은 상속인의 지위에서 받은 것이 아니므로 상속분의 선급으로 볼 수 없고, 따라서 이는 특별수익에 해당하지 아니하여 유류분 산정을 위한 기초재산에 포함되지 않는다고 보아야 한다. 결론적으로 원고들의 청구는 기각되어야 한다. 이와 같은 취지로 판시한 대상 판결에 찬성한다.

3. 기여분에 관한 판단

피고의 기여분 공제 항변에 대해서는 대법원이 판단을 하지 않았다. 특별수익이 아니라는 피고의 상고이유를 받아들여 원심판결을 파기환송한 이상 굳이 다른 항변을 판단할 필요가 없기 때문이다. 그러나 이 항변에 관하여는 원심의 판단이 옳다. 즉 기여분에 관하여 공동상속인들 간에 협의가 되지 않거나 협의할 수 없는 때에는 기여자의 신청에 의하여 가정법원이 심판으로 이를 정하도록 되어 있으므로 이와 같은 방법으로 기여분이 결정되기 전에는 유류분반환청구소송에서 피고가 된 기여상속인은 상속재산 중 자신의 기여분을 공제할 것을 항변으로 주장할 수 없다.[7] 기여분결정은 가정법원 관할이지만, 유류분반환소송은 지방법원 관할이다.

---

6) 신영호/김상훈/정구태, 388면.
7) 대법원 1994. 10. 14. 선고 94다8334 판결.

4. 보론: 실질적으로 피대습자가 특별수익한 것으로 볼 경우

대상 판결에서도 판시한 것처럼, 피대습자 B가 사망하기 전에 피상속인 A가 먼저 사망하여 일반적인 순서로 상속이 이루어진 경우에는 손자인 피고에게 증여한 것을 특별수익으로 보지 않는다. 이것이 피고의 특별수익이 아님은 물론이고(피고는 공동상속인이 아니므로), B의 특별수익에도 해당하지 않는다(B가 증여받은 것이 아니므로). 이와 같이 상속분을 산정함에 있어서 증여를 특별수익으로 참작할 것인지의 문제는 원칙적으로 상속인이 증여를 받은 경우에만 발생한다. 따라서 상속인의 배우자나 상속인의 자녀 등이 피상속인으로부터 증여를 받은 경우에는 그 증여는 특별수익에 해당하지 아니하여 누구도 이에 대해 반환의무를 지지 않는다.

그러나 증여의 경위, 증여된 물건의 가치, 성질, 수증자와 관련된 상속인이 실제 받은 이익 등을 고려하여 실질적으로 피상속인으로부터 상속인에게 직접 증여된 것과 다르지 않다고 인정되는 경우에는 상속인의 배우자나 상속인의 자녀 등에게 이루어진 증여도 특별수익으로서 이를 고려할 수 있다는 것이 대법원의 태도이다.[8] 즉 이 경우에는 설사 상속인이 받은 것이 아니라 상속인의 배우자나 자녀가 받은 것이라도 상속인이 특별수익한 것으로 보아 상속인이 반환의무를 지게 된다.

이러한 판례의 취지에 비추어 볼 때, 이 사건에서도 피상속인 A가 피고에게 이 사건 임야를 증여한 경위 등을 고려하여 그것이 실질적으로 피고의 아버지인 B에게 증여한 것과 같은 것이라고 볼 수 있는 경우에는 이를 대습상속인인 피고의 특별수익으로서 유류분반환의 대상이 되는 기초재산에 해당된다고 보아야 하지 않을까 생각된다. 이 문제와 관련하여 피대습자가 특별수익한 것을 대습상속인의 특별수익으로 볼 수 있는지에 관해 의문을 가질 수도 있다. 그러나 피대습자가 특별수익한 경우 대습상속인이 이를 반환하여야 한다는 점에 관하여는 학계에서도 대체로 이를 긍정하고 있다. 이를 전부 반환하여야 하는지 아니면 대습상속인이 피대습자를 통하여 피대습자의 특별수익에 의해 현실적으로 경제적 이익을 받고 있는 경우에만

---

8) 대법원 2007. 8. 28.자 2006스3 결정.

반환의무를 지는지에 관해서만 의견대립이 있을 뿐이다.[9] 현실적으로 경제적 이익을 받고 있는지 여부를 판단하는 것은 어려운 일이며, 피대습자가 받은 특별수익은 대습상속인에게 상속되므로 원칙적으로는 이를 전부 반환하여야 할 것이다. 다만 피대습자의 특별수익을 대습상속인이 전부 상속받지 못했다면 실제 받은 이익 한도 내에서만 반환하도록 하고 이러한 사정에 대해서는 대습상속인이 주장, 입증책임을 진다고 해야 한다. 그러나 이 사건에서는 어차피 대습상속인인 피고가 특별수익을 고스란히 보유하고 있기 때문에 이러한 학설대립은 의미가 없다.

9) 신영호/김상훈/정구태, 387~388면.

8 대습원인 발생 전 며느리에게 한 증여가 특별수익에 해당할까?

〈서울고등법원 2024. 3. 28. 선고 2023나2030285 판결: 유류분반환〉

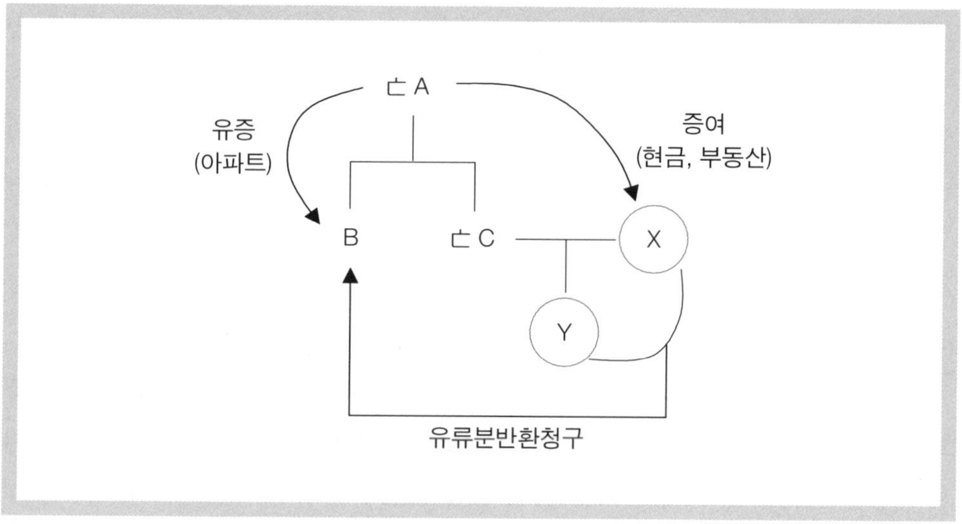

Ⅰ. 사실관계

망 A(이하 '망인'이라 함)는 아내와 사별했고 자녀로는 장남 B와 차남 C가 있다. 망인은 2014년 2월에 C의 아내인 며느리 X에게 현금 약 4억 원을 증여했고, 그해 12월에는 약 7억 원 상당의 부동산을 X에게 또 증여했다. 담도암 말기 판정을 받고 투병을 하던 차남 C는 2016년 2월 사망했고, 이후 망인은 2018년 12월에 사망했다. C와 X 사이에는 딸 Y가 있다. 망인은 사망하면서 유언장을 남겼는데, 그 유언에 따르면 망인의 남은 재산인 아파트(시가 약 8억 원)는 장남 B에게 유증한다는 내용이었다. 그러자 X와 Y(원고들)는 망인의 유언으로 인해 자신들의 유류분이 침해되었다면서 B를 상대로 유류분반환청구소송을 냈다. 과연 장남 B(피고)는 X와 Y에게 유류분을 반환해 주어야 할까?

II. 소송경과

이 사건에서 피고는 X가 망인으로부터 증여받은 것은 사실상 차남 C가 증여받은 것과 같기 때문에 차남의 특별수익으로 보아야 하고 이러한 특별수익을 고려하면 차남 C를 대습상속한 원고들은 유류분이 침해되지 않는다고 항변했다. 이에 대해 원고들은 망인으로부터 재산을 증여받은 사람은 X이므로 이것을 C의 특별수익이라고 할 수 없고, 또한 이러한 증여는 피대습자인 C가 사망하기 전에 받은 것이어서 X가 (대습)상속인의 지위에서 받은 게 아니므로 이것을 X의 특별수익이라고 볼 수도 없다고 재항변했다.

1심에서는, "담도암 말기 판정을 받은 C에게 각종 수술비와 치료비 등이 필요했고, 경제적 도움을 주려는 목적에서 C의 부모가 X에게 증여한 것"이라며 "C에게 직접 재산을 증여할 경우, C가 사망할 때 상속세를 부담해야 하는 문제가 발생할 수 있어 X에게 증여했다고 볼 여지가 크다"고 하면서, 망인의 X에 대한 증여는 C에 대한 증여와 다를 바 없으므로 이를 C의 특별수익으로 고려하여야 한다고 판단했다.[1)]

III. 대상판결의 요지

이에 대하여 원고들이 항소를 했는데, 항소심인 서울고등법원에서도 다음과 같은 이유로 1심판결을 유지하였다. "피상속인(시부모)이 대습원인(C의 사망) 발생 전 피대습자의 배우자(며느리 X) 또는 직계비속의 지위에 있는 대습상속인(손주 등)에게 직접 증여한 것이 실질적으로 피대습자(시부모의 아들이자 X의 남편인 C)에게 증여한

1) 서울남부지방법원 2023. 6. 23. 선고 2019가합105901 판결.

것과 다르지 않다고 인정된다면, 대습상속인이 된 피대습자의 직계비속 또는 배우자에 대한 증여도 피대습자에 대한 상속분의 선급으로서 특별수익으로 고려할 수 있다"고 판시했다. 재판부는 이러한 사정을 고려해 상속분을 따져 봤을 때, 원고들의 유류분 부족액은 존재하지 않는다고 판단했다.[2)]

IV. 해 설

1. 쟁 점

이 사건의 쟁점은, 대습원인(차남 C의 사망)이 발생하기 전에 이뤄진 시아버지 A의 며느리 X에 대한 증여를 차남 C의 특별수익으로 볼 수 있는지, 이로 인한 차남 C의 특별수익을 이 사건에서 X와 Y의 특별수익으로 볼 수 있는지 여부이다.

2. 제3자에 대한 증여를 상속인의 특별수익으로 볼 수 있는 경우

대습상속인이 대습원인의 발생 이전에 피상속인으로부터 증여를 받은 경우 이는 상속인의 지위에서 받은 것이 아니므로 대습상속인이 받은 증여를 상속분의 선급의 의미를 가지는 특별수익으로 볼 수 없음이 원칙이다.[3)] 그러나 증여의 경위, 증여된 물건의 가치, 성질, 수증자와 관계된 상속인이 실제 받은 이익 등을 고려하여 실질적으로 피상속인으로부터 상속인에게 직접 증여된 것과 다르지 않다고 인정되는 경우에는 상속인의 직계비속, 배우자, 직계존속 등에게 이루어진 증여나 유증도 상속인에 대한 특별수익으로서 이를 고려할 수 있다.[4)]

실제 상속 사건을 처리하다 보면 상속인이 아닌 상속인의 가족, 예컨대 며느리나

---

2) 이 판결에 대해서는 원고들이 상고를 포기하여 그대로 확정되었다.

3) 대법원 2014. 5. 29. 선고 2012다31802 판결 참조.

4) 대법원 2007. 8. 28.자 2006스3, 4 결정 참조.

사위, 손자녀에게 증여한 경우가 상당히 많다. 그리고 이런 경우에 이들에 대한 증여를 상속인의 특별수익으로 볼 수 있는지 여부가 늘 쟁점이 된다. 상속인이 아닌 제3자에 대한 증여는 상속인의 특별수익으로 보지 않는 것이 원칙이다. 그렇다면 과연 어떤 경우에 예외적으로 제3자에게 한 증여를 상속인의 특별수익으로 본다는 것일까? 필자가 그동안 유사 사건들을 많이 처리해 본 경험을 정리해 보자면, 대략 다음과 같은 경우에 제3자에 대한 증여를 예외적으로 상속인의 특별수익으로 인정하는 경향이 있다.[5)]

① 제3자(수증자)와 상속인이 경제적 생활공동체를 이루고 있는 경우
② 제3자에 대한 증여로 인한 이익을 실제로는 상속인이 누리고 있는 경우
③ 제3자에게 증여한 재산을 상속인이 직접 사용 · 수익하고 있는 경우
④ 피상속인이 제3자에게 증여할 특별한 사정이 없는 경우(피상속인의 의도는 상속인에 대한 증여이다)
⑤ 피상속인의 재산 규모와 제3자에 대한 증여의 규모, 그리고 제3자와 피상속인의 관계를 비교해 보았을 때, 해당 증여를 상속인의 특별수익에서 제외하는 것은 나머지 상속인들 사이에 형평을 해치는 경우

이 사건에서도 망인이 며느리 X에게 증여한 것이 실질적으로는 차남 C에게 증여한 것과 다를 바 없는지 여부가 관건이었다. 이에 대해 법원은, 증여 당시 차남 C의 상태 등에 비추어 봤을 때 망인이 며느리 X에게 증여한 것은 실질적으로 차남 C에게 증여한 것과 다르지 않다고 보았다. 이 사건을 필자가 정리한 위 카테고리에 포섭시켜 본다면, ① 며느리 X와 차남 C가 경제적 생활공동체를 이루고 있고, ② X에 대한 증여로 인한 이익을 실제로는 C가 누렸다고 볼 수 있으며, ③ 망인이 며느리 X에게 증여할 특별한 사정이 없었다(이중의 세금부담을 막고자 했던 사정이 있었을 뿐)는

5) 서울고등법원 2024. 4. 18. 선고 2023나2047627 판결; 서울중앙지방법원 2024. 11. 20. 선고 2023가단5341690 판결; 의정부지방법원 2018. 3. 30. 선고 2017나213730 판결; 서울서부지방법원 2020. 12. 22. 선고 2019가단217318 판결; 광주지방법원 2023. 12. 22. 선고 2022나50242 판결; 서울서부지방법원 2023. 4. 27. 선고 2020가합39962, 2022가합33692 판결; 서울북부지방법원 2024. 11. 12. 선고 2023가단135349 판결 등.

점에서 망인이 며느리 X에게 한 증여는 실질적으로는 차남 C의 특별수익으로 볼 수 있을 것이다.

3. 피대습자의 특별수익을 대습상속인의 특별수익으로 볼 수 있는지 여부

그렇다면 다음 문제는, 이렇게 X에 대한 증여를 차남 C의 특별수익으로 보았을 때, 피대습자인 차남 C의 특별수익을 대습상속인인 X와 Y의 특별수익으로 볼 수 있는지 여부이다. 이것은 피대습자가 특별수익한 경우 대습상속인이 이를 특별수익으로 반환해야 하는가의 문제이다(용어는 '특별수익반환'이지만 유류분처럼 실제로 반환하는 것이 아니라 구체적 상속분 계산 과정에서 특별수익을 고려하여 '조정'하는 것이다. 따라서 이를 '특별수익조정제도'라고 하기도 한다). 대습상속인과 피대습자의 지위는 실질적으로 동일하며, 피대습자가 받은 특별수익은 어차피 대습상속인에게 귀속되므로 대습상속인이 특별수익을 반환('조정')해야 한다는 입장이 통설의 태도이다.[6] 그리고 이 사건에서 법원도 이러한 입장을 전제로, 피대습자인 차남 C의 특별수익을 대습상속인인 X와 Y의 특별수익으로 보고 판단하고 있다. 이러한 것은 결국 공동상속인 간의 공평을 해치지 않기 위한 조치라고 볼 수 있다.

6) 신영호/김상훈/정구태, 387~388면.

9 상속포기의 효력이 피상속인을 피대습자로 하여 개시된 대습상속에까지 미칠까?

〈대법원 2017. 1. 12. 선고 2014다39824 판결: 구상금〉

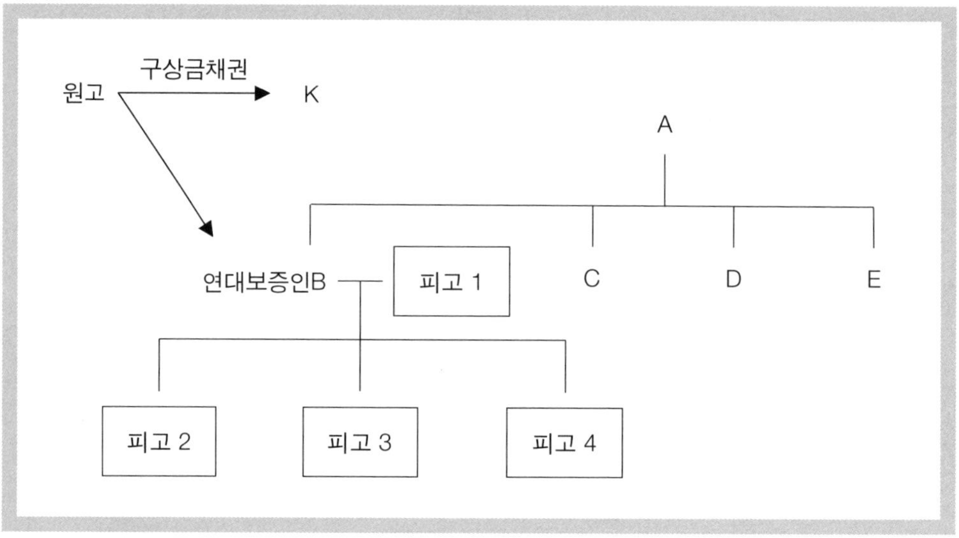

Ⅰ. 사실관계

원고 서울보증보험 주식회사(이하 '원고'라 한다)는 1993. 4. 28. K와 피보험자를 대한교육보험 주식회사(이하 '대한교육보험'이라 한다)로 정하여 소액대출보증보험계약[1])을 체결하였다. 그리고 B는 K의 원고에 대한 위 계약상 구상금채무(이하 '이 사건 구상금채무'라 한다)를 연대보증하였다. K가 대한교육보험에 대한 대출원리금의 지급을 연체하자, 원고는 1995. 7. 25. 대한교육보험에 약 2,000만 원을 대위변제하였

1) 대출보증보험은 은행 등 금융기관에서 대출시 요구하는 재정보증인을 구할 수 없을 경우 보증보험사가 대출보증을 서 주는 것으로 소액의 수수료를 내고 받은 보험증권으로 대출을 받을 수 있는 제도이다.

다. B는 2000. 11. 24. 사망하였고, 그 유족으로는 배우자인 피고 1, 자녀들인 피고 2, 피고 3, 피고 4가 있었다. 피고들은 모두 상속포기를 하였고, B의 어머니인 A가 B의 재산을 단독으로 상속하였다. 당시 피고들은 2001. 2. 3. 창원지방법원에 망 B의 재산상속을 포기하는 심판청구서를 제출하였고, 이에 따라 위 법원은 2001. 2. 22. 2001느단50호로 "청구인들이 2001. 2. 3.자로 한 피상속인 망 B의 재산상속을 포기하는 신고를 수리한다."라는 심판을 하였다. 그 후 A는 2004. 2. 10. 사망하였고, 그 자녀들로는 망 B 외에 C, D, E가 있었다.

II. 소송경과

A가 사망하자 원고는 피고들을 상대로 이 사건 구상금청구의 소를 제기하였다. 이에 대해 피고들은 "사망한 남편의 상속을 포기했음에도 후순위 상속인인 시어머니를 거쳐 다시 남편의 채무를 대습상속하게 된다면 이는 상속포기 및 대습상속의 제정 목적에 반하는 것이고 이미 포기한 채무를 다시 부담하는 것이므로 금반언 및 신의성실의 원칙에 반한다"고 반박했다.

원심[2)]은, A가 사망 당시 B로부터 상속받은 재산 외에 고유재산이 없었다는 우연한 사정을 들어 피고들의 B에 대한 상속포기의 효과가 A의 사망에 따른 대습상속에까지 미치므로 결국 피고들은 A의 원고에 대한 이 사건 구상금채무의 대습상속을 포기하는 결과가 되었다고 판단하였다.

III. 대상판결의 요지

피상속인의 사망으로 상속이 개시된 후 상속인이 상속을 포기하면 상속이 개시된

2) 창원지방법원 2014. 5. 21. 선고 2013나10875 판결.

때에 소급하여 그 효력이 생긴다(민법 제1042조). 따라서 제1순위 상속권자인 배우자와 자녀들이 상속을 포기하면 제2순위에 있는 사람이 상속인이 된다. 상속포기의 효력은 피상속인의 사망으로 개시된 상속에만 미치고, 그 후 피상속인을 피대습자로 하여 개시된 대습상속에까지 미치지는 않는다. 대습상속은 상속과는 별개의 원인으로 발생하는 것인 데다가 대습상속이 개시되기 전에는 이를 포기하는 것이 허용되지 않기 때문이다. 이는 종전에 상속인의 상속포기로 피대습자의 직계존속이 피대습자를 상속한 경우에도 마찬가지이다. 또한 피대습자의 직계존속이 사망할 당시 피대습자로부터 상속받은 재산 외에 적극재산이든 소극재산이든 고유재산을 소유하고 있었는지에 따라 달리 볼 이유도 없다. 따라서 피상속인의 사망 후 상속채무가 상속재산을 초과하여 상속인인 배우자와 자녀들이 상속포기를 하였는데, 그 후 피상속인의 직계존속이 사망하여 민법 제1001조, 제1003조 제2항에 따라 대습상속이 개시된 경우에 대습상속인이 민법이 정한 절차와 방식에 따라 한정승인이나 상속포기를 하지 않으면 단순승인을 한 것으로 간주된다. 위와 같은 경우에 이미 사망한 피상속인의 배우자와 자녀들에게 피상속인의 직계존속의 사망으로 인한 대습상속도 포기하려는 의사가 있다고 볼 수 있지만, 그들이 상속포기의 절차와 방식에 따라 피상속인의 직계존속에 대한 상속포기를 하지 않으면 효력이 생기지 않는다. 이와 달리 피상속인에 대한 상속포기를 이유로 대습상속 포기의 효력까지 인정한다면 상속포기의 의사를 명확히 하고 법률관계를 획일적으로 처리함으로써 법적 안정성을 꾀하고자 하는 상속포기제도가 잠탈될 우려가 있다.

Ⅳ. 해 설

1. 대습상속

대습상속이란, 상속인이 될 직계비속 또는 형제자매가 상속개시 전에 사망하거나 상속결격자가 되어 상속권을 상실하게 된 경우, 그 직계비속 또는 배우자가 사망하거나 결격된 사람의 순위에 갈음하여 상속인이 되는 것을 말한다(제1001조, 제1003조 제2항). 이 때 원래 상속인이 되었을 직계비속 또는 형제자매를 피대습자라 하고, 피대습자에 갈음하여 상속인이 된 직계비속 또는 배우자를 대습자(대습상속인)라 한다. 좀 더 쉽게 예를 들어 설명하면, 상속인이 피상속인보다 먼저 사망한 경우에는 그 상속인의 자녀가 상속인에 갈음해서 상속을 받는다. 이것을 대습상속이라고 한다. 피상속인(할아버지)보다 먼저 사망한 상속인(아버지)을 피대습자라고 하고, 상속인의 자녀로서 대신 상속을 받는 사람을 대습자(손자)라고 한다. 대습상속을 하게 되면 대습자가 피대습자의 순위에서 피대습자의 상속분을 상속하게 된다(제1010조 제1항). 이 사건에서 피상속인 A가 사망하기 이전에 A의 상속인인 자녀들(B, C, D, E) 중 B가 먼저 사망하였기 때문에 B는 피대습자가 되었고 B의 배우자와 자녀들이 대습자(대습상속인)가 되어 B의 재산을 대습상속하였다. 대습상속 역시 그 본질은 상속권이다. 따라서 대습상속이 개시되기 전, 즉 피상속인이 사망하기 전에 미리 그 권리를 포기할 수는 없다.

2. 상속포기

피상속인의 사망으로 상속인에게 피상속인의 모든 재산상의 권리의무가 법률상 당연히 포괄적으로 승계되는데(민법 제1005조), 상속인의 의사를 고려하여 상속인을 보호하기 위하여 마련된 것이 상속포기제도이다. 피상속인의 재산이 적극재산보다 소극재산이 더 많을 때 그 효용가치가 크다. 상속의 포기는 상속에 관한 법률상 지위를 상실시키는 행위로서 다른 공동상속인 또는 피상속인이나 상속인의 채권자 등에게 미치는 영향이 크다. 그래서 민법은 그 의사표시의 존재를 명확히 하고 법률관계를 획일적으로 처리하기 위하여 상속포기의 기간을 상속개시 있음을 안 날부터 3월로 제한하고(민법 제1019조 제1항 전문), 상속인이 이 기간 내에 한정승인 또는 포기를 하지 않은 때에는 단순승인을 한 것으로 보며(민법 제1026조 제2호), 상속포기의 취소는 허용되지 않는다(민법 제1024조 제1항). 또한 상속포기의 방식은 위 기간 내에 가정법원에 포기의 신고를 하도록 엄격하게 제한된다(민법 제1041조). 가사소송법과 그 규칙은 상속포기의 절차와 방식을 정하고 있는데, 상속인 등이 피상속인의 성명과 최후주소, 피상속인과의 관계 등 일정한 사항을 기재하고 기명날인하거나 서명한 서면에 의하여 가정법원에 신고하여야 하며(가사소송법 제36조 제3항, 가사소송규칙 제75조 제1항, 제2항), 가정법원이 상속포기신고를 수리할 때 반드시 심판절차를 거쳐 심판서를 작성하여야 한다(가사소송규칙 제75조 제3항). 상속포기의 기간, 방식과 절차를 정한 민법의 위 규정들은 강행규정으로서, 이를 위반하여 상속이 개시되기 전에 포기를 하거나 그 방식과 절차를 따르지 않은 경우에는 상속포기의 효력이 없다.[3]

3. 이 사건의 경우

피고들의 상속포기는 피상속인 B로부터 상속받는 것을 포기하는 효과가 있을 뿐이다. 따라서 B가 부담하는 이 사건 구상금채무는 B의 사망 후 제1순위 상속인인 피고들의 상속포기에 따라 제2순위 상속인인 A에게 단독 상속되었다가, 그 후 A의 사망에 따라 자녀들인 C, D, E 그리고 망 B의 대습상속인인 피고들에게 공동으로 상속되었다. B의 사망 후 피고들이 상속포기를 했다고 하더라도 이는 B에 대한 상속포기에 지나지 않아 그 효력이 B의 어머니인 A의 사망에 따른 대습상속에까지 미친다고 볼 수 없다. A의 사망에 따라 B를 피대습자로 한 대습상속이 개시된 후 피고들이 상속의 효력을 배제하고자 하였다면, B에 대한 상속포기와는 별도로 다시 민법이 정한 기간 내에 상속포기의 방식과 절차에 따라 A를 피상속인으로 한 상속포기를 하였어야 한다. 만약 이와 같이 보지 않고 상속포기의 효력이 대습상속에까지 미친다고 한다면, 만약 피상속인에게 적극재산이 많아서 상속을 받을 이익이 있을 경우에 대습상속인은 큰 불이익을 입게 된다. 그렇다고 하여 피상속인의 상속재산 중 소극재산이 적극재산을 초과할 경우에만 상속포기의 효력이 대습상속에까지 미치는 것으로 본다면, 우연한 결과에 따라 상속여부가 달라지게 되어 상속과 관련한

3) 대법원 1994. 10. 14. 선고 94다8334 판결; 대법원 1998. 7. 24. 선고 98다9021 판결 등.

법적 안정성이 크게 위협을 받게 되고 엄격한 상속포기절차를 규정한 법의 취지가 몰각되어 부당하다. 따라서 대상판결의 결론은 타당하다고 생각한다.

4. 대상판결 선고 후 상속포기 가부

피고들이 대상판결이 선고난 후 그로부터 3월 내에 A의 상속을 포기할 수 있을까? 상속인은 상속개시 있음을 안 날로부터 3월 내에 상속포기를 할 수 있고(민법 제1019조 제1항), 상속개시 있음을 안 날이란 상속개시의 원인이 되는 사실의 발생을 알고 이로써 자기가 상속인이 되었음을 안 날을 의미한다.[4] 그런데 종국적으로 상속인이 누구인지를 가리는 과정에서 법률상 어려운 문제가 있어 상속개시의 원인사실을 아는 것만으로는 바로 자신이 상속인이 된 사실까지 알기 어려운 특별한 사정이 있는 경우에는 자신이 상속인이 된 사실까지 알아야 상속이 개시되었음을 알았다고 보는 것이 판례의 태도이다.[5] 그래서 대법원은, "배우자와 자녀 중 자녀 전부가 상속을 포기했을 때 손자녀가 배우자와 공동으로 상속인이 되는 것은 상속의 순위에 관한 민법 제1000조, 배우자의 상속순위에 관한 민법 제1003조, 상속포기의 효과에 관한 민법 제1042조 등의 규정들을 종합적으로 해석하여 비로소 도출되는 것이지 이에 관한 명시적 규정이 존재하는 것은 아니므로, 일반인의 입장에서 피상속인의 자녀가 상속을 포기하는 경우 자신들의 자녀인 피상속인의 손자녀가 피상속인의 배우자와 공동으로 상속인이 된다는 사실까지 안다는 것은 오히려 이례에 속한다."고 보았다. 그리하여 당해 대법원 판결이 선고됨으로써 비로소 손자녀들은 자신들이 상속인이 되었음을 알았다고 보아 손자녀들이 당해 대법원 판결이 선고된 때로부터 3월 내에 상속포기를 할 수 있다고 판시하였다.[6] 이 판결의 취지를 이용하여 이 사건의 피고들 역시 B의 상속을 포기함으로써 B의 채무로부터 벗어났는데 B의 채무를 A가 상속하였다가 A가 사망함으로써 다시 피고들이 대습상속을 받는다

---

4) 대법원 1986. 4. 22.자 86스10 결정 참조.
5) 대법원 2015. 5. 14. 선고 2013다48852 판결.
6) 대법원 2015. 5. 14. 선고 2013다48852 판결.

는 사실을 아는 것은 이례에 속한다고 주장해볼 여지도 있을 것이다. 그러나 상속인이 될 직계비속(이 사건의 B)이 상속개시 전에 사망한 경우 그 배우자와 직계비속(이 사건의 피고들)이 대습상속을 한다는 사실은 민법 제1001조 및 제1003조에 명시적으로 규정되어 있기 때문에, 그와 같은 주장은 단지 대습상속제도의 존재를 몰랐다는 법률의 부지에 불과하여 대상판결 선고 후 상속포기를 하기는 어려울 것으로 생각된다.

10 상속결격자가 피상속인으로부터 증여를 받은 경우 특별수익에 해당할까?

〈대법원 2015. 7. 17. 선고 2014스206 결정: 상속재산분할, 기여분〉

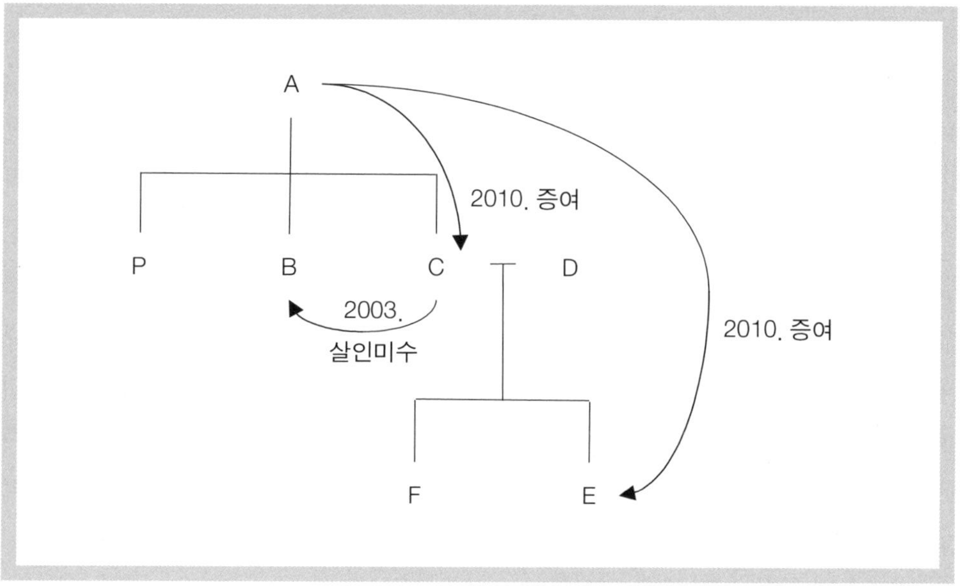

Ⅰ. 사실관계

망 A(이하 '망인'이라 한다)는 2010. 10. 11. 사망하였는데, 망인의 자녀들 중 C는 2003년경 누나인 B를 살해하려다 미수에 그쳤다.[1)] C에게는 아내 D와 자녀들인 E, F가 있었다. 망인은 2010. 7. 27. 원주시 소재 토지 등을 아들인 C와 손자인 E에게 각 증여하였다. C는 그 이전에 망인으로부터 다른 재산을 증여받지 않았다. 망인이 사망한 후 망인의 또 다른 자녀인 P가 B, C, D, E, F 등을 상대방으로 하여 상속재산

1) 필자가 공동상속인들로부터 확인한 바에 의하면, B는 이로 인해 반신불수가 되었다.

분할심판청구를 하면서 C가 피상속인으로부터 받은 토지는 특별수익에 해당한다고 주장했다.

Ⅱ. 대상판결의 요지

[1] 상속인에게 민법 제1004조의 상속결격사유가 발생한 경우, 그 사람은 그때부터 피상속인을 상속하는 자격을 당연히 상실하고, 그 사람의 직계비속 또는 배우자가 결격된 자에 갈음하여 대습상속인이 된다. 민법 제1008조는 공동상속인 중에 피상속인으로부터 재산의 증여 또는 유증을 받은 특별수익자가 있는 경우 공동상속인들 사이의 공평을 기하기 위하여 그 수증재산을 상속분의 선급으로 다루어 구체적인 상속분을 산정함에 있어 이를 참작하도록 하려는 데 그 취지가 있는 것이므로(대법원 1995. 3. 10. 선고 94다16571 판결 등 참조), 상속결격사유가 발생한 이후에 결격된 자가 피상속인으로부터 직접 증여를 받은 경우, 그 수익은 상속인의 지위에서 받은 것이 아니어서 <u>원칙적으로</u> 상속분의 선급으로 볼 수 없다. 따라서 결격된 자의 위와 같은 수익은 <u>특별한 사정이 없는 한</u> 특별수익에 해당하지 않는다고 봄이 상당하다.

[2] 원심이 대습원인 발생 이후에 C가 A로부터 증여받은 부동산을 대습상속인인 D, E, F의 특별수익으로 참작하지 않은 것은 결론에 있어 정당하고, 대습상속인의 상속분 산정에 관한 법리를 오해한 위법 등이 없다.

Ⅲ. 해 설

1. 상속결격의 효과

민법은 일정한 경우에 상속인의 상속권을 박탈시키는 상속결격제도를 두고 있다. 즉 ① 고의로 직계존속, 피상속인, 그 배우자 또는 상속의 선순위나 동순위에 있는 자를 살해하거나 살해하려한 자 ② 고의로 직계존속, 피상속인과 그 배우자에게 상해를 가하여 사망에 이르게 한 자 ③ 사기 또는 강박으로 피상속인의 상속에 관한 유언 또는 유언의 철회를 방해한 자 ④ 사기 또는 강박으로 피상속인의 상속에 관한 유언을 하게 한 자 ⑤ 피상속인의 상속에 관한 유언서를 위조 · 변조 · 파기 또는 은닉한 자는 상속인이 될 수 없다(민법 제1004조). 상속인이 결격자가 된 경우에는 그 상속인의 배우자나 직계비속이 대습상속을 하게 된다(제1001조, 제1003조 제2항).

이 사건에서 C는 고의로 동순위 상속인인 누나 B를 살해하려고 했기 때문에 민법 제1004조 제1호에 해당하여 상속결격자가 되었다. 그런데 그 후 A는 C에게 토지를 증여하였다. 공동상속인인 P는 이러한 증여가 C의 대습상속인인 D, E, F의 특별수익에 해당하므로 그들의 구체적 상속분을 산정할 때 고려되어야 한다고 주장한 사안이다. 상속결격사유가 발생하면 상속인은 법원의 판결이 없이도 당연히 상속권을 상실한다. 상속이 개시되기 전에 결격사유가 발생하면 그 때부터 상속인으로서의 지위를 상실하며, 상속개시 후에 결격사유가 발생하면 상속개시시까지 소급하여 상속인으로서의 지위를 상실한다. 즉 상속결격자는 원래부터 상속인이 아니었던 자와 같이 취급된다. C는 상속결격자여서 공동상속인이 아니므로 A가 C에게 증여한 토지가 C의 특별수익이 될 수 없음은 분명하다. 또한 A가 E에게 증여한 토지가 E의 특별수익이 되는 것도 분명하다. 특별수익은 공동상속인인 경우에만 문제되기 때문이다(민법 제1008조).[2] 문제는 C에게 증여한 것이 C의 대습상속인인 D, E, F의 특별수익이 될 수 있는지 여부이다.

2. 특별수익 = 상속인의 지위에서 받은 증여

상속분을 산정할 때 특별수익으로서 증여를 참작하는 것은 공동상속인이 증여를

2) 다만 C가 A로부터 토지를 증여받음으로써 공동상속인들의 유류분이 침해된 경우에는, 그 증여가 상속개시 전의 1년간에 행한 것일 때에 한하여 유류분반환의무를 부담한다. 이 사건의 경우 C가 A로부터 토지를 증여받은 것은 상속개시 전의 1년 이내에 일어난 일이므로 P의 유류분이 침해되었다면 P는 C를 상대로 유류분반환청구를 할 수 있을 것이다.

받은 경우에만 발생한다. 따라서 상속결격자와 같이 상속인이 아닌 자(피대습자)가 피상속인으로부터 증여를 받은 경우에는 원칙적으로 이를 대습상속인의 특별수익으로 보지 않는다. 이 사건 대법원 판결은 바로 이 점을 확인한 것이다. 이 판결은, 대습상속인이 대습원인(피대습자의 사망) 발생 이전에 피상속인으로부터 증여를 받은 경우 이는 상속인의 지위에서 받은 것이 아니므로 상속분의 선급으로 볼 수 없어 특별수익에 해당하지 않는다는 대법원 2014. 5. 29. 선고 2012다31802 판결과 그 궤를 같이한다고 볼 수 있다. 대법원은 특별수익이나 유류분에 관한 규정을 엄격하게 해석함으로써 그 적용범위를 가급적 확대하지 않으려고 하고 있는바, 기본적으로 공동상속인 간의 공평한 재산분배보다는 상속재산의 처리에 관한 피상속인의 의사를 보다 존중하려는 태도를 보이고 있는 것으로 생각된다.

다만 증여의 경위, 증여된 물건의 가치, 성질, 수증자와 관련된 상속인이 실제 받은 이익 등을 고려하여 <u>실질적으로 피상속인으로부터 상속인에게 직접 증여된 것과 다르지 않다고 인정되는 경우</u>에는 상속인의 배우자나 상속인의 자녀 등에게 이루어진 증여도 특별수익으로서 이를 고려할 수 있다는 것이 대법원의 태도이다.[3] 이러한 판례의 취지에 비추어 볼 때, 이 사건에서도 A가 C에게 이 사건 토지를 증여한 경위 등을 고려하여 그것이 실질적으로 대습상속인인 D, E, F에게 증여한 것과 같은 것이라고 볼 수 있는 경우에는 특별수익에 해당된다고 볼 수 있을 것이다. 대상판결에서 '원칙적으로', '특별한 사정이 없는 한'이라는 표현을 사용한 것이 바로 이러한 경우를 염두에 둔 것이라 생각한다. 그렇지만 C가 이미 상속결격자가 되었음에도 불구하고 D, E, F가 아니라 굳이 C에게 토지를 증여한 것을 보면 A는 반드시 C에게 증여를 하고 싶어했던 것으로 추정할 수 있을 것이고, 그럴 경우 이러한 증여를 실질적으로 D, E, F에게 증여한 것으로 보기는 어려울 것 같다.

3. 상속재산분할심판의 당사자적격

상속재산분할심판은 상속인 중 한 명 또는 여러 명이 나머지 상속인 전원을 상대

3) 대법원 2007. 8. 28.자 2006스3 결정.

방으로 하여 청구하여야 한다(가사소송규칙 제110조). 공동당사자 사이에는 민사소송법 중 필수적 공동소송에 관한 규정이 적용된다(가사소송법 제47조). 이처럼 상속재산분할심판은 상속인이 다른 상속인 전원을 상대로 하여 청구하는 것이므로 상속인이 아닌 자는 상속재산분할심판의 당사자가 될 수 없다. 그런데 이 사건에서 C는 상속개시 당시 이미 상속결격자로서 상속인의 신분을 상실한 상태였는데 어떻게 C가 상속재산분할심판의 상대방이 될 수 있는지는 의문이다. 이미 상속인의 지위를 상실한 C는 상속재산분할심판의 당사자적격이 없다고 생각한다.

제 2 장

상속의 효과

1 상속재산분할의 소급효가 제한되는 제3자의 의미

〈대법원 2020. 8. 13. 선고 2019다249312 판결: 동의 의사표시 청구의 소〉

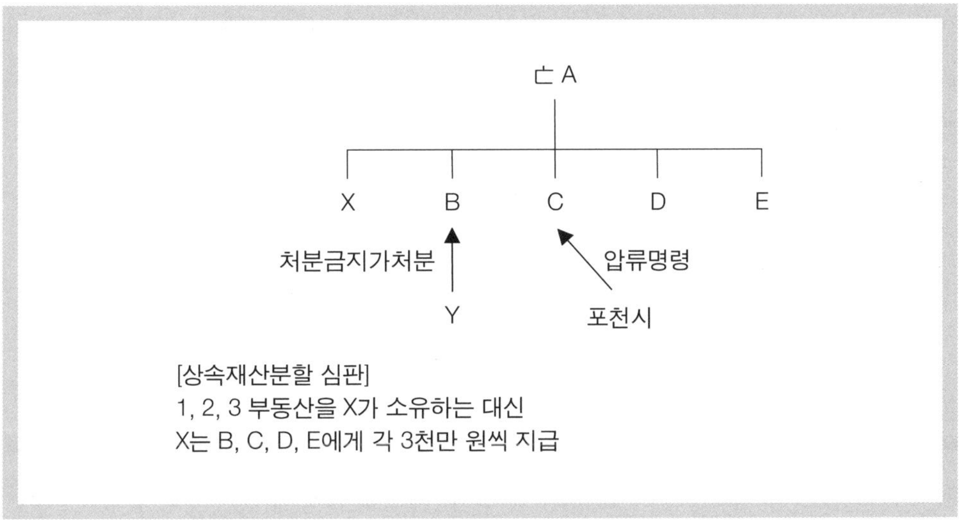

Ⅰ. 사실관계

망 A(2001. 9. 9. 사망, 이하 '망인'이라 한다)의 자녀들인 X와 B, C, D, E는 대구가정법원 김천지원 상속재산분할 사건에서, 2017. 12. 7. 망인 소유였던 1, 2, 3 부동산(이하 '이 사건 각 부동산'이라 한다)을 X 소유로 하고 그 대신 X는 나머지 공동상속인들에게 각각 약 3,000만 원씩을 지급하기로 하는 상속재산분할심판(이하 '이 사건 상속재산분할심판'이라 한다)을 받았다. 이 사건 상속재산분할심판은 2017. 12. 30. 확정되었다.

한편 Y는 2018. 3. 13. 소유권이전등기청구권을 피보전권리로 하여 이 사건 각 부동산 중 B의 지분에 관하여 처분금지가처분결정을 받았다. 이에 따라 2018. 3.

15. Y의 대위신청으로 이 사건 각 부동산 중 각 5분의 1 지분에 관하여 X, B, C, D, E 앞으로 2001. 9. 9. 상속을 원인으로 한 소유권이전등기가 마쳐졌고, 이어서 가처분기입등기가 이루어졌다. 그리고 포천시는 2018. 4. 6. 이 사건 제1, 2 부동산 중 C 지분에 대한 압류명령을 받아 같은 날 그에 관한 압류등기가 이루어졌다.

X는 2018. 5. 8. Y에 대하여는 이 사건 각 부동산에 관하여, 피고 포천시에 대하여는 이 사건 제1, 2 부동산에 관하여 각 X 앞으로 이 사건 상속재산분할심판에 따라 상속재산분할등기를 마치는 데에 대한 동의의 의사표시를 구하는 취지의 이 사건 소를 제기하였다.

II. 소송경과

이 사건 제1심판결 선고 이후 피고 포천시는 추가로 이 사건 제3부동산 중 C 지분에 대한 압류명령을 받아 2018. 10. 22. 그에 관한 압류등기가 이루어졌다. 그리고 피고 Y는 2018. 11. 9. 이 사건 각 부동산 중 B 지분에 관하여 2017. 4. 10. 매매를 원인으로 한 소유권이전등기를 마쳤다.

원고 X는 항소심에서 기존 청구취지를 원고 X의 단독 소유로 경정등기를 마치는 데에 대한 피고들의 동의의 의사표시를 구하는 것으로 정정하는 한편, 피고 포천시에 대하여는 이 사건 제3 부동산에 관하여서도 원고 X의 단독 소유로 경정등기를 마치는 데에 대한 동의의 의사표시를 구하는 청구를 추가하였고, 피고 Y에 대하여는 소유권이전등기의 말소등기절차 이행을 구하는 청구를 추가하였다.

항소심 법원은, 이 사건 피고들은 상속재산분할심판 후이기는 하나 그 내용에 따른 등기가 이루어지기 전에 상속재산인 이 사건 각 부동산의 B 또는 C 지분에 관하여 B 또는 C의 공동상속을 신뢰하고 권리를 취득한 사람들로서 민법 제1015조 단서에서 정한 제3자에 해당한다고 보아 원고의 이 사건 청구를 받아들이지 않았다.[1)]

---

1) 의정부지방법원 2019. 6. 28. 선고 2018나212918 판결. 항소심 판결의 주문이 "원고의 항소와 이 법원에서 추가한 원고의 청구를 모두 기각한다"였던 것으로 보아 1심 역시 항소심과

Ⅲ. 대상판결의 요지

[1] 상속재산의 분할은 상속이 개시된 때에 소급하여 그 효력이 있다. 그러나 제3자의 권리를 해하지 못한다(민법 제1015조). 이는 상속재산분할의 소급효를 인정하여 공동상속인이 분할 내용대로 상속재산을 피상속인이 사망한 때에 바로 피상속인으로부터 상속한 것으로 보면서도, 상속재산분할 전에 이와 양립하지 않는 법률상 이해관계를 가진 제3자에게는 상속재산분할의 소급효를 주장할 수 없도록 함으로써 거래의 안전을 도모하고자 한 것이다. 이때 민법 제1015조 단서에서 말하는 제3자는 일반적으로 상속재산분할의 대상이 된 상속재산에 관하여 상속재산분할 전에 새로운 이해관계를 가졌을 뿐만 아니라 등기, 인도 등으로 권리를 취득한 사람을 말한다.

[2] 상속재산인 부동산의 분할 귀속을 내용으로 하는 상속재산분할심판이 확정되면 민법 제187조에 의하여 상속재산분할심판에 따른 등기 없이도 해당 부동산에 관한 물권변동의 효력이 발생한다. 다만 민법 제1015조 단서의 내용과 입법 취지 등을 고려하면, 상속재산분할심판에 따른 등기가 이루어지기 전에 상속재산분할의 효력과 양립하지 않는 법률상 이해관계를 갖고 등기를 마쳤으나 상속재산분할심판이 있었음을 알지 못한 제3자에 대하여는 상속재산분할의 효력을 주장할 수 없다고 보아야 한다. 이 경우 제3자가 상속재산분할심판이 있었음을 알았다는 점에 관한 주장·증명책임은 상속재산분할심판의 효력을 주장하는 자에게 있다고 할 것이다.

☞ 파기 환송

동일한 결론이었던 것으로 보인다.

Ⅳ. 해 설

1. 상속재산분할의 소급효

피상속인이 사망함으로써 상속이 개시되면 피상속인이 남긴 상속재산을 상속인들이 분할하여 취득하는 문제가 남는다. 물론 법리적으로는 상속이 개시되면 공동상속인들이 당연히 상속재산을 공동상속하게 되지만(당연승계의 원칙), 이것은 어디까지나 잠정적 공유상태에 불과하고 실질적으로 상속재산을 분할하는 절차는 필수적이다. 이것이 바로 상속재산분할절차이다. 상속재산분할은 상속이 개시된 때에 소급하여 그 효력이 있다(민법 제1015조 본문). 즉 상속이 개시된 그 당시부터 그와 같이 분할된 상태로 상속이 이루어진 것으로 본다. 그렇기 때문에 분할에 의해 법정상속분보다 더 적은 비율을 상속받는 사람과 더 많은 비율을 상속받는 사람 사이에 세법상 증여 내지 양도의 문제가 발생하지 않는다.[2] 그리고 상속재산분할이 이루어지기 전에 상속재산에 대하여 처분행위가 있더라도 이것은 무권리자에 의한 처분이 되어 무효가 된다.

2. 소급효가 제한되는 제3자

그런데 상속재산분할의 소급효를 관철할 경우 무권리자로부터 상속재산을 양수하거나 담보로 제공받은 제3자가 불측의 손해를 입을 위험이 있다. 따라서 이렇게 권리의 외관을 신뢰한 제3자를 보호할 필요가 있기 때문에 민법은 상속재산분할의 소급효를 규정하면서도 제3자의 권리를 해하지 못하도록 규정하고 있다(제1015조 단서). 이것은 권리의 외관을 신뢰한 제3자를 보호하기 위한 것이기 때문에 상속재산분할절차가 아직 이루어지지 않았다는 사실을 모른 선의의 제3자만이 보호대상이

---

2) 대법원 2001. 11. 27. 선고 2000두9731 판결.

된다고 보는 것이 옳다. 그리고 이때 제3자는 상속재산분할의 대상이 된 상속재산에 관하여 상속재산분할 전에 새로운 이해관계를 가졌을 뿐만 아니라 등기나 인도 등으로 권리를 확정적으로 취득한 사람을 말한다. 대상판결도 이와 같이 해석하고 있다.

그렇다면 상속재산분할절차가 이루어지긴 하였으나 아직 그에 따른 등기가 경료되기 전에 상속재산분할의 효력과 양립할 수 없는 법률상 이해관계를 가지고 등기까지 마친 제3자가 있는 경우에는 어떻게 할 것인가? 바로 이 사건 피고들이 이에 해당한다. 이에 대해 원심은 피고들이 민법 제1015조 단서에서 정한 제3자에 해당한다고 보아 원고의 청구를 기각하였다. 그러나 피고들이 이러한 새로운 법률상 이해관계를 맺기 전에 상속재산분할심판이 있다는 사실을 알고 있었다면 그러한 경우에까지 그들을 보호해 줄 필요는 없을 것이다. 대상판결은 바로 이 점을 적절히 지적하고 있다.

즉 대법원은, "기록상 나타나는 피고 Y와 B 사이의 친분관계, 피고 Y와 B 사이의 매매계약 체결 일자와 그에 따른 가처분기입등기가 이루어지기까지의 간격, 이 사건 상속재산분할심판의 확정 시점과 가처분기입등기 사이의 시간적 간격 등에 비추어 볼 때, 피고 Y는 이 사건 각 부동산에 관한 가처분기입등기가 이루어질 당시 이 사건 상속재산분할심판이 있었음을 알았다고 볼 여지가 있다. 그리고 피고 포천시는 이 사건 제1심판결 선고 후에 추가로 이 사건 제3부동산 중 C 지분에 대한 압류명령을 받아 압류등기를 마쳤으므로, 적어도 이 부분 압류등기 시에는 이 사건 상속재산분할심판이 있었음을 알았다고 볼 여지가 크다."고 보았다. 따라서 원심은 피고들이 이 사건 각 부동산 중 B 또는 C의 지분에 관하여 각각 권리를 취득할 때 이 사건 상속재산분할심판이 있었음을 알았는지 여부에 대하여 심리해 보았어야 한다.

3. 결 론

종래 학설상으로는 민법 제1015조 단서의 규정 자체가 제3자의 선의를 요구하고 있지 않으므로 상속재산분할의 소급효가 제한되는 제3자는 선의, 악의를 묻지 않는다는 것이 통설이었다. 이에 따르면 상속재산을 분할하기 전에도 얼마든지 상속재산을 처분할 수 있게 된다. 그러나 대상판결은 선의의 제3자만을 보호하는 것으로 해석하였는바, 제3자 보호규정의 취지에 부합하는 타당한 판시라고 생각된다.[3)]

3) 신영호/김상훈/정구태, 427면.

2 사실혼관계를 일방적으로 해소하고 재산분할청구를 할 수 있을까? —재산분할청구권과 재산분할의무의 상속성

〈대법원 2009. 2. 9.자 2008스105 결정: 재산분할에 대한 재항고〉

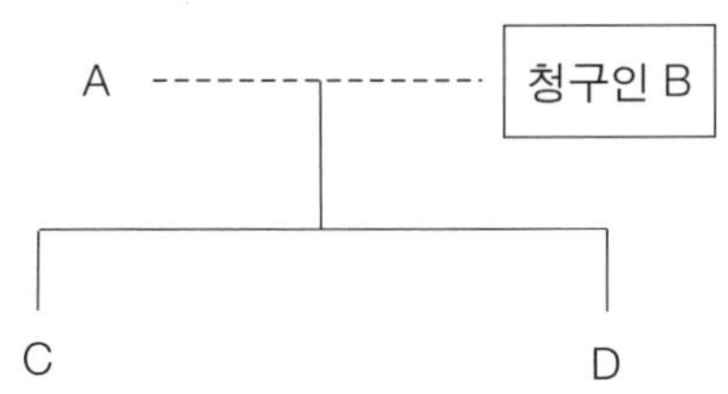

Ⅰ. 사실관계

망 A(이하 '망인'이라 한다)는 1969. 9. 30. 청구인 B(이하 '청구인'이라 한다)와 혼인신고를 마치고 그 사이에서 아들인 C와 D(이 사건 소송수계인들)를 낳았으나, 망인과 청구인 사이에 1994. 6. 10. 이혼판결이 확정되었다. 그 후 망인과 청구인은 2001. 7. 20. 망인의 주민등록상 주소를 청구인의 주소로 옮기고 2002. 5. 14. 주민등록상 세대를 합하는 등 사실상 부부로서 동거하며 생활하여 왔다. 망인이 2007. 3. 12. 배드민턴을 치다가 갑자기 의식을 잃고 쓰러져 국립경찰병원 응급실로 이송되었고, C와 D는 2007. 4. 16. 망인을 요양병원으로 옮겼으나, 망인은 의식을 회복하지 못하고 2007. 5. 10. 사망하였다.

II. 소송경과

청구인은 망인이 사망하기 전인 2007. 4. 18. 사실혼관계의 해소를 주장하면서 망인을 상대로 서울가정법원에 이 사건 재산분할심판청구를 하였다. 그런데 그 심판청구서가 폐문부재를 사유로 망인에게 송달불능되었고, 위 법원이 2007. 5. 14. 청구인에게 주소보정을 명하자, 청구인은 2007. 6. 8. 이 사건 소송절차수계신청을 하였다.

원심[1)]은, 사실혼관계의 당사자 중 일방인 망인이 갑자기 의식불명상태에 빠지고 그 의식불명기간에 다른 당사자인 청구인이 한 사실혼관계를 해소하는 의사표시를 수령하지 못한 상태에서 끝내 의식을 회복하지 못한 채 사망한 경우 그 사실혼관계는 청구인의 의사표시에 의해서 해소된 것이 아니라 망인의 사망으로써 종료된 것으로 보아야 할 것이므로 청구인에게는 재산분할청구권이 인정되지 않는다는 이유로 청구인의 수계신청을 받아들이지 않았다.

III. 대상판결의 요지

사실혼관계는 사실상의 관계를 기초로 하여 존재하는 것으로서 <u>당사자 일방의 의사에 의하여 해소</u>될 수 있고 당사자 일방의 파기로 인하여 공동생활의 사실이 없게 되면 사실상의 혼인관계는 해소되는 것이다. 기록에 의하면, 청구인의 사실혼관계 해소의 의사가 진정하지 않다고 볼 근거가 없다. 청구인이 사실혼관계의 해소를 주장하며 이 사건 재산분할심판청구를 함으로써 청구인과 망인의 사실혼관계는 청구인의 일방의 의사에 의하여 해소되었고 공동생활의 사실도 없게 되었다고 봄이 상당하다. 따라서 사실혼관계의 해소에 따라 청구인에게 재산분할청구권이 인정된다

---

1) 서울고등법원 2008. 9. 30.자 2008브7 결정.

고 할 것이다. 그렇게 보면 이 사건 재산분할심판청구 이후 일방 당사자인 망인이 사망하였으므로 그 상속인들에 의한 수계를 허용함이 상당하다.

Ⅳ. 해 설

1. 사실혼 배우자의 권리

사실혼이란 혼인신고는 하지 않았으나 당사자 사이에 혼인의 의사가 있고 객관적으로 사회관념상으로 가족질서적인 면에서 부부공동생활을 인정할 만한 혼인생활의 실체가 있는 경우에 성립한다.[2] 그래서 법률혼에 대한 민법의 규정 중 혼인신고를 전제로 하는 규정은 유추적용할 수 없으나, 부부재산에 관한 청산의 의미를 갖는 재산분할에 관한 법률 규정은 부부의 생활공동체라는 실질에 비추어 인정되는 것이므로, 사실혼관계에도 이를 준용 또는 유추적용할 수 있다.[3] 따라서 사실혼관계에 있었던 당사자들이 생전에 사실혼관계를 해소한 경우에는 재산분할청구권을 인정할 수 있다.[4] 그러나 법률혼관계가 일방 당사자의 사망으로 인하여 종료된 경우에도 생존 배우자에게 재산분할청구권이 인정되지 아니하고 단지 상속에 관한 법률 규정에 따라서 망인의 재산에 대한 상속권만이 인정된다는 점 등에 비추어 보면,[5] 사실혼관계가 일방 당사자의 사망으로 인하여 종료된 경우에는 그 상대방에게 재산분할청구권이 인정된다고 할 수 없다. 사실혼관계가 일방 당사자의 사망으로 인하여 종료된 경우에 생존한 상대방에게 상속권도 인정되지 아니하고 재산분할청구권도 인정되지 아니하는 것은 사실혼 보호라는 관점에서 문제가 있다고 볼 수 있으나, 이는 사실혼 배우자를 상속인에 포함시키지 않는 우리의 법제에 기인한 것으로서

---

2) 대법원 1998. 12. 8. 선고 98므961 판결.
3) 대법원 1995. 3. 28. 선고 94므1584 판결.
4) 대법원 1995. 3. 28. 선고 94므1584 판결.
5) 대법원 1994. 10. 28. 선고 94므246, 94므253 판결.

입법론은 별론으로 하고 해석론으로서는 어쩔 수 없다.[6)] 헌법재판소 역시 사실혼 배우자에게 상속권을 인정하지 않는 것이 위헌은 아니라고 하였다.[7)]

2. 사실혼관계의 일방적 해소 방법

사실혼관계는 사실상의 관계를 기초로 하여 존재하는 것으로서 당사자 일방의 의사에 의하여 해소될 수 있고 당사자 일방의 파기로 인하여 공동생활의 사실이 없게 되면 사실상의 혼인관계는 해소되는 것이며, 다만 정당한 사유 없이 해소된 때에는 유책자가 상대방에 대하여 손해배상의 책임을 지는 데 지나지 않는다.[8)] 즉 사실혼관계는 당사자 일방이 언제든지 마음대로 파기하여 해소시킬 수 있다. 문제는 이 사건처럼 일방이 의식불명이 된 상태에서 상대방이 일방적으로 사실혼관계를 해소하는 것을 인정하는 것은 전자로서는 사실혼이라는 중대한 신분관계의 변동을 알 수 없어서 부당하지 않은가 하는 점이다. 이에 대해 대상판결은 ① 상대방이 의사능력이 없거나 생사가 3년 이상 불명인 경우 등에서의 재판상 이혼과의 균형상으로도 굳이 <u>상대방에 대한 의사표시 및 그 수령 등을 그 해소의 요건으로 할 필요는 없고</u> ② 현재 우리 판례는 당사자의 사망으로 인한 사실혼관계 해소의 경우에 재산분할청구권을 부인하는 태도를 취하고 있는데, 이러한 법상태를 전제로 하더라도 재산분할청구제도의 제반 취지를 살릴 방도가 무엇인지를 강구할 필요가 있다는 이유로 상대방에 대한 의사표시 및 그 수령은 사실혼 해소의 요건이 아니라고 보고 있다.

이에 대해서는 아무리 사실혼관계를 일방의 의사에 의해 해소시킬 수 있다 하더라도 적어도 상대방이 그러한 의사표시를 수령은 해야 하는 것 아닌가 하는 의문이 들 수 있다. 대상판결의 원심도 이와 같은 생각에 기인한 것으로 보인다. 상대방이 있는 의사표시는 그 의사표시가 상대방에게 도달한 때에 그 효력이 생기는 것이 원

6) 대법원 2006. 3. 24. 선고 2005두15595 판결. 사실혼 배우자에 대해서도 상속권을 인정하자는 주장이 있으나[이경희/윤부찬, 166면], 해석론의 범위를 넘는 주장이다.

7) 헌법재판소 2014. 8. 28. 선고 2013헌바119 결정.

8) 대법원 1977. 3. 22. 선고 75므28 판결.

칙이다(민법 제111조 제1항). 여기서 도달이라 함은, 상대방의 지배범위 내에 들어가 사회통념상 일반적으로 요지(了知)할 수 있는 상태가 생겼다고 인정되는 것을 말한다.[9] 소장에 의하여 어떤 의사표시를 하는 경우에는 그 부본이 상대방에게 송달되어야 도달이 된 것으로 볼 수 있다. 그런데 이 사건에서는 폐문부재로 송달불능이 되었고, 당시 망인은 의식불명 상태에 있었기 때문에 의사표시의 수령능력도 없었다(제112조 본문). 수령능력이 없는 자에게 어떤 의사를 표시하여 효력을 발생시키기 위해서는 법정대리인에게 의사를 표시해야 한다(제112조 단서). 그렇다면 의식불명인 남편과의 사실혼관계를 해소하기 위해서는 남편을 위한 성년후견인을 선임토록 가정법원에 신청하여 그 후견인에 대해 사실혼 해소의 의사표시를 해야 하는 것이라는 결론이 나온다. 그러나 이렇게 되면 사실혼관계를 해소하는 데 지나치게 많은 시간과 노력이 필요하게 되고 사실혼관계 해소 자체가 어려워질 가능성도 생기게 된다. 그러는 사이에 남편이 사망하여 재산분할을 받지 못하는 일이 생길 것이다. 재산분할청구제도의 제반 취지를 살릴 방도가 무엇인지를 강구할 필요가 있다는 대상판결의 취지를 바로 이러한 점에서 이해할 수 있다. 나아가 사실혼관계를 해소하기 위해 꼭 의사표시가 필요한 것이 아니라고 볼 수도 있다. 남편이 의식불명으로 쓰러진 후 아내가 남편과 더 이상 살기 싫어서 집을 나가버리면 그 자체로 사실혼관계는 해소되었다고 볼 수 있기 때문이다. 이와 같은 점들을 고려해볼 때, 사실혼관계의 해소를 위해서는 상대방에 대한 의사표시 및 그 수령을 요하지 않는다는 대상판결의 결론이 타당하다고 생각한다.

3. 재산분할청구권과 재산분할의무의 상속성

이혼소송과 재산분할청구가 병합된 경우, 재판상의 이혼청구권은 부부의 일신전속적 권리이므로 이혼소송 계속 중 배우자의 일방이 사망한 때에는 상속인이 그 절차를 수계할 수 없음은 물론이고, 또 그러한 경우에 검사가 이를 수계할 수 있는 특

9) 곽윤직 편집대표/박영식 집필부분, 『민법주해[II]』, 박영사(2012), 607면.

별한 규정도 없으므로 이혼소송은 종료된다. 그리고 이에 따라 이혼의 성립을 전제로 하여 이혼소송에 부대한 재산분할청구 역시 이를 유지할 이익이 상실되어 이혼소송의 종료와 동시에 종료한다.[10] 그렇다면 이혼이 일단 성립한 후에 아직 재산분할청구를 하지 않은 상태에서 사망하거나 또는 재산분할청구를 한 상태에서 사망한 경우 그 재산분할청구권이나 재산분할의무는 상속되는가? 이에 관하여는 이혼이 성립한 것을 전제로 하여 당사자 사이에 재산분할에 관한 협의가 이루어졌거나 재산분할청구를 한 후에 청구권자가 사망한 때에는 재산분할청구권이 상속되고, 청구의 상대방이 사망한 때에는 재산분할의무가 상속된다고 보는 견해가 유력하다(권리행사시설로서 다수설이다).[11] 즉 재산분할청구권은 권리행사 여부를 당사자의 결정에 맡기는 것이 타당하므로 분할협의나 분할청구 등 권리행사의 뜻이 분명해진 경우에 한하여 상속될 수 있다고 본다.[12] 대상판결 역시 사실혼관계가 해소된 뒤 재산분할청구를 하였는데 그 후 상대방이 사망한 사안에서 소송수계신청을 받아들였으므로 재산분할의무의 상속을 인정하였다고 볼 수 있다. 다만 재산분할청구가 있은 후에 청구의 상대방이 사망한 경우에만 재산분할의무의 상속을 인정한다는 취지인지, 재산분할청구를 하지 않은 상태에서 사망한 경우에도 재산분할의무의 상속을 인정한다는 취지인지 여부는 분명하지 않다. 재산분할청구권은 행사상 일신전속권일 뿐 귀속상 일신전속권은 아니므로 원칙적으로 상속이 가능하다고 보아야 한다. 따라서 일단 이혼이 되었으면 재산분할청구권은 성립한 것이고, 그러면 설사 재산분할청구를 하지 않은 상태에서 사망하였더라도 제척기간이 지나지 않았다면 상속인이 재산분할청구권을 상속한다고 보아야 하지 않을까 생각된다(이혼성립시설).[13]

10) 대법원 1994. 10. 28. 선고 94므246 판결.

11) 김주수/김상용, 265면; 신영호/김상훈/정구태, 149면: 다만 부양적 요소는 상속되지 않고 청산적 요소만 상속된다고 본다.

12) 주해친족법(제1권), 427면(이동진 집필부분): 청산적 요소뿐 아니라 부양적 요소도 모두 상속된다고 본다. 양자를 구별하는 것이 실천적으로는 물론 이론적으로도 상당히 어렵기 때문이라고 한다.

13) 같은 견해로는, 정구태, "유류분반환청구권의 일신전속성," 홍익법학 제14권 제2호(2013), 695면.

4. 송달불능과 소송수계 가능여부

대상판결은 청구인의 소송수계신청을 허용했다. 소송수계(소송승계)는 소송계속 중에 소송의 목적인 권리관계의 변동으로 새로운 사람이 종전 당사자가 하던 소송을 인수받게 되는 것을 말한다.[14] 즉 소송수계는 소송이 계속된 경우에만 가능하다. 소송계속이라 함은 특정한 청구에 대하여 법원에 재판절차가 현실적으로 걸려 있는 상태를 말한다. 이러한 소송계속의 발생시기는 소장부본의 송달시라는 것이 통설이자 판례이다.[15] 그런데 이 사건에서는 심판청구서가 송달불능되었다. 따라서 소송계속이 있다고 볼 수 없으므로 소송수계도 허용될 수 없다고 보아야 한다. 그렇다면 이 사건 소송수계신청은 기각하고 망인을 상대로 한 재산분할심판청구는 당사자가 사망함으로써 소의 이익이 없어졌으므로 각하해야 할 것이다(송달불능되어 법원이 주소보정명령을 내렸는데 보정이 이루어지지 않았으므로 이러한 이유로도 각하할 수 있을 것이다).[16] 그리고 청구인은 상속인들을 상대로 새로운 재산분할심판청구를 해야 할 것으로 생각된다. 청구인은 이미 망인을 상대로 재산분할청구를 함으로써 권리행사의 뜻을 분명히 하였으므로 망인의 상속인들은 재산분할의무를 상속한다. 다만 이 경우 재산분할청구권의 제척기간 도과 여부가 문제될 수 있으나, 이 사건의 경우에는 사실혼관계를 해소한 시점으로부터 대상판결이 선고될 때까지 2년이 지나지 않았으므로 재산분할청구권을 행사할 수 있다.

V. 비교판례: 대법원 1993. 5. 27. 선고 92므143 판결—이혼위자료청구권의 상속성

[1] 재판상 이혼청구권은 부부의 일신전속적 권리이므로 이혼소송 계속중 배우자

14) 정동윤/유병현/김경욱, 1132면.
15) 정동윤/유병현/김경욱, 317~318면. 대법원 1990. 4. 27. 선고 88다카25274 판결.
16) 소송종료선언은 계속 중이던 소송이 유효하게 종료되었음을 확인하고 선언하는 것으로서 이 사건처럼 소송이 계속되지 않은 경우에까지 소송종료선언을 할 수는 없다.

일방이 사망한 때에는 상속인이 수계할 수 없음은 물론 검사가 수계할 수 있는 특별한 규정도 없으므로 이혼소송은 종료된다.

[2] 이혼위자료청구권은 상대방 배우자의 유책불법한 행위에 의하여 혼인관계가 파탄상태에 이르러 이혼하게 된 경우 그로 인하여 입게 된 정신적 고통을 위자하기 위한 손해배상청구권으로서 이혼시점에서 확정, 평가되고 이혼에 의하여 비로소 창설되는 것이 아니며, 이혼위자료청구권의 양도 내지 승계의 가능 여부에 관하여 민법 제806조 제3항은 약혼해제로 인한 손해배상청구권에 관하여 정신상 고통에 대한 손해배상청구권은 양도 또는 승계하지 못하지만 당사자간에 배상에 관한 계약이 성립되거나 소를 제기한 후에는 그러하지 아니하다고 규정하고 같은 법 제843조가 위 규정을 재판상 이혼의 경우에 준용하고 있으므로 이혼위자료청구권은 원칙적으로 일신전속적 권리로서 양도나 상속 등 승계가 되지 아니하나 이는 행사상 일신전속권이고 귀속상 일신전속권은 아니라 할 것인바, 그 청구권자가 위자료의 지급을 구하는 소송을 제기함으로써 청구권을 행사할 의사가 외부적 객관적으로 명백하게 된 이상 양도나 상속 등 승계가 가능하다.

3 재산분할청구권의 상속성과 양도성★

〈대법원 2017. 9. 21. 선고 2015다61286 판결: 양수금〉

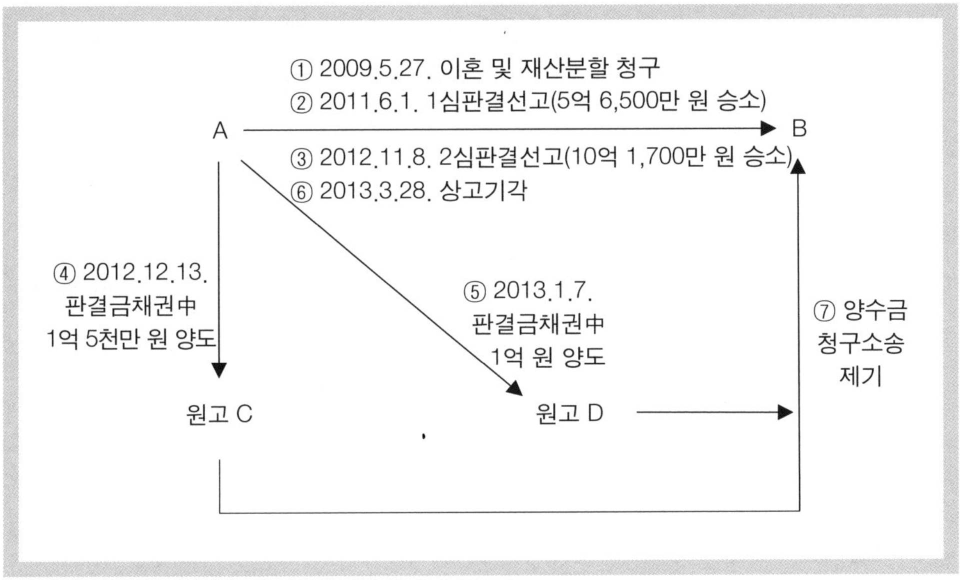

Ⅰ. 사실관계

A는 2009. 5. 27. B를 상대로 이혼 및 재산분할 등 청구의 소를 제기하였다. 그러자 B는 A를 상대로 이혼 및 위자료 등 청구의 반소를 제기하였고, 두 개의 소송은 병합되었다(이하 '이 사건 이혼소송'이라 한다). 이 사건 이혼소송의 1심인 서울가정법원은 2011. 6. 1. "B는 A에게 재산분할로 5억 6,500만 원 및 이에 대한 판결확정일 이후 지연이자를 지급하라"라는 판결을 선고하였다. 이에 대해 쌍방이 모두 항소하

★ 이 글은 저자가 2018년 4월 조선대학교 법학논총에 기고한 논문("재산분할청구권의 양도와 상속에 관한 연구")을 수정, 보완한 것이다.

였고, 항소심인 서울고등법원은 2012. 11. 8. "B는 A에게 재산분할로 10억 1,700만 원 및 이에 대한 판결확정일 이후 지연이자를 지급하라"라는 판결을 선고하였다. 이 판결에는 재산분할 외에도 위자료 3,000만 원과 이행기가 도래한 양육비 4,500만 원[1]이 포함되어 있었다. 이 항소심 판결에 대해 쌍방이 모두 상고하였으나, 대법원은 2013. 3. 28. 각 상고를 기각하여 이 사건 이혼소송이 확정되었다.

한편 A는 2012. 12. 13. 원고 C에게 차용금 채무의 변제를 위한 담보 또는 변제의 방법으로 이 사건 이혼소송의 항소심 판결에서 지급을 명한 A의 B에 대한 채권(이하 '이 사건 판결금 채권'이라 한다) 중 1억 5,000만 원을 양도하였으며, 2012. 12. 13. B에게 위 양도사실을 통지하였고, 위 양도통지는 2012. 12. 18. B에게 도달하였다. 또한 A는 2013. 1. 7. 원고 D에게 차용금 채무의 변제를 위한 담보 또는 변제의 방법으로 이 사건 판결금 채권 중 1억 원을 양도하였으며, 2013. 1. 9. B에게 위 양도사실을 통지하였고, 위 양도통지는 같은 날 B에게 도달하였다. 그 후 원고들은 B를 상대로 이 사건 양수금청구의 소를 제기하였다(이하 '이 사건 양수금소송'이라 한다).

II. 소송경과

이 사건 양수금소송의 제1심인 서울중앙지법은 위 각 채권양도의 효력을 인정하였지만 B의 상계항변을 받아들여 원고들의 청구를 기각하였다.[2] 항소심인 서울고등법원에서는 역시 각 채권양도의 효력을 인정하면서 B의 상계항변을 별도의 이유를 들어 배척함으로써 결과적으로 원고들의 이 사건 양수금청구를 인용하였다.[3]

---

1) 과거 양육비 500만 원 + 매월 200만 원 × 기산일인 2011. 4. 21.부터 채권양도일인 2012. 12. 13.이나 2013. 1. 7.까지 약 20개월.

2) 서울중앙지방법원 2014. 4. 17. 선고 2013가합43661 판결.

3) 서울고등법원 2015. 8. 28. 선고 2014나26202 판결.

Ⅲ. 대상판결의 요지

대법원은, 위자료채권은 3,000만 원에 불과하고 양육비채권도 위 각 채권양도 당시 이미 이행기가 도래한 것은 약 4,500만 원이어서 원고들이 A로부터 특정하지 않고 그 일부를 양수한 이 사건 판결금 채권에는 재산분할청구에 따른 채권이 포함되어 있다는 전제에서 다음과 같이 판시하였다.

> "이혼으로 인한 재산분할청구권은 이혼을 한 당사자의 일방이 다른 일방에 대하여 재산분할을 청구할 수 있는 권리로서, 이혼이 성립한 때에 법적 효과로서 비로소 발생하며, 또한 협의 또는 심판에 의하여 구체적 내용이 형성되기 전까지는 범위 및 내용이 불명확·불확정하기 때문에 구체적으로 권리가 발생하였다고 할 수 없다. 따라서 당사자가 이혼이 성립하기 전에 이혼소송과 병합하여 재산분할의 청구를 한 경우에, 아직 발생하지 아니하였고 구체적 내용이 형성되지 아니한 재산분할청구권을 미리 양도하는 것은 성질상 허용되지 아니하며, 법원이 이혼과 동시에 재산분할로서 금전의 지급을 명하는 판결이 확정된 이후부터 채권 양도의 대상이 될 수 있다."

Ⅳ. 해 설

1. 대상판결의 논점

대상판결은 이혼으로 인한 재산분할청구권이 언제 발생하는지, 협의 또는 심판에 의해 구체적 내용이 형성되기 전에 미리 재산분할청구권을 양도할 수 있는지 여부를 논점으로 하고 있다. 재산분할청구권을 일신전속적 권리로 이해하는 통설과 판례에 의할 경우, 재산분할청구권의 양도성의 문제는 재산분할청구권의 상속성의 문제와 직접적으로 관련된다. 이처럼 재산분할청구권의 양도성이나 상속성에 관한 논의는 일신전속성에 관한 논의를 전제로 하기 때문에 이들 문제에 앞서 일신전속성에 관한 논의가 선행되어야 한다.

2. 재산분할청구권의 발생시기

가. 학 설

재산분할청구권이 언제 발생하는지에 관하여는 주로 일본을 중심으로 논의가 전개되어 왔다. 대표적인 학설로는, 재산분할청구권은 당사자 간의 협의나 심판에 의하여 비로소 발생(형성)된다는 견해(형성설), 이혼이라는 사실로부터 재산분할청구권은 이미 발생하고 구체적인 재산분할의 정도 및 방법은 심판에 의해 결정되지만 이는 이미 존재하는 재산분할청구권의 내용을 확정(확인)하는 절차에 불과하다는 견해(확인설), 이혼이라는 사실로부터 추상적인 재산분할청구권은 발생하지만 당사자 간의 협의나 심판에 의해 비로소 구체적인 재산분할청구권이 된다는 견해(이원설)가 있다.[4)]

나. 판 례

일본의 최고재판소는, 이혼에 의하여 발생하는 재산분할청구권은 일개의 사권으로서의 성격을 갖지만 협의 또는 심판에 등에 의하여 구체적 내용이 형성되기까지는 그 범위 및 내용이 불확정, 불명확하므로 그러한 재산분할청구권을 보전하기 위하여 채권자대위권을 행사하는 것은 허용되지 않는다고 하여 이원론적 입장에 서 있다.[5)]

---

4) 민유숙, "이혼시 재산분할청구권을 보전하기 위해 채권자대위권을 행사할 수 있는지 여부," 『가족법 판례해설』, 세창출판사(2009), 209면; 장성원, "재산분할청구사건을 본안으로 하는 보전처분에 관하여," 『가정법원사건의 제문제(재판자료 제62집)』, 법원도서관(1993), 376~377면.

5) 最高裁判所 昭和 55年 7月 11日 判決[昭53(オ) 321号], 民集 34巻 4号 628頁. 한편 일본 최고재판소 판결 중에는 "재산분할의 권리의무는 이혼의 성립에 의하여 발생하고 실체적 권리의무로서 존재하며 당사자의 협의 등은 단지 그 내용을 구체적으로 확정하기 위한 것에 지나지 않는다."라고 판시한 것도 있는데(最高裁判所 昭和 50年 5月 27日 判決[昭47(行ツ) 4号], 民集 29巻 5号 641頁), 이것은 확인설에 가까운 듯한 뉘앙스를 풍기고 있다.

대법원은 일본 최고재판소의 입장과 같이 재산분할청구권을 당사자의 협의나 가정법원의 심판에 의하여 그 구체적 내용이 형성되기까지는 구체적 권리로 보지 않는다. 즉 이혼이라는 사실에 의하여 추상적인 재산분할청구권이 발생하고 당사자의 협의나 가정법원의 심판에 의하여 구체적인 권리로 된다는 입장이다. 그리하여 이혼으로 인한 재산분할청구권은 협의 또는 심판에 의하여 그 구체적 내용이 형성되기까지는 그 범위 및 내용이 불명확·불확정하기 때문에 구체적으로 권리가 발생하였다고 할 수 없으므로 이를 보전하기 위하여 채권자대위권을 행사할 수 없다고 하였다.[6] 또한 이혼으로 인한 재산분할청구권은 이혼을 한 당사자의 일방이 다른 일방에 대하여 재산분할을 청구할 수 있는 권리로서 이혼이 성립한 때에 그 법적 효과로서 비로소 발생하는 것일 뿐만 아니라, 협의 또는 심판에 의하여 구체적 내용이 형성되기까지는 그 범위 및 내용이 불명확·불확정하기 때문에 구체적으로 권리가 발생하였다고 할 수 없으므로 협의 또는 심판에 의하여 구체화되지 않은 재산분할청구권은 채무자의 책임재산에 해당하지 아니하고, 이를 포기하는 행위 또한 채권자취소권의 대상이 될 수 없다고 하였다.[7] 그리고 대상판결 역시 위와 같은 이유로 재산분할청구권을 양도하는 것은 허용되지 않는다고 하였다.

다. 검 토

재산분할청구권은 이혼한 날부터 2년을 경과하면 소멸한다(민법 제839조의2 제3항). 이 기간은 제척기간이라는 견해가 통설이고,[8] 제척기간은 일정한 권리에 관하여 법률이 예정하는 권리의 존속기간이다.[9] 즉 제척기간이 경과하면 존재하던 권리는 소멸하게 된다. 따라서 재산분할청구권은 이혼이 성립하면 그 즉시 권리가 발생한다고 보아야 한다. 존재하지도 않던 권리가 제척기간의 경과에 의해 소멸할 수는 없기 때문이다.

---

6) 대법원 1999. 4. 9. 선고 98다58016 판결.
7) 대법원 2013. 10. 11. 선고 2013다7936 판결.
8) 주해친족법(제1권), 418면(이동진 집필부분); 신영호/김상훈/정구태, 146면; 윤진수, 141면.
9) 곽윤직/김재형, 『민법총칙(제9판)』, 박영사(2013), 419면; 곽윤직 편집대표/윤진수 집필부분, 『민법주해[III]』, 박영사(1992), 400면.

그러나 판례가 취하는 이원설의 입장처럼 권리를 추상적 권리와 구체적 권리로 구분하는 것에는 반대한다. 하나의 권리가 일정한 시점을 기준으로 하여 그 성질을 달리한다는 것은 납득할 수 없으며, 이렇게 나누는 근거도 불분명하거니와 구분 실익도 없기 때문이다. 어떤 권리가 발생은 했는데 아직 범위와 내용이 불명확하다고 해서 추상적 권리에 불과하고 이로 인해 대위행사도 안 되고 양도도 안 되며 포기를 하더라도 채권자취소권의 대상도 안된다고 한다면, 같은 이유로 아직 이혼하기 이전에 재산분할청구권을 피보전권리로 하는 채권자취소권은 행사할 수 없다고 해야 하지만 우리 민법은 이를 명문으로 인정하고 있다(제839조의3).[10] 그리고 판례의 논리대로라면 이혼이 성립하기 전에는 물론이고 이혼이 성립한 후라도 재산분할청구권을 피보전채권으로 하는 가압류나 가처분도 허용될 수 없다고 해야 하지만, 실무상 이 역시 인정되고 있다.[11] 또한 재산분할청구권을 포기하는 것은 채권자취소권의 대상이 아니라는 판례의 입장은, 추상적 권리에 불과한 상태에 있어서 포기의 대상조차 구체적으로 특정되지 않은 권리를 어떻게 포기할 수 있다는 것인지를 설명할 수 없다.[12] 재산분할청구권이 협의 또는 심판에 의해 그 내용과 범위가 구체적으로 확정된 경우, 그러한 채권은 더 이상 재산분할청구권이라는 법정채권[13]이라고 할 수도 없다. 그것은 확정된 권리의 내용 그대로의 채권, 즉 약정 또는 판결에 기한 소유권이전등기청구권, 금전지급청구권, 동산인도청구권 등 개별적인 급부청구권

10) 재산분할청구권을 보전하기 위한 채권자취소권을 행사할 수 있는지에 관하여는 종래 의문이 없지 않았으나, 제839조의3 규정이 신설됨으로써 이제 당사자의 협의나 법원의 심판이 있기 전에도 재산분할청구권을 보전하기 위한 채권자취소권의 행사가 가능하다는 것이 명문으로 인정되었다. 신영호/김상훈/정구태, 150면.

11) 임채웅, "이혼을 원인으로 한 재산분할청구채권의 확정 전 양도가능성에 관한 연구," 가족법연구 제31권 제3호(2017. 11), 492면 각주10).

12) 협의 또는 심판에 의해 구체화되지 않은 재산분할청구권을 포기하는 행위는 채권자취소권의 대상이 될 수 없다는 판례에 대하여, 구체적으로 형성되지 않은 재산분할청구권도 채권자취소권의 피보전채권이 될 수 있는 점에 비추어 보면 그러한 설명은 의문이라고 하면서, 재산분할청구권의 포기를 취소하더라도 채권자가 다시 재산분할청구권을 대위행사할 수 없으므로 재산분할청구권의 포기는 채권자취소권의 대상이 될 수 없다고 설명하는 것이 옳다는 비판으로는, 윤진수, 124~125면.

13) 재산분할청구권은 법률의 규정에 의한 채권(법정채권)으로 보는 것이 일반적이다. 김주수, 『주석 민법 [친족(2)](제2판)』, 한국사법행정학회(2002), 130면; 김주수/김상용, 241면.

인 것이다.

권리를 구체적 권리와 추상적 권리로 구분하는 방식은 원래 공법상 기본권개념에서 사용되어 왔다. 사법상 권리의 개념을 추상적 권리와 구체적 권리로 대별하는 방식은 찾아보기 어렵다.[14] 공법이론에서는 기본권을 효력에 따라 분류할 때 프로그램권리와 법적 권리로 구분하고, 법적 권리를 다시 추상적 권리와 구체적 권리로 구분한다. 추상적 권리는 구체적인 입법에 의해서만 실현될 수 있는 기본권을 의미하고, 구체적 권리는 별도의 입법 없이도 국가에 대해 적극적으로 그 실현을 요구할 수 있는 기본권을 의미한다.[15] 추상적 권리와 구체적 권리에 관한 이러한 본래 의미에 따르면, 이미 법률에 의해 인정되고 발생한 권리가 아직 그 내용과 범위가 확정되지 않았다고 해서 이를 추상적 권리에 불과하다고 볼 이유가 없다. 이러한 권리는 그 실현을 위해 별도의 입법 등을 필요로 하지 않고 권리자의 의사에 따라 즉시 권리행사가 가능하기 때문이다. 사실 합의나 판결 전까지 권리의 내용과 범위가 확정되지 않는다는 점은 다른 많은 권리에 있어서도 동일하다고 할 수 있다. 예를 들어 교통사고가 나서 손해배상청구권이 발생했을 때 구체적인 손해액은 합의나 판결이 나기 전까지는 구체적으로 확정되지 않는다고 볼 수 있다. 그렇다고 해서 그 손해배상청구권이 추상적 권리에 불과하기 때문에 대위행사도 안 되고 양도도 안 되는 권리라고 할 수는 없다. 따라서 법률에 의해 이미 성립한 권리라면 설사 합의나 판결에 의해 그 범위와 내용이 아직 확정되지 않았다 하더라도 이를 추상적 권리라는 이유로 권리행사가 불가능하다고 해서는 안 된다. 뒤에서 자세히 언급하겠지만, 재산분할청구권을 대위행사할 수 없고 양도할 수 없으며 재산분할청구권을 포기하는 행위가 채권자취소권의 대상이 될 수 없는 이유는 그것이 추상적 권리이기 때문이 아니라 재산분할청구권의 일신전속적 성격 때문이라고 보아야 한다.

---

14) 사법상 권리의 일반적인 분류방법은, 내용에 의한 분류(재산권, 인격권, 가족권, 사원권 등), 작용에 의한 분류(지배권, 청구권, 형성권, 항변권 등), 그리고 기타의 분류(절대권과 상대권, 일신전속권과 비전속권, 주된 권리와 종된 권리 등) 방식이다. 곽윤직/김재형, 앞의 책, 61~68면; 양창수/권영준, 『권리의 변동과 구제(제3판)』, 박영사(2017), 8~9면 등.

15) 허영, 『헌법이론과 헌법(신정11판)』, 박영사(2006), 616~617면; 권영성, 『헌법학원론(개정판)』, 법문사(2006), 631~632면; 김철수, 『헌법학개론(신정18판)』, 박영사(2006), 283~284면.

3. 일신전속성

가. 일신전속권의 구분에 관한 일반론

사법상의 권리는 일반적으로 그 주체의 긴밀한 정도를 표준으로 일신전속권과 비전속권으로 구분한다. 일신전속권은 권리의 성질상 타인에게 귀속시킬 수 없는 권리를 말하고, 비전속권은 그렇지 않은 대부분의 권리를 말한다. 일신전속권은 다시 귀속상 일신전속권과 행사상 일신전속권으로 나뉘는데, 귀속상 일신전속권은 권리의 주체만이 향유할 수 있고 양도와 상속 등에 의해 타인에게 이전할 수 없는 권리이고, 행사상 일신전속권은 권리의 주체만이 이를 행사할 수 있는 권리로서 권리자 이외의 타인이 대위하여 행사할 수 없는 권리이다.[16] 그리하여 일반적으로 행사상 일신전속권의 예로서 친생부인권, 인지청구권, 혼인취소권 등과 같이 일정한 친족상 신분과 결부된 권리가 대표적으로 거론되고 있고, 귀속상 일신전속권의 예로서 종신정기금채권, 채무자의 사망을 종기 또는 해제조건으로 하는 채권, 사용대차나 위임과 같이 당사자 사이의 특별한 신뢰관계를 기초로 하는 채권 등이 대표적으로 언급되고 있다.[17]

재산분할청구권이 행사상 일신전속권이라는 점에 관해서는 현재 이견이 없다.[18] 그 이유는, 재산분할청구권은 부부 관계의 실질을 고려하고 이혼 당사자를 보호하기 위하여 인정된 특별한 권리로서 행사 여부를 이혼 당사자의 결정에 맡기는 것이 타당한 측면이 있기 때문이라고 한다.[19] 서울가정법원에서도 이와 같은 취지로 판시한 바 있다.[20] 한편 재산분할청구권이 귀속상의 일신전속권은 아니라는 점에 관

---

16) 奧田昌道 編集, 『注釋民法(10) 債權(1)』, 有斐閣(昭和 62年), 423면; 곽윤직/김재형, 앞의 책, 67면; 양창수/권영준, 앞의 책, 9면.

17) 정구태, "유류분반환청구권의 일신전속성," 홍익법학 제14권 제2호(2013. 6), 679~680면.

18) 정구태, 앞의 논문, 692면; 양형우, 『민법의 세계: 이론과 판례(제10판)』, 피앤씨미디어(2018), 1688면 등.

19) 주해친족법(제1권), 427면(이동진 집필부분); 윤진수, 116면.

20) 서울가정법원 2010. 7. 13.자 2009느합289 심판: "재산분할청구권은 순수한 재산상의 청구권과 달리 반드시 그 당사자에 의하여 청구되어야 하고 타인이 일방을 대신하여 또는 대위하여 청구할 수 없는 것이라는 의미에서의 행사상의 일신전속권으로 봄이 상당한데, 이 점은

해서도 이를 부정하는 견해를 찾기 힘들다.[21] 정리하면 재산분할청구권은 행사상 일신전속권이지만 귀속상 일신전속권은 아니라는 것이 통설이라고 할 수 있다.

참고로 일신전속성과 소송수계의 관계에 대해서 짚고 넘어가자면, 일신전속성은 실체법적 개념이고 소송수계는 절차법적 개념인데, 상속인으로 하여금 소송절차의 수계를 허용한다는 것은 당해 권리의 귀속상 일신전속성을 부정하고 상속성을 인정하는 것이라고 볼 수 있다. 예컨대 재판상의 이혼청구권은 부부의 일신전속적 권리이므로 이혼소송 계속 중 배우자의 일방이 사망한 때에는 상속인이 그 절차를 수계할 수 없음은 물론이고, 또 그러한 경우에 검사가 이를 수계할 수 있는 특별한 규정도 없으므로 이혼소송은 종료된다.[22] 이혼청구권은 귀속상 일신전속권이기 때문에 상속이 허용되지 않고 따라서 이혼소송 계속 중 배우자 일방이 사망하더라도 상속인이 이혼소송을 수계할 수 없다는 것이다. 또한 호주상속회복청구권이 귀속상 일신전속권이어서 상속인에게 상속될 수 없는 권리이고 따라서 호주상속회복소송 중에 당사자가 사망하더라도 상속인이 그 소송절차를 수계할 수 없다는 대법원 판결 역시 같은 취지이다.[23]

신분상의 권리이기 때문이 아니라, 비록 형성 이후에는 신분적 요소가 대부분 탈락하지만 혼인관계에서 근거를 둔 권리라는 점에서 당사자의 의사가 절대적으로 존중되어야 한다는 점 때문에 그러하다."(밑줄은 필자가 임의로 표시한 것임. 이하 동일함).

21) 정구태, 앞의 논문, 692면과 서순택, "재산분할의 본질과 재산분할청구권의 상속성," 외법논집 제38권 제4호(2014. 11), 157면 각주 44)는 재산분할청구권이 행사상 일신전속권일 뿐 귀속상 일신전속권은 아니라는 점을 명시하고 있다.

22) 대법원 1994. 10. 28. 선고 94므246, 94므253 판결.

23) 대법원 1990. 7. 27. 선고 89므1191 판결: "호주상속회복청구권은 상속권이 침해된 상속인의 일신에 전속되는 권리로서 그의 사망으로 당연히 소멸하고 그 상속인의 상속인이 이를 상속하는 것은 아니라고 할 것이고, 또한 인사소송법 제54조 제1항, 제55조, 제28조가 상속무효원인을 시정하는 일반적인 소송형태인 상속무효의 소에 관하여는 소송수계를 인정하면서도 그 특별한 소송형태인 상속회복의 소에 관하여는 민법 제982조가 상속인과 그 법정대리인을 청구권자로 규정하고 있을 뿐 소송수계에 관하여는 아무런 규정을 두고 있지 아니함에 비추어 볼 때, 호주상속회복의 소의 소송 중에 청구인이 사망한 경우 그의 상속인은 자기 고유의 상속권이 침해되었음을 이유로 별도의 소송을 제기할 수 있는 것은 별론으로 하고 사망한 청구인이 제기한 소송절차를 수계할 수는 없다."

나. 일반적 견해에 대한 비판

우리 민법상 일신전속권이라는 표현이 등장하는 조문은 제389조 제2항, 제404조 제1항, 제1005조 등이다. 이 중 제404조 제1항은 "채권자는 자기의 채권을 보전하기 위하여 채무자의 권리를 행사할 수 있다. 그러나 일신에 전속한 권리는 그러하지 아니하다"고 규정하고 있는데, 여기서 말하는 일신전속권이 바로 행사상 일신전속권이다. 그리고 제1005조는 "상속인은 상속개시된 때로부터 피상속인의 재산에 관한 포괄적 권리의무를 승계한다. 그러나 피상속인의 일신에 전속한 것은 그러하지 아니하다"고 규정하고 있는데, 여기서 말하는 일신전속권은 귀속상 일신전속권이다. 그런데 민법은 구체적으로 어떠한 권리가 일신전속권인지를 특정하고 있지 않으며, 일신전속권과 비전속권을 구별하는 기준조차 정해놓고 있지 않다. 나아가 어떤 권리가 일신전속권이라면 행사상 일신전속권인지 귀속상 일신전속권인지를 구별하는 기준도 없기는 마찬가지이다. 결국 어떤 권리의 일신전속성을 판단하는 것은 오로지 해석에 맡겨져 있는 상황이다.

생각건대 일신전속권인지 여부 그리고 행사상 일신전속권인지 귀속상 일신전속권인지 여부의 판단은 해당 권리에 대한 대위행사, 양도, 상속 등을 허용함으로 인해 발생하는 결과에 대한 정책적 고려 내지 입법목적에 대한 고려를 통해 이루어지는 것이라고 본다.[24] 이러한 고려의 결과 어떤 권리를 제3자에게 행사시키는 것이 적합하지 않다고 판단되면 그로 인해 그 권리는 행사상 일신전속권이 되는 것이고, 양도나 상속을 허용하는 것이 적합하지 않다고 판단되면 그로 인해 귀속상 일신전속권이라고 분류되는 것이다. 즉 어떤 권리가 본질적으로 일신전속권이기 때문에 그 결과로서 제3자에 의한 행사나 양도 및 상속이 당연히 불가능하다고 판단되는 것이 아니다. 해당 권리를 인정하는 입법취지에 대한 고려와 목적론적 해석을 통해서 구체적인 사안별로 검토해본 결과 해당 권리에 대해서는 대위행사, 양도, 상속

---

24) "상속성 유무는 상속의 유무에 의하여 발생하는 실제상의 결과에 대한 정책적 고려와 개념구성상의 우열에 의하여 결정할 수밖에 없을 것"이라는 견해도 유사한 입장으로 보인다. 황경웅, "재산분할청구권의 상속성," 중앙법학 제9집 제2호(2007. 8), 506면; 中川善之助/泉久雄 編集, 『新版注釋民法(26) 相續(1)』, 有斐閣(平成 4年), 63면.

등을 인정하는 것이 부적절하다고 판단될 수 있고, 이와 같이 판단된 권리는 사후적으로 행사상 또는 귀속상 일신전속권이라고 분류되어지는 것이다. 즉 어떤 권리의 일신전속성은 해당 권리의 본질적 속성이거나 논리필연적인 것이 아니라 구체적인 상황과 사안에 따라 사후적으로 판단되는 것이다. 이러한 점에서 "어느 권리를 그 주체와의 긴밀도라는 기준에 의하여 행사상 또는 귀속상 일신전속권이라고 선험적으로 전제하고 나서 제3자에 의한 행사가능성이나 상속 및 양도가능성을 배척해야 한다는 사고를 고정시킴으로써 그에 대한 논의의 진척을 단절시키는 것은 타당하지 않다."는 견해[25] 또는 "부양청구권이 본질에 있어 행사상 일신전속권이기 때문에 채권자대위권의 대상이 될 수 없는 것이 아니라, 목적론적 해석상 채권자대위권의 대상이 될 수 없기 때문에 행사상 일신전속권으로 분류되어야 하는 것"이라는 견해[26]에 찬성한다.

재산분할청구권은 행사상 일신전속권이지만 귀속상 일신전속권은 아니라는 통설의 논리대로라면 재산분할청구권은 제3자에 의한 대위행사는 허용되지 않지만, 양도나 상속은 가능하다고 보아야 한다. 그러나 재산분할청구권이라는 이유만으로 그 성질을 이처럼 언제나 일률적으로 고정시켜서 권리행사 여부를 결정할 수는 없다. 물론 재산분할청구권은 단순히 재산적 이익만을 추구하는 권리라기보다는 남편과 아내의 전인격적 관계를 고려하여 행사여부를 결정하는 것이 바람직하기 때문에 행사상 일신전속성을 가지고 있다는 점은 부인할 수 없다. 또한 이혼이 확정되어 재산분할청구권이 완전한 재산권으로 성립된 이상 반드시 이를 재산분할청구권자에게만 귀속시켜야 하는 귀속상 일신전속권이라고 하기 어려운 점이 있는 것도 사실이다. 그렇지만 모든 상황에서 언제나 재산분할청구권의 일신전속성을 이와 같이 단정하여 그에 따라 일률적으로 결론을 내려서는 안된다는 생각이다. 이하에서는 재산분할청구권의 양도성과 상속성을 어떻게 파악하는 것이 바람직한지에 관하여 살펴보고자 한다. 논의의 순서는 우선 상속성에 관하여 살펴보고 난 후 양도성에 관

---

25) 서순택, 앞의 논문, 159면.

26) 김형석, "양육비청구권을 자동채권으로 하는 상계—부양청구권의 법적 성질과 관련하여," 가족법연구 제21권 제3호(2007), 253~254면.

하여 살펴볼 것이다. 그 이유는 재산분할청구권의 귀속상 일신전속성에 관한 논의가 주로 상속성 인정여부와 관련하여 전개되어 왔기 때문이다.

4. 재산분할청구권의 상속성

가. 학 설

재산분할청구권의 상속성 인정여부와 관련해서는 양적 범위의 문제와 시적 범위의 문제로 나뉘어 논의가 전개되어 왔다. 양적 범위의 문제는 재산분할청구권의 청산적 요소만 상속되는지 아니면 부양적 요소까지 상속되는지의 논의이다. 재산분할청구권의 성질에 관하여 청산 및 부양설을 취하는 견해에서는 재산분할청구권의 상속성을 인정하면서도 청산적 요소만 상속되고 부양적 요소는 상속되지 않는다고 보는 것이 통설이다.[27] 재산분할청구권에 부양적 요소가 포함되어 있더라도 그 요소만을 청산적 요소와 분리하는 것은 현실적으로 곤란하고 단지 법원의 분할액 산정이라는 재량행위에 고려되는 요소에 불과하다.[28] 실제 가사재판에서도 재산분할을 결정함에 있어서 청산적 요소와 부양적 요소를 구분하여 판단하고 있지 않다.

재산분할청구권의 상속성에 관한 시적 범위의 문제는 재산분할청구권의 승계가능시점에 관한 논의이며, 실제 사건에서 의미를 가지는 것은 바로 이 시적 범위의 문제이다. 그리고 재산분할청구권은 이혼을 전제로 하므로 상속성에 관한 논의 역시 일단 이혼이 성립하여 재산분할청구권이 발생한 이후에만 문제가 된다. 그래서 이혼소송과 재산분할청구가 병합된 경우에 배우자 일방이 사망하면 이혼의 성립을 전제로 하여 이혼소송에 부대한 재산분할청구 역시 이를 유지할 이익이 상실되어 이혼소송의 종료와 동시에 종료된다.[29]

---

27) 신영호/김상훈/정구태, 149면; 곽윤직, 144면; 김주수/김상용, 265면 등.

28) 박순성, "채무의 상속," 『민사판례연구(XXV)』, 박영사(2003), 675면; 김홍엽, "이혼소송 및 재산분할청구의 계속중 당사자일방의 사망과 소송상 처리," 대법원판례해설 제22호(1994. 10), 250면.

29) 대법원 1994. 10. 28. 선고 94므246, 94므253 판결.

(1) 이혼성립시설

이혼이 일단 성립하였다면 설사 재산분할권리자가 분할협의나 분할청구 등 권리행사를 하기 전에 사망하였더라도 상속이 가능하다는 견해이다. 이 견해를 취하는 입장도 그 근거가 모두 일치하지는 않는다. 대표적으로는 재산분할청구권의 상속성은 귀속상 일신전속성의 문제로서 이혼이 성립되어 완전한 재산권으로 성립된 이상 권리자가 이를 생전에 행사하였는지 여부와 관계없이 상속성은 인정되어야 한다는 견해가 있다.[30] 그리고 재산분할청구권이 재판 등에 의해 형성되기 전이라도 청구권이 상속된다고 보는 경향이 강한 점에 비추어 당사자가 사망하기 전에 청구의 의사를 표시하였는지 여부에 관계없이 상속이 가능하다는 견해도 이와 같은 입장이라고 볼 수 있다.[31] 한편 재산분할청구권은 약혼해제로 인한 위자료청구권의 승계가능성을 규정한 민법 제806조 제3항을 준용하는 규정이 없고, 재산분할청구권의 제척기간이 2년으로 단기인 점을 근거로 드는 견해도 있다.[32]

(2) 권리행사시설

이혼이 성립하고 분할협의나 분할청구 등 권리행사를 한 후에 재산분할권리자가 사망한 경우 상속이 가능하다는 견해이다.[33] 우리나라의 다수설이라고 할 수 있다. 재산분할청구권의 행사여부는 당사자의 결정에 맡기는 것이 타당한 측면이 있으므로 민법 제806조 제3항을 유추하여 분할협의가 있거나 분할청구 등 당사자의 의사가 분명해진 경우에 한하여 상속을 인정하는 것이 타당하다고 한다.[34] 재산분할청구권에 관하여 제806조 제3항을 유추적용하는 이유 내지 근거에 관하여는, 재산분할청구권도 위자료청구권과 마찬가지로 이혼을 전제로 하는 재산권으로서의 성격을 가지고 있고 부부의 일방이 자녀를 상대로 재산분할청구를 하거나 또는 그 반대

---

30) 정구태, 앞의 논문, 692~694면.

31) 박순성, 앞의 논문, 676면.

32) 황경웅, 앞의 논문, 507면.

33) 주해친족법(제1권), 427면(이동진 집필부분); 윤진수, 122면; 신영호/김상훈/정구태, 149면; 김주수/김상용, 265면; 김동하, "혼인의 해소에 따른 재산분할," 재판실무 제1집, 창원지방법원(1999), 271면 등.

34) 주해친족법(제1권), 427면(이동진 집필부분); 윤진수, 122면.

의 경우에 윤리적으로 용납되기 어려운 점은 위자료청구권의 경우에도 마찬가지인데도 불구하고 위자료청구권에 대해서만 배상에 관한 합의나 소제기의 요건이 있으면 상속성을 인정하는 것은 형평에 반하므로 민법 제806조 제3항 단서를 재산분할에 준용하는 것이 옳다고 한다.[35)]

(3) 권리의무구분설

재산분할의무에 관해서는 이혼성립시설을 취하고 재산분할청구권에 관해서는 권리행사시설을 취하는 견해이다. 즉 재산분할의무는 권리자의 청구 여부와 상관없이 당연히 상속되지만, 재산분할청구권은 행사상 일신전속권이라는 이유로 청구의 의사표시가 외부에 객관적으로 나타난 경우(분할청구의 의사표시를 하거나 분할청구소송을 제기한 경우)에만 상속이 가능하다고 한다.[36)]

(4) 확정시설(부정설)

재산분할에 관한 당사자 간의 협의나 가정법원의 심판에 의해 구체적인 분할액이 확정된 후에 재산분할권리자가 사망한 경우 상속이 가능하다는 견해이다. 그리고 재산분할청구권의 상속을 부정하는 견해도 결국은 확정되기 전에 부정한다는 취지일 뿐 확정되고 나면 그 확정된 권리의 상속성은 당연히 인정한다. 따라서 재산분할청구권이 일정한 금원 또는 재물의 급부청구권으로 인정될 때에는 구체적인 채권으로 변하여 상속성이 인정된다는 견해도 같은 입장으로 볼 수 있다.[37)] 결국 부정설과 확정시설은 실질적으로 같은 견해라고 할 수 있다. 그 논거로는, "재산분할의 심판은 부부 중 일방이 다른 일방을 상대로 하여 청구하여야 한다."는 가사소송규칙 제96조의 규정은 상속성이 없음을 전제로 하는 것이고, 재산분할청구만을 이혼 후 따로 청구한 경우에도 처가 자신의 자녀를 상대로 재산분할청구를 하는 것은 윤리적으로 용납되기 어렵다는 점을 들고 있다.[38)] 위 규칙에 의하면 재산분할청구권의 당사자를 한정하고 있으므로 재산분할청구권의 상속성을 부정하거나 적어도 절차상

---

35) 김동하, 앞의 논문, 271면.

36) 박동섭, 『친족상속법(제4판)』, 박영사(2013), 209면 및 545면.

37) 김삼화, "재산분할청구권," 인권과 정의 제180호, 대한변호사협회(1991. 8), 27~28면.

38) 이상훈, "이혼에 따른 재산분할청구 사건의 재판실무상 문제점에 대한 고찰," 법조 제42권 제6호(1993. 6), 91~92면.

으로 상속인은 당사자에서 배제하는 취지라는 주장도 있다.[39]

나. 판 례

대법원은, 사실혼 관계의 아내가 남편을 상대로 사실혼 관계의 해소를 주장하며 재산분할청구를 한 후 남편이 사망한 사건에서 남편의 상속인들인 자녀들의 소송수계를 허용하였다.[40] 이는 재산분할의무의 상속성을 인정한 것으로 볼 수 있다. 앞에서 설명한 것처럼, 소송수계를 허용한다는 것은 상속성을 인정하는 것이기 때문이다. 이 판례의 취지대로라면 재산분할심판 소송계속 중에는 당연히 상속성이 인정되지만, 이혼성립 후 권리행사 전에 재산분할권리자가 사망한 경우 상속이 가능하다고 보는지 여부는 불분명하다.

위에서 언급한 대부분의 학설은 주로 권리자측의 승계만을 문제삼고 있으나, 의무자측의 승계를 문제삼아 이는 제한 없이 인정된다는 견해(권리의무구분설)가 있고 그에 따른 하급심 심판례도 존재한다. 즉 서울가정법원 2010. 7. 13.자 2009느합289 심판은, "이혼 확정 후 어느 일방이 사망하였더라도 다른 일방은 사망한 자의 상속인들을 상대로 재산분할을 청구할 수 있다고 봄이 상당하고, 이와 반대의 경우 즉 사망한 일방의 상속인들은 피상속인이 재산분할청구권을 행사하지 않은 채 사망하였다면, 상속인들은 피상속인의 재산분할청구권을 행사할 수 없다고 봄이 타당하다."고 판시하였다.[41]

---

39) 민유숙, "재산분할의 구체적 인정범위," 『가정법원사건의 제문제(재판자료 제62집)』, 법원행정처(1993), 450면.

40) 대법원 2009. 2. 9.자 2008스105 결정: "청구인이 사실혼관계의 해소를 주장하며 이 사건 재산분할심판청구를 함으로써 청구인과 망인의 사실혼관계는 청구인의 일방의 의사에 의하여 해소되었고 공동생활의 사실도 없게 되었다고 봄이 상당하다. 따라서 사실혼관계의 해소에 따라 청구인에게 재산분할청구권이 인정된다고 할 것이다. 그렇게 보면 이 사건 재산분할심판청구 이후 일방 당사자인 망인이 사망하였으므로 그 상속인들에 의한 수계를 허용함이 상당하다."

41) 그 이유에 관하여는, "재산분할청구권은 순수한 재산상의 청구권과 달리 반드시 그 당사자에 의하여 청구되어야 하고 타인이 일방을 대신하여 또는 대위하여 청구할 수 없는 것이라는 의미에서의 행사상의 일신전속권으로 봄이 상당한데, 이 점은 신분상의 권리이기 때문이 아니라, 비록 형성 이후에는 신분적 요소가 대부분 탈락하지만 혼인관계에서 근거를 둔 권리라

참고로 일본 나고야고등재판소에서는 재산분할청구권의 발생시기에 관해 이원설을 취하는 입장에서 이미 분할청구의 의사가 표시된 후의 재산분할청구권은 일반금전채권과 동일하게 상속될 수 있는 권리라고 보았다.[42] 권리행사시설과 유사한 입장으로 보인다.

다. 검 토

재산분할청구권의 행사여부는 당사자의 결정에 맡기는 것이 타당한 측면이 있으므로 민법 제806조 제3항을 유추적용하자는 권리행사시설은 귀속상 일신전속권과 행사상 일신전속권을 혼동하였다는 문제가 있다. 행사여부를 당사자의 결정에 맡기는 것이 타당한지의 문제는 행사상 일신전속권의 논의이다. 양도나 상속이 허용되는지와 같은 귀속상 일신전속권의 문제에서 당사자의 권리행사 여부라는 것은 의미를 가질 수 없다. 다만 재산분할청구권이 행사상 일신전속권이라는 관점에서는, 재산분할권리자가 재산분할청구를 할 것인지 여부에 대해 자신의 뜻을 분명히 하지 아니한 채 사망한 경우, 행사할 뜻이 있었다고 볼 것인지 없었다고 볼 것인지 문제가 될 수는 있다. 그러나 부부관계가 파탄이 나서 이혼을 한 경우에 이혼 당사자가 실질적 공동재산을 청산하고 이혼 후 생계를 유지하고자 할 것이라는 점은 명백한 반증이 없는 한 추정된다고 볼 수 있다. 따라서 재산분할권리자가 권리행사를 하기 전에 사망한 경우에 상속인으로 하여금 재산분할청구권을 승계하도록 하는 것은 재산분할권리자의 의사에 반하는 것도 아니고 재산분할청구권의 행사의 자유를 침해

는 점에서 당사자의 의사가 절대적으로 존중되어야 한다는 점 때문에 그러하다. 이러한 점들을 고려하면, 재산분할청구권 및 상대방에게 재산을 분할해주어야 할 채무의 상속성은 인정되나, 피상속인이 행사하지 않았다면 그 상속인들이 행사할 수는 없다. 다만, 행사상의 일신전속권이라 하더라도, 그 전속권으로서의 성질은 행사를 하는 면, 즉 능동적으로 행사하는 면에 국한되어야 하고, 상대방으로부터 재산분할청구를 당하는 면, 즉 수동적인 면에까지 위와 같은 성격을 확장할 수는 없다. 이는 상대방으로부터 재산분할청구권 행사를 당하는 것까지도 행사라고 할 수 없기 때문이며 이와 동시에 피상속인의 사망이라는 우연한 결과 때문에 상대방의 재산분할청구권 행사가 방해되어서는 안 되기 때문"이라고 한다(서울가정법원 2010. 7. 13.자 2009느합289 심판).

42) 名古屋高等裁判所 昭和 26年 1月 31日 判決.

하는 것도 아니라고 보아야 한다. 그러므로 재산분할권리자가 스스로 권리행사를 한 후에만 상속이 허용된다는 권리행사시설은 타당하지 않다.

권리의무구분설은, 동전의 양면과 같은 재산분할청구권과 재산분할의무를 달리 볼 아무런 근거가 없다는 비판을 면하기 어렵다. 그리고 재산분할청구권이 행사상 일신전속권이라는 이유로 청구의 의사표시가 외부에 객관적으로 나타난 경우에만 상속이 가능하다는 권리의무구분설의 주장은, 행사상 일신전속권과 귀속상 일신전속권을 혼동한 것으로서 부당하다. 재산분할의무의 상속성을 인정한다면 재산분할청구권의 상속성도 인정해야 한다. 예컨대 이혼한 딸이 자녀가 없는 상태에서 전 남편을 상대로 재산분할청구를 하기 전에 사망한 경우 직계존속의 청구를 허용할 필요가 있다.

한편 부정설이 근거로 들고 있는 가사소송규칙 제96조("재산분할의 심판은 부부 중 일방이 다른 일방을 상대로 하여 청구하여야 한다.")는 당사자인 부부가 사망하지 않고 살아 있을 것을 전제로 한 것일 뿐[43] 이 규정이 재산분할청구권의 상속성을 부정한 논거가 될 수는 없다. 재산분할의 당사자는 부부이므로 재산분할심판은 부부 중 일방이 다른 일방을 상대로 청구해야 한다는 당연한 절차적 내용을 규정한 것일 뿐이다.[44] 부정설의 논리대로라면 채무불이행으로 인한 손해배상청구권은 채권자의 상속인이 이를 상속할 수 없다고 해야 한다. 왜냐하면 "채무자가 채무의 내용에 좇은 이행을 하지 아니한 때에는 채권자는 손해배상을 청구할 수 있다."는 민법 제390조에 의하면 채권자가 손해배상을 청구해야 하는 것으로 되어 있기 때문이다. 그러나 이러한 해석의 부당함은 다언을 요하지 않는다. 또한 부정설에서는 처가 자신의 자녀를 상대로 재산분할청구를 하는 것은 윤리적으로 용납되기 어렵다고 하지만 이는 윤리적인 문제와 법적 문제를 혼동한 것이어서 수긍하기 어렵다. 그리고 부부 사이에 자녀가 없는 경우에는 상대 배우자의 직계존속이나 형제자매를 상대로 재산분할청구를 하거나 반대로 재산분할권리자의 직계존속이나 형제자매가 재산분할청구를

43) 같은 견해로는, 김홍엽, 앞의 논문, 250면.

44) 실체법이 규정하고 있는 특정 권리의 성격을 동 권리의 행사방법을 정하는 절차법의 규정으로부터 규명하는 것은 곤란하다는 비판으로는, 서순택, 앞의 논문, 161면.

하게 될 터인데 이러한 경우가 윤리적으로 받아들이기 어려운 것으로 보이지는 않는다.

재산분할청구권은 이혼이 성립하면 그 즉시 권리가 발생하는 것이고, 이혼이 일단 성립함으로써 권리가 발생하였다면 설사 재산분할권리자가 분할협의나 분할청구 등 권리행사를 하기 전에 사망하였더라도 상속이 가능하다고 보아야 한다. 이러한 논리적인 측면뿐 아니라 현실적인 측면에서도 이혼성립시설이 타당하다. 왜냐하면 이혼이 확정되었지만 재산분할청구를 하기 전에 사망한 경우 그 상속성을 인정하지 않으면 사망한 권리자의 상속인은 피상속인의 사망이라는 우연한 사정으로 인해 부양에 필요한 재산을 받을 수 없게 되기 때문이다. 그 상속인이 재산분할의무자와의 사이에서 낳은 자식이 아니라 전 배우자와의 사이에서 낳은 자식인 경우 또는 자식이 없어서 직계존속이 상속인이 되는 경우를 생각해보면 이혼성립시설의 타당성이 더욱 부각된다.[45] 재산분할제도의 주된 목적은 부부가 혼인 중에 취득한 실질적인 공동재산을 청산·분배하기 위한 것이고, 부수적 목적은 이혼 후 부양을 위한 것이다.[46] 재산분할청구권의 상속을 허용하는 것은 실질적 공동재산의 청산이라는 목적에 부합하고, 그 분할받은 재산으로 재산분할권리자의 자녀나 부모를 부양한다는 측면에서 넓게는 이혼 후 부양이라는 목적에도 부합한다. 이처럼 재산분할청구권의 상속성을 허용하더라도 재산분할제도를 마련한 정책적 목적 내지 입법취지에 반하지 않으며, 재산분할권리자로부터 그의 행사의 자유를 빼앗는다고 볼 수도 없다. 따라서 재산분할청구권은 상속의 측면에서 귀속상 일신전속권이 아니다.

그리하여 만약 배우자 일방이 재산분할심판을 청구하여 재판을 진행하던 도중에 사망한 경우에는 상속인의 소송수계를 허용해야 한다. 비록 가사소송법이 가사비송에 관해서는 소송승계에 관한 규정을 두고 있지 않지만,[47] ① 재산분할청구권의 재

45) 같은 견해로는, 황경웅, 앞의 논문, 506면.

46) 신영호/김상훈/정구태, 141면; 대법원 1993. 5. 11.자 93스6 결정.

47) 가사소송법 제16조 제1항은, "가류 또는 나류 가사소송사건의 원고가 사망이나 그 밖의 사유(소송 능력을 상실한 경우는 제외한다)로 소송 절차를 계속하여 진행할 수 없게 된 때에는 다른 제소권자가 소송 절차를 승계할 수 있다."고 규정하여 재산분할심판과 같은 가사비송에 대해서는 언급을 하고 있지 않다.

산권적 성격이 강한 점,[48] ② 소송과 비송의 구분이 반드시 명확하지 않고 우리 가사소송법은 비송사건으로서의 성격이 완화되어 있는 점,[49] ③ 가사비송에 대해서는 비송사건절차법 제1편을 준용하고(가사소송법 제34조) 비송사건에 관하여는 기본적으로 민사소송법을 준용(비송사건절차법 제10조)하므로[50] 재산분할심판절차에서도 민사소송법의 소송승계 규정을 준용할 수 있다고 볼 수 있는 점, ④ 대법원도 재산분할심판청구 이후 일방 당사자가 사망한 경우 그 상속인들에 의한 수계를 허용한 점[51] 등에 비추어 볼 때, 민사소송법의 일반원칙에 따라 재산분할심판절차에서도 소송승계가 가능하다고 본다.

5. 재산분할청구권의 양도성

가. 학 설

재산분할청구권의 상속성에 관한 논의에 비해서 양도성에 관한 논의는 별로 활발하지가 못하다. 그마저도 재산분할청구권의 상속성에 관한 논의에 부연하여 간단히 언급하고 있을 뿐이다. 현재로서는 두 가지 견해가 발견되는데, 첫째, 재산분할청구권의 행사가 외부로 표출(재산분할에 관한 협의가 있거나 재산분할의 심판청구 또는 소제기가 이루어진 경우)된 이후에는 구체적 재산권으로서 양도나 상속성을 가진다는 견해이다.[52] 이는 재산분할청구권의 상속성에 관한 권리행사시설과 같은 견해라고 볼 수 있다. 둘째, 재산분할청구권의 일신전속적 성격에 근거하여 재산분할이 구체

48) 서순택, 앞의 논문, 161면.

49) 서순택, 앞의 논문, 161면; 민유숙, "가사비송절차의 문제점과 개선방향," 가족법연구 제18권 제2호(2004. 7), 339면.

50) 비송사건절차법의 규정상으로는 기일, 기간, 소명방법, 인증, 감정에 관한 민사소송법의 규정을 준용하는 것으로 되어 있어서 소송승계에 관한 규정도 준용되는지 분명하지는 않으나, 신청사건의 신청인이나 상대방이 절차진행 중에 사망한 경우에는 당해 사건에서 신청인이 추구하는 권리가 상속의 대상인 경우에는 상속인이 승계할 수 있는 것으로 해석한다[『법원실무제요 비송』, 법원행정처(2014), 29면]. 즉 실체법상으로 상속이 가능한 권리는 절차법상으로 소송수계가 가능하다고 보는 것이다.

51) 대법원 2009. 2. 9.자 2008스105 결정.

52) 김동하, 앞의 논문, 271면.

화되기 전에는 양도할 수 없다는 견해이다.[53] 이는 재산분할청구권의 상속성에 관한 확정시설(부정설)과 같은 견해라고 볼 수 있다.

나. 판 례

재산분할청구권을 양도하는 사례가 거의 없어서인지 종래 이에 관한 판례가 없다가 당해 사건에서, 대법원은 재산분할청구권의 발생시기에 관한 이원설에 근거하여 재산분할에 관한 당사자 간의 협의나 가정법원의 심판에 의해 구체적인 분할액이 확정된 후에야 비로소 양도가 가능하다고 보았다(확정시설). 이는 결국 이혼성립만으로는 재산분할청구권이 양도될 수 없다고 보는 것이다.

다. 검 토

협의 또는 심판에 의하여 구체적 내용이 형성되기 전까지는 범위 및 내용이 불명확·불확정하기 때문에 구체적으로 권리가 발생하였다고 할 수 없다는 이유로 양도성을 부정하는 판례의 논리에는 찬성할 수 없다. 이처럼 아직 구체적 권리가 발생하지 않았다는 이유로 양도성을 부정한다면 같은 논리로 상속성 역시 부정해야 옳을 것이다. 그렇지만 대법원 2009. 2. 9.자 2008스105 결정은 위에서 본 바와 같이 재산분할심판 계속 중 재산분할의무의 상속성은 인정하고 있다.

재산분할청구권이 협의 또는 심판에 의하여 그 구체적 내용이 형성되지 않았다는 이유로 양도가 허용되지 않는다는 논리는 그 자체로도 부당하고 채권의 양도에 관한 기존의 판례와도 배치된다. 채권의 효력 발생 또는 소멸이 장래의 불확실한 사실인 조건의 성취 여부에 의존하고 있는 장래 채권[54]이라도 양도 당시 기본적 채권관계가 어느 정도 확정되어 있어 그 권리의 특정이 가능하고 가까운 장래에 발생할 것임이 상당 정도 기대되는 경우에는 이를 양도할 수 있다.[55] 재산분할청구권의 경우

---

53) 배경숙/최금숙, 『신친족상속법강의: 가족재산법』, 제일법규(2004), 185면.

54) 이것은 이미 채권으로 성립하여 있는 조건부 채권과는 개념적으로 구분된다. 양창수/권영준, 앞의 책, 167면 각주 4).

55) 대법원 1996. 7. 30. 선고 95다7932 판결; 대법원 2010. 4. 8. 선고 2009다96069 판결 등.

에는 이혼이 성립된 이상 이미 권리가 현재 발생한 상태이므로 장래 채권의 경우보다도 더욱 양도가 가능하다고 볼 수 있다.[56] 따라서 판례의 논리에는 찬성할 수 없지만,[57] 구체적인 재산분할액이 확정된 후에야 비로소 양도가 가능하다는 결론에는 찬성한다. 그 이유는 다음과 같다.

재산분할청구권을 행사상 일신전속권일 뿐 귀속상 일신전속권은 아니라고 보는 통설적 견해에 따른다면, 판례가 재산분할청구권의 상속성은 인정하면서 양도성은 부정하는 것은 매우 비논리적이고 비판받아야 마땅한 일이다. 귀속상 일신전속권이 아니라면 상속성 뿐 아니라 양도성도 당연히 인정되어야 하기 때문이다. 그러나 일신전속권에 관한 앞에서의 결론에 따른다면, 양도와 상속을 반드시 동일선상에서 판단해야 하는 필연적인 이유는 없다. 해당 권리를 인정하는 정책적 목적 내지 입법취지를 고려해 볼 때 그 권리의 상속성을 인정할 수 있다 하더라도 반드시 양도성까지 함께 인정해야 하는 것은 아니다. 이런 경우 해당 권리는 상속에 있어서는 귀속상 일신전속권은 아니지만 양도에 있어서는 귀속상 일신전속권이라고 볼 수 있을 것이다.

재산분할청구권은 어디까지나 부부에 국한되는 문제이다. 그래서 재산분할에 관하여 협의가 되지 않을 때에는 민사법원이 아닌 가정법원으로 하여금 액수와 방법을 정하도록 하고 있고(민법 제839조의2 제2항), 재산분할에 관한 처분을 가정법원의 전속관할로 하고 있는 것이다[가사소송법 제2조 제1항 제2호 나목 4)]. 부부의 문제에 부부와 무관한 제3자가 개입하는 것은 바람직하지 않다. 이런 이유로 재산분할청구권을 제3자가 대위행사하는 것을 허용하지 않는 것이고, 그래서 재산분할청구권은 행

---

56) 임채웅, 앞의 논문, 491면.

57) 김명숙, "2017년 가족법 중요 판례," 인권과 정의 제742호(2018. 3), 116면은, "민사상 채권양도는 장래 채권의 양도가 가능하고, 사회 통념상 양도 목적 채권을 다른 채권과 구별하여 그 동일성을 인식할 수 있을 정도이면 그 채권은 특정된 것으로 보아야 할 것이고, 채권양도 당시 양도 목적 채권의 채권액이 확정되어 있지 아니하였다 하더라도 채무의 이행기까지 이를 확정할 수 있는 기준이 설정되어 있다면 그 채권의 양도는 유효한 것으로 보아야 한다고 하는 것과 비교할 때, [대상판결이] 재산분할청구권에 대하여는 일반적인 재산권과 다르게 구체적인 지급청구권이라는 개념을 사용한 법리 구성을 통하여 재산권 행사를 제한하고 있다."고 평가한다.

사상 일신전속권으로서의 성질을 가진다고 보는 것이다. 그런데 재산분할권리자가 사망한 경우 그의 상속인은 통상 자녀가 아니면 부모이다. 이들은 일반적으로 재산분할권리자로부터 부양을 받게 될 지위에 있다. 이런 점에서 부부 중 일방이 재산분할청구권을 행사하기 이전에 사망한 경우 그의 상속인으로 하여금 재산분할청구권을 행사할 수 있도록 하는 것은 재산분할권리자의 의사에도 부합하고 부부와 무관한 제3자가 관여하는 것이라고 보기도 어렵다. 따라서 이들이 재산분할청구권을 상속하여 행사하는 것을 금지할 이유는 없다고 본다.[58] 그러나 이혼이 성립한 후 아직 재산분할청구권을 행사하기 이전에 재산분할청구권을 제3자에게 양도하게 되면 그 제3자가 가정법원에 재산분할심판을 청구해야 하고 결국 부부의 문제를 부부와 무관한 제3자가 주도하여 소송을 수행하게 되는 심각한 문제가 생긴다.[59] 이것은 이혼이 성립한 후 배우자 일방이 재산분할심판을 청구한 이후에 아직 심판이 확정되기 전에 재산분할청구권을 양도한 경우에도 유사한 문제가 발생한다. 이러한 경우에는 결국 양수인이 배우자 일방의 소송을 수계하여 재판을 진행해야 하는데, 이는 부부의 문제에 부부와 무관한 제3자가 주도적으로 관여하는 불합리한 문제가 생긴다는 점에서 수긍하기 어렵다.[60]

그리고 상속의 경우에는 원래의 권리자인 배우자 일방이 사망하여 스스로 권리를 행사할 수 없는 상태이므로 상속인에 의한 권리행사를 허용하더라도 무방하지만, 양도의 경우에는 권리자가 스스로 권리를 행사할 수 있음에도 불구하고 제3자로 하여금 권리를 행사하도록 하는 것이므로 이를 허용하는 것은 재산분할청구권의 행사

58) 물론 재산분할권리자의 형제자매나 사촌이 상속인이 되는 경우에는 과연 이들이 재산분할청구권을 상속하여 그 권리를 행사하는 것이 재산분할권리자의 의사에 부합하는 것인지에 관해 의문이 있을 수 있다. 이는 결국 재산분할권리자의 의사 해석의 문제이다. 재산분할권리자가 생전에 반대 의사를 표시하지 않았다면 이들이 재산분할청구권을 상속하여 행사하는 것을 금지할 수는 없다고 본다.

59) 임채웅, 앞의 논문, 492~493면도 대상판결은 이혼을 원인으로 한 재산분할청구권의 가족법적 요소에 따른 특별한 지위를 인정하였다고 봄이 상당하다고 하면서, 이러한 해석론을 취하지 않고 오로지 불명확, 불확정함만을 이유로 드는 것은 결론을 정당화하기에 매우 취약하다고 한다.

60) 같은 취지로 권영준, "2017년 민법 판례 동향," 서울대학교 법학 제59권 제1호(2018. 3), 532면.

주체를 이혼한 배우자로 제한한 민법 제839조의2[61]의 규정 취지에 반한다고 볼 수 있다. 행사상의 일신전속권은 본인과 법정대리인만 행사할 수 있다. 이혼이 확정되어 재산분할청구권이 성립하였지만 부부 중 일방이 재산분할청구권을 행사하기 이전에 이 권리를 제3자에게 양도하여 양수인이 행사할 수 있다고 한다면 행사상의 일신전속성이 몰각될 우려도 있다. 따라서 재산분할청구권은 이혼한 당사자 본인이 행사해야 하고, 이를 양도함으로써 양수인으로 하여금 재산분할청구권을 행사하도록 하여서는 안 된다.

배우자 일방이 상대 배우자와 이혼을 한 후 아직 재산분할청구권을 행사하기 이전에 사망한 경우 자신의 상속인이 재산분할청구권을 승계하여 이 권리를 행사할 수 있도록 하는 것이 실질적 공동재산의 청산 및 이혼 후 부양이라는 재산분할제도의 입법목적에 부합한다는 것은 앞에서 설명한 대로이다. 그러나 재산분할청구권의 양도를 허용할 경우 실질적 공동재산의 청산이라는 목적은 달성될는지 모르겠지만 이혼 후 부양이라는 목적에는 반하는 결과가 초래될 수 있다.[62] 따라서 재산분할청구권의 양도는 허용할 수 없으며, 결국 재산분할청구권은 양도의 측면에서 귀속상 일신전속성을 가진다고 볼 수 있다.[63]

---

61) 민법 제839조의2: ① 협의상 이혼한 자의 일방은 다른 일방에 대하여 재산분할을 청구할 수 있다. ② 제1항의 재산분할에 관하여 협의가 되지 아니하거나 협의할 수 없는 때에는 가정법원은 당사자의 청구에 의하여 당사자 쌍방의 협력으로 이룩한 재산의 액수 기타 사정을 참작하여 분할의 액수와 방법을 정한다. ③ 제1항의 재산분할청구권은 이혼한 날부터 2년을 경과한 때에는 소멸한다.

62) 임채웅, 앞의 논문, 492면도 대상판결의 결론은 재산분할청구권의 법적 성격에 관하여 청산설보다는 청산 및 부양설을 취할 때 훨씬 더 자연스럽고 의미를 부여할 수 있다고 한다. 재산분할청구권의 확정 전에는 처분하지 못하게 함으로써 부양적 효과의 면에서 더 권리자를 보호하려는 취지가 담겨 있다는 것이다.

63) 권영준, 앞의 논문, 532~533면은 "재산분할청구권의 조기 양도 문제는 어떤 권리를 시장(market)에 상품(commodity)으로 내놓을 수 있는가 하는 문제와 맞닿아 있다"고 하면서, "재산분할청구권의 인적 속성에 대한 일반적 이해를 바탕으로 하면 재산분할청구권의 조기 양도를 선뜻 인정하기는 어렵다"고 한다. "재산분할청구권이 조기 양도되었으나 이혼이 성립하지 않은 경우 또는 재산분할의 구체적 내용이 당초 양도된 채권의 내용과 다른 경우에 혼란을 초래할 수도 있"으며, "재산분할청구권의 조기 양도가 이혼을 더욱 조장한다는 우려도 제기될 수 있다."는 것이다. 매우 흥미로운 분석이라 생각된다.

양도의 경우에는 양수인이 양도인의 구체적인 재산 그 자체만을 특정적으로 승계하지만, 상속의 경우에는 상속인이 피상속인의 구체적인 재산을 승계한다기보다는 피상속인이 가지고 있던 재산법적 '지위'를 포괄적으로 승계한다는 점에서 양도와 상속은 근본적으로 다르다. 즉 양도가 물적, 특정적 승계라면 상속은 인적, 포괄적 승계라고 볼 수 있다. 이처럼 상속인이 피상속인의 지위를 그대로 물려받기 때문에 피상속인이 가지던 재산분할청구권이 상속인에게 이전되어 상속인이 그 권리를 행사하는 것에 큰 거부감이 없다. 이런 점에서도 재산분할청구권의 일신전속성을 논의할 때 양도와 상속을 달리 볼 수 있는 것이다.

6. 대상판결의 의의

협의 또는 심판에 의하여 구체적 내용이 형성되기 전까지는 범위 및 내용이 불명확·불확정하기 때문에 구체적으로 권리가 발생하였다고 할 수 없고, 이처럼 아직 구체적 내용이 형성되지 아니한 재산분할청구권을 미리 양도하는 것은 성질상 허용되지 않는다는 대상판결의 논리에는 찬성할 수 없다. 그러나 협의나 심판에 의해 그 내용과 범위가 확정되기 전의 재산분할청구권은 양도할 수 없다는 대상판결의 결론에는 찬성한다. 대상판결은 아직 협의나 심판에 의해 그 내용과 범위가 확정되기 전의 재산분할청구권을 양도할 수 있는지에 관한 최초의 대법원 판결이라는 점에서 그 의의가 매우 크다.

4 보험수익자가 피보험자의 '법정상속인'인데 법정상속인이 여러 명인 경우, 상속인 중 1인이 보험금 전액을 청구할 수 있을까?

〈대법원 2017. 12. 22. 선고 2015다236820, 236837 판결:
채무부존재확인 · 보험금〉

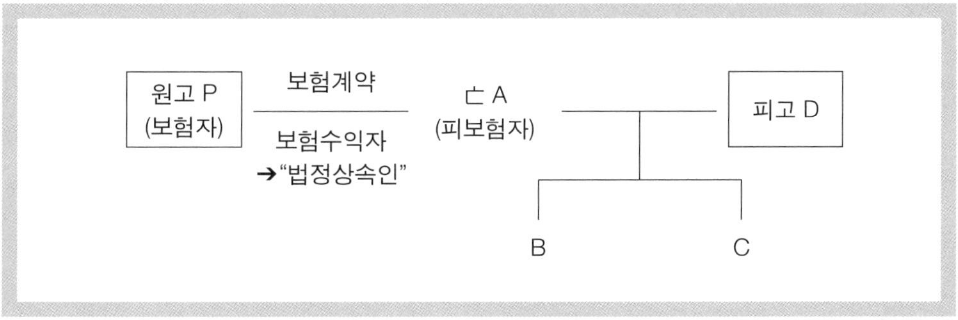

Ⅰ. 사실관계

보험회사인 원고 P(반소피고, 이하 '원고'라 한다)는 망 A와 사이에 피보험자를 A, 보험수익자는 피보험자 사망 시 법정상속인, 그 외에는 A로 하여 보험계약을 체결하였는데, 그 중 일반상해사망후유장해의 보장 내용은 A가 일반상해로 사망할 경우 보험수익자에게 보험가입금액(5,000만 원)을 지급하도록 되어 있었다. A는 2013. 12. 26.경 개울에서 사망한 채로 발견되었는데, 원고는 A가 '급격하고도 우연한 외래의 사고로 입은 상해의 직접결과로써 사망'한 것이 아니라고 주장하며, 그 배우자인 피고 D(반소원고, 이하 '피고'라 한다)를 상대로 보험금지급채무의 부존재확인을 구하는 이 사건 본소를 제기하였고, 이에 피고는 보험금 5,000만 원의 지급을 구하는 반소를 제기하였다. 한편 A의 상속인으로는 배우자 D 이외에도 자녀 B와 C가 있었다.

II. 소송경과

원고는 제1심 제1회 변론기일 전에 A의 상속인으로 피고 외에 자녀들인 B, C가 있으므로 이 사건 본소의 피고로 추가하여 달라는 취지의 피고 추가신청을 하면서, 그 첨부서류로 B, C가 A의 자녀로 기재된 가족관계증명서를 제출하면서도, '피고는 그 상속분 범위 내에서만 보험금을 청구할 수 있다'는 취지의 주장을 명시적으로 하지 않은 채 단지 A의 사망이 급격하고도 우연한 외래의 사고로 인한 상해의 직접결과로써 발생한 것이 아니라는 취지로만 주장하였다. 이에 대하여 제1심법원은 위 피고 추가신청에 대해 아무런 결정을 하지 않은 채 A의 사망이 보험약관에서 정한 일반상해사망에 해당하는지에 관하여만 심리한 후 원고의 본소청구를 전부 기각하고 보험금 5,000만 원 전액의 지급을 구하는 피고의 반소를 인용하는 판결을 선고하였다.

이에 대하여 원고가 항소를 하였다. 그런데 원고는 원심 변론종결 후에야 '피고의 보험금청구권은 상속분 범위 내로 제한되어야 하는데 원고가 이를 간과하여 변론에서 다투지 못하였으므로 그 주장을 추가하고자 한다.'는 취지를 기재한 변론재개신청서를 제출하였다. 이에 대하여 원심은 변론을 재개함이 없이 원고의 항소를 기각하는 판결을 선고하였다.[1)]

III. 대상판결의 요지

[1] 상해의 결과로 피보험자가 사망한 때에 사망보험금이 지급되는 상해보험에서 보험계약자가 보험수익자를 단지 피보험자의 '법정상속인'이라고만 지정한 경우, 특별한 사정이 없는 한 그와 같은 지정에는 장차 상속인이 취득할 보험금청구권의 비

1) 창원지방법원 2015. 8. 27. 선고 2015나30354, 30361 판결.

율을 상속분에 의하도록 하는 취지가 포함되어 있다고 해석함이 타당하다. 따라서 보험수익자인 상속인이 여러 명인 경우, 각 상속인은 특별한 사정이 없는 한 자신의 상속분에 상응하는 범위 내에서 보험자에 대하여 보험금을 청구할 수 있다.

[2] 민사소송법 제136조 제4항은 "법원은 당사자가 간과하였음이 분명하다고 인정되는 법률상 사항에 관하여 당사자에게 의견을 진술할 기회를 주어야 한다."라고 규정하고 있으므로, 당사자가 부주의 또는 오해로 인하여 명백히 간과한 법률상의 사항이 있거나 당사자의 주장이 법률상의 관점에서 보아 모순이나 불명료한 점이 있는 경우 법원은 적극적으로 석명권을 행사하여 당사자에게 의견 진술의 기회를 주어야 하고, 만일 이를 게을리 한 경우에는 석명 또는 지적의무를 다하지 아니한 것으로서 위법하다. ☞ 파기환송

Ⅳ. 해 설

1. 보험금청구권의 상속

보험계약자인 피상속인의 사망으로 인하여 지급되는 생명보험금(사망보험금)을 보험계약자의 상속인이 취득하게 될 때, 그러한 보험금을 상속재산으로 볼 것인지 아니면 상속인의 고유재산으로 볼 것인지 여부는 어느 경우로 보던 간에 상속세 부과대상이 되므로 세법상으로는 차이가 없다(상속세 및 증여세법 제8조[2]). 그러나 민사법상으로는 커다란 차이가 발생한다. 상속재산으로 볼 경우, 상속인이 상속포기를 하면 그 보험금 역시 취득할 수 없게 되고 한정승인을 하면 상속채권자의 책임재산이 된다. 그리고 만약 상속인이 그 보험금을 취득하게 되면 상속포기나 한정승인을

2) 제8조(상속재산으로 보는 보험금)
① 피상속인의 사망으로 인하여 받는 생명보험 또는 손해보험의 보험금으로서 피상속인이 보험계약자인 보험계약에 의하여 받는 것은 상속재산으로 본다.
② 보험계약자가 피상속인이 아닌 경우에도 피상속인이 실질적으로 보험료를 납부하였을 때에는 피상속인을 보험계약자로 보아 제1항을 적용한다.

할 수 없게 된다. 왜냐하면 그러한 보험금의 취득은 상속재산의 처분행위에 해당하여 단순승인으로 의제되기 때문이다(제1026조).[3] 그러나 고유재산이라고 하게 되면 설사 상속인이 보험금을 취득하더라도 상속포기나 한정승인을 할 수 있다. 이러한 보험금의 취득행위는 상속재산에 대한 처분행위에도 해당하지 않고(제1026조 제1호) 상속재산의 부정소비에도 해당하지 않기 때문이다(제1026조 제3호). 이 문제에 관한 판례의 태도를 정리해보면 다음과 같다.

가. 피상속인이 스스로를 피보험자로, 특정 상속인을 보험수익자로 지정한 경우: 특정 상속인이 보험금을 수령하는 것은 상속에 의한 것이 아니라 보험계약의 효과이므로 특정 상속인의 고유재산으로 본다(대법원 2001. 12. 24. 선고 2001다65755 판결).

나. 피상속인이 스스로를 피보험자로, 보험수익자를 단순히 '상속인'이라고만 표시한 경우: 상속인들의 고유재산에 해당한다(대법원 2001. 12. 28. 선고 2000다31502 판결).[4]

다. 보험계약자가 피보험자의 상속인을 보험수익자로 지정한 경우: 피보험자의 상속인이 보험금을 수령하는 것은 상속에 의한 것이 아니라 보험계약의 효과이므로 상속인의 고유재산에 해당한다(대법원 2004. 7. 9. 선고 2003다29463 판결).

라. 보험계약자가 보험수익자를 지정하지 않은 상태에서 피보험자가 사망한 경우: 피보험자의 상속인이 보험수익자가 된다(상법 제733조 제4항[5]). 이 때 피보험자의 상속인의 보험금청구권은 상속인의 고유재산에 해당한다(대법원 2004. 7. 9. 선고 2003다29463 판결).

마. 보험계약자가 자기 이외의 제3자를 피보험자로 하고 자기 자신을 보험수익자로 하여

---

3) 제1026조(법정단순승인) 다음 각 호의 사유가 있는 경우에는 상속인이 단순승인을 한 것으로 본다.

1. 상속인이 상속재산에 대한 처분행위를 한 때
2. 상속인이 제1019조 제1항의 기간 내에 한정승인 또는 포기를 하지 아니한 때
3. 상속인이 한정승인 또는 포기를 한 후에 상속재산을 은닉하거나 부정소비하거나 고의로 재산목록에 기입하지 아니한 때

4) 생명보험의 보험계약자가 스스로를 피보험자로 하면서, <u>수익자는 만기까지 자신이 생존할 경우에는 자기 자신을, 자신이 사망한 경우에는 '상속인'이라고만 지정</u>하고 그 피보험자가 사망하여 보험사고가 발생한 경우, 보험금청구권은 상속인들의 고유재산으로 보아야 할 것이고, 이를 상속재산이라 할 수 없다(대법원 2001. 12. 28. 선고 2000다31502 판결).

5) 상법 제733조 제4항: 보험계약자가 제2항과 제3항의 지정권을 행사하기 전에 보험사고가 생긴 경우에는 피보험자 또는 보험수익자의 상속인을 보험수익자로 한다.

맺은 생명보험계약에 있어서 보험존속 중에 보험수익자가 사망한 경우: 보험수익자의 상속인이 보험수익자가 된다(상법 제733조 제3항 후단[6]). 보험수익자와 피보험자가 동시에 사망한 것으로 추정되는 경우에도 마찬가지이다. 이 때 보험수익자의 상속인이 가지는 보험금지급청구권은 상속인의 고유재산으로 본다(대법원 2007. 11. 30. 선고 2005두5529 판결).[7]

바. 피상속인이 자기를 피보험자이자 보험수익자로 지정한 경우: 이것은 피상속인 자신을 위한 계약이므로 보험금청구권은 일단 피상속인에게 귀속된 후 상속재산으로서 상속인에게 귀속된다는 것이 판례의 입장이다. 즉 이때의 보험금청구권은 상속재산이라는 것이다(대법원 2002. 2. 8. 선고 2000다64502 판결[8]; 대법원 2000. 10. 6. 선고 2000다38848 판결). 그러나 보험금청구권은 피상속인이 사망해야 발생하는 권리인데 이미 사망한 자가 그 권리를 취득한 후 상속인에게 상속된다는 이론구성은 논리적으로 납득하기 어렵다. 이 경우도 상법 제733조 제3항을 유추적용하여 상속인의 고유한 권리로서 보험금청구권을 취득하는 것이라고 보는 것이 옳다고 생각한다.[9]

2. 피보험자의 법정상속인이 보험수익자로 되어 있는데 법정상속인이 여러 명인 경우

원고와 A가 체결한 이 사건의 보험계약은 피보험자를 A로 하고, 보험수익자는 피

6) 상법 제733조 제3항: 보험수익자가 보험존속 중에 사망한 때에는 보험계약자는 다시 보험수익자를 지정할 수 있다. 이 경우에 보험계약자가 지정권을 행사하지 아니하고 사망한 때에는 보험수익자의 상속인을 보험수익자로 한다.

7) 보험계약자가 자기 이외의 제3자를 피보험자로 하고 자기 자신을 보험수익자로 하여 맺은 생명보험계약에 있어서 보험존속 중에 보험수익자가 사망한 경우에는 상법 제733조 제3항 후단 소정의 보험계약자가 다시 보험수익자를 지정하지 아니하고 사망한 경우에 준하여 보험수익자의 상속인이 보험수익자가 되고, 이는 보험수익자와 피보험자가 동시에 사망한 것으로 추정되는 경우에도 달리 볼 것은 아니며, 이러한 경우 보험수익자의 상속인이 피보험자의 사망이라는 보험사고가 발생한 때에 보험수익자의 지위에서 보험자에 대하여 가지는 보험금지급청구권은 상속재산이 아니라 상속인의 고유재산이다(대법원 2007. 11. 30. 선고 2005두5529 판결).

8) 대법원 2002. 2. 8. 선고 2000다64502 판결: "생명보험에 있어서 보험계약자가 피보험자 중 1인인 자신을 보험수익자로 지정한 경우에도 그 지정은 유효하고, 따라서 보험수익자가 사망하면 그 보험금은 상속재산이 된다."

9) 곽윤직, 149~150면; 윤진수, 416면.

보험자 사망 시 법정상속인으로 되어 있다. 따라서 A의 사망으로 인해 지급되는 보험금은 상속인들의 고유재산에 해당된다. 이 사건에서는 상속인 중 1인인 피고가 보험금 전액을 청구할 수 있는지 여부가 문제가 되었다. 그러나 아무리 상속인 전원이 보험금을 취득하더라도 상속인 중 한 사람이 전액을 청구할 수는 없다고 보아야 한다. 이러한 보험금청구는 보존행위가 아니므로 각자 자기의 권리만큼만 청구를 할 수 있다고 보는 것이 옳다. 그렇다면 문제는 상속인들 각자의 권리를 균등한 것으로 보아야 하는지 아니면 법정상속분에 따르는 것으로 보아야 하는지 여부이다. 만약 이 보험금이 상속재산이라면 상속인들의 권리는 당연히 법정상속분의 비율에 따를 것이고, 따라서 각자의 상속분만큼 보험금을 청구할 수 있을 것이다. 그런데 이 사건의 보험금은 상속인들의 고유재산이므로 당연히 그와 같이 처리된다고 보기는 어렵다. 만약 균등한 것으로 본다면 피고와 B, C 모두 1/3씩의 보험금청구권을 행사할 수 있지만, 법정상속분에 따른다고 본다면 피고는 배우자로서 3/7을, B와 C는 자녀들로서 각 2/7씩의 보험금청구권을 행사할 수 있다. 이에 대하여 대상판결은 각자 자신의 상속분에 상응하는 범위 내에서만 보험금을 청구할 수 있다고 판시하였다. 이에 대해서는 이 사건 보험금청구권은 상속재산에 포함되지 않는 고유재산이므로 보험계약자인 피상속인의 특별한 의사표시가 없는 한 민법 제408조에 따라 균등한 비율로 귀속되어야 한다(분할채권원칙)는 비판이 있다.[10] 그러나 보험계약자인 A가 피보험자인 자신의 사망에 따른 보험수익자를 단지 '법정상속인'이라고만 지정했다면(법정상속인들을 개별적으로 특정하지 않고), 그 지정에는 A의 사망 당시 상속인이 취득할 보험금청구권의 비율을 그 상속분에 의하도록 하는 취지가 포함되어 있다고 해석하는 것이 피상속인 A의 의사에 부합한다. 즉 보험금청구권을 균등한 비율로 귀속시키지 않으려는 피상속인 A의 특별한 의사표시가 있었다고 볼 수 있다. 따라서 피고는 공동상속인 중 1인으로서 자신의 상속분인 3/7에 상응하는 범위 내에서 원고에 대하여 보험금을 청구할 수 있다. 대상판결의 결론에 찬성한다.

한편 원고가 제1심법원에 피고 추가신청을 하면서 A의 상속인으로 배우자인 피

10) 정구태, "상속에 있어서 보험금청구권의 취급,"『2017년 가족법 주요판례10선』, 세창출판사(2018), 144~145면.

고 외에 자녀로 C, D가 있음을 알 수 있는 가족관계증명서를 제출하면서도 피고는 그 상속분의 범위 내에서만 보험금을 청구할 수 있다는 주장을 명시적으로 하지 않은 채 A의 사망이 일반상해사망에 해당하지 않는다는 주장만을 한 것은 부주의 또는 오해로 명백히 법률상의 사항을 간과한 것으로 볼 수 있다. 따라서 법원으로서는 적극적으로 석명권을 행사하여 당사자에게 의견 진술의 기회를 주고, 그에 따라 피고의 상속분에 관하여 심리하였어야 했다. 원심판결에는 석명의무위반 및 심리미진의 위법이 있다.

5 제사용재산은 누구에게 귀속되는가?

〈대법원 2023. 5. 11. 선고 2018다248626 전원합의체 판결: 유해인도〉

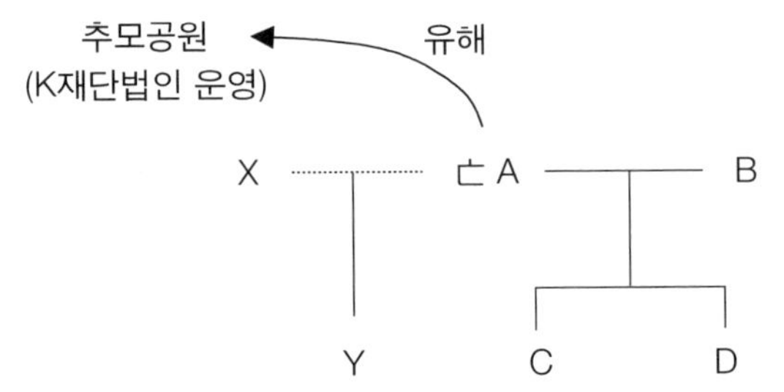

Ⅰ. 사실관계

망 A(이하 '망인'이라 한다)는 1993. 2. 4. B와 혼인신고를 하고 B와 사이에 장녀인 C(1994년생), 차녀인 D(2000년생) 등 2명의 딸을 두었다. 망인은 위와 같이 B와의 혼인관계가 계속 중이던 2006. 11.경 내연녀인 X와 사이에 아들인 Y(2006년생)를 두게 되었다. 망인은 X, Y와 함께 살다가 2017. 4. 16. 사망했는데, X는 망인의 유해를 화장한 후 그 유해를 K재단법인이 운영하는 추모공원 내 봉안당에 봉안하였다. 그러자 B, C, D(이하 '원고들'이라 한다)는 X와 K재단법인을 상대로 A의 유해를 자신들에게 인도할 것을 구하는 이 사건 유해인도소송을 제기하였다.

II. 소송경과

제1심은, 장남 Y가 제사주재자로서 망인의 유해에 대한 권리를 가지고 있고 X는 Y의 법정대리인(친권자 모)으로서 그 유해를 점유·관리하고 있다고 보아 유해에 대한 권리가 원고들에게 있음을 전제로 하는 원고들의 청구를 모두 기각하였다.[1] 이에 원고들이 항소하였으나, 항소심도 항소를 기각하여 제1심판결을 그대로 유지하였다.[2]

III. 대상판결의 요지[다수의견]

대법원 2008. 11. 20. 선고 2007다27670 전원합의체 판결(이하 '2008년 전원합의체 판결'이라 한다)은 제사주재자는 우선적으로 망인의 공동상속인들 사이의 협의에 의해 정하되, 협의가 이루어지지 않는 경우에는 제사주재자의 지위를 유지할 수 없는 특별한 사정이 있지 않는 한 망인의 장남(장남이 이미 사망한 경우에는 장손자)이 제사주재자가 되고, 공동상속인들 중 아들이 없는 경우에는 망인의 장녀가 제사주재자가 된다고 판시하였다. 그러나 공동상속인들 사이에 협의가 이루어지지 않는 경우 제사주재자 결정방법에 관한 2008년 전원합의체 판결의 법리는 더 이상 조리에 부합한다고 보기 어려워 유지될 수 없다. 공동상속인들 사이에 협의가 이루어지지 않는 경우에는 제사주재자의 지위를 인정할 수 없는 특별한 사정이 있지 않는 한 피상속인의 직계비속 중 남녀, 적서를 불문하고 최근친의 연장자가 제사주재자로 우선한다고 보는 것이 가장 조리에 부합한다. 그 이유는 다음과 같다.

① 법적 안정성과 판례의 규범력을 확보하기 위하여는 불가피하게 기존의 판례를 바꾸는

---

1) 의정부지방법원 고양지원 2017. 12. 22. 선고 2017가합1134 판결.
2) 서울고등법원 2018. 6. 20. 선고 2018나2006493 판결.

경우에도 그 범위를 되도록 제한적으로 하여야 한다. 특히 제사와 같이 관습에 바탕을 둔 제도에 있어서는 기존의 생활양식, 이에 대한 사회 일반의 인식 등을 고려할 때 종래와 완전히 다른 방식을 새롭게 채택하는 것에 신중해야 한다. 2008년 전원합의체 판결에서 조리에 부합한다고 본 제사주재자 결정방법이 현재의 법질서와 조화되지 않는다면 기존 법규범의 연장선상에서 현재의 법질서에 부합하도록 이를 조금씩 수정·변형함으로써 명확하고 합당한 기준을 설정할 필요가 있다.

② 민법 제1008조의3은 제사용 재산의 특수성을 고려하여 제사용 재산을 유지·보존하고 그 승계에 관한 법률관계를 간명하게 처리하기 위하여 일반 상속재산과 별도로 특별승계를 규정하고 있다. 이러한 취지를 고려하면 어느 정도 예측 가능하면서도 사회통념상 제사주재자로서 정당하다고 인정될 수 있는 특정한 1인을 제사주재자로 정해야 할 필요가 있다. 특히 공동상속인들이 장례방법이나 장지 등을 둘러싸고 서로 망인의 유체에 대한 권리를 주장하는 경우, 공동의 제사주재자를 인정하는 것은 분쟁해결에 도움이 되지 않는다.

③ 제사는 기본적으로 후손이 조상에 대하여 행하는 추모의식의 성격을 가지므로, 제사주재자를 정할 때 피상속인과 그 직계비속 사이의 근친관계를 고려하는 것이 자연스럽다. 다만 직계비속 중 최근친인 사람들이 여러 명 있을 경우에 그들 사이의 우선순위를 정하기 위한 기준이 필요한데, 연령은 이처럼 같은 순위에 있는 사람들 사이에서 특정인을 정하기 위한 최소한의 객관적 기준으로 삼을 수 있다. 같은 지위와 조건에 있는 사람들 사이에서는 연장자를 우선하는 것이 우리의 전통 미풍양속에 부합할 뿐만 아니라, 실제 장례나 제사에서도 직계비속 중 연장자가 상주나 제사주재자를 맡는 것이 우리의 문화와 사회 일반의 인식에 합치한다는 점에서도 그러하다. 가족공동체 내에서 어떤 법적 지위를 부여받을 때에 같은 순위자들 사이에서 연장자를 우선하는 것은 이미 우리 법질서 곳곳에 반영되어 있다. 「장사 등에 관한 법률」 제2조 제16호는 연고자의 권리·의무를 행사하는 순서에 관하여 순위가 같은 자녀 또는 직계비속이 2명 이상이면 최근친의 연장자가 우선순위를 갖는다고 정한다. 「장기 등 이식에 관한 법률」 제12조 제3항도 같은 조 제1항 제2호 및 제2항에 따라 장기 등의 기증에 관한 동의를 하거나 뇌사자 또는 사망한 자의 장기 등의 적출에 관한 거부의 의사표시를 할 수 있는 가족 또는 유족으로서 선순위자 1명을 확정할 때 이에 포함되는 사람이 2명 이상이면 그중 촌수, 연장자순(촌수가 우선한다)에 따른 1명으로 한다고 규정하고, 「생명윤리 및 안전에 관한 법률」 제16조, 「첨단재생의료 및 첨단바이오의약품 안전 및 지원에 관한 법률」 제16조 등에도 유사한 취지의 규정이 있다. 민법 제877조가 존속 또는 연장자를 입양할 수 없다고 규정하는 취지도 가족관계 내 나이에 따른 기본 질서를 반영한 것이고, 종중의 종장 또는 문장 선임에 관한 종중규약이나 관례가 없으면 생존하는 종중원 중 항렬이 가장 높고 나이가 많은 연고항존자가 종장 또는 문장이

되는 것이 우리의 일반 관습인 것도 종족집단 내에서 연장자를 우선하는 전통이 반영된 것이다. 또한 제사주재자는 금양임야, 묘토 등 제사용 재산에 관한 권리를 가짐과 동시에 유체 · 유해의 처리 또는 분묘의 관리 등에 관한 의무를 부담하거나, 제사 관련 비용 등을 현실적으로 부담하게 되는데, 향후에는 제사에 대한 의식이 점차 약해짐에 따라 제사주재자의 일처리나 의무부담이 더욱 부각될 수밖에 없다. 그렇다면 제사주재자를 정할 때 같은 근친관계에 있는 직계비속 사이에서는 연장자를 우선하는 것에 대해서 우리 사회 전반의 인식이 이를 용인하지 않는다고 보기도 어렵다. 결국 피상속인의 직계비속 중 최근친의 연장자를 제사주재자로 우선하는 것은 현행 법질서 및 사회 일반의 보편적 법인식에 부합한다고 볼 수 있다.

④ 한편 피상속인의 직계비속 중 최근친의 연장자라고 하더라도 제사주재자의 지위를 인정할 수 없는 특별한 사정이 있을 수 있다. 이러한 특별한 사정에는, 2008년 전원합의체 판결에서 판시한 바와 같이 장기간의 외국 거주, 평소 부모를 학대하거나 모욕 또는 위해를 가하는 행위, 조상의 분묘에 대한 수호 · 관리를 하지 않거나 제사를 거부하는 행위, 합리적인 이유 없이 부모의 유지 또는 유훈에 현저히 반하는 행위 등으로 인하여 정상적으로 제사를 주재할 의사나 능력이 없다고 인정되는 경우뿐만 아니라, 피상속인의 명시적 · 추정적 의사, 공동상속인들 다수의 의사, 피상속인과의 생전 생활관계 등을 고려할 때 그 사람이 제사주재자가 되는 것이 현저히 부당하다고 볼 수 있는 경우도 포함된다.

Ⅳ. 해 설

1. 쟁 점

이 사건 쟁점은 장례 후 유골함에 담겨 봉안된 망인의 유해에 대한 권리가 공동상속인들 중 누구에게 있는가이다. 이는, 피상속인의 유체 · 유해를 민법 제1008조의3 소정의 제사용 재산에 준해서 보아 제사주재자가 이를 승계하되 제사주재자는 공동상속인들 사이에 협의가 이루어지지 않는 경우 그 지위를 유지할 수 없는 특별한 사정이 있지 않는 한 장남 또는 장손자 등 남성 상속인이라고 판시한 2008년 전원합의체 판결을 유지할 것인지, 그렇지 않다면 제사주재자를 어떻게 정해야 하는지의 문제이다.

2. 제사용재산과 유체 · 유골

우리나라 상속법은 상속인들 간의 평등, 분할상속을 원칙으로 한다. 이러한 상속 원칙의 유일한 예외가 바로 제사용재산이다. 제사용재산이란 조상의 제사를 지내기 위해 필요한 재산을 말하는데, 민법 제1008조의3에서는 분묘가 있는 3,000평 이내의 금양임야와 600평 이내의 묘토인 농지, 족보와 제구(제사도구)를 제사용재산으로 규정하고 있다. 금양임야란, 조상의 분묘를 수호하기 위해 벌목을 금지하고 나무를 기르는 산을 말한다. 그리고 묘토란, 거기서 나오는 수익으로 분묘관리와 제사비용 등에 충당하는 농지를 말한다(이를 전통적으로 '위토'라고 불렀다). 이러한 제사용재산은 제사를 주재하는 자에게 단독으로 귀속시키며, 상속세도 면제된다(상속세 및 증여세법 제12조).

그렇다면 조상의 유체나 유골도 제사용재산에 포함될 수 있는지가 문제될 수 있는데, 대법원은 유체나 유골을 제사용재산에 포함시키고 있다. 즉 사람의 유체 · 유골은 매장 · 관리 · 제사 · 공양의 대상이 될 수 있는 유체물로서, 분묘에 안치되어 있는 선조의 유체 · 유골은 민법 제1008조의3 소정의 제사용 재산인 분묘와 함께 그 제사주재자에게 승계되고, 피상속인 자신의 유체 · 유골 역시 위 제사용 재산에 준하여 그 제사주재자에게 승계된다.[3]

3. 제사주재자 결정방법에 관한 변천

그렇다면 누가 과연 제사주재자인지 여부가 문제되는데, 1990년 민법 개정 전에는 호주상속인이 제사용재산을 승계한다고 민법에 명문으로 규정하고 있었기 때문에 호주상속인이 제사주재자라는 점에 이론의 여지가 없었다(1990년 개정 전 민법 제

3) 대법원 2008. 11. 20. 선고 2007다27670 전원합의체 판결.

996조). 그러다가 호주상속제도가 폐지되고 호주승계제도가 도입되었던 1990년 민법 개정으로 인해 현재와 같이 제사용재산의 승계인은 "제사를 주재하는 자"라고 변경되었는데, 여기서 말하는 "제사를 주재하는 자"가 과연 누구인가, 즉 누가 제사용재산을 단독으로 승계하는 제사주재자인가에 관하여 논란이 일었다. 이에 대해서는 '호주승계인'이라는 견해와 '실제로 제사를 주재하는 자'라는 견해의 대립이 있었으나, 판례는 '종손'이 제자주재자라고 하였다. 그러나 이러한 판례는 2008년 전원합의체 판결에 의해 변경된다. 누가 제사주재자가 될 것인지에 관하여 상속인 간에 합의가 되지 않으면 장남이, 장남이 없으면 장손이, 장손도 없으면 장녀가 제사주재자가 된다는 것이 2008년 전원합의체 판결의 결론이었다. 그러나 다시 대상 판결에 의해 대법원의 견해가 변경되었다. 공동상속인들 사이에 협의가 이루어지지 않는 경우에는 제사주재자의 지위를 인정할 수 없는 특별한 사정이 있지 않는 한 피상속인의 직계비속 중 남녀, 적서를 불문하고 최근친의 연장자가 제사주재자로 우선한다는 것이다.

그러나 이러한 판례 변경에도 불구하고 변경된 판례가 타당한지는 여전히 의문이다. 오히려 대상 판결의 별개의견(대법관 4인)이 판시한 바와 같이, 공동상속인들 사이에 협의가 이루어지지 않는 경우에는 법원으로 하여금 누가 제사주재자로 적합한지를 판단하는 것이 타당하다고 생각한다. 그렇게 해석할 경우 피상속인의 직계비속 중 최근친의 연장자만 제사주재자가 되는 것이 아니라 피상속인의 배우자도 얼마든지 제사주재자가 될 수 있고, 이것이 오늘날 사회인식에도 부합할 것이다.

V. 대상판결의 별개의견[대법관 민유숙, 대법관 김선수, 대법관 노정희, 대법관 이흥구]

망인의 유체 · 유해에 대한 권리의무의 귀속에는 제사용 재산의 승계에 관한 민법 제1008조의3이 적용된다. 공동상속인들 사이에 협의가 성립되지 않아 망인의 유체 · 유해에 대한 권리의무의 귀속이 다투어지는 경우, 법원은 망인의 명시적 · 추정적 의사, 망인이 생전에 공동상속인들과 형성한 동거 · 부양 · 왕래 · 소통 등 생활관계, 장례 경위 및 장례 이후 유체 · 유해나 분묘에 대한 관리상태, 공동상속인들의 의사 및 협의가 불성립된 경위, 향후 유체 · 유해나 분묘에 대한 관리 의지와 능력 및 지속가능성 등 제반 사정을 종합적으로 고려하여 누가 유체 · 유해의 귀속자로 가장 적합한 사람인지를 개별적 · 구체적으로 판단하여야 한다. 따라서 다수의견과 달리, 여기에는 배우자가 포함된다.

6 아내가 평생 함께 살았던 남편으로부터 증여받은 부동산도 유류분반환 대상이 될까?

〈대법원 2011. 12. 8. 선고 2010다66644 판결: 유류분반환〉

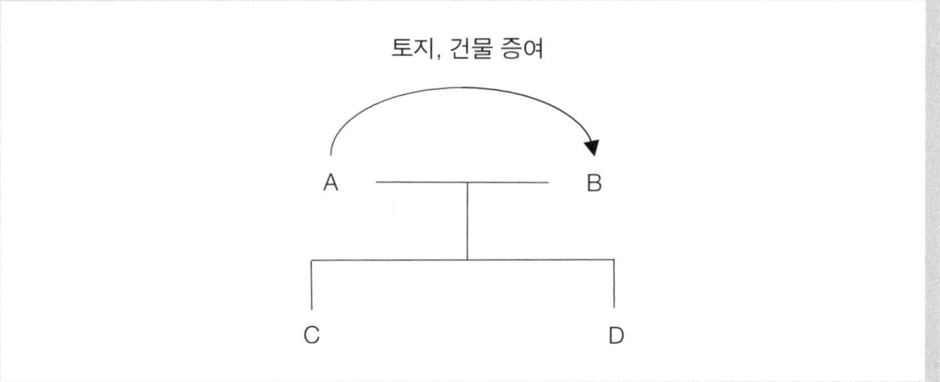

Ⅰ. 사실관계

망 A(이하 '망인'이라 한다)는 2006. 8. 25. 사망함에 따라 망인의 처 B, 아들 C와 딸 D가 공동상속인이 되었다. 망인은 43년간 자신과 혼인생활을 유지해오면서 일생동안 반려가 되어 그와 함께 가정공동체를 형성하고 가족의 경제적 기반인 재산을 획득·유지하며 자녀들에 대한 양육과 지원을 계속해 온 B에게 1999년경 토지와 건물을 증여하였다. 그리고 망인이 사망할 당시에 망인에게 다른 재산은 없었다.

Ⅱ. 소송경과

망인의 자녀들인 C와 D는 B가 망인으로부터 모든 재산을 증여받음으로써 자신들의 유류분이 침해되었다고 주장하면서 B를 상대로 이 사건 유류분반환청구의 소를 제기하였다. 이에 대해 1심[1)]과 항소심[2)]에서는, 위 부동산 외에는 아무런 재산이 없던 망인이 이를 모두 B에게 증여하였다는 사정을 들어 증여재산 전부를 특별수익에 해당한다고 보아서 C와 D의 청구를 인용하였다.

Ⅲ. 대상판결의 요지

[1] 생전 증여를 받은 상속인이 배우자로서 일생 동안 피상속인의 반려가 되어 그와 함께 가정공동체를 형성하고 이를 토대로 서로 헌신하며 가족의 경제적 기반인 재산을 획득 · 유지하고 자녀들에게 양육과 지원을 계속해 온 경우, 생전 증여에는 위와 같은 배우자의 기여나 노력에 대한 보상 내지 평가, 실질적 공동재산의 청산, 배우자 여생에 대한 부양의무 이행 등의 의미도 함께 담겨 있다고 봄이 타당하므로 그러한 한도 내에서는 생전 증여를 특별수익에서 제외하더라도 자녀인 공동상속인들과의 관계에서 공평을 해친다고 말할 수 없다.

[2] 망인이 부동산을 피고에게 생전 증여한 데에는 피고가 망인의 처로서 평생을 함께 하면서 재산의 형성 · 유지과정에서 기울인 노력과 기여에 대한 보상 내지 평가, 청산, 부양의무 이행 등의 취지가 포함되어 있다고 볼 여지가 충분하고, 이를 반드시 공동상속인 중 1인에 지나지 않는 피고에 대한 상속분의 선급이라고 볼 것만은 아니므로, 원심으로서는 망인과 피고의 혼인생활의 내용, 망인의 재산 형성 · 유지에 피고가 기여한 정도, 피고의 생활유지에 필요한 물적 기반 등 제반 요소를 심리한 후, 이러한 요소가 생전 증여에 포함된 정도나 비율을 평가함으로써 증여재산의 전부 또는 일부가 특별수익에서 제외되는지를 판단하였어야 함에도, 단순히 위 부동산 외에는 아무런 재산이 없던 망인이 이를 모두 피고에게 증여하였다는 사정만으로 증여재산 전부를 특별수익에 해당한다고 본 원심판결에는 배우자의 특별수

1) 의정부지방법원 2009. 6. 11. 선고 2008가합280 판결.

2) 서울고등법원 2010. 7. 21. 선고 2010나12489 판결.

익에 관한 법리오해의 위법이 있다. ☞ 파기환송

Ⅳ. 해 설

1. 특별수익자의 상속분

민법 제1008조는 "공동상속인 중에 피상속인으로부터 재산의 증여 또는 유증을 받은 자가 있는 경우에 그 수증재산이 자기의 상속분에 달하지 못한 때에는 그 부족한 부분의 한도에서 상속분이 있다."라고 규정하고 있는데, 이는 공동상속인 중에 피상속인으로부터 재산의 증여 또는 유증을 받은 특별수익자가 있는 경우에 공동상속인들 사이의 공평을 기하기 위하여 그 수증재산을 상속분의 선급으로 다루어 구체적인 상속분을 산정할 때 이를 참작하도록 하려는 데 그 취지가 있다.[3] 여기서 어떠한 생전 증여가 특별수익에 해당하는지는 피상속인의 생전의 자산, 수입, 생활수준, 가정상황 등을 참작하고 공동상속인들 사이의 형평을 고려하여 당해 생전 증여가 장차 상속인으로 될 자에게 돌아갈 상속재산 중 그의 몫의 일부를 미리 주는 것이라고 볼 수 있는지에 의하여 결정하여야 한다.[4]

2. 전 재산을 배우자에게 증여한 경우

피상속인이 자신의 전 재산을 공동상속인 중 한 사람에게만 생전 증여하였다면 이로 인하여 다른 공동상속인의 유류분권이 침해되었다고 보아 수증자를 상대로 한 유류분반환청구를 허용하는 것이 원칙이다. 이 사건의 원심은 이러한 원칙에 입각하여 기계적으로 원고들의 유류분청구를 인용하였다. 그러나 생전 증여를 받은 상속인이 배우자로서 일생 동안 피상속인의 반려가 되어 그와 함께 가정공동체를 형

---

3) 대법원 1995. 3. 10. 선고 94다16571 판결.
4) 대법원 1998. 12. 8. 선고 97므513, 520, 97스12 판결.

성하고 이를 토대로 서로 헌신하며 가족의 경제적 기반인 재산을 획득 · 유지하고 자녀들에 대한 양육과 지원을 계속해 온 경우, 그 생전 증여에는 배우자의 기여나 노력에 대한 보상 내지 평가, 실질적 공동재산의 청산, 배우자의 여생에 대한 부양 의무의 이행 등의 의미도 함께 담겨 있다고 볼 수 있다. 따라서 그러한 한도 내에서는 그 생전 증여를 특별수익에서 제외하더라도 자녀인 공동상속인들과의 관계에서 공평을 해치지 않는다는 것이 이 사건 대법원 판결의 취지이다. 판결의 취지대로라면 증여재산 전부를 특별수익에서 제외하는 것도 해석상 가능할 것으로 보인다.[5)]

3. 우리나라 배우자 상속제도의 문제점

우리나라의 경우 평생을 함께 한 배우자가 소위 '황혼이혼'을 하면 부부재산 중 거의 50%를 재산분할 받게 된다. 그런데 이혼을 하지 않고 상속을 받을 경우 다른 공동상속인들인 자녀들의 상속분에 50%를 가산하는 정도만 받을 수 있게 되어 있어서, 이혼시 재산분할에 비해 오히려 불리한 측면이 있다. 뿐만 아니라 이혼시 재산분할을 받을 때는 증여세를 부과하지 않지만, 배우자가 상속을 받을 때는 상속세를 부과한다. 배우자 입장에서는 부부로서 평생을 함께 살다가 상대방 배우자로부터 재산을 상속받는 것보다는 이혼을 해서 재산분할을 받는 게 더 유리하다. 이혼시 재산분할제도와 배우자 상속제도를 일원화하여 양자 사이에 차별이 생기지 않도록 하는 미국식 부부재산제도에서는 이런 불합리한 문제가 생기지 않는다. 당해 판결은, 미국 등 다른 선진국들에 비해 배우자 상속제도가 배우자에게 불리하게 설계되어 있는 우리 법제 하에서 일생의 반려자였던 배우자의 기여와 부부 공동재산의 청산 및 부양의 필요성을 인정함으로써 실질적 공평과 구체적 타당성을 실현한 판결이라고 볼 수 있다.

---

5) 그런데 이 사건의 환송심에서는, B가 취득한 증여재산의 가액 중 35%를 특별수익으로 보고 그에 따라 계산된 유류분액을 B가 C와 D에게 지급하는 것으로 조정이 이루어졌다.

4. 대상판결의 확대적용 가능성

필자의 견해로는, 기여분청구를 할 수 없었던 경우에 유류분소송에서 기여분을 인정받을 수 있는 근거로 당해 판결을 인용할 수도 있을 것으로 보인다. 즉 기여분청구는 상속재산분할심판절차에 부수하여 청구해야 하기 때문에(제1008조의2 제4항), 상속재산분할심판절차에서 기여분에 대한 결정이 이루어지지 않은 경우에는 유류분소송 등 다른 재판절차에서 기여분을 주장하거나 기여분 결정을 청구할 수 없다. 그래서 심지어 상속재산이 존재하지 않기 때문에 상속재산분할심판청구를 할 수 없고 이로 인해 기여분청구도 할 수 없게 된 경우에조차 기여를 인정받을 수 없게 되어 기여자에게 지나치게 가혹한 측면이 있다. 이런 경우에 위 판례를 적용한다면, 유류분소송에서 피고의 기여에 해당하는 만큼은 특별수익이 아니라고 보아서 사실상 기여분을 인정받는 것과 같은 효과를 거둘 수도 있지 않을까 생각해 본다. 공동상속인들 간의 실질적 공평을 기하기 위해서라도 이와 같이 해석해야 한다.

그런데 2024년 4월 25일 헌법재판소는, 기여분에 관한 제1008조의2를 준용하는 내용을 두지 않아서 결과적으로 기여분과 유류분의 관계를 단절하고 있는 것은 현저히 불합리하고 자의적이어서 헌법 제37조 제2항에 따른 기본권 제한의 입법한계를 일탈하여 재산권을 침해하므로 헌법에 위반된다고 결정했다(2020헌가4 등). 이에 따라 입법자는 2025. 12. 31.까지 유류분에도 기여분을 인정하는 취지의 구체적인 개정 방안을 마련해야 한다. 그러한 개정이 이루어지면 대상판결과 같이 우회적인 방법이 아닌, 직접적으로 해당 개정 법률을 적용함으로써 유류분에도 기여분을 반영할 수 있게 될 것이다.[6)]

---

6) 유류분에도 기여분을 반영하는 구체적인 방안에 관해서는 현소혜, "유류분과 기여분의 관계에 관한 개정 방안," 가족법연구 제39권 1호(2025. 3), 193면 이하.

7 가분채권 또는 대상재산이 상속재산분할의 대상이 될 수 있을까?

〈대법원 2016. 5. 4. 선고 2014스122 결정: 상속재산분할〉

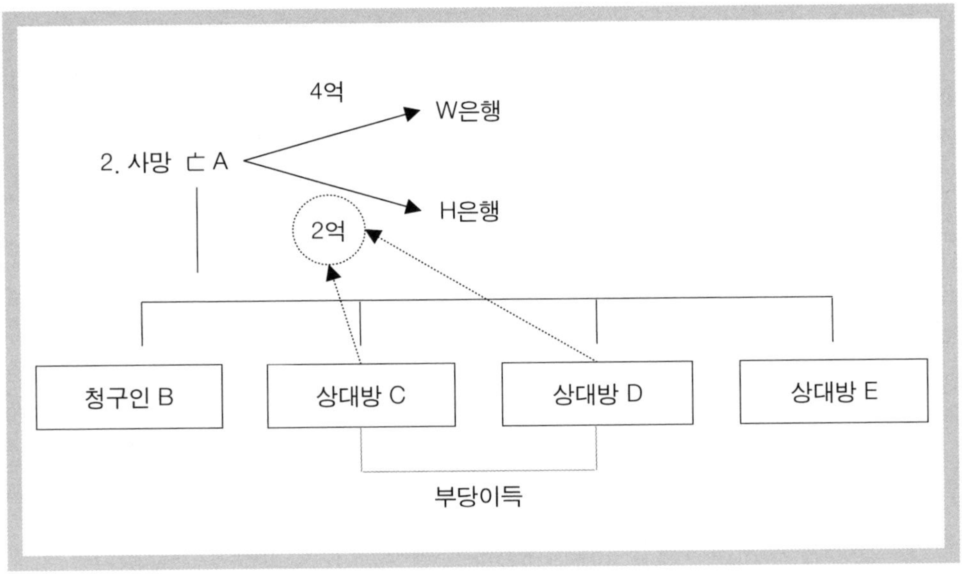

Ⅰ. 사실관계

망 A(이하 '망인'이라 한다)는 2008. 7. 11. 사망하였고, 망인의 상속인으로는 자녀들인 청구인 B(장녀) 및 상대방들 C(차남), D(삼남), E(4녀)가 있다. 상대방 C와 D는 망인의 생전에 망인으로부터 수십억 원 상당의 부동산과 현금 등을 증여받았지만, 청구인 B와 상대방 E는 받은 것이 거의 없었다. 망인은 사망할 무렵 그 명의로 4억 원의 W은행 예금채권과 2억 원의 H은행 예금채권을 보유하고 있었다(이 두 개의 예금채권을 합하여 '이 사건 예금채권'이라 한다). 그런데 상대방 C는 망인의 예금통장과 인장을 소지하고 있음을 기화로 망인이 의식불명인 상태에서 2008. 7. 10. 망인의

H은행 예금계좌를 해지하고 2억 원을 인출하였다. 상대방 C는 그중 1억 원을 상대방 D의 예금계좌에 입금하여 나누어 주었고, 나머지 1억 원은 자신의 예금계좌로 입금하였다. 이로써 상속개시 당시 망인은 위 W은행 예금채권 4억 원과 상대방 C와 D에 대한 부당이득반환채권 2억 원을 보유한 상태였다. 한편 상속이 개시된 이후인 2010. 8. 26. W은행은 위 W은행 예금계좌에 있는 돈을 법정상속분에 따른 동등한 비율로 청구인과 상대방들 앞으로 각 공탁하였다.

II. 소송경과

B는 서울가정법원에 이 사건 예금채권을 분할하여 달라는 취지의 상속재산분할 심판청구를 하였다. 이에 대해 C와 D는, W은행의 예금채권의 경우 가분적 금전채권으로서 그 성질상 상속개시와 동시에 법정상속분에 따라 공동상속인에게 분할되어 귀속하는 것일 뿐만 아니라 이에 따라 이미 상속인 지분별로 공탁되어 있는 상태이므로, 이에 관하여 상속재산분할을 구하는 청구는 부적법하다고 주장하였다.

이에 대해 1심[1]은, 예금채권과 같은 가분채권은 상속개시와 동시에 공동상속인들에게 그 법정상속분에 따라 분할되는 것이 원칙이기는 하나, 특별수익이나 기여분으로 인하여 법정상속분의 재조정이 이루어져야 하는 경우에는 공동상속인들 사이에 형평을 기하기 위하여 가분채권을 분할대상인 상속재산에 포함시키는 것이 타당하다고 하여 W은행의 예금채권 4억 원을 상속재산분할 대상에 포함시켰다. 그러나 상대방 C와 D에 대한 부당이득반환채권은 상속재산에 포함시키지 않고 상대방 C와 D의 특별수익으로 산정하였다.

한편 항소심[2]은 1심과 같은 논리에 따라 이 사건 예금채권을 상속재산분할 대상에 포함시켰다. 그러면서 이 사건 예금채권이 공탁금출급청구권, 부당이득반환채권 등의 형태로 변형되었고, 이 사건에서 상속재산분할의 의미는 향후 공동상속인들

1) 서울가정법원 2013. 11. 5.자 2012느합208 심판.
2) 서울고등법원 2014. 6. 2.자 2013브127 결정.

사이의 정산의 기준을 제공하는 데 있다는 점을 감안하여 보면 이 사건에서 상속재산분할의 대상은 공탁금출급청구권이나 부당이득반환채권이 아니라 당초 상속재산인 예금채권으로 삼는 것이 상당하다고 판단하였다.

Ⅲ. 대상판결의 요지

[1] 예금채권과 같이 급부의 내용이 가분인 채권은 공동상속되는 경우 상속개시와 동시에 당연히 법정상속분에 따라 공동상속인들에게 분할되어 귀속되므로 상속재산분할의 대상이 될 수 없는 것이 원칙이다. 그러나 가분채권을 일률적으로 상속재산분할의 대상에서 제외하면 부당한 결과가 발생할 수 있다. 예를 들어 공동상속인들 중에 초과특별수익자가 있는 경우 가분채권을 상속재산분할 대상에서 제외하면 초과특별수익자는 초과수익을 반환하지 않으면서도 가분채권은 법정상속분대로 상속받게 되는 부당한 결과가 나타난다. 그 외에도 특별수익이 존재하거나 기여분이 인정되어 구체적인 상속분이 법정상속분과 달라질 수 있는 상황에서 상속재산으로 가분채권만이 있는 경우에는 모든 상속재산이 법정상속분에 따라 승계되므로 수증재산과 기여분을 참작한 구체적 상속분에 따라 상속을 받도록 함으로써 공동상속인들 사이의 공평을 도모하려는 민법 제1008조, 제1008조의2의 취지에 어긋난다. 따라서 이와 같은 특별한 사정이 있는 때는 상속재산분할을 통하여 공동상속인들 사이에 형평을 기할 필요가 있으므로 가분채권도 예외적으로 상속재산분할의 대상이 될 수 있다.

[2] 상속개시 당시 상속재산을 구성하던 재산이 그 후 처분되거나 멸실, 훼손되는 등으로 상속재산분할 당시 상속재산을 구성하지 아니하게 되었다면 그 재산은 상속재산분할의 대상이 될 수 없다. 다만 상속인이 그 대가로 처분대금, 보험금, 보상금 등 대상재산을 취득하게 된 경우에는, 대상재산은 종래의 상속재산이 동일성을 유지하면서 형태가 변경된 것에 불과할 뿐만 아니라 상속재산분할의 본질이 상속재산이 가지는 경제적 가치를 포괄적, 종합적으로 파악하여 공동상속인에게 공평하고

합리적으로 배분하는 데에 있는 점에 비추어 대상재산이 상속재산분할의 대상으로 될 수는 있다. ☞ 파기 환송

Ⅳ. 해 설

1. 가분채권이 상속재산분할의 대상이 될 수 있는지 여부

상속재산을 분할하기 위해서는 먼저 분할에 참여할 상속인과 분할대상으로 되는 상속재산의 범위를 확정하고 그에 대한 평가를 하여야 한다. 분할의 대상이 되는 상속재산을 확정하는 데 있어서는 채권, 특히 가분채권이 문제된다. 불가분채권이나 불가분채무가 분할대상이 된다는 점에는 의문이 없으나, 가분채권과 가분채무에 대하여는 견해가 나뉜다.

가분채권에 관하여는 ① 상속개시시에 당연히 분할채권관계가 성립하여 분할의 대상이 되지 않는다는 소극설, ② 분할채권관계가 성립하더라도 공평한 상속재산분할을 위해 분할심판에서는 분할의 대상으로 삼을 수 있다는 적극설, ③ 분할의 대상으로 삼기로 하는 공동상속인 사이의 합의가 있거나 가분채권까지 분할하는 것이 구체적 형평에 부합하는 경우에 한하여 분할의 대상이 된다는 절충설이 있다. 실무에서는 절충설에 따르는 예가 적지 않다.[3] 판례는 공유설에 입각하여 망인의 예금채권 등 가분채권이나 금전채무와 같이 급부의 내용이 가분인 채무가 공동상속된 경우, 이는 상속개시와 동시에 당연히 법정상속분에 따라 공동상속인에게 분할되어 귀속되는 것이므로, 상속재산 분할의 대상이 될 수 없다는 입장이다. 즉 이 사건과 같은 예금채권은 가분채권으로서 상속개시와 동시에 공동상속인들에게 그 법정상속분에 따라 분할되는 것이 원칙이다.[4] 그리고 금전채무와 같이 상속재산 분할의 대상이 될 수 없는 상속채무에 관하여 공동상속인들 사이에 분할의 협의가 있는 경

3) 실무제요 가사[II], 1603면.
4) 대법원 2006. 7. 24.자 2005스83 결정 등.

우 이러한 협의는 민법 제1013조에서 말하는 상속재산의 협의분할에 해당하지는 않으나, 위 분할의 협의에 따라 공동상속인 중 1인이 법정상속분을 초과하여 채무를 부담하기로 하는 약정은 면책적 채무인수의 실질을 가지므로, 채권자에 대한 관계에서 다른 공동상속인이 법정상속분에 따른 채무의 일부 또는 전부를 면하기 위하여는 민법 제454조의 규정에 따른 채권자의 승낙이 필요하고, 여기에 상속재산분할의 소급효를 규정하는 민법 제1015조가 적용될 여지는 없다.[5]

그러나 상속인 중 초과특별수익자가 있는 경우 가분채권을 상속재산분할 대상에서 제외하면 초과특별수익자는 초과수익을 반환하지 않으면서도 가분채권에 대하여는 법정상속분의 비율로 분할받게 되고, 또한 상속재산으로 가분채권만 있는 경우 특별수익자는 자기의 상속분 이상으로 분할받게 되는 반면 기여자는 기여분을 평가받지 못하게 되어 공동상속인간에 불공평한 결과가 생기게 된다. 따라서 특별수익이나 기여분으로 인하여 법정상속분의 재조정이 이루어져야 하는 경우에는 공동상속인들 사이의 형평을 기하기 위하여 가분채권을 분할대상인 상속재산에 포함시키는 것이 타당하다.[6] 이러한 이유로 이 사건 대법원 판결 이전에도 상속인 중 초과특별수익자가 있는 경우 가분채권을 상속재산분할 대상에 포함시키는 하급심 결정들이 있었다.[7] 대상 판결의 1심과 항소심도 이와 같이 판단하였다. 이러한 하급심의 태도를 대법원이 처음으로 채택했다는 점에 이 사건의 의의가 있다. 이 사건의 경우 가분채권인 예금채권이 상속재산의 전부를 차지하고, 공동상속인들 중 초과특별수익자가 존재하므로, 공동상속인들 사이의 실질적 형평을 기하기 위하여 이를 상속재산분할의 대상에 포함시키는 것이 기본적으로는 옳다. 판례의 태도에 찬성한다.

2. 대상재산(代償財産)이 상속재산분할의 대상이 될 수 있는지 여부

그런데 이 사건의 경우에는 또 다른 문제가 있다. 이 사건 상속개시 당시에는 상

5) 대법원 1997. 6. 24. 선고 97다8809 판결.
6) 신영호/김상훈/정구태, 421면.
7) 예컨대 서울가정법원 2005. 5. 19.자 2004느합152 결정.

속재산인 예금채권이 존재했었지만, 상속재산분할 당시에는 그 예금채권이 공탁금출급청구권, 부당이득반환채권 등의 형태로 변형되었다. 과연 이런 경우에도 애초에 존재하였던 예금채권을 상속재산분할 대상으로 삼을 수 있을까? 원심은, 이 사건 예금채권을 상속재산분할의 대상으로 삼아 이를 분할하였다. 그러나 상속재산분할의 대상이 되기 위해서는 분할 당시에 그 재산이 상속재산 중에 존재해야만 한다. 존재하지 않는 재산을 분할할 수는 없기 때문이다. 따라서 이 사건의 경우 이미 변형되어 존재하지 않게 된 예금채권을 상속재산분할 대상으로 삼을 수는 없다. 대법원도 상속개시 당시 상속재산을 구성하던 재산이 상속재산분할 당시 상속재산을 구성하지 아니하게 되었다면 그 재산은 상속재산분할의 대상이 될 수 없다고 판단하였다.

그렇다면 종래의 상속재산인 예금채권이 변형된 공탁금출급청구권, 부당이득반환채권을 상속재산분할의 대상으로 삼을 수 있을까? 상속개시시부터 상속재산분할시까지의 사이에 상속재산의 매각대금, 멸실이나 훼손에 따른 손해배상금 또는 보험금, 수용에 따른 수용보상금 등 상속재산의 동일성을 유지하면서 형태가 변형된 대상재산도 상속재산과 동일시하여 상속재산분할의 대상이 될 수 있다는 것이 소위 '대상재산(代償財産)'이론이다. 상속인 사이의 공평을 기한다는 측면에서 대상재산이론은 수긍할 만하다. 그러나 이러한 대상재산도 결국은 가분채권이므로 당연히 공동상속인들에게 분할되어 귀속되는 것이어서 원칙적으로는 상속재산분할의 대상이 될 수 없다고 해야 하지 않을까 생각된다. 그렇지만 이 사건처럼 공동상속인들 중 초과특별수익자가 존재하는 경우에는 예외적으로 대상재산도 상속재산분할 대상이 된다고 보아야 할 것이다. 그리하여 대법원도 상속인이 대상재산을 취득하게 된 경우에는, 대상재산이 상속재산분할의 대상으로 될 수는 있다고 판단하였다. 필자가 파악하기로는 대법원이 대상재산이론을 명시적으로 채택한 최초의 판결인 것으로 보인다. 그 동안 학문적으로만 논의되어 오던 이론을 대법원이 채택했다는 점에서 매우 의미가 큰 판결이라고 생각된다.

V. 유사판례: 대법원 2020. 4. 9. 선고 2018다238865 판결[손해배상(기)]

공무원들의 불법행위로 말미암아 분배농지에 관한 권리를 상실한 피상속인이 사망한 이후 상속인들이 위 분배농지에 관한 손해배상청구권에 관하여 상속재산분할 협의를 하였는데, 위 채권이 상속재산분할의 대상이 될 수 있는지 문제 된 사안에서, 피상속인의 사망 당시에는 분배농지에 관한 권리가 상속재산분할의 대상이 되는 상속재산이었다가 구 농지법(2007. 4. 11. 법률 제8352호로 전부 개정되기 전의 것) 부칙(1994. 12. 22.) 제3조에서 정한 3년의 기간이 지나 소멸하였고, 이에 따라 상속재산분할협의 당시에는 수분배권의 대상재산인 손해배상청구권이 상속재산분할의 대상이 된다고 본 원심판단이 정당하다고 한 사례.

8 상속재산에 대하여 공유물분할소송을 할 수 있을까? —상속재산분할청구와 공유물분할청구의 관계

〈대법원 2015. 8. 13. 선고 2015다18367 판결: 공유물분할〉

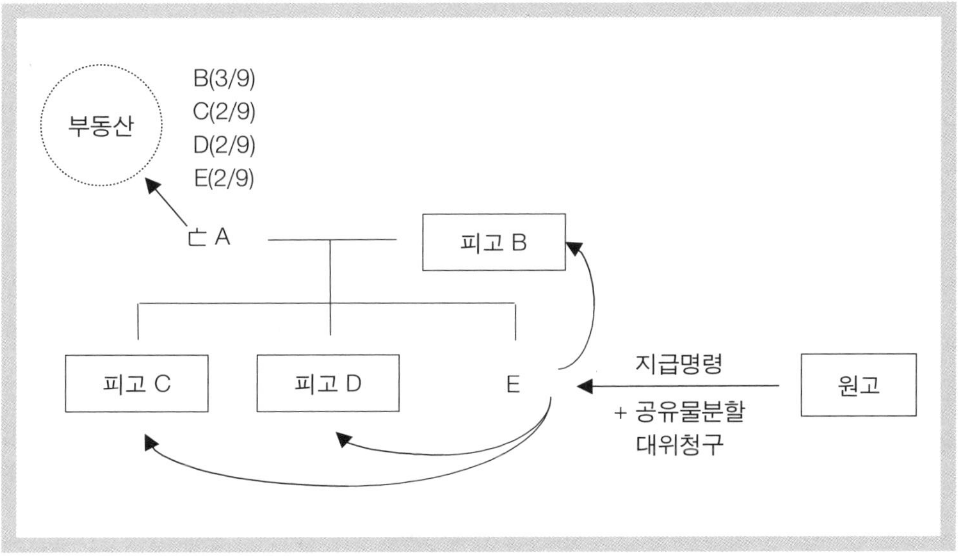

Ⅰ. 사실관계

망 A(이하 '망인'이라 한다)는 2009. 6. 8. 사망하였는데, 망인에게는 아내인 B와 자녀인 C, D, E가 있다. 원고 T머니대부 주식회사(이하 '원고'라 한다)는 E를 상대로 서울중앙지방법원에 지급명령을 신청하였고, 위 법원은 2012. 4. 4. 지급명령을 발령하였으며, 이 지급명령은 2012. 5. 1. 확정되었다. 이 지급명령에 따라 원고는 E에게 2013. 6. 11. 기준 원리금 합계 35,727,430원의 채권을 가지고 있고, E는 현재 무자력 상태에 있다.

망인 소유였던 상주시 소재 부동산(이하 '이 사건 부동산'이라 한다)은 위 지급명령에 기한 원고의 대위신청에 따라 2013. 6. 7. 망인의 배우자인 B에게 3/9, 자녀인 C, D, E에게 각 2/9 지분으로 상속을 원인으로 한 소유권이전등기가 경료되었다. 원고는 E에 대한 지급명령에 기한 채권을 보전하기 위하여 E가 B, C, D에 대하여 가지는 공유물분할청구권을 대위 행사하여 B, C, D를 상대로 이 사건 부동산에 대한 공유물분할청구의 소를 제기하였다.

Ⅱ. 소송경과

이에 대해 피고 B, C, D는, 이 사건 부동산은 E의 어머니 피고 B가 수십 년간 살아오던 주택인데 원고가 E를 대위하여 일방적으로 상속등기를 경료하고 이 사건 공유물분할청구까지 하는 바람에 E를 포함한 상속인들 사이에 기여분이나 상속재산분할협의, E의 상속포기 등을 고려할 가능성이 없어져 버렸으므로, 원고의 이 사건 공유물분할청구는 권리남용에 해당한다고 주장하였다. 1심[1]과 항소심[2]은 원고의 이 사건 청구가 상속재산분할을 구하는 것인지 공유물분할을 구하는 것인지를 확인하지 않고 그대로 원고의 청구를 받아들여 이 사건 부동산을 경매에 부쳐 그 대금에서 경매비용을 공제한 나머지 금액을 상속인들에게 분배하는 방식으로 공유물분할을 허용하였다. 그러나 대법원은 다음과 같은 이유로 원심판결을 파기환송하였다.

Ⅲ. 대상판결의 요지

상속재산분할청구는 가사소송법 제2조 제1항 제2호 나목 10)에서 정한 마류 가사비송사건으로서 가정법원의 전속관할에 속한다. 한편 공동상속인은 상속재산의 분할에 관하여 공동상속인 사이에 협의가 성립되지 아니하거나 협의할 수 없는 경우

1) 대구지방법원 상주지원 2014. 4. 23. 선고 2013가단3032 판결.
2) 대구지방법원 2015. 2. 12. 선고 2014나7740 판결.

에 가사소송법이 정하는 바에 따라 가정법원에 상속재산분할심판을 청구할 수 있을 뿐이고, 그 상속재산에 속하는 개별 재산에 관하여 민법 제268조의 규정에 의한 공유물분할청구의 소를 제기하는 것은 허용되지 않는다. 그렇다면 원심은 원고의 이 사건 청구가 상속재산인 이 사건 각 부동산의 분할에 관하여 공동상속인 사이에 협의가 성립되지 아니하거나 협의할 수 없는 경우에 해당함을 이유로 민법 제1013조 제2항에 따른 상속재산분할을 청구하는 것인지, 공동상속인 사이에 이 사건 각 부동산을 공유로 하기로 하는 상속재산분할협의가 성립되는 등 상속재산분할절차가 마쳐져 그들 사이의 공유관계가 물권법상의 공유라고 주장하면서 민법 제268조에 따른 공유물분할을 청구하는 것인지 등에 관하여 석명권을 행사하고, 원고의 이 사건 청구가 상속재산분할청구로 인정되는 경우 이 사건 청구에 관하여 본안판단을 한 제1심판결을 취소하고 사건을 피고들의 보통재판적이 있는 곳의 가정법원에 이송하였어야 하며, 공유물분할청구로 인정되는 경우 공동상속인 사이에 이 사건 각 부동산에 관한 상속재산분할절차가 마쳐졌는지 여부 등에 관하여 심리하였어야 한다. 그럼에도 원심은 적절한 석명권을 행사하는 등의 조치를 취하지 아니한 채 이 사건 소를 공유물분할청구소송으로 보아 본안판단을 하였으니, 이러한 원심판결에는 석명의무를 다하지 아니하여 전속관할에 관한 법리를 오해하거나 필요한 심리를 다하지 아니하여 판결에 영향을 미친 잘못이 있다.

Ⅳ. 해 설

1. 상속재산분할제도의 의의

상속인은 상속이 개시된 때로부터 피상속인에 대한 재산에 관한 포괄적 권리와 의무를 승계한다(민법 제1005조). 그러나 공동상속의 경우에는 피상속인에 의한 개인소유형태가 일거에 상속개시시부터 곧바로 각 공동상속인의 개인소유형태로 해체, 이전될 수는 없다. 그러한 절차가 수행되기까지 상속재산은 일시적, 잠정적, 과도적으로 공동상속인 간의 공동소유상태에 놓이게 된다(이러한 공동소유상태의 법적 성격이 '공유'이냐 '합유'이냐에 관하여 견해 대립이 존재한다). 그러므로 상속재산을 구성하는 개개의 재산 내지 권리는 각 공동상속인에게 공평하고 타당하게 분배되어 각 공동상속인의 개인소유 내지는 통상의 공유로 이전되어야 하며, 이를 종합적, 포괄적으로 처리하기 위한 절차가 필요한 것이다. 이를 위한 법적 절차가 바로 상속재산 분할제도이다.[3)]

2. 상속재산분할제도와 공유물분할제도의 관계

그런데 우리 민법은 상속재산분할제도 외에 공유물분할제도를 두고 있다. 즉 공유자는 공유물의 분할을 청구할 수 있고(제268조), 분할방법에 관하여 협의가 성립하지 않은 때에는 법원에 분할청구를 할 수 있다(제269조). 여기서 상속재산에 대해서는 상속재산분할청구만 할 수 있는지 공유물분할청구도 할 수 있는지 문제된다. 상속재산에 대해서는 공동상속인들이 상속재산분할을 하기 이전에 잠정적으로 공유상태에 있게 되기 때문에 생기는 문제이다. 대법원은, 상속재산의 분할에 관하여 공동상속인 사이에 협의가 성립되지 아니하거나 협의할 수 없는 경우에 가정법원에 상속재산분할심판을 청구할 수 있을 뿐이고 그 상속재산에 속하는 개별 재산에 관하여 공유물분할청구의 소를 제기하는 것은 허용되지 않는다고 판단하였다. 옳은 판결이라고 생각한다. 그 이유는 다음과 같다.

상속재산분할청구는 가사비송사건으로서 법원이 직권으로 사실을 조사하고 후견적 입장에서 재량을 가지고 판단한다. 반면 공유물분할청구는 일반 민사소송사건으로서 법률관계 존부에 관한 일도양단식 판단을 하게 된다. 만약 상속재산분할을 하기 이전에 공유물분할을 허용한다면 상속재산분할이라는 비송절차를 통해 달성하려는 후견적이고 합리적이며 공평한 상속재산분할의 목적을 달성하기 어렵게 된다. 특히 공동상속인 중에 기여분이 있는 경우에는 상속재산분할절차를 통해서만

3) 신영호/김상훈/정구태, 417면.

기여분청구를 할 수 있으며, 공유물분할절차에서는 기여분청구를 할 수 없어 기여자 입장에서는 매우 불공평한 분할을 받게 된다. 공동상속인 중에 피상속인으로부터 생전증여를 받는 등 특별수익이 있는 경우에도 역시 공유물분할절차에서는 이러한 점이 고려될 수 없기 때문에 특별수익자에게 부당한 이익을 주게 된다. 따라서 상속재산분할이 있기 전에 공유물분할을 허용해서는 안 된다. 공유물분할제도가 존재함에도 불구하고 입법자가 상속재산분할제도를 별도로 마련한 입법목적이나 취지에 비추어 보더라도 그와 같이 해석해야 한다.

3. 상속재산분할 이후 공유물분할의 허용

다만 일단 상속재산분할이 있고 난 이후에는 공유물분할청구도 허용될 수 있다. 상속재산분할을 하면서 특정 부동산을 공동상속인들의 공유로 하기로 협의를 하였는데, 그 후 공유자 중 한 사람이 그 공유물의 분할을 청구하는 경우가 바로 그 예이다. 상속재산분할이 이루어진 경우에는 그 절차를 통해서 이미 기여분이나 특별수익 등이 모두 고려되었을 것이므로 그 이후에 공유물분할을 허용하더라도 부당하지 않을뿐더러, 공유관계를 종국적으로 해소할 수 있도록 이때는 공유물분할을 허용해야 할 필요가 있기 때문이다.

4. 결 론

따라서 상속재산에 대해 공유물분할청구의 소가 제기되었을 때 법원은 먼저 석명권을 행사하여 원고의 청구가 상속재산분할을 구하는 것인지 공유물분할을 구하는 것인지를 확인하여야 한다. 확인한 결과 전자로 인정될 경우에는 전속관할인 가정법원으로 이송하여야 하고, 후자로 인정될 경우에는 상속재산분할절차가 선행되었는지 여부를 심리하여야 한다. 심리결과 상속재산분할절차가 선행되었다면 공유물분할소송을 그대로 진행하여 본안판단을 하면 될 것이고, 선행되지 않았다면 허용될 수 없는 소송을 제기한 것이므로 소를 각하하여야 할 것이다.[4)]

5. 보론: 상속인의 채권자가 상속재산분할청구를 대위행사할 수 있는지 여부

한편 이 사건과 관련하여서는 상속인의 채권자가 상속인을 대위하여 상속재산분할청구를 할 수 있는지 여부도 문제된다. 분할청구권은 일신전속권(행사상 일신전속권)이 아니므로 공동상속인의 상속인, 상속분을 양수한 제3자는 물론 상속인의 채권자도 상속인을 대위하여 분할청구권을 행사할 수 있다는 견해가 있다.[5] 이에 대해 상속개시 후 상속재산 중 특정재산에 대한 상속인의 지분만을 양수한 자는 그 재산에 대하여 민법 제262조의 규정에 따른 공유물분할청구를 함으로써 족하므로 그 자에게까지 상속재산분할청구의 당사자적격을 인정할 것은 아니라는 견해도 있다.[6] 생각건대, 상속재산의 분할협의는 그 성질상 재산권을 목적으로 하는 법률행위이어서 사해행위취소권 행사의 대상도 될 수 있다는 점(이것이 상속의 포기와 다르다),[7] 상속인의 채권자가 상속인을 대위하여 상속등기도 할 수 있다는 점,[8] 공유물분할청구권도 채권자가 대위행사할 수 있다는 점[9] 등을 고려하면 상속재산분할청구권도 채권자대위권 행사의 대상이 될 수 있다고 보는 것이 타당하다. 만약 이를 허용하지 않으면, 이 사건과 같이 상속인의 채권자가 상속재산분할절차 이전에 공유물분할청

---

4) 만약 각하를 하지 않고 기각을 할 경우에는 판결에 기판력이 생겨서 나중에 공유물분할청구의 소를 제기하는 것이 어려워질 수도 있다.

5) 윤진수, 501면; 주해상속법(제1권), 325면(이봉민 집필부분).

6) 실무제요 가사[II], 1592면; 임채웅, 『상속법연구』, 박영사(2011), 55면 등.

7) 대법원 2013. 6. 13. 선고 2013다2788 판결.

8) 채무자가 다른 상속인과 공동으로 부동산을 상속받은 경우에는 채무자의 상속지분에 관하여서만 상속등기를 하는 것이 허용되지 아니하고 공동상속인 전원에 대하여 상속으로 인한 소유권이전등기를 신청하여야 한다(부동산등기규칙 제52조 제7호, 대위상속등기에 관한 1994. 11. 5.자 등기선례 제4-274호 참조). 그리고 채권자가 자신의 채권을 보전하기 위하여 채무자가 다른 상속인과 공동으로 상속받은 부동산에 관하여 위와 같이 공동상속등기를 대위신청하여 그 등기가 행하여지는 것과 같이 채권자에 의한 채무자 권리의 대위행사의 직접적인 내용이 제3자의 법적 지위를 보전·유지하는 것이 되는 경우에는, 채권자는 자신의 채무자가 아닌 제3자에 대하여도 다른 특별한 사정이 없는 한 사무관리에 기하여 그 등기에 소요된 비용의 상환을 청구할 수 있다고 할 것이다(대법원 2013. 8. 22. 선고 2013다30882 판결).

9) 대법원 2015. 12. 10. 선고 2013다56297 판결.

구를 하는 경우 원고가 자신의 권리를 구제받는 것이 사실상 불가능하게 된다. 왜냐하면 법원이 석명권을 행사한 결과 원고의 청구가 상속재산분할을 구하는 것이었다면 이를 전속관할인 가정법원으로 이송해야 하는데, 이럴 경우 이송받은 가정법원에서 원고가 상속인의 채권자라는 이유로 상속재산분할절차를 진행하지 않고 당사자적격이 없다고 각하해버린다면 원고는 E가 스스로 상속재산분할심판청구를 하기 전까지는 자신의 권리를 행사할 수 있는 방법이 없게 된다. 한편 법원이 석명권을 행사한 결과 원고의 청구가 공유물분할을 구하는 것인데 심리해보니 아직 상속재산분할절차가 선행되지 않은 상태라면 원고의 소를 각하해야 하고, 그렇게 되면 우선 상속재산분할절차부터 밟아야 하는데 이 역시 E가 스스로 움직여주지 않는다면 원고는 권리행사를 할 수 없게 된다. 결론적으로 상속재산분할절차가 선행되지 않으면 공유물분할청구도 할 수 없다는 대상판결대로라면 상속인의 채권자가 상속인의 상속재산분할청구권을 대위행사할 수 있다고 해야만 한다. 대상판결도 상속재산분할청구의 대위행사가 가능하다는 전제에서 판단을 하고 있다고 볼 수밖에 없다.

그런데 아래 참조판례에서 보듯이, 최근 대법원은 원칙적으로 금전채권자는 부동산에 관한 공유물분할청구권을 대위행사할 수 없다고 판단했는데, 이에 따른다면 채권자가 상속인을 대위하여 상속재산분할심판청구도 할 수 없게 되는 것 아닐까? 그러나 이러한 결론의 타당성에 대해서는 심각한 의문이 있다.

Ⅴ. 참조판례: 대법원 2020. 5. 21. 선고 2018다879 전원합의체 판결[공유물분할]

[1] 채권자는 자기의 채권을 보전하기 위하여, 일신에 전속한 권리가 아닌 한 채무자의 권리를 행사할 수 있다(민법 제404조 제1항). 공유물분할청구권은 공유관계에서 수반되는 형성권으로서 공유자의 일반재산을 구성하는 재산권의 일종이다. 공유물분할청구권의 행사가 오로지 공유자의 자유로운 의사에 맡겨져 있어 공유자 본인만 행사할 수 있는 권리라고 볼 수는 없다. 따라서 공유물분할청구권도 채권자대위권

의 목적이 될 수 있다.

[2] 권리의 행사 여부는 그 권리자가 자유로운 의사에 따라 결정하는 것이 원칙이다. 채무자가 스스로 권리를 행사하지 않는데도 채권자가 채무자를 대위하여 채무자의 권리를 행사할 수 있으려면 그러한 채무자의 권리를 행사함으로써 채권자의 권리를 보전해야 할 필요성이 있어야 한다. 여기에서 보전의 필요성은 채권자가 보전하려는 권리의 내용, 채권자가 보전하려는 권리가 금전채권인 경우 채무자의 자력 유무, 채권자가 보전하려는 권리와 대위하여 행사하려는 권리의 관련성 등을 종합적으로 고려하여 채권자가 채무자의 권리를 대위하여 행사하지 않으면 자기 채권의 완전한 만족을 얻을 수 없게 될 위험이 있어 채무자의 권리를 대위하여 행사하는 것이 자기 채권의 현실적 이행을 유효·적절하게 확보하기 위하여 필요한지 여부를 기준으로 판단하여야 하고, 채권자대위권의 행사가 채무자의 자유로운 재산관리행위에 대한 부당한 간섭이 되는 등 특별한 사정이 있는 경우에는 보전의 필요성을 인정할 수 없다.

[3] [다수의견] 채권자가 자신의 금전채권을 보전하기 위하여 채무자를 대위하여 부동산에 관한 공유물분할청구권을 행사하는 것은, 책임재산의 보전과 직접적인 관련이 없어 채권의 현실적 이행을 유효·적절하게 확보하기 위하여 필요하다고 보기 어렵고 채무자의 자유로운 재산관리행위에 대한 부당한 간섭이 되므로 보전의 필요성을 인정할 수 없다. 또한 특정 분할 방법을 전제하고 있지 않은 공유물분할청구권의 성격 등에 비추어 볼 때 그 대위행사를 허용하면 여러 법적 문제들이 발생한다. 따라서 극히 예외적인 경우가 아니라면 금전채권자는 부동산에 관한 공유물분할청구권을 대위행사할 수 없다고 보아야 한다. (이는 채무자의 공유지분이 다른 공유자들의 공유지분과 함께 근저당권을 공동으로 담보하고 있고, 근저당권의 피담보채권이 채무자의 공유지분 가치를 초과하여 채무자의 공유지분만을 경매하면 남을 가망이 없어 민사집행법 제102조에 따라 경매절차가 취소될 수밖에 없는 반면, 공유물분할의 방법으로 공유부동산 전부를 경매하면 민법 제368조 제1항에 따라 각 공유지분의 경매대가에 비례해서 공동근저당권의 피담보채권을 분담하게 되어 채무자의 공유지분 경매대가에서 근저당권의 피담보채권 분담액을 변제하고 남을 가망이 있는 경우에도 마찬가지이다.)

[대법관 권순일, 대법관 김재형, 대법관 박정화, 대법관 김선수의 반대의견] 채무초과 상태인 채무자가 부동산의 공유지분을 소유하고 있으나, 공유부동산 위에 존재하는 공동근저당권으로 인하여 채무자의 공유지분에 대한 강제집행은 남을 가망이 없어 불가능한 반면, 공유물분할의 방법으로 공유부동산 전부를 경매하면 민법 제368조 제1항에 따라 각 공유지분의 경매대가에 비례해서 공동근저당권의 피담보채권을 분담하게 되어 채무자인 공유자에게 배분될 몫이 남을 수 있는 경우에는 채권자가 채무자의 재산권에 속하는 공유물분할청구권을 대위행사하여 채권의 현실적 이행을 유효·적절하게 확보할 수 있도록 허용해야 한다.

9 상속개시 후 모자관계 확인된 경우에도 피인지자의 가액지급청구 가능할까?

〈대법원 2018. 6. 19. 선고 2018다1049 판결: 소유권이전등기말소〉

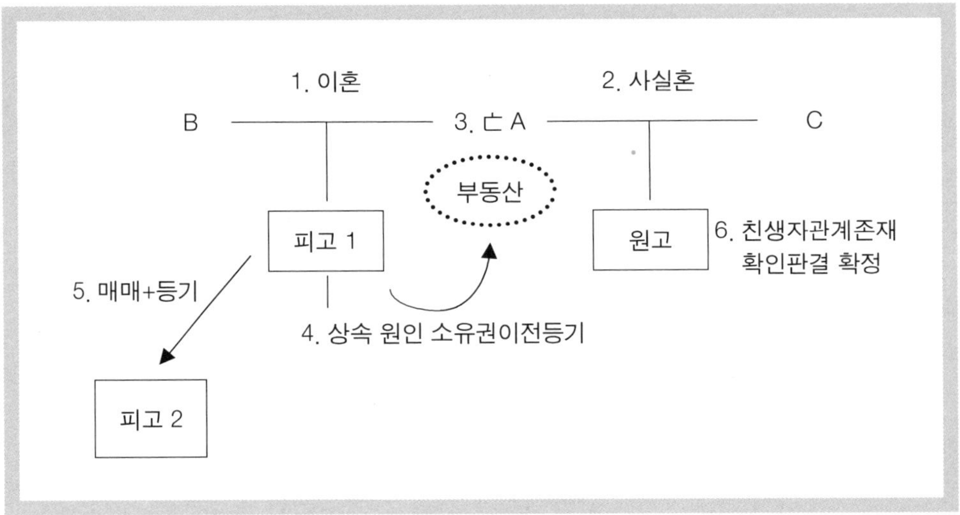

Ⅰ. 사실관계

망 A(이하 '망인'이라 한다)는 B와 혼인하여 피고 1을 출산한 후 이혼하였다. 그 후 A는 C와 사실혼 관계를 유지하면서 원고를 출산하였다. A는 이 사건 부동산을 소유하다가 2015. 1. 27. 사망하였다. 피고 1은 2015. 6. 8. 이 사건 부동산에 관하여 상속을 원인으로 한 소유권이전등기를 마친 후, 2015. 6. 25. 피고 2에게 이 사건 부동산을 매도하고 그 무렵 소유권이전등기를 마쳐 주었다. 원고는 2016. 2. 12. A와 원고 사이에 친생자관계가 존재한다는 확인을 구하는 소를 제기하였고, 2016. 7. 1. 그 인용판결이 확정되었다.

II. 소송경과

원고는 피고 1 명의의 상속등기 및 피고 2 명의의 소유권이전등기 중 원고의 법정 상속분 상당의 소유권이전등기말소청구의 소를 제기하였다. 이에 대하여 원심[1]은 ① 상속개시 후 친자관계존재확인판결에 의하여 상속인으로 판명된 자가 발생한 경우 민법 제860조 단서를 적용하여야 하는바 위 처분이 이에 해당하므로 ② 원고는 민법 제1014조의 '상속개시 후의 재판의 확정에 의하여 공동상속인이 된 자'에 해당한다면서, 피고 1을 상대로 매매대금 상당의 가액지급청구권을 행사할 수는 있으나 피고 2에게 소유권이 확정적으로 귀속된 부동산의 처분의 효력을 부인하지는 못한다는 이유를 들어 원고의 청구를 기각하였다.

III. 대상판결의 요지

민법 제860조는 본문에서 "인지는 그 자의 출생 시에 소급하여 효력이 생긴다."고 하면서 단서에서 "그러나 제삼자의 취득한 권리를 해하지 못한다."라고 하여 인지의 소급효를 제한하고 있고, 민법 제1014조는 "상속개시 후의 인지 또는 재판의 확정에 의하여 공동상속인이 된 자가 상속재산의 분할을 청구할 경우에 다른 공동상속인이 이미 분할 기타 처분을 한 때에는 그 상속분에 상당한 가액의 지급을 청구할 권리가 있다."라고 규정하고 있다. 그런데 혼인 외의 출생자와 생모 사이에는 생모의 인지나 출생신고를 기다리지 아니하고 자의 출생으로 당연히 법률상의 친자관계가 생기고, 가족관계등록부의 기재나 법원의 친생자관계존재확인판결이 있어야만 이를 인정할 수 있는 것이 아니다. 따라서 인지를 요하지 아니하는 모자관계에는 인지의 소급효 제한에 관한 민법 제860조 단서가 적용 또는 유추적용되지 아니하며, 상속개시 후의 인지 또는 재판의 확정에 의하여 공동상속인이 된 자의 가액지급청구권을

1) 창원지방법원 2017. 2. 17. 선고 2017나2155 판결.

규정한 민법 제1014조를 근거로 자가 모의 다른 공동상속인이 한 상속재산에 대한 분할 또는 처분의 효력을 부인하지 못한다고 볼 수도 없다. 이는 비록 다른 공동상속인이 이미 상속재산을 분할 또는 처분한 이후에 모자관계가 친생자관계존재확인 판결의 확정 등으로 비로소 명백히 밝혀졌다 하더라도 마찬가지이다.

Ⅳ. 해 설

1. 인지의 소급효와 그 제한

인지라 함은, 혼인 외 출생자와 그 아버지 또는 어머니 사이에 법률상의 친자관계를 형성하는 것을 말한다. 아버지와 어머니는 인지를 할 수 있으나, 그 의미는 다르다. 모자관계는 기아와 같은 특수한 경우에만 인지를 필요로 하며 생모에 의한 인지는 모자관계의 확인을 뜻한다. 그러나 아버지에 의한 인지는 생부가 혼인 외 출생자와의 사이에 법적 부자관계를 성립시킬 것을 목적으로 하는 의사표시이다.[2)]

인지는 그 자녀의 출생시에 소급하여 그 효력이 생긴다. 그러나 제3자가 이미 취득한 권리를 해하지 못한다(제860조). 여기서 말하는 제3자에는 피인지자와 공동상속인의 관계에 서게 되는 사람도 포함되는가? 판례는 이를 긍정하고 있다. 즉 인지가 되기 이전에 다른 공동상속인이 상속재산을 분할하거나 처분한 경우에는 인지의 소급효를 제한하는 제860조 단서에 따라 사후의 피인지자는 다른 공동상속인이 한 상속재산의 분할 그 밖의 처분의 효력을 부인하지 못하게 되는데, 제1014조는 그와 같은 경우에 피인지자가 다른 공동상속인에게 그의 상속분에 상당하는 가액의 지급을 청구할 수 있도록 하여 상속재산의 새로운 분할에 갈음하는 권리를 인정함으로써 피인지자의 이익과 기존의 권리관계를 합리적으로 조정하고 있다고 본다.[3)]

2) 신영호/김상훈/정구태, 162~163면.

3) 신영호/김상훈/정구태, 172면; 대법원 2007. 7. 26. 선고 2006므2757, 2764 판결. 이에 대하여 공동상속인이나 후순위상속인은 제860조 단서의 제3자에 포함되지 않는다는 견해로는

2. 모자관계의 경우

모자관계는 출산사실만으로 당연히 성립하고 어머니가 자녀를 인지하는 것에는 확인적 의미 밖에 없다. 이처럼 모자관계의 인지에는 소급적 형성력이 없으므로 인지의 소급효를 제한하는 제860조 단서를 모자관계에 적용하거나 유추적용할 수는 없다. 대상판결은 이처럼 모자관계에서는 제860조 단서가 적용되지 않으므로 제1014조도 적용되지 않는다는 논리를 펴고 있다. 그러나 860조 단서를 적용할 수 없다고 하여 당연히 제1014조를 적용할 수 없다고 단정짓기는 어렵다. 모자관계인지 부자관계인지에 따라 제1014조의 적용이 달라진다는 것은 청구의 상대방인 다른 공동상속인의 관점에서 볼 때 대단히 불합리하고, 거래의 안전에도 위협이 된다. 아버지에 대한 인지청구소송이 확정된 경우에는 상속분가액만 청구할 수 있는 반면, 어머니에 대한 인지청구소송이 확정된 경우에는 상속분가액이 아닌 원물 그 자체의 반환을 청구할 수 있다는 것은 제1014조가 상정하고 있는 결과도 아니라고 생각된다. 제1014조의 규정을 살펴보면 '상속개시 후 인지'의 경우뿐만 아니라 '상속개시 후 재판의 확정'에 의하여 공동상속인이 된 자가 상속재산분할을 청구하는 경우까지 포함하고 있다. 일본민법이 '상속개시 후 인지'의 경우만을 규정한 것과 대조적이다(일본민법 제910조). 인지청구소송의 확정에 의해 모자관계가 확인된 경우가 바로 '상속개시 후 재판의 확정'에 의해 공동상속인이 된 자에 해당한다고 보는 것이 입법취지에도 부합하고 구체적 타당성도 있다고 본다.[4)]

정리해 보면, 원심은 모자관계에도 제860조 단서가 적용되므로 제1014조도 적용된다고 본 반면, 대법원은 모자관계에는 제860조 단서가 적용되지 않으므로 제1014조도 적용되지 않는다고 보았다. 그러나 필자는 모자관계에 제860조 단서는 적용되지 않지만 제1014조는 적용된다고 생각한다.

윤진수, 211면.

4) 같은 견해로는 이동진, "공동상속인 중 1인의 상속재산처분과 민법 제1014조," 법률신문(2018. 7. 25.). 이 견해는, 민법 제1014조를 대상판결처럼 이해할 때 우리 입법자가 의식적으로 끼워 넣은 '재판의 확정에 의하여 공동상속인이 된 자' 부분에 어떤 의미가 부여될 수 있을지 의문이라고 한다.

10 상속재산으로부터 발생한 과실은 누구에게 귀속될까?

〈대법원 2018. 8. 30. 선고 2015다27132, 27149 판결:
구상금등 · 부당이득금반환〉

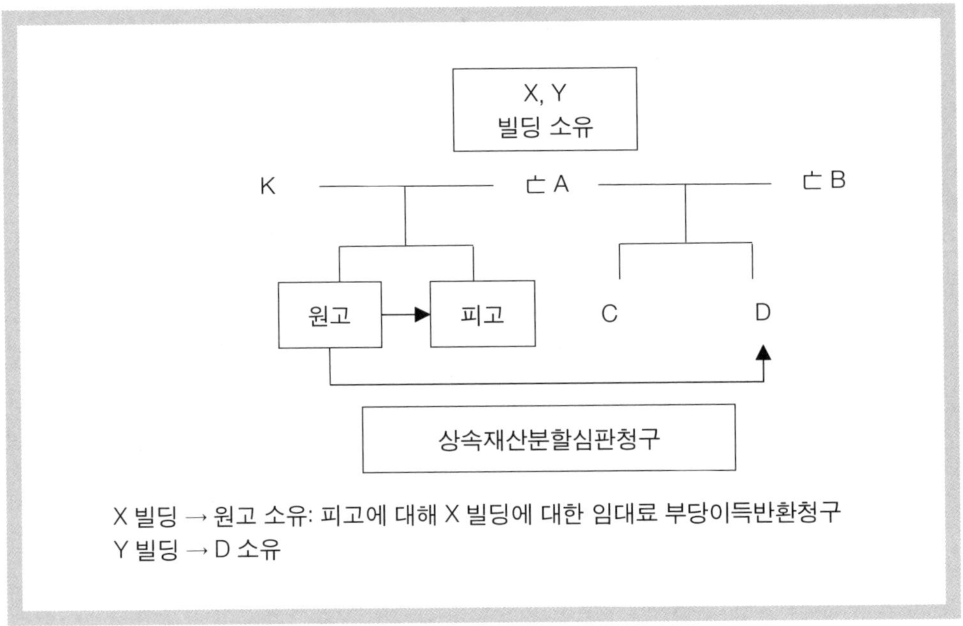

Ⅰ. 사실관계

망 A(이하 '망인'이라 한다)는 1948. 1. 27. B와 혼인하여 C, D를 자녀로 두었고, B가 1953. 9. 10. 사망하자 이후 K와 재혼하여 원고와 피고를 자녀로 두었는데, 1990. 3. 6. K와 이혼한 후 2009. 1. 18. 사망하였다.

망인은 사망 당시 X 빌딩과 Y 빌딩, 그리고 예금채권 합계 약 18억원을 보유하고 있었는데, 상속 개시 이후 원고와 피고는 합의 하에 망인의 위 예금 전액을 상속세,

취득세, 법무사 비용 등에 사용하여, 상속재산분할 심판 당시 망인의 상속재산은 위 빌딩들만 남아 있었다.

원고는 2009. 5. 11. 서울가정법원에 피고 및 D를 상대로 상속재산분할 심판을 청구하였고,[1] 위 법원은 2011. 12. 27. 피고가 자신의 법정상속분액을 초과하는 특별수익을 받았음을 이유로 피고를 실제 상속재산 분배에서 제외하며, X 빌딩은 원고가, Y 빌딩은 D가 각 소유하는 것으로 분할하는 내용의 심판결정을 하였다(이하 위 사건을 '관련 사건'이라 한다). 이 결정에 대해서는 항고와 재항고가 있었으나 모두 기각되어 2013. 4. 26. 확정되었다.

II. 소송경과

원고는, 관련 사건의 상속재산 분할 결정에 의하여 상속이 개시된 때에 소급하여 X 빌딩을 원고가 소유하게 되었으므로(민법 제1015조), 피고는 원고에게 피고가 상속개시 이후 X 빌딩에 대한 임차인들로부터 수령한 차임 합계 약 4억원 및 이에 대한 지연손해금을 부당이득으로 반환할 의무가 있다고 하면서 이 사건 부당이득반환청구의 소를 제기하였다.

이에 대하여 원심은, "상속재산 분할의 대상이 되는 상속재산은 상속개시 당시 피상속인의 재산에만 국한되고 상속개시 후 발생한 상속부동산의 차임 등 상속재산의 과실은 상속개시 당시 존재하지 않았던 것이어서 상속인들이 상속분에 따라 취득하는 그들의 공유재산일 뿐 그 성격상 상속재산 자체는 아니다. 그러므로 공동상속인들 전원이 상속재산의 과실을 포함하여 분쟁을 일거에 해결하는 데 이의가 없고 또한 현실적으로 분쟁의 효율적인 해결이 기대될 수 있는 등의 특별한 사정이 없는 한 상속재산의 과실은 원칙적으로 상속재산분할의 대상이 되지 아니하고, 공동상속인들은 공유물분할 또는 부당이득반환 등 민사상 청구로써 자신의 상속분에 상응하는

---

1) 원고는 C로부터 그의 망인의 재산에 대한 상속지분(1/4 지분)을 양도받았다.

부분을 지급받아야 할 것이다. 따라서 공동상속인들은 상속개시 이후 상속재산의 분할이 확정될 때까지의 기간 동안 상속재산에서 비롯한 차임 등 과실을 자신의 **법정상속분**에 따라 취득할 권리를 가진다."라고 판단하였다.[2)]

Ⅲ. 대상판결의 요지

상속개시 후 상속재산분할이 완료되기 전까지 상속재산으로부터 발생하는 과실(이하 '상속재산 과실'이라 한다)은 상속개시 당시에는 존재하지 않았던 것이다. 상속재산분할심판에서 이러한 상속재산 과실을 고려하지 않은 채, 분할의 대상이 된 상속재산 중 특정 상속재산을 상속인 중 1인의 단독소유로 하고 그의 구체적 상속분과 특정 상속재산의 가액과의 차액을 현금으로 정산하는 방법(이른바 대상분할의 방법)으로 상속재산을 분할한 경우, 그 특정 상속재산을 분할받은 상속인은 민법 제1015조 본문에 따라 상속개시된 때에 소급하여 이를 단독소유한 것으로 보게 되지만, 상속재산 과실까지도 소급하여 상속인이 단독으로 차지하게 된다고 볼 수는 없다. 이러한 경우 상속재산 과실은 특별한 사정이 없는 한, 공동상속인들이 수증재산과 기여분 등을 참작하여 상속개시 당시를 기준으로 산정되는 **'구체적 상속분'**의 비율에 따라, 이를 취득한다고 보는 것이 타당하다.

Ⅳ. 해 설

1. 상속재산의 과실도 분할대상인가?

상속이 개시된 때로부터 실제로 상속재산분할이 이루어지기까지는 상당한 시간

2) 서울고등법원 2015. 4. 16. 선고 2014나47773(본소), 2014나47780(반소) 판결.

적 간격이 생길 수 있다. 그러는 사이에 상속재산으로부터 과실이 발생할 수 있는데, 그러한 과실은 어떻게 처리해야 할 것인지 문제된다. 상속재산인 건물에서 나온 임대수입, 상속재산인 주식에서 나온 배당금, 상속재산인 예금에서 나온 이자 등이 그 예이다. 이러한 과실도 상속재산분할의 대상인지에 관하여 견해가 대립하고 있다.

① 상속재산분할의 대상이 된다는 견해,[3] ② 원칙적으로 분할의 대상이 아니나 공동상속인 전원의 합의가 있으면 분할의 대상이 될 수 있다는 견해,[4] ③ 원칙적으로 분할의 대상이 아니나 공동상속인의 합의가 있거나 상속인간의 공평을 도모할 필요가 있는 경우에는 분할의 대상이 된다는 견해[5] 등이 있다.

하급심 중에는 과실도 원칙적으로 상속재산분할의 대상이 된다는 취지로 판시한 예도 있지만, 원칙적으로 분할의 대상이 아니지만 공동상속인의 합의가 있거나 상속인간의 공평을 도모할 필요가 있을 때 분할의 대상이 된다고 보는 심판례가 더 많다.[6] 대상판결의 원심도 후자의 입장에 서 있다. 반면 대상판결은 이 점에 대해 명확한 입장을 밝히고 있지는 않지만, "상속재산분할심판에서 이러한 상속재산 과실을 고려하지 않은 채 … 상속재산을 분할한 경우"라고 판시하고 있는 점으로 미루어 볼 때, 과실도 상속재산분할의 대상이 될 수 있다는 전제에 서 있는 것 아닌가 하는 생각이 든다.[7]

2. 상속재산의 과실은 누구에게 어떻게 귀속되는가?

과실이 상속재산분할의 대상이 돼서 가정법원이 공동상속인들에게 과실을 분배하거나, 분할대상이 되지 않아서 민사법원이 그 귀속 여부를 판단할 때 이를 어떻게

---

3) 곽윤직, 263면; 김주수/김상용,745면 등.

4) 윤진수, 486면. 김소영, "상속재산분할," 민사판례연구[XXV], 박영사(2003), 778면; 김창종, "상속재산의 분할,"『상속법의 제문제: 재판자료 제78집』, 법원도서관(1998), 191면.

5) 신영호/김상훈/정구태, 422면.

6) 자세한 사항은 주해상속법(제1권), 299면(이봉민 집필부분).

7) 주해상속법(제1권), 299면(이봉민 집필부분) 역시 이런 관점에서 대상판결을 이해하고 있다.

귀속시켜야 할까? 이에 대해서는, 상속재산분할은 소급효가 있으므로 상속재산분할에 의해 상속재산을 취득한 상속인이 그 상속재산으로부터 나온 과실에 대해서도 단독으로 취득한다는 견해(단독재산설[8])도 있으나, 상속재산의 과실은 상속인들이 상속분에 따라 취득하는 공유재산이라는 견해(공유재산설[9])가 통설이다. 그런데 상속인들이 상속분에 따라 취득한다고 할 때의 상속분은 법정상속분을 의미하는 것인지 구체적 상속분을 의미하는 것인지에 관하여는 그 동안 별 논의가 없었다. 대상판결은 이 점에 관해 최초로 판단을 했다는 점에서 의의가 있다. 이에 대해 원심은 법정상속분에 따라 취득한다고 판단하였으나, 대상판결은 특별한 사정이 없는 한 공동상속인들이 수증재산과 기여분 등을 참작하여 상속개시 당시를 기준으로 산정되는 구체적 상속분의 비율에 따라 취득한다고 판단하였다.

3. 결 론

상속재산에서 나온 과실은 상속재산과는 별개의 재산이어서 원칙적으로 상속재산분할의 대상이 될 수는 없다. 다만 예외적으로 공동상속인 전원의 합의가 있거나 상속인 간 공평을 도모할 필요가 있는 경우에 한하여 분할의 대상으로 삼을 수 있을 것이다. 이러한 과실은 공동상속인의 공유재산으로서 상속인들이 상속분에 따라 취득한다고 보아야 한다.[10] 만약 상속재산을 취득한 사람이 당연히 그 수익까지도 단독으로 취득한다면 심리에 나타나지 않은 수익의 다과에 따라 공동상속인들 사이의 형평을 해칠 우려가 있다.[11] 따라서 공동상속인들은 공유물분할 또는 부당이득반환 등 민사상 청구로써 자신의 상속분에 상응하는 부분을 지급받아야 하는데, 이때 상속분은 법정상속분이 아닌 구체적 상속분에 따른 비율이라고 보아야 한다. 왜냐

8) 임채웅, 『상속법연구』, 박영사(2011), 97~98면.
9) 신영호/김상훈/정구태, 422면; 윤진수, "상속재산분할에 있어서 초과특별수익의 취급," 판례월보 제333호(1998.6), 26면; 김소영, 앞의 논문, 778면; 김창종, 앞의 논문, 191면 등.
10) 신영호/김상훈/정구태, 422면.
11) 박동섭, "상속개시 후 상속재산분할심판 확정시 사이에 발생한 과실의 귀속문제," 『2018년 가족법 주요판례10선』, 세창출판사(2019), 122면.

하면 특별수익이나 기여분을 고려하지 않고 법정상속분에 따라 일률적으로 과실을 귀속시킨다면 공동상속인 간의 형평에 어긋나는 경우가 생길 수 있기 때문이다. 따라서 대상판결의 판시와 같이, 공동상속인들이 취득한 수증재산과 기여분 등을 참작하여 상속개시 당시를 기준으로 산정되는 구체적 상속분의 비율에 따라 과실을 취득하도록 하는 것이 타당하다.

제 3 장

상속의 승인과 포기

1 자녀 전원이 상속을 포기한 경우 피상속인의 배우자와 손자녀의 상속관계

〈대법원 2023. 3. 23.자 2020그42 전원합의체 결정: 승계집행문부여에 대한 이의〉

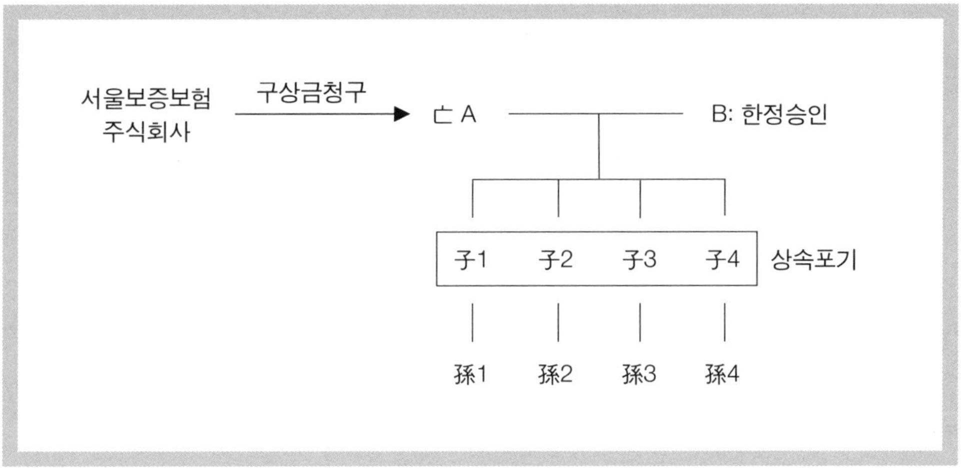

Ⅰ. 사실관계

서울보증보험 주식회사는 망 A(이하 '망인'이라 한다) 등을 상대로 구상금 청구의 소를 제기하여 2011. 2. 16. 승소판결을 받았고, 위 판결은 2011. 3. 31. 확정되었다. 망인은 아내 B와 사이에 4명의 자녀들을 두었고 2015. 4. 16. 사망하였는데 망인의 사망 당시 그의 손자녀들 4명은 모두 미성년자였다. 망인이 사망하자 그의 아내 B는 상속한정승인 신고를 하여 2015. 8. 7. 수리심판을 받았고, 4명의 자녀들은 모두 상속포기 신고를 하여 2015. 8. 3. 수리심판을 받았다.

서울보증보험은 망인의 아내 B와 손자녀들이 망인을 공동상속하였다는 이유로 이들을 상대로 망인에 대한 위 확정판결에 관하여 승계집행문 부여신청을 하여 2020. 2. 6. 승계집행문을 부여받았다(이하 '이 사건 승계집행문'이라 한다). 그러자 망인의 손자녀들은 자신들이 망인의 상속인이 아니라는 이유로 이 사건 승계집행문 부여에 대한 이의를 신청하였다.

Ⅱ. 소송경과

원심은, 상속을 포기한 자는 상속 개시된 때부터 상속인이 아니었던 것과 같은 지위에 놓이게 되므로 피상속인의 배우자와 자녀 중 자녀 전부가 상속을 포기한 경우에는 배우자와 피상속인의 손자녀 또는 직계존속이 공동으로 상속인이 된다는 대법원 2015. 5. 14. 선고 2013다48852 판결(이를 '종래 판례'라 한다)을 근거로 "이 사건의 경우 망인의 자녀들 전부 상속을 포기하였으므로 한정승인을 한 배우자 B와 손자녀들인 신청인들이 공동으로 상속인이 되며, 따라서 신청인들이 자신들도 상속포기 신고를 하여 수리되었음이 인정되지 않는 이 사건에 있어서 신청인들에 대한 위 승계집행문 부여는 적법하다."고 판단했다.[1)]

Ⅲ. 대상결정의 요지[다수의견]

1. 상속에 관한 입법례와 민법의 입법 연혁[2)]

우리 민법은 제정 당시부터 배우자 상속을 혈족 상속과 구분되는 특별한 상속으로 규정하지 않았다. 상속에 관한 구 관습도 배우자가 일정한 경우에 단독상속인이 되었을 뿐 배우자 상속과 혈족 상속을 특별히 구분하지 않았다. 위와 같은 입법 연

1) 부산지방법원 2020. 5. 11.자 2020카기279 결정.

2) 판결 원문에는 목차가 없으나 이해의 편의상 목차를 기재했다. 권오상, "피상속인의 배우자와 자녀 중 자녀 전원이 상속을 포기한 경우 상속재산의 귀속," 가족법연구 제38권 1호(2024. 3), 29~30면 참조.

혁에 비추어 보면, 구 관습이 적용될 때는 물론이고 제정 민법 이후 현재에 이르기까지 배우자는 상속인 중 한 사람이고 다른 혈족 상속인과 법률상 지위에서 차이가 없다.

2. 민법의 문언 및 체계적, 논리적 해석

민법 제1000조부터 제1043조까지 각각의 조문에서 규정하는 '상속인'은 모두 동일한 의미임이 명백하다. 따라서 민법 제1043조의 '상속인이 수인인 경우' 역시 민법 제1000조 제2항의 '상속인이 수인인 때'와 동일한 의미로서 같은 항의 '공동상속인이 되는' 경우에 해당하므로 그 공동상속인에 배우자도 당연히 포함되며, 민법 제1043조에 따라 상속포기자의 상속분이 귀속되는 '다른 상속인'에도 배우자가 포함된다.

이에 따라 공동상속인인 배우자와 여러 명의 자녀들 중 일부 또는 전부가 상속을 포기한 경우의 법률효과를 본다. 공동상속인인 배우자와 자녀들 중 자녀 일부만 상속을 포기한 경우에는 민법 제1043조에 따라 상속포기자인 자녀의 상속분이 배우자와 상속을 포기하지 않은 다른 자녀에게 귀속된다. 이와 동일하게 공동상속인인 배우자와 자녀들 중 자녀 전부가 상속을 포기한 경우 민법 제1043조에 따라 상속을 포기한 자녀의 상속분은 남아 있는 '다른 상속인'인 배우자에게 귀속되고, 따라서 배우자가 단독상속인이 된다. 이에 비하여 피상속인의 배우자와 자녀 모두 상속을 포기한 경우 민법 제1043조는 적용되지 않는다. 민법 제1043조는 공동상속인 중 일부가 상속을 포기한 경우만 규율하고 있음이 문언상 명백하기 때문이다.

3. 상속재산 중 적극재산보다 소극재산이 많은 경우 상속포기자의 의사

상속의 포기는 피상속인의 상속재산 중 소극재산이 적극재산을 초과하는 경우의 상속(이하 '채무상속'이라 한다)에서 중요한 의미를 가진다. 상속을 포기한 피상속인의 자녀들은 피상속인의 채무가 자신은 물론 자신의 자녀에게도 승계되는 효과를 원천적으로 막을 목적으로 상속을 포기한 것이라고 보는 것이 자연스럽다. 상속을 포기한 피상속인의 자녀들이 자신은 피상속인의 채무 승계에서 벗어나고 그 대가로 자신의 자녀들, 즉 피상속인의 손자녀들에게 상속채무를 승계시키려는 의사가 있다고 볼 수는 없다. 그런데 피상속인의 배우자와 자녀들 중 자녀 전부가 상속을 포기하였다는 이유로 피상속인의 배우자와 손자녀 또는 직계존속이 공동상속인이 된다고 보는 것은 위와 같은 당사자들의 기대나 의사에 반하고 사회 일반의 법감정에도 반한다.

4. 실무상 문제

종래 판례에 따라 피상속인의 배우자와 손자녀 또는 직계존속이 공동상속인이 되었더라도 그 이후 피상속인의 손자녀 또는 직계존속이 다시 적법하게 상속을 포기함에 따라 결과적으로는 피상속인의 배우자가 단독상속인이 되는 실무례가 많이 발견된다. 결국 공동상속인들의 의사에 따라 배우자가 단독상속인으로 남게 되는 동일한 결과가 되지만, 피상속인의 손자녀 또는 직계존속에게 별도로 상속포기 재판절차를 거치도록 하고 그 과정에서 상속채권자와 상속인들 모두에게 불필요한 분쟁을 증가시키며 무용한 절차에 시간과 비용을 들이는 결과가 되었다. 따라서 피상속인의 배우자와 자녀 중 자녀 전부가 상속을 포기한 경우 배우자가 단독상속인이 된다고 해석함으로써 법률관계를 간명하게 확정할 수 있다.

5. 결 론

이상에서 살펴본 바와 같이 상속에 관한 입법례와 민법의 입법 연혁, 민법 조문의 문언 및 체계적 · 논리적 해석, 채무상속에서 상속포기자의 의사, 실무상 문제 등을 종합하여 보면, <u>피상속인의 배우자와 자녀 중 자녀 전부가 상속을 포기한 경우에는 배우자가 단독상속인이 된다고 봄이 타당하다</u>. 이와 달리 피상속인의 배우자와 자녀 중 자녀 전부가 상속을 포기한 경우 배우자와 피상속인의 손자녀 또는 직계존속이 공동상속인이 된다는 취지의 2015년 판례는 이 판결의 견해에 배치되는 범위 내에서 변경하기로 한다. ☞ 파기환송

Ⅳ. 해 설

1. 학 설

피상속인에게 배우자와 자녀들, 그리고 손자녀가 있을 때, 배우자는 상속을 승인 내지 한정승인하고 자녀 전원은 상속을 포기한 경우에 손자녀가 배우자와 공동으로 상속인이 될 수 있을지에 관하여 오래전부터 학설이 크게 대립되어 왔다.

가. 공동상속설

자녀들이 전부 상속포기를 하는 경우에는 상속포기의 소급효(민법 제1042조)에 의해 처음부터 상속인이 아니었던 것으로 되므로 손자녀가 제1순위 상속인이 된다. 따라서 피상속인의 자녀들이 모두 상속을 포기한 경우에는 손자녀와 배우자가 공동상속인이 된다. 종래 다수설[3] 및 종래 판례의 태도이다.[4]

나. 배우자단독상속설

상속인이 수인인 경우에 어느 상속인이 상속을 포기한 때에는 그 상속분은 다른 상속인의 상속분의 비율로 그 상속인에게 귀속된다(민법 제1043조[5]). 따라서 피상속

---

3) 김주수/김상용, 801~802면; 박혜선, "피상속인의 배우자와 자녀 중 자녀 전부가 상속을 포기하는 경우의 상속인(2015. 5. 14. 선고 2013다48852 판결)," 대법원판례해설 103호(2015), 73면 등.

4) 종래 판례에 찬성하고 대상 결정에 반대하는 입장으로는, 권오상, 앞의 논문, 27~56면; 박종미, "상속포기와 상속포기자의 상속분이 귀속되는 상속인," 한양법학 제34권 2호(2023. 5), 87~104면.

5) 상속인이 수인인 경우에 어느 상속인이 상속을 포기한 때에는 그 상속분은 다른 상속인의 상속분의 비율로 그 상속인에게 귀속된다.

인의 자녀들이 모두 상속을 포기한 경우에는 그 자녀들의 상속분은 나머지 상속인인 배우자에게 모두 귀속된다고 보아야 한다. 종래 유력설[6] 및 대상 결정의 태도이다.[7]

2. 검 토

우리 민법에서 누가 상속인이 되는지에 관한 규정은 '제2절 상속인' 부분에 있는 제1000조 내지 제1004조이다. 이에 따라 배우자는 직계비속이 있으면 언제나 직계비속과 함께 공동상속을 하게 된다(제1003조 제1항). 그리고 직계비속은 피상속인의 자녀뿐 아니라 손자녀도 이에 해당된다. 따라서 자녀 전원이 상속을 포기해서 제1042조에 따라 처음부터 상속인이 아닌 자가 되면, 배우자는 직계비속인 손자녀와 공동으로 상속인이 된다고 할 수밖에 없다. 제1043조는 바로 그다음에 적용된다고 해야 한다. 조문 순서상으로도 그렇다. 즉 위와 같이 제1000조 내지 제1004조, 제1042조에 따라 상속인이 정해진 다음에 그중에서 누군가가 상속을 포기하게 되면 그 포기한 자의 상속분이 다른 상속인들에게 귀속된다는 의미로 제1043조를 해석해야 한다. 이와 같은 체계적, 논리적 해석에 의할 경우 혈족상속인이 상속을 포기한 경우에 그에게 직계비속이 있으면 그 직계비속이 피상속인의 배우자와 공동으로 상속인이 된다고 해석하지 않을 수 없다. 대상판결의 다수의견에 대한 반대의견의 논리도 이와 같다. 참고로 민법 제1043조에서 말하는 '다른 상속인'이라 함은 포기자를 제외한 모든 상속인을 의미하고 여기에는 배우자도 포함된다(통설). 그런데 상속을 포기한 자는 처음부터 상속인이 아니었던 자가 되므로 포기자의 상속분이라는

---

6) 이봉민, "피상속인의 배우자와 자녀 중 자녀 전부가 상속을 포기한 경우 배우자가 단독상속인이 되는지, 배우자와 피상속인의 손자녀 또는 직계존속이 공동상속인이 되는지 여부," 사법 통권 64호(2023), 966면; 박근웅, "동순위 혈족상속인 전원의 상속포기와 배우자상속," 가족법연구 제29권 2호(2015), 203면 이하; 임종효, "피상속인의 배우자와 자녀 중 자녀 전부가 상속을 포기한 경우 상속재산의 귀속," 가족법연구 제29권 3호(2015), 497면 이하.

7) 대상 결정에 찬성하는 입장으로는 김명숙, "2023년 가족법 중요판례평석," 인권과 정의 제520호(2024. 3), 71~72면; 윤진수, "피상속인의 배우자와 자녀 중 자녀 전부가 상속을 포기한 경우 상속재산의 귀속" 『민법기본판례(제3판)』, 홍문사(2024), 843~844면.

것은 애초에 존재할 여지가 없다. 그래서 포기자의 상속분이 존재한다는 전제에 서 있는 제1043조는 제1042조와 부합하지 않는 측면이 있다. 실제로 이러한 이유로 제1043조를 삭제하는 것이 바람직하다는 견해도 있다.[8)]

한편 종래 판례에 따를 경우 상속인이 된 손자녀가 상속을 포기할 수 있는지에 관한 문제가 대두되었다. 적극재산보다 소극재산이 많아서 자녀들이 모두 상속을 포기했음에도 불구하고 미성년자인 손자녀에게 채무가 상속된다는 것은 지나치게 가혹한 측면이 있기 때문이다. 그래서 종래 판례에서는 "이 판결(대법원의 당해 판결)이 선고된 때 비로소 피고들(손자녀들)은 자신들이 상속인이 되었다는 사실을 알았다고 볼 수 있으므로 이 판결이 선고된 후 3월 내에 상속을 포기함으로써 채무로부터 벗어날 수 있다."는 해결책을 제시하기도 했다.[9)] 그런데 2022년 12월 13일에 민법이 개정되어, "미성년자인 상속인이 상속채무가 상속재산을 초과하는 상속을 성년이 되기 전에 단순승인한 경우에는 성년이 된 후 그 상속의 상속채무 초과사실을 안 날부터 3개월 내에 한정승인을 할 수 있다."라는 규정이 신설되었다(제1019조 제4항). 따라서 이제는 미성년자가 성년이 된 후 특별한정승인을 할 수 있게 되었다.

Ⅴ. 대상판결의 반대의견 [대법관 이동원, 대법관 노태악]

[1] 피상속인의 자녀 전부가 상속을 포기한 경우 그 자녀 전부는 처음부터 상속인이 아니었던 것으로 보아야 한다. 혈족 상속인 중 자녀를 처음부터 상속인이 아니었던 것으로 보면 민법 제1000조 제2항에 따라 그 다음 순위인 피상속인의 손자녀가 혈족 상속인이 되고, 만약 피상속인에게 손자녀 등 직계비속이 아무도 없다면 민법 제1000조 제1항에 따라 피상속인의 직계존속이 혈족 상속인이 된다. 이는 피상속인에게 배우자가 있었던 경우에도 마찬가지로 보아야 한다. 민법 제1000조 제1항, 제

8) 곽윤직, 328면.

9) 구체적으로는, 손자녀가 상속포기를 한 후 채권자의 강제집행에 대해 청구이의의 소를 제기하는 방식으로 구제를 받을 수 있을 것이다.

2항의 규율은 피상속인에게 배우자가 있는지 여부를 묻지 않고 적용되기 때문이다.

[2] 민법 제1043조는 민법 제1000조, 제1003조에서 규정하는 상속인 결정의 원칙을 전제로 해석하여야 한다. 민법 제1043조의 해석으로 상속인을 변경한다면 민법 제1000조, 제1003조에서 정한 상속인 결정의 원칙이 무너지기 때문이다. 즉 피상속인의 배우자는 피상속인에게 직계비속 또는 직계존속이 있다면 반드시 그들과 공동상속을 하여야 하는데, 피상속인에게 손자녀 또는 직계존속이 있음에도 민법 제1043조를 들어 배우자가 단독상속인이 된다고 해석하는 것은 위와 같은 상속인 결정의 원칙에 반하게 된다. 그렇다면 민법 제1043조에 따라 상속포기자의 상속분이 귀속되는 상속인은 민법 제1000조, 제1003조 등에 따라 정해지는 상속인을 의미하고, 상속포기자의 상속분은 위와 같이 종국적으로 정해진 상속인의 상속분이 민법 제1009조에서 정한 법정상속분의 비율로 산정되도록 해당 상속인에게 귀속되어야 한다고 해석하여야 한다.

[3] 상속을 포기한 상속인의 진정한 의도와 목적이 무엇인지는 외부에서 쉽게 알 수 없다. 따라서 상속포기의 효력은 법률에 규정된 대로만 인정하여야 하고, 상속인의 의사와 목적을 고려하여 상속포기의 효력을 정할 수는 없다. 상속순위와 상속인 결정의 원칙도 당사자의 의사로 변경할 수 없다.

[4] 여러 제도를 통해 상속채무를 승계하는 상속인을 충분히 보호할 수 있으므로, 상속채무를 승계하는 상속인의 보호 문제는 종래 판례를 변경할 이유가 되지 못한다.

[5] 민법 제1009조 제2항이 배우자의 상속분을 고정하지 않고 공동상속인의 수에 따라 달라진다고 정한 것과 민법 제1042조가 상속포기의 소급효를 정한 것이 부당하다고 볼 수 없는 이상 자녀 전부의 상속포기로 인하여 손자녀 또는 직계존속이 배우자와 공동상속인이 되는 경우 그 공동상속인의 수에 따라 배우자의 상속분이 달라지는 것을 두고 부당하다고 평가할 수 없다.

[6] 종래 판례가 피상속인의 배우자와 자녀 중 자녀 전부가 상속을 포기한 경우 배우자와 피상속인의 손자녀 또는 직계존속이 공동상속인이 된다고 한 이후 위 판결에 따라 상속이 이루어진다는 전제에서 오랫동안 법률관계가 형성되어 왔다. 이러

한 상황에서 피상속인의 배우자와 자녀 중 자녀 전부가 상속을 포기한 경우 손자녀 또는 직계존속이 있더라도 배우자가 단독상속인이 된다는 내용으로 판례를 변경하게 되면 종래 형성된 법률관계의 안정에 심각한 혼란을 초래하게 된다.

2 미성년이던 상속인이 성년이 된 다음 특별한정승인을 할 수 있을까?

〈대법원 2020. 11. 19 선고 2019다232918 전원합의체 판결: 청구이의의 소〉

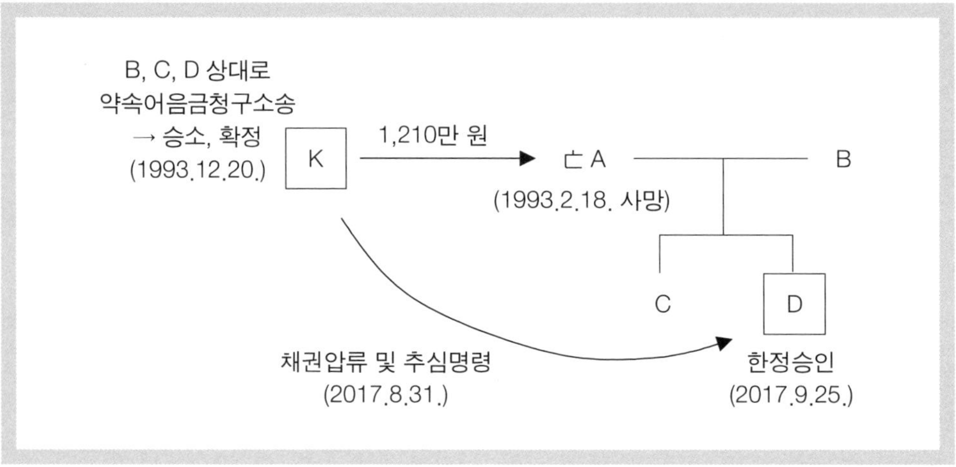

Ⅰ. 사실관계

망 A(이하 '망인'이라 한다)는 생전에 K에게 12,100,000원의 약속어음금 채무를 지고 있었다. 망인은 1993. 2. 18. 사망하여 배우자 B와 자녀인 C, D(당시 만 6세)가 재산을 공동상속하였다. K는 망인의 공동상속인들을 상대로 약속어음금 청구의 소를 제기하여 1993. 12. 20. 승소판결을 받았고 그 무렵 판결이 확정되었다. D의 법정대리인 B는 위 소송에서 D를 대리하였다. K는 2003년 11월경 시효 연장을 위하여 망인의 공동상속인들을 상대로 다시 소를 제기하였고, 2003. 12. 17. 이행권고결정이 확정되었다. D의 법정대리인 B는 당시에도 미성년자(만 17세)인 D를 대리하여 위 이행권고결정을 송달받았다. K는 2013년 11월경 재차 시효 연장을 위하여 망인의 공동상속인들을 상대로 소를 제기하였다. 위 소송은 공시송달로 진행되어 2014.

2. 12. K가 승소하는 내용의 판결이 선고되고 그 무렵 확정되었다(이하 '이 사건 판결'이라고 한다).

II. 소송경과

K는 2017. 8. 31. 이 사건 판결을 집행권원으로 하여 D의 은행 예금채권에 대하여 채권압류 및 추심명령을 받았다. 이에 D는 2017. 9. 25. 한정승인 신고를 하여 이를 수리하는 심판을 받았다. D는 위 한정승인 심판이 내려진 후 곧바로 이 사건 판결에 대하여 이 사건 청구이의의 소를 제기하였다.

1심[1]과 항소심[2]은, D가 나이가 어려 상속채무가 상속재산을 초과하는 사실(이하 '상속채무 초과사실'이라고 한다)을 알지 못하다가 2017년 9월경 K의 신청에 따른 채권압류 및 추심명령이 내려지면서 비로소 상속채무의 존재를 알게 되었으므로 그로부터 3월 내에 이루어진 특별한정승인 신고는 적법 · 유효하다고 판단하였다.

III. 대상판결의 요지

[1] 민법 제1019조 제1항, 제3항의 각 기간은 상속에 관한 법률관계를 조기에 안정시켜 법적 불안 상태를 막기 위한 제척기간인 점, 미성년자를 보호하기 위해 마련된 법정대리인 제도와 민법 제1020조의 내용 및 취지 등을 종합하면, 상속인이 미성년인 경우 민법 제1019조 제3항이나 그 소급 적용에 관한 민법 부칙 제3항, 제4항에서 정한 '상속채무 초과사실을 중대한 과실 없이 제1019조 제1항의 기간 내에 알지 못하였는지'와 '상속채무 초과사실을 안 날이 언제인지'를 판단할 때에는 법정대리인의 인식을 기준으로 삼아야 한다.

1) 서울중앙지방법원 2018. 7. 17. 선고 2017가단103434 판결.
2) 서울중앙지방법원 2019. 5. 2. 선고 2018나48467 판결.

[2] 미성년 상속인의 법정대리인이 인식한 바를 기준으로 '상속채무 초과사실을 중대한 과실 없이 알지 못하였는지 여부'와 '이를 알게 된 날'을 정한 다음 이를 토대로 살폈을 때 특별한정승인 규정이 애당초 적용되지 않거나 특별한정승인의 제척기간이 이미 지난 것으로 판명되면, 단순승인의 법률관계가 그대로 확정된다. 그러므로 이러한 효과가 발생한 이후 상속인이 성년에 이르더라도 상속개시 있음과 상속채무 초과사실에 관하여 상속인 본인 스스로의 인식을 기준으로 특별한정승인 규정이 적용되고 제척기간이 별도로 기산되어야 함을 내세워 새롭게 특별한정승인을 할 수는 없다고 보아야 한다. ☞ 파기 환송

IV. 해 설

1. 한정승인과 특별한정승인제도

피상속인으로부터 받게 될 상속재산보다 상속채무가 더 많거나, 어느 것이 더 많은지 잘 모르는 경우에 상속으로 인하여 취득할 재산의 한도 내에서 피상속인의 채무를 변제할 조건으로 상속을 승인할 수 있다. 이것이 한정승인이다(제1028조). 한정승인은 포기와 마찬가지로 상속개시 있음을 안 날로부터 3월 내에 가정법원에 신고해야 효력이 생긴다(제1030조 제1항). 그런데 피상속인에게 상속채무가 없는 줄 알았거나 상속채무보다 상속재산이 더 많은 줄 알고 기간 내에 포기나 한정승인을 하지 않았는데, 나중에 모르던 상속채무가 새로 발견되는 경우가 있다. 이렇게 되면 상속인들이 불의의 타격을 입게 되므로, 이러한 상속인들을 구제해 주기 위해 만들어진 제도가 특별한정승인이다. 즉 상속인은 상속채무가 상속재산을 초과하는 사실을 중대한 과실 없이 3월의 기간 내에 알지 못하고 포기나 한정승인을 하지 못하여 단순승인이 된 경우에는 그 사실을 안 날부터 3월 내에 한정승인을 할 수 있다(제1019조 제3항).

2. 상속인이 미성년자인 경우 상속인과 법정대리인 중 누가 기준이 될까?

이 사건의 쟁점은 D의 한정승인 신고 및 그 수리가 유효한지 여부이다. 이는 민법 제1019조 제3항에 따른 특별한정승인에서, 상속인이 미성년자인 경우에 '상속채무 초과사실을 중대한 과실 없이 알지 못하였는지 여부'와 '이를 알게 된 날'을 미성년자인 상속인과 그의 법정대리인 중 누구를 기준으로 판단하여야 하는지와 관련된다.

상속인이 미성년자 등 제한능력자인 경우에 포기나 한정승인을 할 수 있는 기간은 그의 친권자 또는 후견인 등 법정대리인이 상속이 개시된 것을 안 날부터 기산한다(제1020조). 그렇다면 특별한정승인의 요건인 '상속채무 초과사실을 중대한 과실 없이 알지 못하였는지 여부'와 '이를 알게 된 날'도 법정대리인을 기준으로 하는 것이 타당하다. 이러한 결론은 대리의 원칙상 어찌 보면 당연하다. 대리인이 그 권한 내에서 본인을 위한 것임을 표시한 의사표시는 직접 본인에 대하여 효력이 생기기 때문이다(제114조). 즉 법정대리인인 친권자가 미성년자녀를 대리하여 행한 법률행위는 본인인 미성년자녀에게 미치는 것이고, 그렇다면 상속인이 미성년자인 경우에는 법정대리인의 인식을 기준으로 특별한정승인의 가부를 결정해야 한다.

3. 미성년 상속인이 성년이 된 후 본인 스스로의 인식을 기준으로 새롭게 특별한정승인을 할 수 있을까?

위와 같이 법정대리인의 인식을 기준으로 해야 한다면, 상속인이 성년에 이른 뒤에 본인이 직접 상속채무 초과사실을 알게 된 날부터 3월의 제척기간이 별도로 기산되는 것으로 보아 새롭게 특별한정승인을 할 수 있는지가 문제된다. 그러나 이것은 대리의 원칙이나 제척기간제도의 취지상 허용하기 어렵다고 본다. 법정대리인의 인식을 기준으로 판단한 결과 특별한정승인이 불가능한 경우에 그 법적 효과가 미성년 상속인에게 미친다고 하면서도 상속인이 성년이 된 후에 본인이 스스로 채무초과 사실을 알게 된 때로부터 3월 내에 다시 특별한정승인을 할 수 있도록 한다면 이것은 대리의 원칙에도 맞지 않을 뿐만 아니라 민법이 한정승인 및 특별한정승인에 3월의 제척기간을 둔 취지가 몰각된다. 따라서 미성년 상속인이 성년이 된 후 본인 스스로의 인식을 기준으로 새롭게 특별한정승인을 할 수는 없다고 보아야 한다.[3)]

4. 민법 개정

그러나 위와 같은 결론은 미성년 상속인에게 매우 불리한 해석이기 때문에 많은 비판이 제기되었고, 결국 2022년 12월 13일에 민법이 개정되어, "미성년자인 상속인이 상속채무가 상속재산을 초과하는 상속을 성년이 되기 전에 단순승인한 경우에는 성년이 된 후 그 상속의 상속채무 초과사실을 안 날부터 3개월 내에 한정승인을 할 수 있다." 라는 규정이 신설되었다(제1019조 제4항). 따라서 이제는 설사 미성년자의 법정대리인이 단순승인을 했더라도 미성년자가 성년이 된 후 특별한정승인을 할 수 있게 되었다. 이에 따르면 이 사건과 같은 경우에 D도 성년이 된 후에 채무초과 사실을 안 날부터 3개월 내에 한정승인을 할 수 있고, 그렇게 하면 망인의 채무를 상속재산 범위 내에서만 책임지면 될 뿐 자기 고유재산으로까지 책임지지는 않아도 될 것이다. 그렇지만 법률이 이와 같이 개정되었다 하더라도 친권자인 부모로서는 미성년자녀에게 불필요한 부담을 지우지 말고 본인뿐 아니라 미성년자녀를 위해서라도 기간 내에 포기나 한정승인신고를 하는 것이 바람직하다.

3) 이와 달리 미성년 상속인이 성년이 된 후에 채무초과 사실을 알게 된 때로부터 3월 내에 특별한정승인을 할 수 있다는 해석론으로는 최성경/홍윤선, "미성년상속인의 보호와 특별한정승인," 가족법연구 제35권 1호(2021), 296~297면.

3 상속포기가 사해행위취소의 대상이 될까?

〈대법원 2011. 6. 9. 선고 2011다29307 판결: 사해행위취소〉

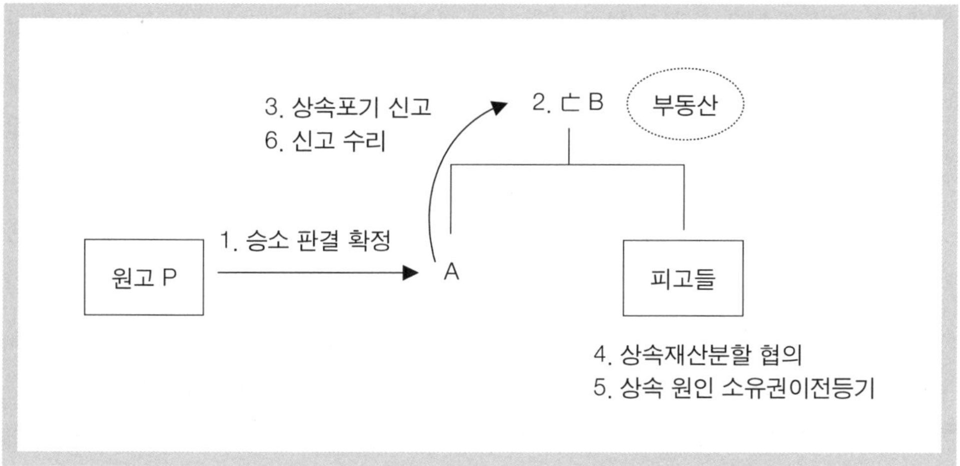

Ⅰ. 사실관계

원고 P는 A를 상대로 서울중앙지방법원에 약정금 2억 8천만 원 및 그에 대한 지연손해금의 지급을 구하는 소송을 제기하여 2007. 10. 23. 승소판결을 받았고, 그 판결은 그 무렵 확정되었다. 한편 피고들의 어머니인 망 B(이하 '망인'이라 한다)는 2009. 12. 4. 사망하였다. 그러자 망인의 공동상속인 중 A는 상속포기기간 동안인 2010. 1. 28. 서울가정법원에 상속포기 신고를 하였고, 위 신고는 2010. 3. 15. 위 법원에 의하여 수리되었다. A를 제외한 나머지 공동상속인인 피고들은 위 상속포기의 신고와 같은 날인 2010. 1. 28. A를 제외한 채 망인의 상속 부동산에 관하여 그들의 법정상속분 비율에 따라 이를 분할하는 내용으로 상속재산분할협의를 한 다음 2009. 12. 4.자 협의분할로 인한 재산상속을 원인으로 하여 각 지분소유권이전등기를 마쳤다.

II. 소송경과

원고는 이미 채무초과상태에 있던 A가 2009. 12. 4. 공동상속인들인 피고들과 사이에 이 사건 상속재산 중 자신의 상속분에 관한 권리를 포기하는 내용으로 행한 상속재산분할협의는 채권자인 원고를 해하는 사해행위에 해당하므로 취소되어야 하고, 그 원상회복으로 피고들은 위 각 지분소유권이전등기의 말소등기절차를 이행할 의무가 있다고 주장하였다.

원심은 A의 법정상속분에 상당하는 지분을 포함하여 이 사건 상속재산 전부에 관하여 A를 제외한 피고들 앞으로 위 각 지분소유권이전등기가 행하여진 것은 A가 상속을 포기함으로써 그가 처음부터 상속인이 아니게 된 데서 연유한 것으로서 이를 원고의 주장과 같이 A와 피고들 사이에서 A가 자신의 상속분에 관한 권리를 포기하는 내용으로 상속재산분할협의를 한 결과로 볼 수 없다고 전제한 다음, 나아가 상속의 포기는 사해행위 취소의 대상이 된다고 할 수 없다는 이유로 원고의 청구를 기각하였다.[1)]

III. 대상판결의 요지

[1] 상속의 포기는 상속이 개시된 때에 소급하여 그 효력이 있고(민법 제1042조), 포기자는 처음부터 상속인이 아니었던 것이 된다. 따라서 상속포기의 신고가 아직 행하여지지 아니하거나 법원에 의하여 아직 수리되지 아니하고 있는 동안에 포기자를 제외한 나머지 공동상속인들 사이에 이루어진 상속재산분할협의는 후에 상속포기의 신고가 적법하게 수리되어 상속포기의 효력이 발생하게 됨으로써 공동상속인의

1) 서울고등법원 2011. 2. 22. 선고 2010나102085 판결.

자격을 가지는 사람들 전원이 행한 것이 되어 소급적으로 유효하게 된다. 이는 설사 포기자가 상속재산분할협의에 참여하여 그 당사자가 되었다고 하더라도 그 협의가 그의 상속포기를 전제로 하여서 포기자에게 상속재산에 대한 권리를 인정하지 아니하는 내용인 경우에는 마찬가지이다.

[2] 상속의 포기는 비록 포기자의 재산에 영향을 미치는 바가 없지 아니하나(그러한 측면과 관련하여서는 '채무자 회생 및 파산에 관한 법률' 제386조도 참조) 상속인으로서의 지위 자체를 소멸하게 하는 행위로서 순전한 재산법적 행위와 같이 볼 것이 아니다. 오히려 상속의 포기는 1차적으로 피상속인 또는 후순위상속인을 포함하여 다른 상속인 등과의 인격적 관계를 전체적으로 판단하여 행하여지는 '인적 결단'으로서의 성질을 가진다. 그러한 행위에 대하여 비록 상속인인 채무자가 무자력상태에 있다고 하여서 그로 하여금 상속포기를 하지 못하게 하는 결과가 될 수 있는 채권자의 사해행위취소를 쉽사리 인정할 것이 아니다. 그리고 상속은 피상속인이 사망 당시에 가지던 모든 재산적 권리 및 의무 · 부담을 포함하는 총체재산이 한꺼번에 포괄적으로 승계되는 것으로서 다수의 관련자가 이해관계를 가지는데, 위와 같이 상속인으로서의 자격 자체를 좌우하는 상속포기의 의사표시에 사해행위에 해당하는 법률행위에 대하여 채권자 자신과 수익자 또는 전득자 사이에서만 상대적으로 그 효력이 없는 것으로 하는 채권자취소권의 적용이 있다고 하면, 상속을 둘러싼 법률관계는 그 법적 처리의 출발점이 되는 상속인 확정의 단계에서부터 복잡하게 얽히게 되는 것을 면할 수 없다. 또한 상속인의 채권자의 입장에서는 상속의 포기가 그의 기대를 저버리는 측면이 있다고 하더라도 채무자인 상속인의 재산을 현재의 상태보다 악화시키지 아니한다. 이러한 점들을 종합적으로 고려하여 보면, 상속의 포기는 민법 제406조 제1항에서 정하는 "재산권에 관한 법률행위"에 해당하지 아니하여 사해행위취소의 대상이 되지 못한다.

Ⅳ. 해 설

1. 상속포기의 효과

상속의 포기는 개시된 상속의 효력을 확정적으로 소멸시키는 의사표시이다. 상대방 없는 단독행위로서 상속포기권은 일신전속권에 속한다고 본다. 상속의 포기는 상속개시시에 소급하여 효력이 발생한다(제1042조). 포기자는 처음부터 상속인이 아니었던 것이 된다. 상속포기의 신고가 법원에 의하여 아직 수리되지 아니하고 있는 동안에 포기자를 제외한 나머지 공동상속인들 사이에 이루어진 상속재산분할협의는 후에 상속포기의 신고가 적법하게 수리되어 상속포기의 효력이 발생하게 됨으로써 공동상속인의 자격을 가지는 사람들 전원이 행한 것이 되어 소급적으로 유효하게 된다. 따라서 포기신고가 수리되기도 전에 포기자를 제외하고 상속재산분할협의를 한 것은 무효라는 원고의 주장은 타당하지 않다. 그런데 원고는 상속을 포기한 A가 상속재산분할협의에 참여하였다고 하면서 포기의 소급효에 의해 처음부터 상속인이 아닌 A가 상속재산분할협의에 참여하였으므로 그러한 분할협의는 무효라는 취지로도 주장하였다. 그러나 설사 포기자가 상속재산분할협의에 참여하여 그 당사자가 되었다고 하더라도 그 협의가 그의 상속포기를 전제로 하여서 포기자에게 상속재산에 대한 권리를 인정하지 아니하는 내용인 경우에는 아무런 차이가 없으므로 원고의 이러한 주장 역시 타당하지 않다.

2. 상속포기가 채권자취소권의 대상이 되는지 여부

원고는 채무초과 상태에 있는 A가 상속을 포기한 행위는 채권자에 대한 사해행위에 해당한다고 주장하였다. 상속포기가 채권자취소권의 대상인 사해행위가 될 수 있는지에 관하여 프랑스 민법과 스위스 민법은 명문으로 이를 긍정하고 있지만, 독일과 일본의 판례와 학설은 이를 부정하고 있다. 우리나라에서도 상속재산분할의 경우와의 균형상 상속포기 역시 채권자취소권의 대상이 된다는 일부 긍정설이 존재한다.[2)] 그러나 통설과 판례는 부정설을 취하고 있다. 상속포기는 소극적으로 총재산의 증가를 방해한 것에 불과하고, 상속포기나 승인은 그 성질상 일신전속적 권리로서 타인의 의사에 의하여 강요될 수 없는데 상속포기가 채권자취소권의 대상이 된다면 이는 상속인에게 상속승인을 강요하는 것이 되기 때문이다. 상속의 포기는 비록 포기자의 재산에 영향을 미치는 바가 없지 않으나 상속인으로서의 지위 자체를 소멸시키는 행위로서 순전한 재산법적 행위와 같은 것으로 볼 수는 없다. 오히려 상속의 포기는 1차적으로 피상속인 또는 후순위상속인을 포함하여 다른 상속인 등과의 인격적 관계를 전체적으로 판단하여 행하여지는 '인적 결단'으로서의 성질을 가진다.[3)] 긍정설은 상속재산분할의 경우에는 채권자취소권의 대상이 된다고 하면서 상속포기의 경우에는 부정하는 것은 부당하다고 하지만, 상속재산의 분할협의는 상속이 개시되어 공동상속인 사이에 잠정적 공유가 된 상속재산에 대하여 그 전부 또는 일부를 각 상속인의 단독소유로 하거나 새로운 공유관계로 이행시킴으로써 상속재산의 귀속을 확정시키는 것으로 그 성질상 재산권을 목적으로 하는 법률행위이므로 사해행위취소권 행사의 대상이 될 수 있다.[4)] 즉 상속재산분할협의는 어디까지나 상속인들 간의 계약으로서 순수한 재산법적 행위에 해당한다. 따라서 부정설이 타당하다고 생각한다. 대상 판결도 이와 같은 입장에서 원고의 주장을 배척하였다.

3. 특정유증의 포기는 사해행위가 될까?

만약 이 사건에서 망인이 A에게 부동산을 유증한다는 취지의 유언장을 작성했는데, A가 이러한 유증을 포기한다면 이 역시 원고 P에 대해 사해행위가 되지 않을까? 유증을 받을 자는 유언자의 사망 후에 언제든지 유증을 승인 또는 포기할 수 있고, 그 효력은 유언자가 사망한 때에 소급하여 발생한다(민법 제1074조). 따라서 채무초

2) 윤진수, 561면.
3) 신영호/김상훈/정구태, 441~442면; 김주수/김상용, 766면.
4) 대법원 2001. 2. 9. 선고 2000다51797 판결.

과 상태에 있는 채무자라도 자유롭게 유증을 받을 것을 포기할 수 있다. 또한 채무자의 유증 포기가 직접적으로 채무자의 일반재산을 감소시켜 채무자의 재산을 유증 이전의 상태보다 악화시킨다고 볼 수도 없다. 따라서 유증을 받을 자가 이를 포기하는 것은 사해행위 취소의 대상이 되지 않는다.[5)]

5) 대법원 2019. 1. 17. 선고 2018다260855 판결. 윤진수, 617면은 상속포기의 경우와 마찬가지로 이 판결에 반대한다.

4 상속포기신고를 하고 수리되기 전에 상속재산을 처분하면 단순승인으로 의제될까?

〈대법원 2016. 12. 29. 선고 2013다73520 판결: 대여금〉

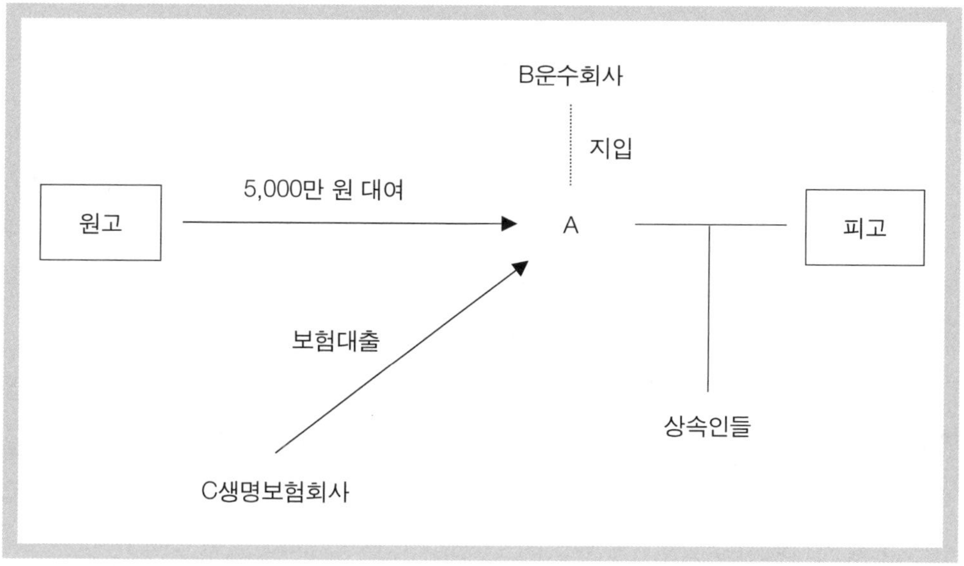

Ⅰ. 사실관계

망 A(이하 '망인'이라 한다)는 원고에 대해 5,000만원 상당의 대여금채무를 부담하고 있었다. 망인이 2011. 12. 27. 사망하자, 망인의 아내인 피고를 포함한 상속인들이 2012. 1. 26. 수원지방법원에 망인의 재산상속을 포기하는 내용의 상속포기 신고를 하였고, 위 법원이 2012. 3. 14. 그 신고를 수리하는 심판을 하였다. 한편 망인은 생전에 B운수회사에 6대의 화물차량을 지입[1]하여 실질적으로 소유하고 있었다.

---

1) 지입이란, 개인 소유의 차량을 운수회사의 명의로 등록하는 것을 말한다. 그리고 이와 같이 등록된 차량을 지입차라고 한다.

피고는 위 상속포기 수리심판일 이전인 2012. 1. 30. B운수회사로 하여금 위 지입 차량을 폐차하거나 다른 사람에게 매도하도록 한 후 2012. 2. 6. B로부터 그 대금 2,730만 원을 수령하였다. 그리고 피고는 그 돈으로 망인이 C생명보험회사에 대해 부담하고 있던 대출금채무를 변제하였다.

Ⅱ. 소송경과

원고는 피고가 망인의 위 대여금채무를 상속하였다고 주장하면서 피고를 상대로 이 사건 대여금반환청구의 소를 제기하였다. 이에 대해 피고는 상속을 포기하였다고 항변하였다. 그러자 원고는 민법 제1026조 제1호 또는 제3호에 따라 법정단순승인이 되었기 때문에 포기의 효력이 없다고 재항변하였다.

제1심[2]은, 피고가 지입차량을 처분한 것은 상속포기 신고 후에 한 것이어서 민법 제1026조 제1호의 법정단순승인에 해당하지 않고, 그 처분대금으로 망인의 대출금 채무를 변제하였으므로 제3호의 법정단순승인에도 해당하지 않는다고 하면서 원고의 청구를 기각하였다.

항소심[3] 역시 원심과 같은 취지로 원고의 항소를 기각하였다. 즉 상속인이 상속포기 신고를 한 이상 그 신고를 수리하는 심판이 있기 전에 상속재산을 처분하였더라도 민법 제1026조 제1호가 적용되지 않는다는 전제하에, 피고가 B에게 위 화물차량들을 폐차하거나 매도하게 하여 그 대금을 수령한 시점이 피고가 상속포기 신고를 한 이후이므로, 단순승인을 한 것으로 간주되는 경우에 해당하지 않는다고 판단하였다.

---

2) 서울남부지방법원 2013. 4. 15. 선고 2012가단12911 판결.

3) 서울남부지방법원 2013. 9. 6. 선고 2013나5201 판결.

Ⅲ. 대상판결의 요지

[1] 민법 제1026조 제1호는 상속인이 상속재산에 대한 처분행위를 한 때에는 단순승인을 한 것으로 본다고 규정하고 있다. 그런데 상속의 한정승인이나 포기의 효력이 생긴 이후에는 더 이상 단순승인으로 간주할 여지가 없으므로, 이 규정은 한정승인이나 포기의 효력이 생기기 전에 상속재산을 처분한 경우에만 적용된다. 한편 상속의 한정승인이나 포기는 상속인의 의사표시만으로 효력이 발생하는 것이 아니라 가정법원에 신고를 하여 가정법원의 심판을 받아야 하며, 심판은 당사자가 이를 고지받음으로써 효력이 발생한다. 이는 한정승인이나 포기의 의사표시의 존재를 명확히 하여 상속으로 인한 법률관계가 획일적으로 처리되도록 함으로써, 상속재산에 이해관계를 가지는 공동상속인이나 차순위 상속인, 상속채권자, 상속재산의 처분 상대방 등 제3자의 신뢰를 보호하고 법적 안정성을 도모하고자 하는 것이다. 따라서 상속인이 가정법원에 상속포기의 신고를 하였더라도 이를 수리하는 가정법원의 심판이 고지되기 이전에 상속재산을 처분하였다면, 이는 상속포기의 효력 발생 전에 처분행위를 한 것이므로 민법 제1026조 제1호에 따라 상속의 단순승인을 한 것으로 보아야 한다.

[2] 피고가 상속포기 신고를 한 후 B로 하여금 위 화물차량들을 폐차하거나 매도하게 하여 그 대금을 수령함으로써 상속재산을 처분한 것은 피고의 상속포기 신고를 수리하는 법원의 심판이 고지되기 이전이므로, 민법 제1026조 제1호에 따라 상속인인 피고가 상속의 단순승인을 한 것으로 보아야 한다. ☞ 파기환송

IV. 해 설

1. 법정단순승인의 사유와 근거

피상속인이 사망한 후 상속인이 상속포기나 한정승인이 아닌 단순승인을 하면 상속인은 피상속인의 모든 권리와 의무를 제한 없이 승계한다(민법 제1025조). 그런데 민법은 상속인이 명시적으로 단순승인의 의사를 표시하지 않은 경우에도 일정한 사유가 있을 경우 단순승인을 한 것으로 의제한다. 이를 법정단순승인이라 한다. 실제 상속인이 명시적으로 단순승인을 하는 경우는 거의 찾아볼 수 없고, 이러한 법정단순승인 사유에 해당함으로 인해 단순승인의 효과가 발생하는 경우가 대부분이다. 민법이 정하고 있는 법정단순승인 사유는 다음과 같다(제1026조).

① 상속인이 상속재산에 대한 처분행위를 한 때
② 상속인이 제1019조제1항의 기간 내에 한정승인 또는 포기를 하지 아니한 때
③ 상속인이 한정승인 또는 포기를 한 후에 상속재산을 은닉하거나 부정소비하거나 고의로 재산목록에 기입하지 아니한 때

법정단순승인 사유 중 제1호와 제2호의 근거는 상속인의 추정적 의사이고, 제3호는 부정행위 내지 배신행위를 한 상속인에 대한 제재라고 이해된다.[4] 제3호의 근거가 배신적 행위에 대한 제재라는 점에 관해서는 이론이 없다. 그러나 제1호의 근거에 대해서는 추정적 의사 외에도 처분 후에 포기를 허용하면 상속채권자나 차순위 또는 공동상속인을 해할 위험성이 있다는 점(상속인의 배신적 행위에 대한 제재)이나 처분을 신뢰한 제3자를 보호할 필요가 있다는 점(거래안전의 보호) 등을 추가하기도 한다.[5] 그러나 제1호의 근거는 오직 상속인의 추정적 의사에 있다고 보는 것이 연

---

4) 신영호/김상훈/정구태, 436면.
5) 윤진수, 530면.

혁적으로나 비교법적으로나 옳다.[6] 특히 제1호에도 제재 목적이 있다고 보는 것은 제3호와 균형이 맞지 않는다. 제1호의 처분행위는 제3호의 부정소비보다 범위가 넓게 해석되기 때문에 양자 모두를 제재로 보면 한정승인이나 포기 전의 배신행위가 그 후의 배신행위보다 더 넓게 제재되는 모순이 발생한다.[7]

2. 상속포기신고를 하고 수리되기 전에 상속재산을 처분한 것은 제1호에 해당될까?

민법 제1026조 제1호는 상속인이 한정승인 또는 포기를 하기 이전에 상속재산을 처분한 때에만 적용되는 것이고, 상속인이 한정승인 또는 포기를 한 후에 상속재산을 처분한 때에는 그로 인하여 상속채권자나 다른 상속인에 대하여 손해배상책임을 지게 될 경우가 있음은 별론으로 하고, 그것이 같은 조 제3호에 정한 상속재산의 부정소비에 해당되는 경우에만 상속인이 단순승인을 한 것으로 보아야 한다.[8]

그렇다면 상속인이 한정승인 또는 포기의 신고를 하였는데 아직 이를 수리하는 가정법원의 심판이 있기 전에 상속재산을 처분하였다면 제1호에 해당될까? 바로 이 사건의 문제이다. 대법원은 포기의 효력이 발생하기 이전에 상속재산을 처분한 경우에는 제1호에 해당된다고 판시하였다. 한정승인이나 포기의 의사표시의 존재를 명확히 하여 상속으로 인한 법률관계가 획일적으로 처리되도록 함으로써 제3자의 신뢰를 보호하고 법적 안정성을 도모하기 위해서는 포기의 효력이 발생하기 이전에 처분하는 것을 제1호에 의해 단순승인으로 의제해야 한다는 것이다. 상속인이 가정법원에 상속 포기 신고를 하였으나 수리심판이 고지되기 전에 상속재산을 처분한

6) 연혁적으로 이 규정은 로마법에서 유래한 것으로서 본래 상속인의 추정적 의사에 근거를 두고 있었으며, 이를 계수한 프랑스민법과 스위스민법도 그 근거를 상속인의 추정적 의사에서 찾고 있고, 그 영향 하에 입법된 일본민법도 상속인이 상속재산을 처분하였다면 단순승인의 의사가 있다고 추정할 수 있다는 점에 근거를 두었다고 한다. 이동진, "민법 제1026조 제1호의 법정단순승인," 가족법연구 제31권 1호(2017. 3), 392면.

7) 이동진, 앞의 논문, 399~391면.

8) 대법원 2004. 3. 12. 선고 2003다63586 판결.

경우에는 처분 시점이 아직 포기의 효력이 발생하기 전이므로 본조 제1호가 적용될 수 있다는 견해도 이와 마찬가지다.[9)]

그러나 포기는 상대방 없는 단독행위이므로 의사표시가 이루어짐과 동시에 법률요건은 달성되고 법원은 상속포기의 요건을 심사하거나 그 수리를 거부할 권한이 없다. 따라서 법원이 이를 수리하는 것은 단지 절차적 처리에 불과하다. 한편 민법은, 상속인은 상속개시 있음을 안 날로부터 3월내에 포기를 할 수 있다고 규정하고 있고(제1019조 제1항), 상속인이 제1019조 제1항의 기간 내에 포기를 하지 아니한 때에는 단순승인을 한 것으로 본다고 규정하고 있는데(제1026조 제2호), 여기에서 포기가 포기신고를 의미하는 것은 분명하다. 그런데도 제3호에서만 포기의 의미를 '포기신고의 수리심판 고지'로 해석해야 할 이유가 없다.[10)] 그리고 무엇보다도 법정단순승인의 제도목적 내지 근거에 비추어 볼 때, 대법원 판결에는 찬성하기 어렵다. 제1026조 제1호는 상속인의 추정적 의사에 근거한 것이다. 이 사건 피고는 상속포기신고를 함으로써 단순승인을 하지 않겠다는 의사를 분명히 표현하였다. 이처럼 피고가 상속을 받지 않겠다는 의사를 명백히 한 이상 제1호에 따라 단순승인으로 의제할 수는 없다. 상속포기신고를 하고서도 포기의 의사에 반하여 상속재산을 처분한 경우에는 그것이 제3호의 부정소비에 해당될 때 그에 따라 단순승인으로 의제하면 된다. 만약 피고의 처분행위가 부정소비에 해당하지 않는다면 제3호에 따른 단순승인도 의제할 수 없다.

3. 피고의 행위가 제3호의 부정소비에 해당할까?

만약 피고의 처분행위가 제1호에 해당하지 않는다면 제3호의 부정소비에 해당되어 단순승인으로 의제될 수 있을까? 제3호에서 말하는 '상속재산의 부정소비'라 함은 정당한 사유 없이 상속재산을 써서 없앰으로써 그 재산적 가치를 상실시키는 행위를 의미한다.[11)] 그리하여 판례는, 상속인이 상속재산을 처분하여 그 처분대금 전

---

9) 주석 민법[상속], 408면(이화연 집필부분).

10) 이 사건의 원심판결이 들었던 근거이기도 하다.

액을 우선변제권자에게 귀속시킨 것은 상속재산의 부정소비에 해당한다고 할 수 없다고 하였다.[12] 이렇게 볼 때 피고가 지입차량의 처분대금으로 망인의 대출금채무를 변제한 것은 부정소비라고 보기 어려운 측면이 있다. 이처럼 부정소비가 아니라고 할 경우 피고의 행위는 제3호의 법정단순승인에도 해당하지 않는다. 만약 이러한 처분행위로 인해 피고가 어떤 이익을 얻은 것이 있다면 원고는 피고를 상대로 부당이득반환청구를 할 수 있을 것이다. 예컨대 이 사건에서 피고가 망인의 C생명보험회사에 대한 대출금채무를 변제함으로써 보험금청구권을 취득하게 되었다면 그 한도 내에서 원고는 부당이득반환청구 또는 손해배상청구를 할 수 있다. 이처럼 상속인이 한정승인 또는 포기신고를 하고 그것이 수리되기 전에 망인의 상속재산을 처분한 행위가 제3호의 부정소비에 해당되지 않더라도 상속채권자는 그 상속인을 상대로 손해배상청구나 부당이득반환청구를 통해 구제될 수 있는 가능성[13]이 있기 때문에 굳이 포기신고까지 한 상속인의 처분행위를 제1호에 포함시켜야 할 불가피한 현실적 필요성은 별로 없을 것이다. 또 그렇게 처리하는 것이 상속인(피고)의 책임범위를 합리적으로 제한하는 것이 되어 타당하다. 이렇게 하면 피고는 포기신고 후 상속재산을 처분함으로써 얻은 이익의 범위 내에서만 책임을 지게 되기 때문이다. 그렇지 않고 대상판결처럼 제1호의 단순승인으로 의제해 버리면 피고는 모든 상속채무를 무제한적으로 부담해야 한다. 이것은 피고의 의사에 반하여 책임을 지나치게 확대시키는 것이어서 수긍하기 어렵다.

---

11) 신영호/김상훈/정구태, 436면.

12) 대법원 2004. 3. 12. 선고 2003다63586 판결.

13) 대법원 2004. 3. 12. 선고 2003다63586 판결: "상속인이 <u>한정승인 또는 포기를 한 후에 상속재산을 처분한 때에는 그로 인하여 상속채권자나 다른 상속인에 대하여 손해배상책임을 지게 될 경우가 있음</u>은 별론으로 하고…"

5 상속채권자와 한정승인자의 고유채권자 중에 누가 상속재산에 대한 우선권을 가질까?

〈대법원 2016. 5. 24. 선고 2015다250574 판결: 배당이의〉

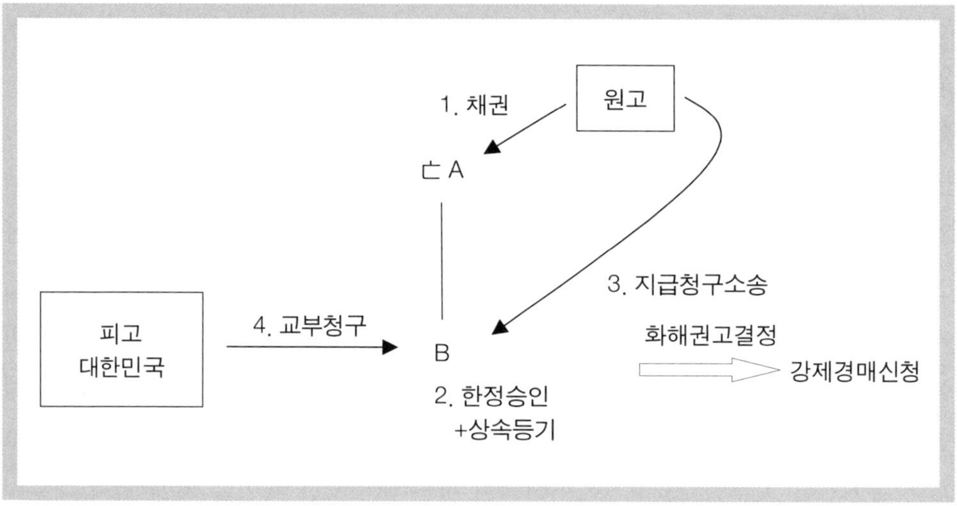

Ⅰ. 사실관계

망 A(이하 '망인'이라 한다)는 2002. 9. 5. 사망하였는데, 그 상속인들 중 B를 제외한 나머지 상속인들은 모두 상속을 포기하였고, B는 한정승인 신고를 하여 수리되었다. 원고 농업협동조합중앙회(이하 '원고'라 한다)는 망인에 대한 채권자로서, 망인이 사망하자 B를 상대로 소송을 제기하여 2014. 5. 2. 'B는 망인으로부터 상속받은 재산의 범위 내에서 원고에게 81,138,332원 및 그 지연이자를 지급한다'는 취지의 화해권고결정을 받았고, 이는 그 무렵 확정되었다. 원고는 망인의 소유였던 경북 칠곡군 소재 전 2,165㎡와 임야 2,380㎡ 등 부동산에 관하여 B 앞으로 상속등기를 대위신청하여 2014. 9. 1. 그 소유권이전등기를 마친 다음, 2014. 9. 15. 위 화해권고결정에 기초하여 위 부동산에 대하여 강제경매신청을 하였다.

한편 피고 대한민국(이하 '피고'라 한다)은 B에 대한 부가가치세 등 조세채권자로서 위 강제경매절차에서 교부청구[1]를 하였는데, 그 조세가 상속부동산 자체에 대하여 부과된 당해세는 아니었다. 경매법원은 배당할 금액 88,588,000원 중 1순위로 30,000,000원을 근저당권자 C에게, 2순위로 58,588,000원을 원고에 우선하여 피고에게 배당하는 내용으로 배당표를 작성하였다.

II. 소송경과

원고는 2015. 4. 2. 배당기일에 피고에 대한 배당액 전부에 대하여 이의를 진술한 다음 이 사건 배당이의의 소를 제기하였다. 이에 대해 1심[2]과 항소심[3]은 원고에 우선하여 피고에게 배당한 경매법원의 조치가 적법하다고 판단하였다. 구체적인 판시 요지는 다음과 같다.

> "우리 민법이 한정승인 제도에 있어 상속재산과 한정승인자의 고유재산을 분리한다거나 한정승인자의 상속재산에 대한 처분행위를 제한하는 규정이나 상속채권자에게 그러한 처분행위의 효력을 부인하는 법적수단을 별도로 마련하고 있지 않고 있는 결과로 상속재산을 한정승인자의 고유재산과 별도로 취급할 아무런 논리적 이유가 없게 되었으므로 결국 한정승인자의 일반채권자들과 상속채권자 사이의 우열관계는 일반원칙에 따를 수밖에 없다 … 결국 일부 예외를 제외하고는 납세자의 모든 재산에 대한 강제집행절차에서 다른 공과금이나 그 밖의 채권에 우선하여 징수할 수 있는 국세 또는 지방세, 가산금 및 체납처분비에 해당하는 피고의 조세채권에 기한 교부 청구에 대하여 원고보다 우선하여 배당한 조치에는 아무런 문제가 없다."

---

1) 교부청구란, 체납자의 재산에 대하여 이미 공매절차나 강제환가절차가 개시되어 있는 경우에 환가대금에서 체납세액에 상당하는 금액의 배당을 구하는 행위를 말한다(국세징수법 제56조).
2) 대구지방법원 2015. 7. 14. 선고 2015가단107905 판결.
3) 대구지방법원 2015. 11. 26. 선고 2015나305298 판결.

Ⅲ. 대상판결의 요지

[1] 민법 제1028조는 “상속인은 상속으로 인하여 취득할 재산의 한도에서 피상속인의 채무와 유증을 변제할 것을 조건으로 상속을 승인할 수 있다.”고 규정하고 있다. 상속인이 위 규정에 따라 한정승인의 신고를 하게 되면 피상속인의 채무에 대한 한정승인자의 책임은 상속재산으로 한정되고, 그 결과 상속채권자는 특별한 사정이 없는 한 상속인의 고유재산에 대하여 강제집행을 할 수 없으며 상속재산으로부터만 채권의 만족을 받을 수 있다.

[2] 상속채권자가 아닌 한정승인자의 고유채권자가 상속재산에 관하여 저당권 등의 담보권을 취득한 경우, 그 담보권을 취득한 채권자와 상속채권자 사이의 우열관계는 민법상 일반원칙에 따라야 하고 상속채권자가 우선적 지위를 주장할 수 없다(대법원 2010. 3. 18. 선고 2007다77781 전원합의체 판결 참조). 그러나 위와 같이 상속재산에 관하여 담보권을 취득하였다는 등 사정이 없는 이상, 한정승인자의 고유채권자는 상속채권자가 상속재산으로부터 그 채권의 만족을 받지 못한 상태에서 상속재산을 고유채권에 대한 책임재산으로 삼아 이에 대하여 강제집행을 할 수 없다고 보는 것이 형평의 원칙이나 한정승인제도의 취지에 부합하며, 이는 한정승인자의 고유채무가 조세채무인 경우에도 그것이 상속재산 자체에 대하여 부과된 조세나 가산금, 즉 당해세에 관한 것이 아니라면 마찬가지라고 할 것이다.

[3] 상속재산인 위 부동산의 매각대금은 한정승인자인 B의 고유채권자로서 그로부터 위 부동산에 관하여 저당권 등의 담보권을 취득한 바 없는 피고보다 상속채권자인 원고에게 우선 배당되어야 하고, 이는 피고가 조세채권자라고 하더라도 마찬가지이다. 그럼에도 원심은 이와 달리 원고에 우선하여 피고에게 배당한 경매법원의 조치가 적법하다고 판단하였으므로, 이러한 원심의 판단에는 한정승인에 관한 법리를 오해하여 판결에 영향을 미친 잘못이 있다. ☞ 파기 환송(피고에 우선하여 원고가 배당을 받아야 한다)

Ⅳ. 해 설

1. 한정승인자가 부담하는 상속채무와 책임의 범위

피상속인의 채권자(이하 '상속채권자'라 한다)는 피상속인이 사망한 경우 상속인을 상대로 피상속인의 채무를 이행할 것을 요구할 수 있다. 상속인은 피상속인의 권리와 의무를 포괄적으로 승계하기 때문이다(민법 제1005조). 한정승인을 한 상속인(이하 '한정승인자'라 한다)도 피상속인의 권리와 의무를 포괄 승계하기 때문에 피상속인의 채무 역시 한정승인자의 채무가 된다. 다만 한정승인자는 상속재산의 한도 내에서만 피상속인의 채무와 유증을 변제할 책임을 진다(제1028조). 따라서 한정승인자는 자기의 고유재산으로 상속채무를 변제할 책임이 없다. 상속**채무**는 전부 부담하지만 **책임**(강제집행의 문제)은 상속재산으로만 지게 되는 것이다. 그래서 상속채권자가 한정승인자를 상대로 소송을 하여 승소할 경우 "피고(한정승인자)는 망인으로부터 <u>상속받은 재산의 범위 내에서</u> 원고(상속채권자)에게 금 얼마(채무 전액)를 지급한다"라는 식으로 판결주문이 나오게 된다(이른바 '유보부 판결').

2. 상속채권자와 고유채권자 간의 상속재산에 대한 우열관계

상속재산에 대해 강제집행이 이루어질 경우 상속채권자와 한정승인자의 고유채권자 중에 누가 우선배당을 받을 권리를 가지는지가 문제된다. 특히 이 사건은 상속채권자와 고유채권자 모두 담보물권을 가지지 못한 일반채권자인 경우이다. 이에 대해 대법원은, 한정승인자의 고유채권자는 상속채권자가 상속재산으로부터 그 채권의 만족을 받지 못한 상태에서 상속재산을 고유채권에 대한 책임재산으로 삼아 이에 대하여 강제집행을 할 수 없다고 보는 것이 형평의 원칙이나 한정승인제도의 취지에 부합한다고 판단하였다.

한정승인자의 상속재산은 상속채권자의 채권에 대한 책임재산으로서 상속채권자에게 우선적으로 변제되고 그 채권이 청산되어야 한다. 그리고 그 반대해석상, 한정승인자의 고유채권자는 상속채권자에 우선하여 상속재산을 그 채권에 대한 책임재산으로 삼아 이에 대하여 강제집행할 수 없다고 보는 것이 형평에 맞으며, 한정승인제도의 취지에도 부합한다. 대법원 판결이 타당하다고 생각한다. 그러나 만약 한정승인자의 고유채권자가 상속재산에 관하여 저당권 등의 담보권을 취득한 경우, 그 담보권을 취득한 고유채권자와 상속채권자 사이의 우열관계는 민법상 일반원칙에 따라 담보권을 취득한 고유채권자가 상속채권자에 대해 우선적 지위를 가진다.[4]

3. 조세채권과 당해세

한편 이 사건에서 피고는 조세채권자로서 국세의 우선권을 주장하였고 그것이 원심에서는 받아들여졌다. 만약 이 사건에서 피고가 가진 조세채권이 당해세에 관한 것이었다면 '당해세 우선의 원칙'에 따라서 피고에게 우선 배당해주는 것이 옳다. 당해세는 매각부동산 자체에 대하여 부과된 조세와 가산금으로서 저당권 등에 의해 담보된 채권보다도 우선하는데 이를 '당해세 우선의 원칙'이라고 한다. 당해세는 담보물권을 취득하는 사람이 장래 그 재산에 대하여 부과될 것이 상당한 정도로 예측할 수 있는 것으로서 오로지 당해 재산을 소유하고 있는 것 자체에 담세력을 인정하여 부과되는 국세(또는 지방세)만을 의미한다.[5] 당해세에 해당되는 국세로는 상속세, 증여세, 종합부동산세가 있고, 지방세로는 재산세와 자동차세가 대표적이다.[6] 그런데 피고가 B에 대해 가진 조세채권은 부가가치세에 관한 것으로서 이는 당해세가 아니기 때문에 우선권을 부여받을 수가 없다. 따라서 피고가 단순히 조세채권자라는 이유로 원고에 우선하여 피고에게 배당한 경매법원의 조치는 위법한 것이다.

---

4) 대법원 2010. 3. 18. 선고 2007다77781 전원합의체 판결.

5) 대법원 2007. 2. 22. 선고 2005다10845 판결.

6) 어떤 조세가 당해세에 해당하는지에 관한 구체적, 세부적 판단 문제는 개별법령의 해석, 적용의 권한을 가진 법원의 영역에 속한다는 것이 헌법재판소의 결정이다(헌법재판소 2001. 2. 22. 선고 99헌바44 결정).

6 상속재산에 담보권을 취득한 고유채권자와 상속채권자 중에 누가 상속재산에 대한 우선권을 가질까?

〈대법원 2010. 3. 18. 선고 2007다77781 전원합의체 판결: 배당이의〉

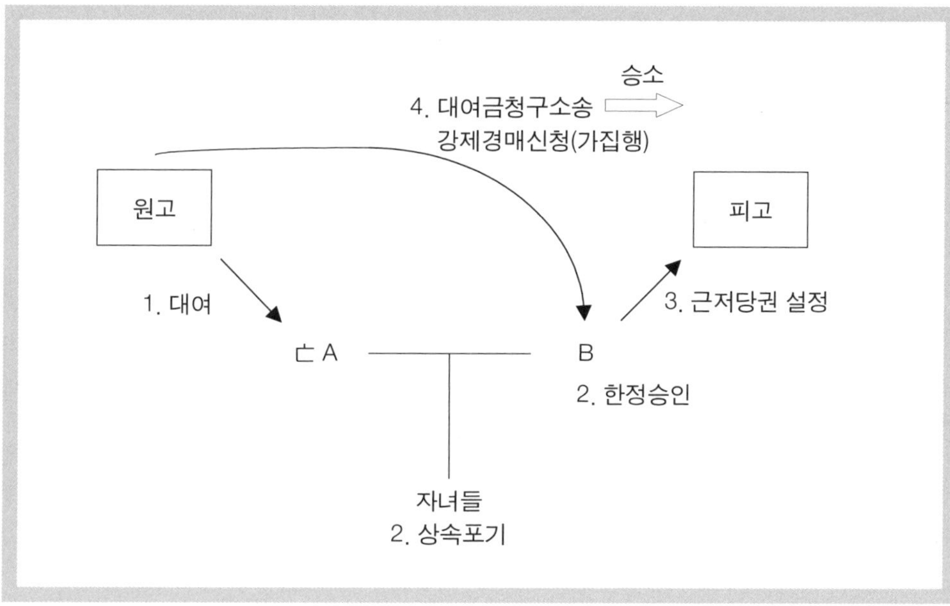

Ⅰ. 사실관계

망 A(이하 '망인'이라 한다)가 2002. 11. 7. 사망하자 망인의 법정상속인들 중 자녀들은 상속을 포기하고 처인 B가 서울가정법원에 상속재산목록을 첨부해 한정승인 신고를 하여 위 법원이 2003. 4. 30. 이를 수리하였다. 그 후 B는 2003. 5. 29. 위 상속재산목록 제1, 2 부동산(이하 '이 사건 각 부동산'이라 한다)에 관하여 상속을 원인으로 한 소유권이전등기를 마치고, 2003. 7. 28. 피고에게 채권최고액 1천만 원의 근저당권을 설정하여 주었다.

한편 망인에게 금원을 대여하였던 원고는 망인의 사망에 따라 B를 상대로 대여금 청구의 소를 제기하여, 2004. 4. 27. "B는 원고에게 5억 원 및 이에 대한 지연손해금을 망인으로부터 상속받은 재산의 한도 내에서 지급하라"는 내용의 판결(서울중앙지방법원 2004. 4. 27. 선고 2003가합3480호 판결)을 선고받고, 위 판결의 가집행선고에 기하여 그 판결금 중 2억 원을 청구채권으로 하여 2004. 9. 16. 이 사건 각 부동산 등에 관하여 강제경매신청을 하였다.

II. 소송경과

강제경매절차를 진행한 경매법원은 2006. 5. 3. 배당기일에서 이 사건 각 부동산에 관하여 근저당권자인 피고가 상속채권자인 원고에 대한 관계에서 우선변제권을 주장할 수 있음을 전제로 하여, 실제 배당할 금액 중 위 근저당권의 채권최고액에 해당하는 1천만 원을 피고에게 먼저 배당하고, 나머지 금원은 원고를 포함한 일반채권자들에게 안분하여 배당하는 취지의 배당표를 작성하였다. 그러자 원고는 위 배당기일에 피고의 위 배당액에 대하여 이의를 진술한 다음 이 사건 배당이의의 소를 제기하였다.

1심[1])은 근저당권자인 피고에게 우선 배당한 경매법원의 조치가 적법하다고 판단하였으나, 항소심[2])은 경매법원이 한정승인된 상속재산인 이 사건 각 부동산의 매각대금을 한정상속인의 채권자인 피고에 우선하여 상속채권자인 원고에게 배당하지 않은 것은 부당하다고 판단하였다. 그 이유는, 특별한 사정이 없는 한 한정상속인의 채권자는 상속재산에 대하여 집행할 수 없기 때문이라고 하였다.

1) 대전지방법원 2006. 12. 12. 선고 2006가단38427 판결.
2) 대전고등법원 2007. 10. 11. 선고 2007나505 판결.

Ⅲ. 대상판결의 요지

[1] 법원이 한정승인신고를 수리하게 되면 피상속인의 채무에 대한 상속인의 책임은 상속재산으로 한정되고, 그 결과 상속채권자는 특별한 사정이 없는 한 상속인의 고유재산에 대하여 강제집행을 할 수 없다. 그런데 민법은 한정승인을 한 상속인(이하 '한정승인자'라 한다)에 관하여 그가 상속재산을 은닉하거나 부정소비한 경우 단순승인을 한 것으로 간주하는 것(제1026조 제3호) 외에는 상속재산의 처분행위 자체를 직접적으로 제한하는 규정을 두고 있지 않기 때문에, 한정승인으로 발생하는 위와 같은 책임제한 효과로 인하여 한정승인자의 상속재산 처분행위가 당연히 제한된다고 할 수는 없다. 또한 민법은 한정승인자가 상속재산으로 상속채권자 등에게 변제하는 절차는 규정하고 있으나(제1032조 이하), 한정승인만으로 상속채권자에게 상속재산에 관하여 한정승인자로부터 물권을 취득한 제3자에 대하여 우선적 지위를 부여하는 규정은 두고 있지 않으며, 민법 제1045조 이하의 재산분리 제도와 달리 한정승인이 이루어진 상속재산임을 등기하여 제3자에 대항할 수 있게 하는 규정도 마련하고 있지 않다. 따라서 한정승인자로부터 상속재산에 관하여 저당권 등의 담보권을 취득한 사람과 상속채권자 사이의 우열관계는 민법상의 일반원칙에 따라야 하고, 상속채권자가 한정승인의 사유만으로 우선적 지위를 주장할 수는 없다. 그리고 이러한 이치는 한정승인자가 그 저당권 등의 피담보채무를 상속개시 전부터 부담하고 있었다고 하여 달리 볼 것이 아니다.

[2] 상속채권자인 원고는 이 사건 각 부동산에 관하여 한정승인자인 B로부터 근저당권을 취득한 피고에 대하여 우선적 지위를 주장할 수 없다고 할 것이다. 그럼에도 원심은 이 사건 각 부동산의 매각대금이 상속채권자인 원고에게 우선적으로 배당되어야 한다는 이유로 원고의 청구를 받아들여 그 판시와 같이 배당표를 경정한다고 판단하였는바, 이러한 원심판결에는 한정승인에 관한 법리오해로 판결에 영향을 미친 잘못이 있다. ☞ 파기환송(원고에 우선하여 피고가 배당을 받아야 한다)

IV. 해 설

1. 한정승인자의 고유채권자와 상속채권자 간의 우열

한정승인자의 고유채권자가 상속재산에 관하여 저당권 등 담보권을 취득하지 못한 일반채권자인 경우에는 상속재산에 대해 상속채권자가 우선하여 강제집행을 할 수 있다.[3] 그렇다면 이 사건처럼 한정승인자의 고유채권자가 저당권 등 담보권을 취득한 경우에도 상속재산에 대해서는 상속채권자가 언제나 우선하는 것일까? 이에 대해 대법원의 다수의견은, 한정승인자로부터 상속재산에 관하여 저당권 등의 담보권을 취득한 사람과 상속채권자 사이의 우열관계는 민법상의 일반원칙에 따라야 하고, 상속채권자가 한정승인의 사유만으로 우선적 지위를 주장할 수는 없다는 것이다. 그리고 이것은 한정승인자가 그 저당권 등의 피담보채무를 상속개시 전부터 부담하고 있었던 경우에도 마찬가지라는 것이다.

2. 반대의견의 논거

이러한 대법원의 다수의견에 대해서는 3인[4]의 반대의견이 있었다. 반대의견에 따르면, 한정승인자의 상속재산은 상속채권자의 채권에 대한 책임재산으로서 상속채권자에게 우선적으로 변제되고 그 채권이 청산되어야 하고, 그 반대해석상 한정승인자의 고유채권자는 상속채권자에 우선하여 상속재산을 그 채권에 대한 책임재산으로 삼아 이에 대하여 강제집행할 수 없다고 보는 것이 형평에 맞으며, 한정승인 제도의 취지에 부합한다는 것이다. 그리고 이와 같이, 상속채권자가 한정승인자의 고유재산에 대하여 강제집행할 수 없는 것에 대응하여 한정승인자의 고유채권자는 상속채권자에 우선하여 상속재산에 대하여 강제집행할 수 없다는 의미에서, 상속채

3) 대법원 2016. 5. 24. 선고 2015다250574 판결.

4) 대법관 김영란, 박시환, 김능환.

권자는 상속재산에 대하여 우선적 권리를 가진다는 것이다. 다수의견은 상속채권자의 희생 아래 한정승인자로부터 상속재산에 관한 담보물권 등을 취득한 고유채권자를 일방적으로 보호하려는 것이어서, 상속의 한정승인 제도를 형해화시키고 제도적 존재 의미를 훼손하므로 수긍하기 어렵다고 한다.

3. 반대의견의 문제점[5)]

① 민법이 반대의견과 같이 상속재산과 한정승인자의 고유재산을 완전히 분리하고 상속채권자에게 상속재산에 관하여 우선적 권리를 부여하려고 하였다면, 그에 관한 직접적인 명문의 규정을 두든가, 아니면 적어도 한정승인자의 처분행위를 제한하는 규정이나 상속채권자에게 그러한 처분행위의 효력을 부인하는 법적 수단(파산절차에서의 부인권이나 별제권 등) 등을 마련하였어야 한다. 그러나 이러한 취지의 규정이 민법에 존재하지 않으며, 민법은 단지 한정승인자에 대하여 그의 부당한 재산 감소 행위에 따른 단순승인 간주의 불이익(제1026조 제3호)을 부여하거나 부당한 변제 절차 등으로 인한 손해배상책임(제1038조)을 인정하는 정도에서 상속채권자의 보호를 도모하고 있을 뿐이다. 이는 우리 민법상의 한정승인 제도가 상속채권자의 보호보다는 상속인이 피상속인의 채무를 무한정 상속하여 파탄에 빠지는 것을 막아 상속인을 보호하려는 데 본래의 목적이 있다는 제도적 성격을 말해 주는 것이다.

② 민법은 한정승인자로 하여금 한정승인을 한 날로부터 5일 내에 일반상속채권자와 유증받은 자에 대하여 한정승인의 사실과 2월 이상의 기간 내에 그 채권 또는 수증을 신고할 것을 공고하게 하는 것(제1032조) 외에는 한정승인 사실에 관한 공시방법을 요구하고 있지 않으며, 특히 부동산에 관하여 원칙적 공시방법인 등기부에 한정승인 사실을 등기하는 방법이 현행 법제도 아래서는 마련되어 있지 않다. 이와 같이 공시방법이 극히 미약한 상태에서 대세적으로 우선하는 권리를 해석론으로 도출하는 것은 거래의 안전을 크게 해치는 결과가 되어 가능한 한 피하는 것이 합당한

5) 아래 문제점들은 이 사건 대법원 판결의 다수의견에 대한 대법관 양창수, 민일영의 보충의견에서도 피력된 바 있다.

태도이다. 특히 일반 거래계의 주요한 거래대상물인 부동산과 관련하여서는 법률이 따로 정하고 있는 것 외에 우선적 권리를 인정하는 데 매우 신중해야 한다. 근로기준법상의 임금채권이나 그 밖의 주택임대차보호법상 소액임차인의 우선변제권 등도 모두 성문의 법률에 근거하고 있다.

③ 민법이 재산분리 제도에서는 등기의 대항력에 관하여 제1049조와 같은 규정을 두면서 한정승인에는 그러한 규정을 두고 있지 않다. 법원의 명령에 의하여 재산을 분리한 경우조차도 등기 없이는 제3자에게 대항할 수 없는데, 하물며 그 사실이 전혀 등기되지 않는 한정승인의 경우에 상속채권자에게 상속재산에 관하여 제3자에게 대항할 수 있는 우선적 지위를 인정할 수는 없다.

4. 결론: 법정단순승인제도의 활용

한정승인만으로 상속채권자에게 상속재산에 관하여 한정승인자로부터 물권을 취득한 제3자에 대하여 우선적 지위를 부여하는 규정이 없는 이상, 한정승인자로부터 상속재산에 관하여 저당권 등의 담보권을 취득한 사람과 상속채권자 사이의 우열관계는 민법상의 일반원칙에 따라야 한다고 생각한다. 즉 담보권자가 일반채권자인 상속채권자에 대해 우선권을 가진다고 보아야 한다. 이와 같이 해석하더라도 상속채권자는 한정승인자의 고유재산에 대해 집행함으로써 채권의 만족을 얻을 수 있는 가능성이 있다. 왜냐하면 상속인이 한정승인을 한 후에 상속재산을 부정소비한 경우에는 법정단순승인으로 간주되기 때문이다(제1026조 제3호).[6] 이에 대해 반대의견에서는, 한정승인자의 부당한 재산 감소 행위가 법정단순승인 사유에 해당한다고 하더라도 한정승인자에게 별다른 고유재산이 없는 경우도 얼마든지 있을 수 있기 때문에 상속채권자가 온전히 구제될 수 있는 것도 아니라고 한다. 그러나 상속인이

---

6) 상속재산에 대한 담보권 설정행위는 처분행위이므로 법문상으로는 제1026조 제1호에 해당될 여지도 있으나, 제3호와의 관계에 비추어 볼 때 제1호는 한정승인이나 포기를 하기 전에 처분행위를 한 경우에만 적용되는 것으로 본다(대법원 2004. 3. 12. 선고 2003다63586 판결).

한정승인을 하는 것은 통상적으로 상속채무가 과다하여 그로부터 자신의 고유재산을 보호할 필요가 있기 때문이므로, 단순승인으로 간주되어 한정승인자의 고유재산에 대하여도 권리행사를 할 수 있게 된다면 상속채권자에게 이익이 되는 것이 일반적일 것이다. 한편, 민법 제1026조 제3호에 정한 '상속재산의 부정소비'라 함은 정당한 사유 없이 상속재산을 써서 없앰으로써 그 재산적 가치를 상실시키는 행위를 의미하는 것이고, 상속인이 상속재산을 처분하여 그 처분대금 전액을 우선변제권자에게 귀속시킨 것은 상속재산의 부정소비에 해당한다고 할 수 없다는 판례[7]를 고려해보면, 과연 한정승인 후 자신의 채권자를 위해 상속재산에 담보권을 설정하는 행위를 '상속재산의 부정소비'라고 단정할 수 있을지 의문이 들기도 한다. 그렇지만 상속채권자 중 우선변제권이 있는 자에게 상속재산의 처분대금을 귀속시키는 행위와 한정승인자 자신의 채권자를 위해 상속재산에 담보권을 설정해 주는 행위는 구분해야 하며, 전자와 달리 후자는 상속재산의 부정소비에 해당한다고 볼 것이다.

다만 상속채권자가 한정승인자를 상대로 하여 얻은 집행권원인 승소확정판결 등의 주문에 상속재산의 한도에서만 강제집행할 수 있다는 뜻이 명시되어 있는 경우에는 결국 상속채권자가 한정승인자를 상대로 별도의 소송을 제기하여 책임재산에 관하여 무유보의 이행판결을 확보하여야 하는 등의 절차적 부담은 남는다. 궁극적으로 상속채권자가 상속인의 고유채권자에 우선하여 상속재산으로부터 만족을 얻기 위해서는 법원에 재산분리청구를 하여야 할 것이다. 재산분리제도는 상속채권자 또는 상속인의 채권자가 상속개시된 날로부터 3월 내에 상속재산과 상속인의 고유재산의 분리를 법원에 청구하는 제도이다.

---

7) 대법원 2004. 3. 12. 선고 2003다63586 판결.

제 4 장

유 언

1 원본파일이 삭제된 녹음유언의 효력을 인정할 수 있을까?

〈대법원 2023. 6. 1. 선고 2023다217534 판결: 유언효력확인의 소〉

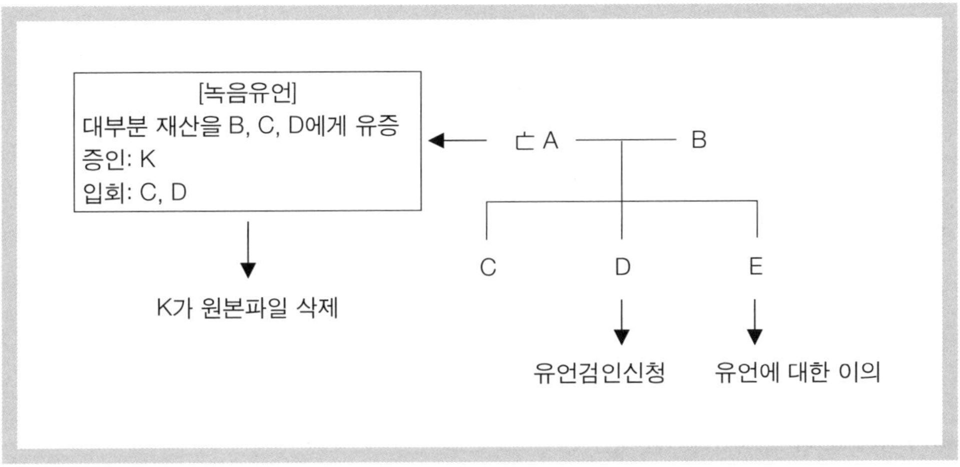

Ⅰ. 사실관계

망 A(이하 '망인'이라 한다)는 B와 혼인하여 자녀로 C, D, E 삼 형제를 두었다. 망인은 2018. 8. 24. 사망하였는데, 사망하기 6개월 전인 2018. 2. 27. 입원 중이던 병실에서 변호사인 K의 갤럭시S7 휴대폰으로 녹음을 하여 유언을 남겼다. 그 유언 녹음 당시에는 K가 증인으로 참여하였고, C와 D가 입회하였다. 그 내용은 망인의 재산 대부분을 아내인 B와 자녀 C, D에게 남긴다는 것이었다.

망인이 사망하자 2018. 11. 12. D가 서울가정법원에 녹음유언에 대한 검인을 신청했다. 그러자 E가 유언검인기일에 출석하여 자신은 망인이 유언을 했다는 사실을 전혀 알지 못했고 이 녹음은 원본이 아니기 때문에 유언의 효력을 인정할 수 없다고 진술하였다. 녹음원본을 소지하고 있던 K는 녹음 직후 녹음파일을 D에게 카카오톡으로 전송하고 바로 원본파일을 삭제해서 현재 녹음의 원본파일은 사라진 상태였다.

이에 B와 C, D는 망인의 녹음유언이 유효하다는 확인을 구하는 이 사건 유언효력 확인의 소를 제기하였다.

II. 소송경과

1심에서는, 녹음에 의한 유언이 디지털 녹음매체를 이용하여 이루어진 경우에는 종래 자기방식(아날로그 녹음기) 녹음에 비하여 녹음파일의 복제나 조작이 더욱 손쉽게 이루어질 수 있어 위,변조의 위험성이 크고, 녹음파일 원본이 존재하지 않는 상황에서 유언자가 구술한 대로 녹음되었는지 여부를 확인하는 것은 기술적으로 어렵기 때문에 녹음파일 사본을 통해 확인할 수 있는 방식과 내용대로 유언자가 구술하였다고 섣불리 단정할 수 없다는 이유로 원고들의 청구를 기각했다.[1)]

그러나 2심에서는, K가 자신의 휴대폰으로 망인의 유언을 녹음한 사실과 애초 K의 휴대폰에서 생성된 원본파일이 존재했던 사실 등에 따르면 사본파일은 원본파일과 동일성이 인정되는바, 이 사본파일에 의하면 망인이 유언의 취지와 그 성명과 연월일을 구술하고 이에 참여한 증인 K는 유언의 정확성과 그 성명을 구술하였음이 인정되므로 민법 제1067조의 요건을 갖춘 유효한 유언이라고 보아 원고의 청구를 인용했다.[2)]

III. 대상판결의 요지

[1] <u>유언증서가 성립한 후에 멸실되거나 분실되었다는 사유만으로 유언이 실효되</u>

1) 서울남부지방법원 2021. 9. 7. 선고 2019가합110538 판결.
2) 서울고등법원 2023. 2. 1. 선고 2021나2035828 판결.

는 것은 아니고 이해관계인은 유언증서의 내용을 증명하여 유언의 유효를 주장할 수 있다. 이는 녹음에 의한 유언이 성립한 후에 녹음테이프나 녹음파일 등이 멸실 또는 분실된 경우에도 마찬가지이다.

[2] 문서의 제출은 원본으로 하여야 하는 것이고, 원본이 아니고 단순히 사본만으로 한 증거의 제출은 정확성의 보증이 없어 원칙적으로 부적법하므로, 원본의 존재 및 원본의 성립의 진정에 관하여 다툼이 있고 사본을 원본의 대용으로 하는 것에 대하여 상대방으로부터 이의가 있는 경우에는 사본으로써 원본을 대신할 수 없다. 반면에 사본을 원본으로서 제출하는 경우에는 그 사본이 독립한 서증이 되는 것이나 그 대신 이로써 원본이 제출된 것으로 되지는 아니하고, 이때에는 증거에 의하여 사본과 같은 원본이 존재하고 그 원본이 진정하게 성립하였음이 인정되지 않는 한 그와 같은 내용의 사본이 존재한다는 것 이상의 증거가치는 없다. 다만 서증사본의 신청 당사자가 문서 원본을 분실하였다든가, 선의로 이를 훼손한 경우, 문서제출명령에 응할 의무가 없는 제3자가 해당 문서의 원본을 소지하고 있는 경우, 원본이 방대한 양의 문서인 경우 등 원본 문서의 제출이 불가능하거나 곤란한 상황에서는 원본을 제출할 필요가 없지만, 그러한 경우라면 해당 서증의 신청당사자가 원본을 제출하지 못하는 것을 정당화할 수 있는 구체적 사유를 주장 · 증명하여야 한다.

Ⅳ. 해 설

1. 쟁 점

이 사건의 쟁점은, 망인이 녹음에 의한 유언을 하였는데 그 녹음의 원본파일이 사라진 경우에 유언의 복사본이나 다른 정황증거들을 가지고 유언의 효력을 인정받을 수 있는지 여부이다. 실제 녹음유언뿐 아니라 자필유언의 경우에도 종종 발생하는 문제이기 때문에 실무에서 대단히 중요하다.

2. 유언의 집행과 유언검인

민법상 유언방식으로는 자필유언, 공증유언, 녹음유언, 비밀유언, 그리고 구수유언이 있다. 이 중에서 자필유언과 녹음유언, 비밀유언을 집행하기 위해서는 먼저 유언의 소지자가 가정법원에 유언검인을 신청해야 한다(공증유언은 유언검인을 받을 필요가 없는데 바로 이것이 공증유언의 가장 큰 장점이다). 그런데 유언검인기일에 상속인 중 한 사람이라도 유언대로 집행하는 것에 대해 이의를 제기하면 그 유언은 집행할 수가 없게 된다. 예를 들어 자필유언에 따라 수유자가 유증부동산을 이전등기 하기 위해서는 등기소에 자필유언장과 유언검인조서를 가지고 가야 한다. 이때 유언검인조서에 "이의진술(유언대로 집행하는 것에 대해 이의가 있다는 진술)"이 기재되어 있으면 등기공무원은 유언내용에 따른 등기신청에 이의가 없다는 상속인 전원의 동의서와 인감증명서를 받아 오라고 요구한다(대법원 등기예규 제1482호). 이것은 당연히 불가능할 것이기 때문에, 이럴 때는 어쩔 수 없이 법원에 유언효력확인의 소를 제기하여 승소판결을 받아야만 집행이 가능하다.[3] 이 사건에서도 E가 유언검인기일에 녹음유언대로 집행하는 것에 반대했기 때문에 나머지 상속인들이 E를 상대로 유언효력확인의 소를 제기했던 것이다.

3. 유언의 원본이 없는 경우

문제는 녹음유언의 원본파일이 사라진 경우에도 녹음유언의 효력을 인정할 수 있는지 여부이다. 법원에 증거를 제출할 때 그 증거는 원본이어야 하는 것이 원칙이다. 원본이 아니라 사본만 제출한 경우에는 정확성의 보증이 없기 때문에 원칙적으로 부적법하다. 다만 사본을 제출한 당사자가 원본을 분실하였다든가, 선의로 이를 훼손한 경우, 문서제출명령에 응할 의무가 없는 제3자가 해당 문서의 원본을 소지하고 있는 경우, 원본이 방대한 양의 문서인 경우 등 원본 문서를 제출하는 것이 불

3) 대법원 2014. 2. 13. 선고 2011다74277 판결.

가능하거나 곤란한 상황에서는 원본을 제출할 필요가 없지만, 그러한 경우라면 사본을 증거로 제출한 당사자가 원본을 제출하지 못하는 것을 정당화할 수 있는 구체적인 사유를 주장하고 증명해야 한다.[4)]

유언자가 유언을 하면 그 유언이 민법이 요구하는 요건을 모두 갖추기만 하면 유효한 것이 되고, 설사 그 유언의 원본이 멸실되거나 분실되었다고 해서 유언이 무효가 되는 것은 아니다. 따라서 이해관계인은 다른 방식으로 유언의 성립과 내용을 증명하여 유언의 유효함을 주장할 수 있다.[5)] 녹음유언은 유언자가 유언의 취지와 그 성명과 연월일을 구술하고, 이에 참여한 증인이 유언의 정확함과 그 성명을 구술하면 유효하게 성립한다(민법 제1067조). 이 사건에서는 K의 법정증언과 녹음에 대한 감정 등 증거조사를 통하여 망인이 법적 요건을 갖춘 녹음유언을 한 사실, 그 내용이 망인의 재산 대부분을 아내인 B와 자녀 C, D에게 남긴다는 것이었다는 사실이 인정되었다. 그리고 원래 녹음 원본파일을 보관하고 있던 증인 K가 그 파일을 D에게 전송한 다음에 실수로 원본파일을 삭제하여 그 원본을 증거로 제출할 수 없게 되었다는 사실도 인정되었다. 이런 경우에는 설사 녹음의 원본파일이 아닌 사본이 제출되었더라도 유언의 존재 및 내용이 증명되었으므로 유언의 효력을 인정할 수 있다.

4. 주의할 사항

이상과 같이 유언장의 원본이 없더라도 사본으로 유언의 효력을 인정받을 수는 있지만, 그 과정이 매우 어렵고(유언의 효력을 인정받을 수 있다는 보장이 없다) 오랜 시간이 걸리기 때문에 유언장 원본을 잘 보관해야 하며 함부로 없애버리거나 잃어버리는 실수를 범하지 말아야 하겠다. 게다가 이 사건에서 해당 녹음의 원본파일을 보관했던 증인 K가 변호사였다는 점에서, 만약 이 사건 유언의 효력을 인정받지 못하여 원고들이 패소했다면 K는 원고들로부터 손해배상책임을 당할 위험도 있었다고

4) 대법원 2010. 2. 25. 선고 2009다96403 판결.
5) 대법원 1996. 9. 20. 선고 96다21119 판결.

본다. 실제 이 사건의 1심 판결 이유 중에는 "K가 변호사로서 상속사건을 많이 다루어 봤다고 하면서도 유언녹음파일을 D에게 전송하여 주었기 때문에 녹취록도 작성하지 않은 채 원본을 별도로 보관하지 않았다고 하는 것은 수긍하기 어려운 점"을 유언의 효력을 부정하는 논거로 들었다는 것은 변호사들에게 시사하는 바가 크다.

2 유증과 사인증여의 구별

〈대법원 2023. 9. 27. 선고 2022다302237 판결: 소유권이전등기〉

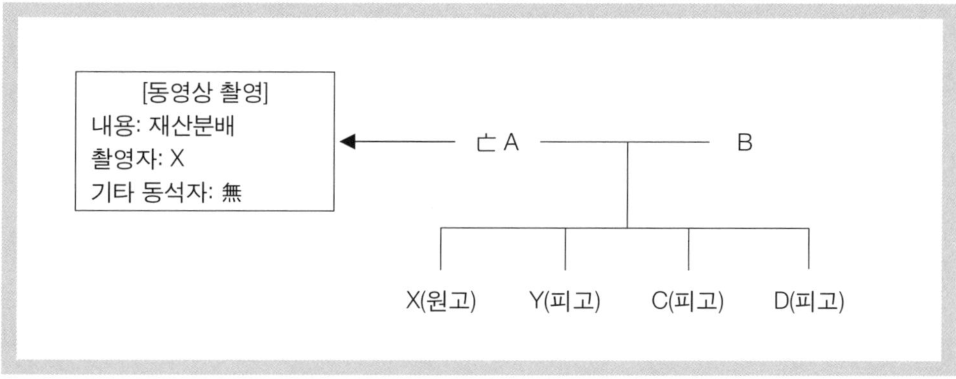

Ⅰ. 사실관계

망 A(이하 '망인'이라 한다)는 2019. 5. 5. 사망하였고, 상속인으로는 배우자인 B, 원고인 장남 X(이하 '원고'라 한다), 피고인 차남 Y와 나머지 피고들인 딸 C, D(이하 '피고들'이라 한다)를 두었다. 망인은 사망 당시 경남 거제시 소재 부동산들(별지 목록 1 내지 3)을 소유하고 있었고, 원고와 피고들은 2019. 12. 30. 이 부동산들에 관하여 각 상속지분별로 2019. 5. 5. 상속을 원인으로 하는 소유권이전등기를 마쳤다.

그런데 망인은 2018. 1. 7. 별지 목록 기재 부동산을 다음과 같이 상속한다는 내용의 동영상을 촬영했다. 이 동영상은 원고가 직접 촬영한 것이었고, 망인은 동영상 촬영 도중 원고에게 "그럼 됐나?"라고 묻기도 했다. 촬영 당시 망인과 원고 이외에 다른 상속인들은 동석하지 않았다.

별지 목록 순번	부동산 지번	수증자
1	거제시 3259 답	원고
2	거제시 3111 답	피고 Y
3	거제시 225 대	원고 1/2, 피고 Y 1/2
피고 Y는 상속받은 날로부터 60일 이내에 C와 D에게 각 2천만 원씩 지급해 줄 것		

원고는 위와 같이 망인이 자신에게 부동산을 사인증여 했다고 주장하면서 피고들을 상대로 2018. 1. 7. 사인증여를 원인으로 한 소유권이전등기청구를 하였다.

II. 소송경과

1심에서는 사인증여의 성립을 인정할 수 없다고 하면서 원고의 청구를 기각하였다.[1] 그러자 원고가 항소를 하였는데 항소심에서는, 망인의 동영상 촬영은 녹음유언으로서의 형식요건을 갖추지 못하여 유언의 효력은 없으나, 사인증여에는 유증의 방식에 관한 민법 제1067조가 적용되지 않으며 원고는 망인에게 원고에 대한 사인증여 부분에 대해서만 승낙하면 원고와 망인 사이에 사인증여가 성립하는 것이므로, 망인이 별지 목록 기재 각 부동산을 원고에게 사인증여한 사실을 인정할 수 있다고 하면서 원고의 청구를 인용하였다.[2]

III. 대상판결의 요지

대법원은 다음과 같은 이유로 원심판결을 파기하였다.

[1] 유증은 유언으로 수증자에게 일정한 재산을 무상으로 주기로 하는 행위로서 상대방 없는 단독행위이다. 사인증여는 증여자가 생전에 무상으로 재산의 수여를

1) 창원지방법원 통영지원 2021. 9. 28. 선고 2020가단17350 판결.

2) 창원지방법원 2022. 11. 10. 선고 2021나64556 판결.

약속하고 증여자의 사망으로 약속의 효력이 발생하는 증여계약의 일종으로 수증자와의 의사의 합치가 있어야 하는 점에서 단독행위인 유증과 구별된다.

[2] 망인이 단독행위로서 유증을 하였으나 유언의 요건을 갖추지 못하여 효력이 없는 경우 이를 '사인증여'로서 효력을 인정하려면 증여자와 수증자 사이에 청약과 승낙에 의한 의사합치가 이루어져야 하는데, 유언자인 망인이 자신의 상속인인 여러 명의 자녀들에게 재산을 분배하는 내용의 유언을 하였으나 민법상 요건을 갖추지 못하여 유언의 효력이 부정되는 경우 유언을 하는 자리에 동석하였던 일부 자녀와 사이에서만 '청약'과 '승낙'이 있다고 보아 사인증여로서의 효력을 인정한다면, 자신의 재산을 배우자와 자녀들에게 모두 배분하고자 하는 망인의 의사에 부합하지 않고 그 자리에 참석하지 않았던 나머지 상속인들과의 형평에도 맞지 않는 결과가 초래된다. 따라서 이러한 경우 유언자인 망인과 일부 상속인 사이에서만 사인증여로서의 효력을 인정하여야 할 특별한 사정이 없는 이상 그와 같은 효력을 인정하는 판단에는 신중을 기해야 한다.

Ⅳ. 해 설

1. 쟁 점

실무에서는 어떤 유언이 법률상 유언의 방식을 갖추지 못하여 무효가 되었을 때, 그 유언으로부터 이익을 받을 지위에 있던 자가 사인증여를 주장하는 경우가 종종 있다. 즉 유언은 무효라도 유언자와 수유자 사이에 사인증여가 성립하였으므로 유언을 통해 받기로 되어 있던 재산을 달라는 주장이다. 이 판례는 유언과 사인증여의 관계 및 무효인 유언을 사인증여로 인정할 수 있는 일응의 기준을 확인할 수 있다는 점에서 의미가 큰 사건이라 할 수 있다.

2. 평 석

단독행위인 유언과 달리 사인증여는 증여자와 수증자 사이의 계약이다. 사인증여는 유언처럼 특정한 방식에 의해야만 하는 요식행위가 아니라 낙성, 불요식행위라고 보는 것이 판례이기 때문에(대법원 2001. 9. 14. 선고 2000다66430, 66447 판결), 사인증여에 관한 청약의 의사표시와 승낙의 의사표시는 구두로도 가능하고, 묵시적으로도 가능하다. 그런데 만약 어떤 유언이 형식요건을 충족하지 못하여 무효가 되었는데, 형식요건을 필요로 하지 않는 사인증여를 무한정 인정한다면 유언의 요식성은 형해화될 것이다. 그런데 그렇다고 해서 유언이 무효인 경우에 무조건 사인증여도 허용하지 않는다면 유언과는 별도로 사인증여라는 법형식을 허용한 입법취지가 상실될 것이다. 그래서 하급심에서도 이 문제를 판단하는 데 매우 어려움을 겪고 있으며, 이 사건에서도 1심과 2심, 그리고 대법원이 서로 다른 판단을 내렸던 것이다.

이 사건에서 망인이 재산 상속을 위해 동영상을 촬영한 것은 녹음유언으로 볼 수 있지만, 녹음유언이 갖추어야 할 형식 요건들을 갖추지 못한 것으로 보인다. 녹음유언은 유언자가 유언의 취지, 그 성명과 연월일을 구술하고, 이에 참여한 증인이 유언의 정확함과 그 성명을 구술해야 한다(제1067조). 한편 유언으로 이익을 받을 자는 증인이 될 수 없다(1072조). 아마도 이 사건에서는 망인이 그 성명과 연월일을 구술하지도 않고, 증인결격자인 원고 이외에 다른 증인도 없었던 것으로 보인다. 따라서 이 동영상은 녹음유언으로서 효력이 없었던 것이고, 그래서 원고도 유증이 아닌 사인증여를 주장했던 것이다. 이에 대해 대법원은 망인이 원고에게만 재산을 주려고 한 것이 아니라 다른 자녀들에게도 재산을 나누어 주려고 했다는 점에 주목했다. 즉 망인은 녹음유언을 통해 자녀들인 원고와 피고들에게 상속재산을 분배하고자 했는데, 망인과 원고 사이에서만 사인증여를 인정하게 되면 망인의 의사에 부합하지도 않고, 나머지 상속인들인 피고들과의 형평에도 맞지 않기 때문에 허용할 수 없다는 것이다.

대법원이 명시적으로 밝히고 있지는 않지만, 대법원은 이 문제를 '무효행위의 전환'으로 보고 있는 것 같다.[3] 무효행위의 전환이란 무효인 법률행위가 그 법률행위로서는 무효이지만 다른 법률행위로서의 요건을 갖추고 있을 경우에, 당사자가 그 무효를 알았더라면 다른 법률행위를 하는 것을 의욕하였으리라고 인정될 때에는 그 다른 법률행위로서의 효력을 인정하는 것을 말한다(제138조). 망인은 녹음유언을 통해 원고뿐 아니라 다른 상속인들에게도 재산을 분배해 주고자 했다. 그런데 만약 망인이 그 유언의 무효를 알았더라면 망인이 원고에 대해서만 재산을 주고자 의욕하였으리라고 인정되지는 않기 때문에 무효인 유언을 사인증여로 전환할 수 없다고 본 것이다. 그렇다면 반대해석상 만약 유언자가 어떤 특정인에게만 재산을 준다고 유언을 했는데 그 유언이 방식의 흠결로 무효가 된 경우에는 그 특정인에게 재산을 주려는 것이 망인의 의사였으므로 사인증여로서의 효력을 인정하는 것이 망인의 의사에 부합하는 것이라고 할 수 있을 것이다.

3) 실제로 대법원은, 유증이 방식 위배로 무효라고 하더라도 사인증여의 요건을 갖춘 때에는 무효행위의 전환에 의하여 사인증여의 효력을 인정할 수 있는 것으로 보고 있다(대법원 2005. 11. 25. 선고 2004두930 판결).

3 부모가 자녀에게 사인증여를 해 주기로 한 후에 마음대로 철회할 수 있을까?

〈대법원 2022. 7. 28. 선고 2017다245330 판결: 근저당권말소〉

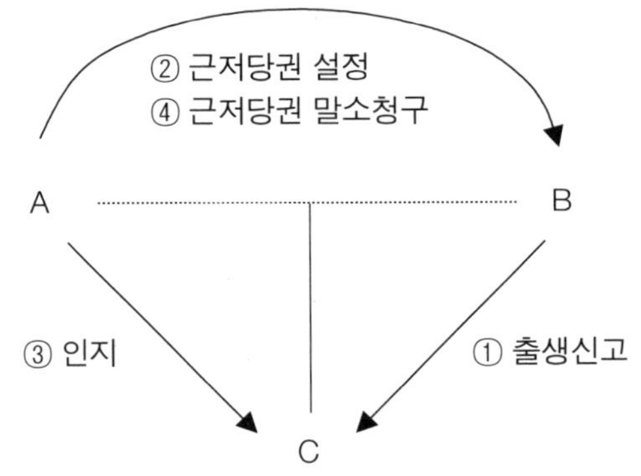

Ⅰ. 사실관계

원고 A는 내연관계에 있던 피고 B와 사이에서 2011. 3. 25. 아들 C를 출산하였으나, C는 피고 B의 아들로만 출생신고가 되었다. 원고 A는 혼외자인 C를 인지하지 않은 시점에, 자신이 사망하고 피고 B가 혼자 C를 키우는 상황을 염두에 두고 그에 대한 보상방법 등을 피고 B와 상의하였다. 그리고 원고 A는 2013. 4. 25. '상속내용'이라는 제목하에 다음과 같은 내용의 각서(이하 '이 사건 각서'라 한다)를 자필로 작성하였다. 원고 A는 이 사건 각서에 따라 2013. 5. 13. 피고 B에게 자기 소유의 부동산(이하 '이 사건 부동산'이라 한다)에 관하여 채권최고액 20억 원의 근저당권설정등기를 마쳐 주었다.

〈상속내용〉

내가 현재 소유한 부동산 중 20억 원은 내 아들 C에게 상속한다(근저당설정).

C가 35세 이전에는 B가 관리한다.

그런데 원고 A와 피고 B의 내연관계가 파탄 나면서 C와의 관계도 단절되자, 원고 A는 2015. 2. 6. 피고 B와 C를 상대로 친생자관계존재확인과 양육자지정을 구하는 소를 제기하였고, 2015. 11. 23. "원고 A는 C가 원고 A의 친생자임을 인지한다. 원고 A는 피고 B에게 C의 양육비로 2015년 12월부터 C가 성년이 될 때까지 매월 말일 월 200만 원씩 지급한다"는 내용으로 조정이 성립되었다.

이에 원고 A는 피고 B를 상대로 이 사건 부동산에 관한 근저당권설정등기의 말소를 구하는 이 사건 소를 제기하였고, 원고 A는 2016. 4. 4.자 준비서면의 송달로써 이 사건 각서에 따른 유증의 의사표시를 철회하였다.

II. 소송경과

원심[1]은, 이 사건 각서에 원고 A의 주소가 기재되어 있지 않아 자필유언증서로서의 요건을 갖추지 못하여 무효라고 하면서도, 원고 A와 C 사이에 사인증여계약이 체결되었음을 인정한 다음, 유증의 철회에 관한 민법 제1108조 제1항이 원칙적으로 사인증여에 준용될 수 없으나 예외적으로 특별한 사정이 있는 경우에는 사인증여에 준용될 수 있는데 이 사건 사인증여계약은 예외적으로 철회가 인정되는 경우에 해당한다고 보아, 원고 A의 청구를 인용하였다(원고 A는 '유증'의 의사표시를 철회한다고 하였으나, 이 사건 각서가 유증으로서의 효력이 없고 사인증여계약의 청약으로서 효력이 있는 경우 위 청약을 철회한다는 의사표시도 포함되어 있다고 보았다).

---

1) 서울고등법원 2017. 6. 28. 선고 2017나2002173 판결.

Ⅲ. 대상판결의 요지

[1] 사인증여는 증여자의 사망으로 인하여 효력이 발생하는 무상행위로 그 실제적 기능이 유증과 다르지 않으므로, 증여자의 사망 후 재산 처분에 관하여 유증과 같이 증여자의 최종적인 의사를 존중할 필요가 있다. 또한 증여자가 사망하지 않아 사인증여의 효력이 발생하기 전임에도 사인증여가 계약이라는 이유만으로 그 법적 성질상 철회가 인정되지 않는다고 볼 것은 아니다. 이러한 사정을 고려하면 특별한 사정이 없는 한 유증의 철회에 관한 민법 제1108조 제1항은 사인증여에 준용된다고 해석함이 타당하다.

[2] 원심판결 이유 중 사인증여의 철회가 원칙적으로 인정되지 않는다고 판단한 부분은 부적절하지만, 이 사건 사인증여계약의 철회를 인정한 원심의 결론은 정당하고, 거기에 상고이유 주장과 같이 논리와 경험의 법칙에 반하여 자유심증주의의 한계를 벗어나거나 사인증여의 철회, 의사표시의 해석 등에 관한 법리를 오해하여 판결에 영향을 미친 잘못이 없다.

Ⅳ. 해 설

1. 사안의 분석 및 쟁점

원심이 적법하게 판단한 바와 같이 이 사건 각서는 자필유언의 형식요건을 갖추지 못하여 유언으로서의 효력은 없다. 그러나 유언자가 상속인들에게 작성·교부한 유언증서가 유언으로서의 법적 방식에 맞지 않아 무효라 할지라도, 그 증서에 자신이 사망하는 경우 특정한 재산을 위 상속인들에게 증여한다는 내용이 포함되어 있고 이에 위 상속인들이 동의한 경우에는 유언자와 위 상속인들 사이에 유효한 사인증여계약이 성립할 수 있다.

원고 A는 이 사건 각서를 작성하는 방식으로 사인증여의 의사표시를 담은 청약을 하였고, C의 친권자이자 법정대리인인 피고 B가 이에 승낙함으로써 원고 A와 C 사이에 사인증여계약이 체결되었다고 볼 수 있다. 그리고 이 사인증여계약에 의하여 원고 A가 C에게 부담하는 채무는 근저당권의 피담보채무이다. 다만 이 사건 근저당권은 C가 아닌 피고 B를 근저당권자로 하여 설정되었다. 그런데 원고 A는 2016. 4. 4. 준비서면의 송달로써 이 사건 각서에 따른 사인증여를 철회하였는바, 이러한 철회가 유효하다면 원고 A가 사인증여에 기하여 C에게 부담하는 채무 또한 소멸한다고 할 것이므로, 결국 이 사건 근저당권의 피담보채무는 존재하지 않게 된다. 사인증여는 사인행위라는 성질상 유증의 규정(민법 제1108조)을 준용하여 증여자가 생전에 임의로 철회할 수 있는 것인지, 아니면 계약이라는 성질상 증여자가 임의로 철회할 수 없고 민법 제555조 내지 제557조가 적용되는 경우에만 해제가 가능한 것인지 문제된다.

2. 평 석

부모가 자기 재산을 자녀에게 물려주는 방법은 증여, 유증, 사인증여 등이 있다. 이 중에서 증여는 부모 생전에 자식에게 재산을 넘겨주는 것이고, 유증과 사인증여는 부모 사후에 재산을 넘겨주는 것이다. 그렇다면 유증과 사인증여는 어떻게 다른 것일까? 유증은 유언이라는 단독행위를 통해 유언자 사후에 재산을 넘겨주는 것이고, 사인증여는 증여자 생전에 수증자와 증여계약을 체결해 두고 그 효력이 증여자의 사망 시부터 발생하도록 정하는 것이다. 즉 유언은 유언자 혼자서 하는 단독행위이고, 사인증여는 증여자와 수증자가 합의하에 체결하는 계약이다. 그러나 사인증여는 증여자의 사망을 원인으로 사후에 재산이 이전되는 것이기 때문에 그 실질이 유증과 매우 유사하다. 그래서 우리 민법은 사인증여에 관해서는 유증에 관한 규정을 준용하도록 하고 있다(민법 제562조).

유증은 유언의 효력이 발생하기 전까지, 즉 유언자가 사망하기 전까지는 마음대로 철회할 수 있다(민법 제1108조). 유언은 유언자가 상대방 없이 혼자서 한 단독행위이며, 유언자 사망 전까지는 아무런 효력도 없기 때문이다. 그렇다면 사인증여계약을 체결한 후에 증여자인 부모가 마음이 변하여 그 계약을 철회하고 싶을 때, 수증자인 자녀의 동의 없이도 마음대로 철회를 할 수 있을까? 사인증여는 계약이기 때문에 유언과 달리 계약체결 시에 이미 효력이 발생했고 따라서 계약의 상대방인 수증자의 동의 없이 증여자가 임의로 철회할 수 없다는 견해(다수설)[2]와, 사인증여는 사망을 원인으로 재산이 이전된다는 점에서 유증과 그 실질이 동일하기 때문에 유증과 마찬가지로 임의로 철회할 수 있다는 견해[3]가 치열하게 대립해 왔다. 이에 관해 대법원은 본 케이스에서 임의 철회가 가능하다는 입장을 명확히 밝혔다. 대법원은 사인증여를 가급적 유증과 같이 보려는 경향이 있다.

필자는 증여나 유증과 별도로 사인증여라는 제도를 인정할 필요가 없다고 생각한다. 재산을 사후에 줄 요량이라면 유언에 관한 엄격한 형식요건을 갖추어서 하는 것이 바람직하다. 그리고 그렇게 하는 것이 유언의 요식성에 관한 민법의 취지에도 부합한다. 실무를 하다 보면 사인증여로 인해 오히려 괜한 분쟁거리만 양산되고 있음을 느낀다. 유언의 형식요건을 갖추지 못하여 무효인 경우 사인증여를 주장하는 것이 대표적이다. 아무튼 이 판결로 인해 앞으로 자녀와 사인증여계약을 체결한 부모는 자녀의 동의 없이도 마음대로 사인증여계약을 철회할 수 있게 되었다. 만약 부모 사후에 자녀에게 재산을 이전하기로 하는 약속에 대해 강제력을 부여할 목적이라면 유언대용신탁의 방법을 사용할 수밖에 없을 것이다.

2) 김주수/김상용, 852면.
3) 곽윤직, 404면.

4 주소를 정확히 기재하지 않은 자필 유언장도 효력이 있을까?

〈대법원 2014. 9. 26. 선고 2012다71688 판결: 소유권이전등기말소〉

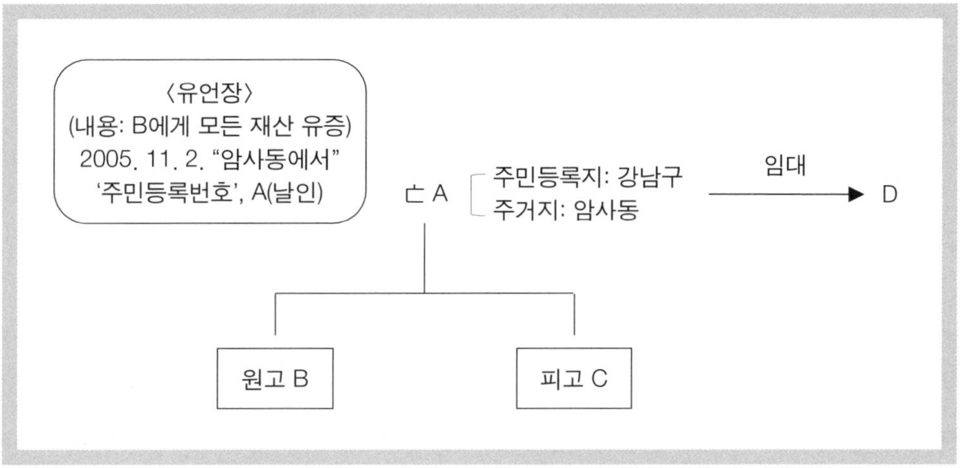

Ⅰ. 사실관계

망 A(이하 '망인'이라 한다)는 2005. 11. 2.경 "본인(A)은 모든 재산을 아들인 원고 B에게 물려준다(강남구 일원동 집 기타 등등). 사후에 자녀 간에 불협화음을 없애기 위하여 이것을 남긴다."는 내용의 유언장(이하 '이 사건 유언장'이라 한다)을 자필로 작성하였다. 망인은 이 사건 유언장의 말미에 작성연월일(2005. 11. 2.), 주민등록번호, 성명(A)을 자필로 기재한 후 날인하였고, 작성연월일 옆에 "암사동에서"라고 기재하였다.

망인은 2005. 10. 13.부터 2008. 9. 6. 사망할 때까지 서울 강남구 (주소 1 생략) 제1층 제1호(이하 '이 사건 부동산'이라 한다)에 주민등록이 되어 있었다. 그렇지만 망인은 2007. 8.경 이 사건 부동산을 D에게 임대하여 주면서 이 사건 부동산에 D 명의의 전세권을 설정하여 주었고, D는 2007. 8. 13. 이 사건 부동산에 전입신고를 한 후 현재까지 이 사건 부동산에 주민등록이 되어 있다. 한편 원고 B는 2005. 9. 22. '서울 강동구 암사동 (주소 2 생략) 202호'에 주민등록을 마친 후 2009. 9. 22.경까지 위 주소지에서 거주하였다.

II. 소송경과

망인이 사망하자 이 사건 부동산은 공동상속인인 원고 B와 피고 C의 공유로 소유권이전등기가 되었다. 그러자 원고 B는, 피고 C 명의의 1/2 지분에 대한 소유권이전등기는 망인의 유언에 반하는 것이므로 원인무효로 말소되어야 한다고 주장하면서 이 사건 소유권이전등기말소청구의 소를 제기하였다. 이에 대해 피고 C는, 이 사건 유언장에 망인의 주소가 명확히 기재되지 않은 이상 위 유언장은 유언의 요건과 방식을 엄격히 규정하고 있는 민법 제1066조 제1항에 반해 무효이고, 따라서 이 사건 소유권이전등기는 피고 C의 상속분에 부합하는 유효한 등기라고 주장하였다.

1심은 이 사건 유언이 무효라고 판단하였다. 그 판시요지는 다음과 같다. "위 '암사동에서'라는 기재는 주소라고 하기 어렵고 자필증서의 작성지를 말하는 것으로 보이므로 민법 제1066조에서 자필증서의 요건으로 정한 주소의 기재가 있다고 볼 수 없다. 결국 망인이 위 자필증서의 기재당시 암사동에 거주하고 있다거나 주소의 기재가 없다고 하더라도 망인을 특정하는 데 아무런 지장이 없다고 하더라도 이를 두고 위 자필증서가 유언으로서의 효력이 있다고 할 수는 없다."[1)]

그러나 항소심은 이 사건 유언이 유효라고 판단하였다. 그 판시요지는 다음과 같다. "① 자필증서에 의한 유언에서 형식적인 기재사항인 '주소의 자서'를 요구하는 취지는 유언을 하는 자가 당연히 작성할 것이라고 기대되는 '유언의 전문, 유언자의 성명' 등과는 다소 다른 측면에서 유언자의 인적 동일성 내지 유언의 진정성 확인에

---

1) 서울중앙지방법원 2011. 5. 26. 선고 2009가단501866 판결.

기여하기 때문이므로, 그 '주소'는 유언자의 생활의 근거가 되는 곳이면 되고, 반드시 주민등록법에 의해 등록될 곳일 필요가 없는 점 ② 이 사건 유언장 작성 당시 망인이 만 76세의 고령이고, 원고가 망인의 외아들이며, 망인이 2007. 8.경 이 사건 부동산을 D에게 임대하여 준 사정 등을 감안하면, 망인의 주된 생활근거지는 주민등록상 주소지인 이 사건 부동산이라기보다는 오히려 원고가 거주하던 위 (주소 2 생략) 202호일 것으로 보이는 점, ③ 이 사건 유언장에는 망인의 주민등록번호가 기재되어 있으므로 유언자의 인적 동일성 등을 확인하는데 아무런 장애가 없는 점 등을 종합하면, 이 사건 유언장은 망인이 그 전문과 연월일, 주소, 성명을 자서하고 날인하여 민법 제1066조 제1항에서 정한 요건에 부합하게 작성된 것으로서 유효하다고 할 것이다."[2)]

Ⅲ. 대상판결의 요지

[1] 민법이 유언의 방식을 엄격하게 규정한 것은 유언자의 진의를 명확히 하고 그로 인한 법적 분쟁과 혼란을 예방하기 위한 것이므로, 법정된 요건과 방식에 어긋난 유언은 그것이 유언자의 진정한 의사에 합치하더라도 무효라고 하지 않을 수 없다 (대법원 1999. 9. 3. 선고 98다17800 판결, 2006. 3. 9. 선고 2005다57899 판결 등 참조). 따라서 자필증서에 의한 유언은 민법 제1066조 제1항의 규정에 따라 유언자가 그 전문과 연월일, 주소, 성명을 모두 자서하고 날인하여야만 효력이 있다고 할 것이고, 유언자가 주소를 자서하지 않았다면 이는 법정된 요건과 방식에 어긋난 유언으로서 그 효력을 부정하지 않을 수 없으며, 유언자의 특정에 지장이 없다고 하여 달리 볼 수 없다. 여기서 자서가 필요한 주소는 반드시 주민등록법에 의하여 등록된 곳일 필요는 없으나, 적어도 민법 제18조에서 정한 생활의 근거되는 곳으로서 다른 장소와 구별되는 정도의 표시를 갖추어야 한다.

2) 서울중앙지방법원 2012. 7. 19. 선고 2011나28303 판결.

[2] 설령 망인이 원고의 위 암사동 주소지에서 거주하였다고 볼 수 있다 하더라도, 망인이 이 사건 유언장에 기재한 '암사동에서'라는 부분을 다른 주소와 구별되는 정도의 표시를 갖춘 생활의 근거되는 곳을 기재한 것으로 보기는 어렵다. 따라서 이 사건 유언장은 주소의 자서가 누락되어 법정된 요건과 방식에 어긋나므로 그 효력이 없다고 할 것이다.

※ 원고 패소 ☞ 소유권이전등기 유효

Ⅳ. 해 설

1. 유언의 엄격한 요식성과 자필유언의 방식

민법은 유언의 방식과 요건에 관하여 엄격한 형식을 요구하고 있다. 5가지 방식(자필증서, 공정증서, 비밀증서, 구수증서, 녹음)의 유언만을 인정하고 있으며, 각각의 유언 방식에 대해서도 엄격한 요건을 규정하고 있다. 유언의 방식 중 가장 많이 사용되고 있는 것이 자필증서와 공정증서이다. 자필증서는 유언자가 직접 자필로 유언장을 작성하는 것이다. 자필증서는 비용도 들지 않고 누구나 손쉽게 작성할 수 있다는 장점이 있지만, 유언자가 사망한 후에 유언장을 발견한 사람에 의해 유언장이 위조, 변조되거나 은닉, 폐기될 수 있는 위험이 있다. 뿐만 아니라 법을 모르는 사람에 의해 작성될 경우 민법이 정해놓은 엄격한 요건을 갖추지 못해 유언장이 무효가 되는 경우도 허다하다. 이 사건이 바로 그러한 경우에 해당한다. 자필증서에 의한 유언이 유효하기 위해서는 유언자가 그 전문과 연월일, 주소, 성명을 직접 기재하고 날인하여야 한다(민법 제1066조). 유언자가 직접 작성하지 않고 워드프로세서로 작성하거나, 유언장 작성일자를 정확히 기재하지 않거나(ex: 2016년 만추), 날인을 하지 않고 사인을 하거나 하면 모두 무효가 된다. 다만 날인은 인장대신 무인에 의한 경우에도 유효하다.[3] 자필증서의 요건과 관련하여 가장 많이 문제가 되는 것이 바로 주소이다. 주소를 쓴 자리가 반드시 유언 전문 및 성명이 기재된 종이여야 하는 것은 아니다. 유언장의 일부로 볼 수 있는 이상 그 전문을 담은 봉투에 기재하더라도 무방하다.[4] 그러나 주소를 아예 기재하지 않은 경우는 물론, 이 사건처럼 정확히 기재하지 않고 동네 이름만 기재하는 것도 모두 무효가 된다.

2. 주소 요건의 취지와 문제점

자필증서에 의한 유언에서 형식적인 기재사항인 '주소의 자서'를 요구하는 취지는 유언자의 인적 동일성 내지 유언의 진정성 확인에 기여하기 때문이다. 따라서 그 '주소'는 유언자의 생활의 근거가 되는 곳이면 되고, 반드시 주민등록법에 의해 등록될 곳일 필요가 없다.[5] 그런데 망인이 실제 거주하던 곳이 주민등록상 주소지인 이 사건 부동산이 아니라 원고 B가 거주하던 암사동 소재 주거지임이 변론과정에서 밝혀졌다면, 이미 망인의 주민등록번호가 기재되어 있는 이 사건 유언장은 유언자의 인적 동일성을 확인하는 데 아무런 장애가 없다. 그렇다면 이 사건 유언장은 민법 제1066조 제1항에서 정한 요건에 부합하게 작성된 것으로서 유효하다고 보더라도 법리적으로 부당하지 않고 일반인의 법감정에도 부합한다고 생각한다. 그러나 이 사건 판결처럼 대법원이 자필증서의 요건을 엄격하게 해석하는 이상, 유언장을 작성하려는 국민들은 법률전문가의 조력을 얻어서 유언장을 작성하는 것이 미래의 분쟁을 미연에 예방하는 길이라 생각한다.

3. 상속등기절차

망인이 사망하자 이 사건 부동산은 공동상속인인 원고 B와 피고 C의 공유로 소유

---

3) 대법원 1998. 6. 12. 선고 97다38510 판결.

4) 대법원 2007. 10. 25. 선고 2006다12848 판결: 망인의 주소, 전화번호, 이름이 기재된 흰색의 편지지가 오려 붙여져 있는 이 사건 봉투가 이 사건 유언증서의 일부라고 보기 어려우므로, 이 사건 유언증서는 민법이 정하는 자필증서에 의한 유언으로서의 요건과 방식을 갖추지 못한 것이어서 그에 따른 유언의 효력을 인정할 수 없다고 본 사례.

5) 헌법재판소 2011. 9. 29. 선고 2010헌바250, 456(병합) 전원재판부 참조.

권이전등기가 되었다. 망인이 작성한 유언장이 존재함에도 불구하고 이와 같이 공유등기가 된 경위는, 피고 C가 원고 B의 동의 없이 혼자서 임의로 등기소에 가서 그와 같이 상속등기를 했기 때문일 것이다. 상속인이 부동산을 공동상속 받는 경우 상속에 의한 소유권이전등기는 공동상속 받은 자 중 1인이 민법 제265조 단서에서 규정하는 이른바 공유물의 보존행위로서 상속인 모두를 위해 상속등기를 신청할 수 있다.[6] 즉 상속이 개시되었을 때 법정상속분에 따른 상속등기는 공동상속인 중 아무나 한 사람이 신청하여 할 수 있다. 반드시 공동상속인 전원의 동의가 필요한 것이 아니다.

그러면 원고 B는 왜 망 A의 자필유언장을 등기소에 제출하고 유언장의 내용에 따른 등기를 하지 못하였을까? 그 이유는 자필유언장에 검인을 받지 않았거나 검인을 받았더라도 검인조서에 이해관계인, 즉 피고 C의 이의진술이 기재되어 있었기 때문일 것이다. 자필유언으로 인한 소유권이전등기를 하기 위해서는 등기신청서에 유언검인조서를 첨부하여 등기소에 제출하여야 한다.[7] 자필증서에 의한 유언을 보관한 자 또는 이를 발견한 자는 유언자가 사망한 후 지체없이 법원에 유언장을 제출하여 그 검인을 청구해야 한다(민법 제1091조 제1항). 이 검인은 유언증서의 형식과 태양 등 유언의 방식에 관한 모든 사실을 조사, 확인하고 그 위조 또는 변조를 방지하며, 보존을 확실하게 하기 위한 일종의 검증절차 내지 증거보전절차로서, 유언이 유언자의 진의에 의한 것인지 여부나 적법한지 여부를 심사하는 것이 아니다. 따라서 유언의 검인청구가 있는 때에는 가정법원은 유언서의 내용이나 방식이 어떠하든 간에 검인을 하고 조서를 작성해야 한다.[8] 검인기일에는 청구인을 소환하고 상속인 그 밖의 이해관계인에게도 기일을 통지하여 참여의 기회를 준다. 특히 봉인된 유언증서를 개봉할 때에는 반드시 상속인, 그 대리인 기타 이해관계인의 참여가 있어야 한다(민법 제1092조). 유언증서를 검인할 경우 유언의 방식에 관한 모든 사실을 조사하는데, 이때는 유언장의 외적 상태를 육안으로 확인하고, 기일에 출석한 상속인이나

6) 상속등기실무, 168면.
7) 상속등기실무, 282면.
8) 실무제요 가사[II], 1104~1105면.

이해관계인을 심문하는 등의 방법으로 조사한다. 따라서 검인조서에는 유언장에 대한 사실조사 결과뿐 아니라 상속인들 및 이해관계인들이 유언의 내용이나 집행에 관하여 이의가 있는지 여부를 기재한다. 이때 이해관계인이 유언장에 대해 이의가 있다고 진술하고 그 이의진술이 검인조서에 기재되면 등기소에서는 자필유언에 따른 등기를 해 주지 않는다. 이러한 경우에는 유언 내용에 따른 등기신청에 이의가 없다는 상속인들의 동의서(인감증명서 첨부)를 첨부해야만 등기가 가능하다(등기예규 제1024호).

5 주소가 인쇄되어 있는 자필 유언장은 효력이 있을까?

〈대법원 2014. 10. 6. 선고 2012다29564 판결: 부당이득금반환〉

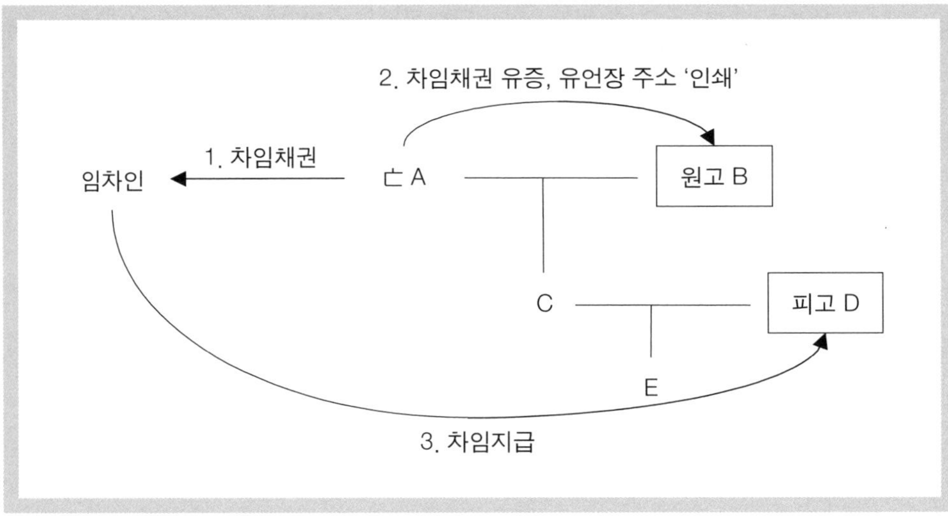

Ⅰ. 사실관계

망 A(이하 '망인'이라 한다)와 원고 B 사이에는 아들 C가 있고 C는 피고 D와 혼인하여 아들 E를 낳았다. 망인은 2001. 11. 6. 자필로 유언장을 작성하여 서명날인하였다. 유언장의 주요 내용은, 대치동 토지와 그 지상 건물에 대한 차임채권을 원고 B에게 유증한다는 내용이었다["본인(A)이 현재 받는 월세는 본인의 처인 원고 B가 죽을 때까지 본인 사후에 받아쓰도록 한다."]. 그 유언장 용지에는 '서울 서초구 방배동 (이하 주소 생략) ○○빌딩'이라는 영문주소가 부동문자로 기재되어 있었다. 망인은 2001. 11. 25. 사망하였고, 서울가정법원에서 이 유언장에 대한 검인절차가 마쳐졌다. 한편 C는 2007. 10. 25. 사망하였다.

II. 소송경과

위와 같은 유언장의 내용에도 불구하고 C 및 C가 사망한 이후에는 피고 D가 대치동 토지와 건물의 임차인들로부터 직접 차임을 지급받아서 원고 B에게 교부하지 않자 원고 B는 피고 D를 상대로 부당이득금반환청구의 소를 제기하였다. 제1심[1]과 항소심[2]은 이 사건 유언의 효력을 인정하는 전제에서 원고의 청구 중 일부를 인용하였다.[3] 이에 피고 D만이 불복하여 상고를 제기하였다.

III. 대상판결의 요지

[1] 민법 제1065조 내지 제1070조가 유언의 방식을 엄격하게 규정한 것은 유언자의 진의를 명확히 하고 그로 인한 법적 분쟁과 혼란을 예방하기 위한 것이므로, 법정된 요건과 방식에 어긋난 유언은 그것이 유언자의 진정한 의사에 합치하더라도 무효라고 하지 않을 수 없다(대법원 1999. 9. 3. 선고 98다17800 판결, 대법원 2006. 3. 9. 선고 2005다57899 판결 등 참조). 따라서 자필증서에 의한 유언은 민법 제1066조 제1항의 규정에 따라 유언자가 그 전문과 연월일, 주소, 성명을 모두 자서하고 날인하여야만 효력이 있다고 할 것이므로 유언자가 주소를 자서하지 않았다면 이는 법정된 요건과 방식에 어긋난 유언으로서 그 효력을 부정하지 않을 수 없고, 유언자의 특정에 아무런 지장이 없다고 하여 달리 볼 것도 아니다.

[2] 이 사건 유언장 용지에 '서울 서초구 방배동 (주소 생략) ○○빌딩'이라는 영문 주소가 부동문자로 기재되어 있으나 이는 망인의 자필이 아니고, 망인이 자서한 이

1) 서울동부지방법원 2010. 12. 24. 선고 2009가합22257 판결.
2) 서울고등법원 2012. 2. 2. 선고 2011나12127 판결.
3) 제1심과 항소심 판결문을 검토해 본 결과, 1심과 항소심에서는 피고측에서 유언의 효력을 다투지 않았던 것으로 보인다.

사건 유언장의 전문에 여러 지번이 기재되어 있으나 각 지번이 기재된 위치, 내용으로 보아 이는 유언의 대상이 되는 부동산의 지번을 기재한 것일 뿐 망인이 자신의 주소를 자서한 것으로 보기 어려우며, 달리 망인이 자신의 주소를 자서한 것으로 볼 만한 기재가 없음을 알 수 있다. 위 사실을 앞서 본 법리에 비추어 보면, 이 사건 유언장에 의한 망인의 유언은 주소의 자서가 누락되어 법정된 요건과 방식에 어긋난 것으로서 효력이 없다고 할 것이다. 그럼에도 이 사건 유언장에 의한 망인의 유언을 유효한 것으로 보고 원고의 청구를 일부 인용한 원심판결에는 자필증서에 의한 유언의 효력에 관한 법리를 오해하여 판결에 영향을 미친 위법이 있다.

☞ 피고 패소부분 파기 환송

IV. 해 설

1. 자필증서에 의한 유언에서 주소요건

자필증서에 의한 유언은 유언자가 그 전문과 연월일, 주소, 성명을 자서하고 날인하여야 한다(민법 제1066조). 이 사건은 이 중 주소를 자서하지 않은 경우이다. 민법은 유언자가 주소를 직접 기재할 것을 요구하고 있는데 이 사건의 경우에는 이러한 요건을 충족하지 못했으므로 유언으로서의 효력이 없다고 본 것이다. 그러나 이러한 주소요건이 꼭 필요한 것인지 의문이다. 자필증서에 의한 유언에 있어서 '주소의 자서'를 유효요건으로 규정하고 있는 것이 유언자의 재산권과 일반적 행동자유권을 침해하는지 여부가 문제되어 헌법소원이 제기된 적이 있다. 이에 대해 다수의견은 합헌이었다. 성명의 자서로 유언자의 인적 동일성이 1차적으로 특정될 것이지만 특히 동명이인의 경우에는 유언자의 주소가 그 인적 동일성을 확인할 수 있는 간편한 수단이 될 수 있을 뿐만 아니라 전문, 성명의 자서에다 주소의 자서까지 요구함으로써 유언자로 하여금 보다 신중하고 정확하게 유언의 의사를 표시하도록 하기 위한 것이므로 입법목적이 정당하다는 것이다. 그리고 유언의 요식주의를 취하는 이상 유언을 하는 자가 당연히 작성할 것이라고 기대되는 '유언의 전문, 유언자의 성명' 등과 같은 최소한의 내용 이외에 다른 형식적인 기재 사항을 요구하는 것은 유언의 요식주의를 관철하기 위한 불가피한 선택이라고 볼 수 있으며, '주소의 자서'는 다른 유효요건과는 다소 다른 측면에서 유언자의 인적 동일성 내지 유언의 진정성 확인에 기여한다는 것이다.[4)]

2. 주소의 기재를 요구하는 취지

자필증서에 의한 유언에서 주소를 기재할 것을 요구하는 이유는 유언자의 인적 동일성을 명확히 함으로써 유언자의 사망 후 그 진의를 확보하고, 상속재산을 둘러싼 이해 당사자들 사이의 법적 분쟁과 혼란을 예방하여 법적 안정성을 도모하고 상속제도를 건전하게 보호하기 위한 것이다. 결국 자필증서에 의한 유언에 유언자의 주소를 기재하도록 요구하는 궁극적인 목적은, 유언자의 성명과 주소에 의하여 유언자가 누구인지 특정할 수 있게 하려는 것이다. 그런데 성명과 함께 유언자를 특정할 수 있는 요소는 주소 외에 주민등록번호 · 생년월일 · 본적 · 가족 성명 · 사회적 신분 등 여러 가지를 생각할 수 있고, 그 중에서 주소의 특정기능이 가장 우월하다고 보기 어렵고, 유언자의 주소 기재가 없으면 유언자를 특정할 수 없게 된다고 볼 수도 없다. 그리고 동명이인의 경우에 유언자의 주소가 기재되지 않았더라도 그 유언의 내용 등에 비추어 보면 누구의 유언인지를 쉽게 확인할 수 있을 것이므로 주소를 반드시 기재하도록 요구하는 것은 유언자의 인적 동일성을 확인하기 위한 적절한 방법이라고 보기도 어렵다. 따라서 자필증서에 의한 유언에 설사 주소가 기재되어 있지 않더라도 다른 기재들을 통해 유언자가 누구인지 특정할 수 있다면 유효하다고 보아야 하지 않을까 생각된다. 그리고 그것이 자필증서에 의한 유언에서 주소를 요구하는 입법취지에도 부합하고 유언자의 의사도 존중하는 길일 것이다.[5)]

4) 헌법재판소 2008. 12. 26. 선고 2007헌바128 결정.

5) 이와 같은 이유로 위 헌법재판소 결정에서도 조대현, 이동흡, 송두환, 김종대 4인의 재판관은 다수의견에 반대하여 위헌의견을 개진하였다.

3. 결 론

궁극적으로는 자필증서에 의한 유언의 형식요건에서 '주소의 자서'는 삭제해야 한다고 생각한다. '주소의 자서'는, 한번 정착하면 평생 동안 거의 이주를 하지 않던 농경사회에서 적합한 요건이다. 그런 사회에서는 '어디에 사는 누구'라는 식으로 사람을 특정할 수 있었고 또 그렇게 특정하는 것이 일반적이었기 때문이다. 그러나 우리나라 안에서도 거주의 이전이 빈번하고 같은 시기에 여러 주거지에서 생활할 수도 있을 뿐만 아니라 외국으로 이주하는 경우도 자주 발생하는 글로벌 시대에서 주소라는 것은 한 개인을 특정짓는 데 별로 용이한 수단이 되지 못한다. 유언의 내용에 의해서 유언장의 실제 작성자와 유언장의 명의자의 동일성을 확보할 수 있음은 물론, 유언이 그의 진의에 의한 것임을 충분히 밝힐 수 있는데도 불구하고 주소를 반드시 기재하도록 요구하는 것은 불필요한 요건을 부과하는 것이라 생각된다. 따라서 자필증서에 의한 유언에서 주소기재를 요구하는 것은 방법의 적절성, 피해의 최소성, 법익의 균형성을 모두 충족시키지 못하여 위헌이라고 생각된다.[6]

---

6) 같은 견해로는 윤진수, 583면. 그러나 자필증서유언의 요건을 정하는 것은 입법재량에 속한다는 견해로는, 김형석, "우리 상속법의 비교법적 위치," 가족법연구 28권 1호(2009), 98면.

6 유증을 받았는데 다른 상속인들이 소유권이전등기에 동의해 주지 않는 경우 어떻게 등기할까?

〈대법원 2014. 2. 13. 선고 2011다74277 판결: 승낙의 의사표시〉

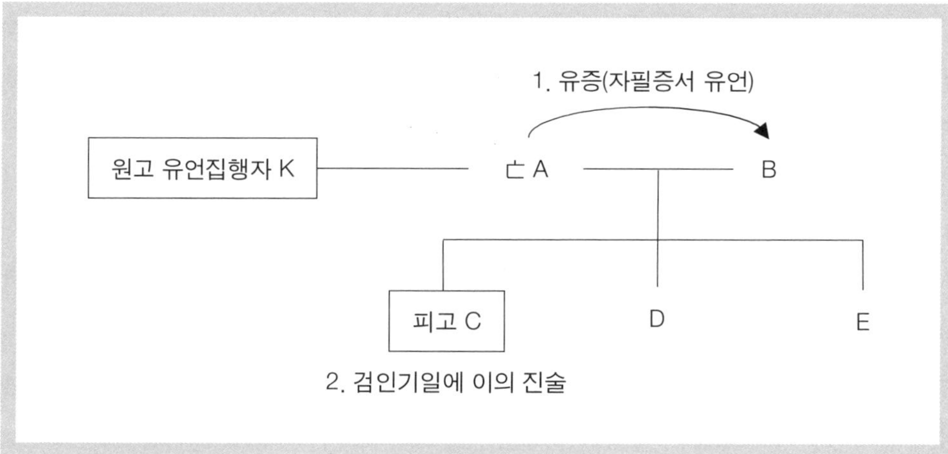

Ⅰ. 사실관계

망 A(이하 '망인'이라고 한다)는 2010. 5. 25. "유언의 효력 발생 당시 망인 소유의 재산 전부를 처인 B에게 포괄적으로 유증하고, 그 유언집행자로 K(원고)를 지정한다"는 내용의 유언장(이하 '이 사건 유언장'이라고 한다)을 자필로 작성하고, 그 작성연월일, 주소, 성명을 자서한 후 날인하였다.

망인은 2010. 5. 30. 그 상속인으로 처인 B와 자녀인 C(피고) 및 D, E를 남기고 사망하였는데, 당시 망인은 서울 광진구 소재 아파트와 동대문구 소재 상가와 주택 등(이하 '이 사건 부동산'이라고 한다)을 소유하고 있었다.

망인의 유언집행자인 원고는 서울가정법원에 이 사건 유언장에 대한 검인을 신청하였는데, 피고는 2010. 8. 18. 실시된 유언검인기일에서 이 사건 유언장의 필체가 망인의 자필이 아닌 것 같고, 그 내용대로 집행되는 것에 이의가 있다고 진술하였다.

II. 소송경과

원고는 유언집행을 위하여 이 사건 부동산에 관하여 유증을 원인으로 하는 소유권이전등기를 하기 위해서는 등기예규에 따라 피고의 동의서가 필요하다고 주장하면서, 피고를 상대로 이 사건 부동산에 관하여 2010. 5. 30. 유증을 원인으로 하는 소유권이전등기에 대하여 승낙의 의사표시를 할 것을 청구하는 이 사건 소를 제기하였다.

1심[1]과 항소심[2]은, "이 사건 유언장은 망인의 자필에 의하여 작성된 것으로서 민법 제1066조의 자필증서에 의한 유언으로 적법하다"고 하면서, "상속인인 피고는 유언집행자인 원고에게 이 사건 부동산에 관하여 2010. 5. 30. 유증을 원인으로 한 소유권이전등기에 대하여 승낙의 의사표시를 할 의무가 있다"고 판단하였다.

III. 대상판결의 요지

[1] 유언집행자가 자필 유언증서상 유언자의 자서와 날인의 진정성을 다투는 상속인들에 대하여 '유언 내용에 따른 등기신청에 이의가 없다'는 진술을 구하는 소는, 등기관이 자필 유언증서상 유언자의 자서 및 날인의 진정성에 관하여 심사하는 데 필요한 증명자료를 소로써 구하는 것에 불과하고, 민법 제389조 제2항에서 규정하는 '채무가 법률행위를 목적으로 한 때에 채무자의 의사표시에 갈음할 재판을 청구하는 경우'에 해당한다고 볼 수 없다. 따라서 위와 같은 소는 권리보호의 이익이 없어 부적법하다. 또한, 유언집행자가 제기한 위와 같은 소를 유증을 원인으로 하는

1) 서울북부지방법원 2010. 12. 9. 선고 2010가합7816 판결.
2) 서울고등법원 2011. 8. 25. 선고 2011나8258 판결.

소유권이전등기에 대하여 상속인들의 승낙을 구하는 것으로 본다 하더라도, 포괄유증의 성립이나 효력발생에 상속인들의 승낙은 불필요하고, 부동산등기법 관련 법령에서 유증을 원인으로 하는 소유권이전등기에 대하여 상속인들의 승낙이 필요하다는 규정을 두고 있지도 아니하므로, 이는 부동산등기법 관련 법령에 따라 유증을 원인으로 하는 소유권이전등기를 마치는 데 있어 필요하지 아니한 제3자의 승낙을 소구하는 것에 불과하여 권리보호의 이익이 없어서 역시 부적법하다.

[2] 유언집행자로서는, 자필 유언증서상 유언자의 자서와 날인의 진정성을 다투는 상속인들이 유언 내용에 따른 등기신청에 관하여 이의가 없다는 진술서의 작성을 거절하는 경우에는 그 진술을 소로써 구할 것이 아니라, 상속인들을 상대로 유언효력확인의 소나 포괄적 수증자 지위 확인의 소 등을 제기하여 승소 확정판결을 받은 다음, 유증을 원인으로 하는 소유권이전등기를 신청할 수 있다.

[3] 원고가 위 사무처리지침에 따라 피고의 동의서가 필요하다고 주장하면서 피고를 상대로 유증을 원인으로 하는 소유권이전등기에 대한 승낙의 의사표시를 구하는 이 사건 소는 권리보호의 이익을 인정할 수 없어 부적법하다. 그런데도 원심은 이를 간과한 채 곧바로 본안에 나아가 판단하였으니, 이러한 원심판결에는 소송요건에 관한 법리를 오해하여 판결에 영향을 미친 위법이 있다. ☞ 파기환송

Ⅳ. 해 설

1. 자필 유언증서에 대한 검인

자필증서에 의한 유언이나 비밀증서에 의한 유언, 또는 녹음유언을 보관한 자나 이를 발견한 자는 유언자가 사망한 후 지체없이 법원에 유언장을 제출하여 그 검인을 청구해야 한다(민법 제1091조 제1항). 이와 달리 공정증서에 의한 유언의 경우에는 이러한 검인을 요구하지 않는다(동조 제2항). 유언검인은 유언장의 성립과 존재를 명확히 하여 그것이 위조, 변조되는 것을 방지하고 그 보존을 확실하게 하기 위한 검

증절차의 일종일 뿐 유언의 성립요건이나 효력발생요건이 아니다. 따라서 검인이 있더라도 그 유언의 무효를 주장할 수 있다.

검인청구는 유언자의 사망 후 바로 하여야 하지만, 시기에 늦은 청구라도 부적법한 것은 아니다. 그러나 유언을 보관한 자 또는 이를 발견한 자가 검인청구를 게을리한 때에는 상속인에 대한 불법행위가 될 수도 있고, 유언서의 은닉에 해당하여 상속결격의 사유가 될 수도 있다(민법 제1004조 제5호).[3] 검인청구가 접수되면 가정법원은 검인기일을 지정하여 검인을 행한다. 유언증서가 봉인되어 있을 때에는 개봉하여 검인하여야 하는데, 이때에는 개봉기일과 검인기일을 같은 날로 지정한다. 검인기일에는 청구인을 소환하고 상속인 그 밖의 이해관계인에게도 기일을 통지하여 참여의 기회를 주는 것이 실무례이다.[4] 특히 봉인된 유언증서를 개봉할 때에는 반드시 상속인, 그 대리인 기타 이해관계인의 참여가 있어야 한다(민법 제1092조). 유언증서를 검인할 경우 유언의 방식에 관한 모든 사실을 조사하는데, 이때는 유언장의 외적 상태를 육안으로 확인하고, 기일에 출석한 상속인이나 이해관계인을 심문하는 등의 방법으로 조사한다. 따라서 검인조서에는 유언장에 대한 사실조사 결과 뿐 아니라 상속인들 및 이해관계인들이 유언의 내용이나 집행에 관하여 이의가 있는지 여부를 기재한다.

이 사건에서 망인의 자녀 중 한 사람인 피고는 유언검인기일에서 이 사건 유언장의 필체가 망인의 자필이 아닌 것 같고 그 내용대로 집행되는 것에 이의가 있다고 진술하였고, 그러한 의견이 검인조서에 기재된 것이다. 이처럼 검인조서에 상속인의 이의 진술이 기재된 경우에 어떻게 유증을 원인으로 하는 소유권이전등기를 하는지 문제된다.

2. 자필 유언증서에 기한 부동산등기절차

유언집행자는 유증의 목적인 재산의 관리 기타 유언의 집행에 필요한 행위를 할

---

3) 실무제요 가사[II], 1105면.

4) 실무제요 가사[II], 1106면.

권리의무가 있다(민법 제1101조). 따라서 유언집행자는 유언집행을 위한 등기의무자로서 등기권리자인 포괄적 수증자와 함께 유증을 원인으로 하는 소유권이전등기를 공동으로 신청할 수 있고, 그러한 등기를 마치는 것에 관하여 다른 상속인들의 동의나 승낙을 받아야 하는 것은 아니다.

한편 부동산등기법에 의하여 위임된 사항 등을 규정한 부동산등기규칙 제46조 제1항은 등기를 신청하는 경우에는 그 신청정보와 함께 그 각 호에서 정한 첨부정보를 제공하여야 한다고 하고, 제1호에서는 '등기원인을 증명하는 정보'를 규정하고 있다. 따라서 유증을 원인으로 등기를 신청할 때에는 첨부정보로서 자필 유언증서를 제출하여야 한다. 이와 관련하여 「유증을 받은 자의 소유권보존(이전)등기신청절차 등에 관한 사무처리지침」(대법원 등기예규 제1482호)은 유언집행자의 등기신청시 자필 유언증서에 관한 검인조서를 첨부하도록 함과 아울러 검인조서에 검인기일에 출석한 상속인들이 "유언자의 자필이 아니고 날인도 유언자의 사용인이 아니라고 생각한다"는 등 자필 유언증서의 진정성에 관하여 다투는 사실이 기재되어 있는 경우에는 위 상속인들이 "유언 내용에 따른 등기신청에 이의가 없다"는 취지로 작성한 동의서와 인감증명서를 첨부하여 제출하도록 규정하고 있다. 참고로 공정증서에 의한 유언의 경우에는 이러한 동의서를 첨부할 필요가 없다.

3. 상속인들이 동의서 작성을 거부할 경우의 법적 구제책

위와 같이 '유언 내용에 따른 등기신청에 이의가 없다'는 상속인들의 동의진술은 등기관이 자필 유언증서상 유언자의 자서 및 날인의 진정성에 관하여 심사하는 데 필요한 증명자료의 하나일 뿐이다. 그것은 등기원인인 유증 자체의 성립이나 효력에 영향을 미치는 법률행위나 준법률행위가 아니다. 따라서 유언집행자가 자필 유언증서상 유언자의 자서와 날인의 진정성을 다투는 상속인들에 대하여 '유언 내용에 따른 등기신청에 이의가 없다'는 진술을 구하는 소는, 등기관이 유언자의 자서 및 날인의 진정성에 관하여 심사하는 데 필요한 증명자료를 소로써 구하는 것에 불과하다. 이것은 민법 제389조 제2항에서 규정하는 '채무가 법률행위를 목적으로 한 때에 채무자의 의사표시에 갈음할 재판을 청구하는 경우'에 해당한다고 볼 수 없다. 따라서 위와 같은 소는 권리보호의 이익이 없어 부적법하다.

또한 유언집행자가 제기한 위와 같은 소를 유증을 원인으로 하는 소유권이전등기에 대하여 상속인들의 승낙을 구하는 것으로 본다 하더라도, 유증의 성립이나 효력 발생에 상속인들의 승낙은 불필요하고, 부동산등기법 관련 법령에서 유증을 원인으로 하는 소유권이전등기에 대하여 상속인들의 승낙이 필요하다는 규정을 두고 있지도 아니하므로, 이는 유증을 원인으로 하는 소유권이전등기를 마치는 데 있어 필요하지 아니한 제3자의 승낙을 소구하는 것에 불과하여 권리보호의 이익이 없어서 역시 부적법하다. 상속인들이 유언 내용에 따른 등기신청에 관하여 이의가 없다는 진술서의 작성을 거절하는 경우에는, 유언집행자로서는 그 진술을 소로써 구할 것이 아니라, 그 상속인들을 상대로 유언효력확인의 소나 수증자 지위 확인의 소 등을 제기하여야 한다.[5)]

5) 법원행정처, 『부동산등기실무제요(제2권)』, 297~298면.

7 유언취지의 구수란 무엇인가?

〈대법원 2012. 12. 27. 선고 2011다87259 판결: 유언무효확인〉

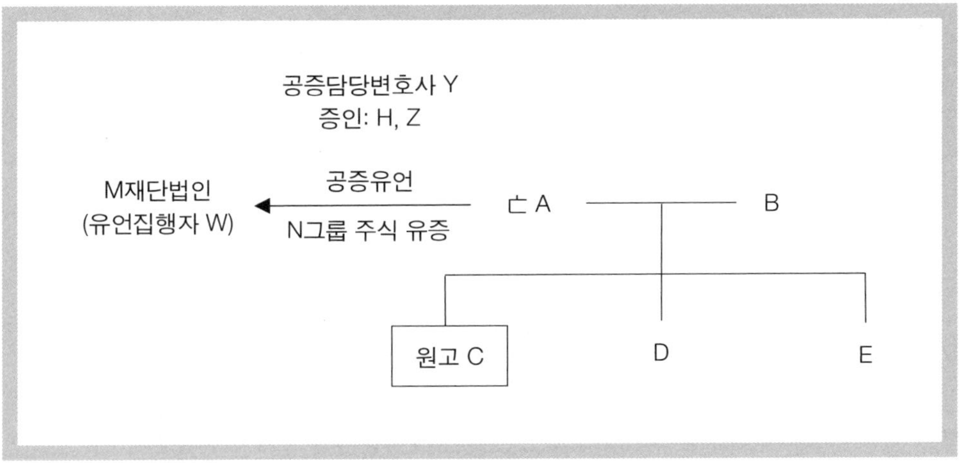

Ⅰ. 사실관계

N그룹 회장인 망 A(이하 '망인'이라 한다)는 B와 혼인하여 슬하에 C, D, E 세 자녀를 두었다. 망인은 2009. 11. 15. 사망하였는데, 사망하기 약 1년 전인 2008. 11. 19. S대학교병원에서 공정증서에 의한 유언을 하였다(이하 '이 사건 유언'이라 한다). 당시 공증담당변호사는 Y였고, 망인의 진료를 담당한 의사 H와 N그룹의 사내변호사인 Z가 증인으로 참여하였으며, 변호사 W가 유언집행자로 지정되었다.

유언의 주된 내용은, 망인이 자신 소유의 N그룹 주식의 대부분을 M재단법인에 유증하고, 남은 일부는 B, D, E에게 각기 다른 비율로 유증한다는 것이었다. 장남인 C는 유언으로부터 완전히 배제되었다. 다만 유언에 의할 경우 B, D, E도 법정상속분보다도 훨씬 적은 재산을 받게 되어 있었다.

망인은 유언 공증 당시 유언 취지 전부를 구수한 것이 아니고, 공증담당변호사 Y가 사전에 작성한 유언공정증서 초안을 가지고 한 항목씩 질문하면, 망인은 '그렇습니다.', '그렇게 유증할 생각입니다.'라고 답변하는 방식으로 진행되었다. 유언공정증서 초안을 작성하는 과정에서 Y는 망인을 직접 만나거나 통화한 적이 없고, 망인이 손으로 작성한 메모를 전달받아 초안을 작성하였다.

이 사건 유언에 따라 아무런 재산도 유증받지 못하게 된 C는 수증자인 M과 B 및 유언집행자인 W를 상대로 이 사건 유언무효확인의 소를 제기하였다.

II. 소송경과

C는, 이 사건 유언은 망인이 구수한 것이 아니라 Y가 사전에 작성한 유언공정증서 초안을 가지고 질문한 것에 대답만 한 것에 불과하므로 유언취지의 구수 요건을 갖추지 못하여 무효라고 주장하였다. 이에 대하여 1심과 항소심은 ① 이 사건 유언 내용은 망인이 직접 작성한 메모를 토대로 오랜 기간 준비되어 온 것인 점, ② 유언의 내용이 망인의 생전 의사에 부합하는 점 등에 비추어 볼 때 이 사건 공정증서유언 초안은 망인의 진정한 의사에 따라 작성된 것이고, 망인의 답변은 실질적으로 유언의 취지를 진술한 것이나 마찬가지로 볼 수 있으므로 이 사건 유언은 유효하다고 판단하였다.

III. 대상판결의 요지

[1] '유언취지의 구수'라고 함은 말로써 유언의 내용을 상대방에게 전달하는 것을 뜻하는 것이므로 이를 엄격하게 제한하여 해석하여야 하지만, 공증인이 사전에 전달받은 유언자의 의사에 따라 유언의 취지를 작성한 다음 그 서면에 따라 유언자에게 질문을 하고 이에 대하여 유언자가 한 답변을 통하여 유언자의 진의를 확인할 수

있어 그 답변이 실질적으로 유언의 취지를 진술한 것이나 마찬가지로 볼 수 있고, 유언자가 유언의 취지를 정확히 이해할 의사식별능력이 있으며 유언의 내용이나 유언경위로 보아 유언 자체가 유언자의 진정한 의사에 기한 것으로 인정할 수 있는 경우에는, 유언취지의 구수 요건을 갖추었다고 보아야 한다.

[2] 이 사건 유언공정증서 초안이 망인의 진정한 의사에 따라 작성된 것이고, 공증담당변호사인 Y가 그 초안의 내용대로 유증대상 주식에 따라 수증자별로 구분하여 망인에게 유증할 것인지를 개별항목을 나누어 질문하고, 이에 대하여 망인은 미리 교부받은 초안을 확인하며 '그렇습니다.', '그렇게 유증할 생각입니다.'라고 답변한 다음, 최종적으로 전체적인 내용에 대한 의사를 다시 확인하는 방식으로 진행되었으므로 이러한 망인의 답변은 실질적으로 유언의 취지를 구술한 것이나 마찬가지로 볼 수 있다.

Ⅳ. 해 설

1. 유언의 엄격한 요식성과 공정증서에 의한 유언

민법은 "유언은 본법이 정한 방식에 의하지 아니하면 효력이 발생하지 아니한다."고 규정하고 있다(민법 제1060조). 이처럼 민법이 유언의 방식과 그 효력에 있어서 이른바 형식적 엄격주의를 취하여 유언의 자유에 대하여 일정한 제한을 두고 있는 이유는 크게 다음 세 가지를 들 수 있다. 첫째, 유언은 유언자가 사망한 때로부터 그 효력이 생기므로(제1073조 제1항) 유언의 성립과 그 효력 발생 사이에 생기는 시간적 차이에 따라 발생할 수 있는 유언 자체가 과연 실제로 존재하였는지에 관한 문제를 확실하게 해 둘 필요가 있기 때문이다(유언의 존재확보). 둘째, 유언자의 사후에 유언의 내용에 관하여 의문이나 다툼이 생길 경우 유언자에게 직접 그 진정한 의사를 확인할 방법이 없다는 측면에서 그 진의가 분명하게 전달되기 위한 방안을 마련할 필요가 있기 때문이다(유언자의 진의확보). 셋째, 후일 다툼이 생기지 않도록 유언에 있어서 유언자의 신중한 태도를 요구할 필요가 있기 때문이다(신중한 결정).[1] 즉 민법 제1065조 내지 제1070조가 유언의 방식을 엄격하게 규정한 것은 유언자의 진의를 명확히 하고 그로 인한 법적 분쟁과 혼란을 예방하기 위한 것이므로,[2] <u>법정된 요건과 방식에 어긋난 유언은 그것이 유언자의 진정한 의사에 합치하더라도 무효라는 것은 대법원의 확고한 입장이다</u>.[3]

민법 제1068조 소정의 '공정증서에 의한 유언'은 유언자가 증인 2인이 참여한 공증인의 면전에서 유언의 취지를 구수하고 공증인이 이를 필기낭독하여 유언자와 증인이 그 정확함을 승인한 후 각자 서명 또는 기명날인하여야 한다. 여기서 '유언취지의 구수'라 함은 말로써 유언의 내용을 상대방에게 전달하는 것을 뜻하므로 이를 엄격하게 제한하여 해석하여야 하는 것이 원칙이다.[4] 즉 공정증서에 의한 유언에서는 유언자의 구수, 즉 입으로 불러주어 상대방이 적게 하는 행위가 있어야 한다.[5] 이러한 구수 요건은 공정증서유언에 있어서 가장 중요한 요건이며[6] 실무에서도 이와 관련하여 많은 문제가 야기되고 있다. 이 사건에서는 공증담당변호사 Y가 미리 작성한 유언공정증서 초안에 따라 망인이 긍정하는 취지의 답변을 한 것만으로 공정증서에 의한 유언의 요건으로서 유언의 취지를 구수한 것으로 볼 수 있는지 여부가 쟁점이 되었다.

2. 유언취지의 구수에 관한 학설과 판례 분석

가. 학설의 입장

학설은 대체로 유언자가 스스로 유언의 취지를 미리 작성해 놓은 서면을 토대로

1) 주해상속법(1권), 634~635면(현소혜 집필부분); 서울중앙지방법원 2006. 7. 5. 선고 2003가합86119 판결.
2) 신영호/김상훈/정구태, 457면.
3) 대법원 2006. 3. 9. 선고 2005다57899 판결 등.
4) 대법원 2008. 8. 11. 선고 2008다1712 판결.
5) 윤진수, 589면.
6) 곽윤직, 383면.

공정증서가 작성된 경우에는 유효하다고 보고 있다. 즉 유언자가 미리 작성해 놓은 서면으로써 공증인이 공정증서의 원본을 작성한 후 유언자에게 그것을 읽어준 다음 서면대로라는 회답을 듣고 나서 공정증서를 작성하는 것은 유효하다는 것이다.[7] 원칙적으로 '구수'란 유언의 내용 전부를 언어로 진술하는 것을 의미하지만, 예외적으로 이미 작성된 서면을 바탕으로 간단한 답변을 통한다 하더라도 그것이 유언자가 미리 작성해 놓은 서면을 바탕으로 한 것이라면 유언 취지를 사전에 전달하여 구수에 갈음하는 것이므로 유효하다는 것이다.

한편 언어능력을 거의 상실하여 유언의 취지를 구수하기 어려운 사람이 스스로 유언의 취지를 미리 서면으로 작성하여 공증인에게 교부하고 공증인이 이에 따라 질문하면 유언자가 간단하게 답변하는 것은 유효하다는 견해도 있다.[8] 이 견해는 유언자가 미리 작성해 놓은 서면을 토대로 하였다고 하여 무조건 유효한 것이 아니고 유언취지를 구수하기 어려운 신체적 결함이 있는 사람에 한정하여 이와 같은 방식을 허용하는 것으로 보인다.

위 두 학설 모두 공증인이 유언자가 아니라 제3자(예컨대 유언자의 자녀 중 일부)로부터 전달받은 초안에 따라 유언의 취지를 작성한 다음 그 서면에 따라 유언자에게 질문을 하고 그에 대해 유언자가 간단하게 답변하는 경우까지 구수에 갈음하는 것으로 보지는 않는다. 이런 경우에는 제3자가 공증인에게 유언자의 진의를 정확하게 전달하기도 어렵고 정확하게 전달하였다는 점을 증명하기도 어렵기 때문이다.[9]

나. 판례의 태도

판례는 유언자가 스스로 유언의 취지를 서면으로 작성한 경우와 제3자가 유언의 취지를 서면으로 작성한 경우를 구분하지 않는다. 어느 경우이든 간에 공증인이 유언자의 의사에 따라 유언의 취지를 작성하고 그 서면에 따라 유언자에게 질문을 하

---

7) 윤진수, 590면; 김주수, 『주석상속법(下)』, 한국사법행정학회(1996), 257면; 배경숙/최금숙, 『친족상속법강의』, 제일법규(2000), 563면 등.
8) 김주수/김상용, 837면.
9) 김주수/김상용, 837면도 이러한 취지인 것으로 이해된다.

여 유언자의 진의를 확인한 다음 유언자에게 필기된 서면을 낭독하여 주었고, 유언자가 유언의 취지를 정확히 이해할 의사식별능력이 있고 유언의 내용이나 유언경위로 보아 유언 자체가 유언자의 진정한 의사에 기한 것으로 인정할 수 있는 경우에는 '유언취지의 구수' 요건을 갖추었다고 본다.[10)]

특히 제3자에 의하여 미리 작성된 유언의 취지가 적혀 있는 서면에 따라 유언자에게 질문을 하고 유언자가 동작이나 한두 마디의 간략한 답변으로 긍정하는 경우에는 원칙적으로 유언 취지의 구수라고 보기 어렵다는 것이 대법원의 기본 입장이다.[11)] 그러면서도 실질적으로 구수가 이루어졌다고 보기 위하여 어느 정도의 진술이 필요한지는 획일적으로 정하기 어렵고 구체적인 사안에 따라 판단하여야 한다고 본다. 그리하여 공증인이 사전에 전달받은 유언자의 의사에 따라 유언의 취지를 작성한 다음 그 서면에 따라 유증 대상과 수증자에 관하여 유언자에게 질문을 하고 이에 대하여 유언자가 한 답변을 통하여 유언자의 의사를 구체적으로 확인할 수 있어 그 답변이 실질적으로 유언의 취지를 진술한 것이나 마찬가지로 볼 수 있으며, 유언자의 의사능력이나 유언의 내용, 유언의 전체 경위 등으로 보아 그 답변을 통하여

10) 대법원 2007. 10. 25. 선고 2007다51550 판결.

11) 대법원 2008. 2. 28. 선고 2005다75019, 75026 판결; 대법원 2006. 3. 9. 선고 2005다57899 판결(망인은 이 사건 유언을 할 무렵 만성 골수성 백혈병 및 위암 등의 병과 고령으로 건강이 극도로 악화되어 식사를 하지 못함은 물론 다른 사람이 부축하여 주지 않고서는 일어나 앉지도 못하였고, 큰며느리인 소외 4를 몰라보거나 천장에 걸린 전기줄을 뱀이라고 하는 등 헛소리를 하기도 하였으며, 이 사건 유언 당시에도 고개를 끄덕이거나 "음," "어" 정도의 말을 할 수 있었을 뿐 자신의 의사를 제대로 말로 표현할 수 없었던 사실, 소외 5는 이 사건 유언 당일 변호사 3인을 망인의 병실로 오게 하여 자신이 미리 재산내역을 기재하여 작성한 쪽지를 건네주었고, 변호사들 중 한 사람이 그 쪽지의 내용에 따라 유언서에 들어갈 내용을 불러주면 망인은 고개를 끄덕이거나 "음," "어" 하는 정도의 말을 한 사실, 망인은 이혼한 전처와 사이에 아들 소외 6(원고들의 부)을, 후처인 소외 5와 사이에 2남 2녀를 각 두었으나, 이 사건 유언의 내용은 망인의 모든 재산을 소외 5에게 상속하게 한다는 것으로서 전처 소생인 소외 6을 상속에서 완전히 배제하는 내용인 사실, 소외 6의 처 소외 4는 당시 병원에서 망인을 간호하고 있었는데 이 사건 유언은 소외 4가 없는 자리에서 이루어진 사실 등을 인정하면서, 유언 당시에 자신의 의사를 제대로 말로 표현할 수 없는 유언자가 유언취지의 확인을 구하는 변호사의 질문에 대하여 고개를 끄덕이거나 "음," "어"라고 말한 것만으로는 유언의 취지를 구수한 것으로 볼 수 없다고 판단하였다).

인정되는 유언 취지가 유언자의 진정한 의사에 기한 것으로 인정할 수 있는 경우에는 유언취지의 구수 요건을 갖추었다고 보고 있다.[12] 즉 대법원은 **원칙적으로는** 제3자에 의하여 미리 작성된 유언의 취지가 적혀 있는 서면에 따라 유언자에게 질문을 하고 유언자가 한두 마디의 간략한 답변으로 긍정하는 경우에는 유언 취지의 구수라고 보기 어렵다고 하면서, **예외적으로** 다음 두 가지의 특별한 사정이 중첩적으로 존재하는 경우 유언취지의 구수의 요건을 갖추었다고 볼 수 있다고 판시하고 있다. 첫째, 공증인이 사전에 전달받은 유언자의 의사에 따라 유언의 취지를 작성한 다음 그 서면에 따라 유증 대상과 수증자에 관하여 유언자에게 질문을 하고 이에 대하여 유언자가 한 답변을 통하여 유언자의 의사를 구체적으로 확인할 수 있어 그 답변이 실질적으로 유언의 취지를 진술한 것이나 마찬가지로 볼 수 있을 것. 둘째, 유언자의 의사능력이나 유언의 내용, 유언의 전체 경위 등으로 보아 그 답변을 통하여 인정되는 유언 취지가 유언자의 진정한 의사에 기한 것으로 인정할 수 있을 것. 이와 같이 판례가 요구하는 예외적 사정, 즉 특별한 사정에 관한 입증책임은 공정증서 유언이 유효하다고 주장하는 자가 부담할 것이다.

다. 사 견

사견으로는 유언자가 스스로 유언장 초안을 작성한 경우와 제3자가 작성한 경우를 구분하여 전자의 경우에만 유언취지의 구수를 인정할 필요는 없다고 생각한다. 제3자가 유언장 초안을 작성해서 공증인에게 전달하여 공정증서 초안이 작성되었

---

12) 대법원 2008. 2. 28. 선고 2005다75019, 75026 판결; 대법원 2007. 10. 25. 선고 2007다51550, 51567 판결(이 사건 유언공정증서의 작성은 망인의 구수에 의한 것이 아니라 유언 하루 전날 원고가 증인 2명과 함께 공증인 사무실을 찾아가서 공증에 필요한 서면 등을 미리 작성한 후 공증 변호사가 망인의 자택을 방문하여 위 서면에 따라 망인에게 질문을 하여 확인절차를 거치고 망인이 공정증서에 서명날인한 경우이다. 이에 대해 대법원은 의식이 명료하고 언어소통에 지장이 없는 유언자에게 질문하여 유증의사를 확인하고 그 증서의 내용을 읽어주어 이의 여부도 확인한 다음 자필서명을 받았으므로 비록 공증인이 미리 유언내용을 필기하여 왔고 이를 낭독하였더라도 유언자의 구수내용을 필기하여 낭독한 것과 다를 바 없으므로 이 사건 공정증서에 의한 유언은 민법 제1068조의 요건을 모두 갖추어 유효하다고 판단하였다).

더라도 그 유언장 초안이 유언자의 의사에 따라 작성된 것이라면 설사 제3자가 유언장 초안을 작성해서 전달했더라도 예외적으로 유언취지의 구수를 인정할 수 있다고 본다. 다만 이를 위해서는 제3자가 작성하여 전달한 유언장 초안이 유언자의 진정한 의사에 따른 것이라는 점이 명확히 입증되어야 한다. 이것이 입증되지 않는 한 유언공증 당시 유언자가 유언능력이 있었고 유언장의 내용이 평소 유언자의 의사와 유사하다는 이유만으로 유언취지의 구수를 인정해서는 안된다. 유언취지의 구수 요건과 유언능력 요건은 엄밀히 구분되는 별개의 것이기 때문이다. 그럼에도 불구하고 법원이 유언취지의 구수가 있었는지 여부의 문제를 의사능력의 문제와 결부시켜 판단하고 있는 것은 문제이다.[13]

3. 사건의 검토

당해 사안에서 공증담당변호사 Y는 망인이 작성한 메모를 전달받아 그에 따라 유언공정증서 초안을 준비하였다. 즉 유언자가 직접 유언의 취지를 서면으로 작성한 경우에 해당한다. 이러한 경우, 판례에 따른 예외적인 인정 사유가 존재하는지 여부를 따져보아야 한다.

1) 공증인이 사전에 전달받은 유언자의 의사에 따라 유언의 취지를 작성한 다음 그 서면에 따라 유증 대상과 수증자에 관하여 유언자에게 질문을 하고 이에 대하여 유언자가 한 답변을 통하여 유언자의 의사를 구체적으로 확인할 수 있어 그 답변이 실질적으로 유언의 취지를 진술한 것이나 마찬가지로 볼 수 있을 것

이 사건에서는 공증담당변호사 Y가 사전에 전달받은 메모에 따라 유언의 취지를 작성한 다음 그 서면에 따라 망인에게 질문을 하였고 이에 대하여 망인이 답변을 하였다. 그리고 Y가 사전에 전달받은 메모는 망인이 직접 손으로 작성한 것으로서 망

---

13) 김주수/김상용, 837면에서도 판례의 입장을 “유언자의 의사능력에 따라서 실질적으로 구수가 이루어졌는가의 여부를 판단하는 법리”라고 하고 있다.

인의 의사에 따라 작성된 것임이 입증되었다. 따라서 이 요건은 충족되었다고 볼 수 있다.

2) 유언자의 의사능력이나 유언의 내용, 유언의 전체 경위 등으로 보아 그 답변을 통하여 인정되는 유언 취지가 유언자의 진정한 의사에 기한 것으로 인정할 수 있을 것

이 사건 유언 당일 망인의 유언능력은 특별히 문제되지 않았고, 또한 유언의 내용이 평소 망인의 의사와도 일치한다. 따라서 이 두 번째 요건은 인정된다고 볼 수 있다. 그러나 두 번째 요건을 예외적으로 '유언취지의 구수'를 인정하기 위한 요건으로 보는 것은 체계적으로 볼 때 문제가 있다고 생각한다. 유언취지의 구수는 어디까지나 유언의 내용을 말로 전달하는 것으로서 공정증서 유언의 유효성을 판단하기 위한 독립적인 방식에 관한 요건으로서, 유언능력이나 유언자의 진정한 의사와는 구별되는 개념이기 때문이다. 아무리 유언능력이 있더라도 유언취지의 구수는 없을 수 있는 것이고, 아무리 유언 내용이 유언자의 진정한 의사에 부합하더라도 유언취지의 구수는 인정되지 않을 수 있는 것이다. 법정된 요건과 방식에 어긋난 유언은 그것이 유언자의 진정한 의사에 합치하더라도 무효라는 대법원의 입장과 그 이유를 다시 한번 생각해 보아야 한다.

Ⅴ. 참조판례

우리 법원은 유언취지의 구수가 있었는지 여부의 문제를 의사능력의 문제와 결부시켜 판단하고 있는 것으로 파악된다. 즉 의사능력이 없으면 유언취지의 구수도 없는 것이고, 반대로 의사능력이 있으면 유언취지의 구수도 있는 것으로 보고 있다. 필자가 파악한 바로는 의사능력은 있으나 유언취지의 구수는 없다는 명시적인 판결은 아직 발견하지 못했다. 의사능력이 없기 때문에 유언취지의 구수를 부정한 사례와 의사능력이 있기 때문에 유언취지의 구수를 긍정한 대표적인 판례를 들어보면

다음과 같다.

1. 유언취지의 구수를 부정한 사례

① 뇌혈전증으로 병원에 입원치료 중인 유언자가 불완전한 의식상태와 언어장애 때문에 말을 못하고 고개만 끄덕거리면서 반응을 할 수 있을 뿐인 의학상 소위 가면성 정신상태하에서 공증인이 유언내용의 취지를 유언자에게 말하여 주고 “그렇소?” 하고 물으면 유언자는 말은 하지 않고 고개만 끄덕거리면 공증인의 사무원이 그 내용을 필기하고 이를 공증인이 낭독하는 방법으로 유언서가 작성되었다면 이는 유언자가 구수한 것이라고 할 수 없으므로 무효.[14)]

② 공증업무를 취급하는 변호사가 반혼수상태로 병원에 입원중인 유언자에게 유언취지를 묻자 유언자가 고개를 끄덕거린 것만으로 민법 제1068조 소정의 공정증서가 작성된 것이라고 볼 수 없으므로 그 유언은 무효.[15)]

③ 유언공정증서를 작성할 당시에 유언자가 반혼수상태였으며, 유언공정증서의 취지가 낭독된 후에도 그에 대하여 전혀 응답하는 말을 하지 아니한 채 고개만 끄덕였다면, 유언공정증서를 작성할 당시에 유언자에게는 의사능력이 없었으며 그 공정증서에 의한 유언은 유언자가 유언의 취지를 구수하고 이에 기하여 공정증서가 작성된 것으로 볼 수 없어서, 민법 제1068조가 정하는 공정증서에 의한 유언의 방식에 위배되어 무효.[16)]

2. 유언취지의 구수를 긍정한 사례[17)]

원심판결 이유를 기록과 대조하여 살펴보면, 비록 이 사건 유언 당시 망인은 반응

---

14) 대법원 1980. 12. 23. 선고 80므18 판결.
15) 대법원 1993. 6. 8. 선고 92다8750 판결.
16) 대법원 1996. 4. 23. 선고 95다34514 판결.
17) 대법원 2008. 2. 28. 선고 2005다75019, 75026 판결.

이 느리고 멍한 표정으로 눈을 제대로 맞추지 못한 적이 있었음은 부인할 수 없으나, 망인은 폐암 수술 후 퇴원하였다가 약 4개월 후 다시 입원하고 2주 정도 지나 이 사건 유언을 하였던 점, 망인은 유언 후 두 달이나 지나 비로소 사망하였던 점, 유언 당시 망인은 유언공정증서에 직접 명확한 글씨체로 서명까지 한 점, 그리고 아래와 같이 공증인과의 사이에 나누었던 질문과 답변의 내용 및 경위 등에 비추어, 유언 당시 망인에게 유언의 취지를 이해할 의사식별능력은 있었다고 판단된다.

또한 원심판결 이유에 의하면, 피고들은 공증인에게 원고와 피고들의 어머니인 망인이 증인들의 참석하에 부천시 오정구 작동 (지번 생략) 임야 21,808㎡(이하 '이 사건 부동산'이라고 함) 중 망인의 소유인 2분의 1 지분을 원고를 배제한 채 피고들에게 절반씩 유증하는 내용의 유언을 하기로 하였다면서 공정증서에 의한 유언 절차를 의뢰한 사실, 이에 공증인은 피고들로부터 전해들은 내용 그대로 미리 유언공정증서를 작성하여 이를 소지하고 망인의 병실을 찾아가 증인들이 참석한 상태에서 망인에게 "이 사건 부동산 중 망인의 지분을 피고들에게 2분의 1씩 유증하겠느냐"고 유언취지 그대로 질문을 하였고, 망인이 "그렇게 하라"고 답변하자 유언공정증서에 망인과 증인들로 하여금 서명하도록 한 사실을 알 수 있다.

사정이 그러하다면, 유언자인 망인은 의식이 명확한 상태에서 본인의 의사에 따라 유증할 의사를 밝힌 것으로 볼 수 있고, 또한 이 사건 부동산은 한 필지에 불과하고 유증 대상자도 피고들 2인 뿐이어서 그 유언의 내용이 간단하여 유언자의 유증의사를 쉽게 확인할 수 있으므로, 공증인이 미리 의뢰받은 내용에 따라 작성된 유언공정증서에 기초하여 이 사건 부동산의 지분과 수증자를 불러주는 등 유언공정증서를 낭독하면서 그 내용에 따른 질문을 하였다고 하더라도 그 질문이 부적절하였다거나 내용상 구체적이지 못하다고 볼 수 없을 뿐만 아니라, 망인은 공증인의 질문에 대하여 "그렇게 하라"는 내용의 구술 답변을 한 후 유언공정증서를 확인하고 증인들과 함께 서명하였던 것으로서 공증인의 진술에 유도되어 단순히 수긍하는 답변 태도를 취한 것으로는 보이지 않는바, 이상 살펴본 유언 당시 망인의 의사식별능력, 유언에 이르게 된 경위, 공증인의 질문 및 망인의 답변 내용 등 기록에 나타난 여러 가지 사정들을 앞서 든 법리에 비추어 보면, 비록 망인이 공증인의 질문에 대하여

"그렇게 하라"는 내용의 답변을 하였지만, 이는 유언취지 그대로 물은 공증인의 질문 내용을 충분히 이해하고 그에 따른 절차를 취하라는 취지의 의사를 표시한 것이어서 실질적으로 그 질문 내용과 같은 의사를 표시한 것이고 또한 그 답변을 통하여 인정되는 유언 취지가 망인의 진정한 의사에 기한 것으로 볼 수 있는 여지가 어느 정도 인정된다고 할 것이다.

이와 같이 이 사건 공정증서에 의한 유언에 대하여 그 유언 취지에 관한 구수 요건을 쉽게 부정할 수 없는 이상, 원심으로서는 망인이 처음 피고들에게 구수한 유언의 내용, 망인이 피고들을 통하여 공증인에게 유언공정증서의 작성을 의뢰하게 된 경위, 유언 당시 공증인과 망인이 원심 인정 사실 외에 추가로 대화한 내용이 있었는지 여부, 망인의 병실에서 공증인과 증인 외에 제3자가 더 있었는지 여부 및 당시 그들이 취하였던 행동 등 유언 당시의 구체적 상황을 더 심리하고 이러한 사정들을 종합하여 공정증서에 의한 이 사건 유언이 실질적으로 구수 요건을 갖추었는지 여부에 관하여 판단하였어야 할 것임에도 이들 정황에 관하여 추가로 심리한 바 없이 위 인정 사실만으로 유언 취지의 구수 요건이 갖추어지지 못하였다고 속단하였으니, 원심판결에는 공정증서에 의한 유언의 방식 내지 구수에 관한 법리를 오해함으로써 구수가 실질적으로 있었다고 볼 수 있는지 여부, 유언 취지와 관련된 망인의 진정한 의사의 존부 등에 관하여 심리를 다하지 아니한 위법이 있다.

8 공증인이나 촉탁인의 피용자가 유언공증에서 증인이 될 수 있을까?

〈대법원 2014. 7. 25.자 2011스226 결정: 유류분반환 등〉

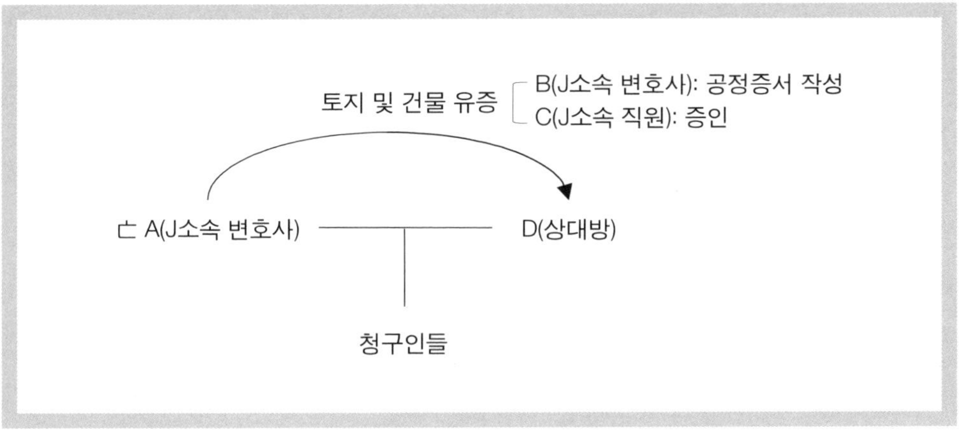

Ⅰ. 사실관계

망 A(이하 '망인'이라 한다)는 공증인가 J합동법률사무소 소속 변호사였다. 같은 법률사무소 소속 변호사인 B는 2006. 12. 11. 망인의 촉탁을 받고 망인 소유의 관철동 토지 및 건물을 처 D(상대방[1]))에게 유증하는 내용의 유언공정증서를 작성하였다. 그리고 위 합동법률사무소 직원인 C가 유언 공증 당시 증인으로 참여하여 공정증서에 기명날인하였다. 망인은 2007. 1. 28. 사망하였는데, 망인의 사망 당시 상속인으로 망인의 아내 D와 망인의 자녀들(청구인들[2]))이 있었다. 청구인들은 망인의 아내인 D를 상대로 이 사건 상속재산분할심판청구를 하였다.[3])

1) 일반 민사소송의 '피고'에 해당. 상속재산분할심판청구 사건에서는 '상대방'이라고 지칭함.
2) 일반 민사소송의 '원고'에 해당. 상속재산분할심판청구 사건에서는 '청구인'이라고 지칭함.
3) 판결문상으로는 명시적으로 나타나 있지 않으나, D는 피상속인의 자녀들의 어머니가 아닌

Ⅱ. 소송경과

이 사건에서 청구인들은, 망인과 같은 법률사무소 소속인 B가 망인의 촉탁을 받아 공증업무를 수행한 것은 촉탁인이 공증인의 자격으로서 자신의 유언을 공증한 것이어서 무효이고, B는 촉탁받은 사항에 관하여 이해관계가 있는 자이기 때문에 이 사건 유언공증업무를 수행할 수 없음에도 불구하고 공증업무를 수행하였으므로 무효이며, 증인결격자 C가 참여했다는 점에서도 무효라고 주장하였다.

원심[4]은, 이 사건 유언공정증서는 작성자가 '공증인가 J합동법률사무소 공증담당 변호사 B'라고 되어 있어 촉탁인 개인인 피상속인과 공증인이 동일인이라거나 동일한 법률적 주체라고 할 수 없으며, 이 사건 합동법률사무소 또는 실제 공증을 담당한 변호사가 이 사건 유증의 대상이 된 부동산에 관하여 별도의 이해관계를 가지지 않는 이상 피상속인이 이 사건 합동법률사무소의 구성원이라는 이유만으로 공증인법 제21조에서 규정하는 이해관계에 있는 자라고 할 수 없다고 하여 이 사건 공정증서가 유효하다고 판단하면서 C의 증인자격도 인정하였다.

Ⅲ. 대상판결의 요지

1. B가 A와 동일인이거나 이해관계자인지 여부

공증인가합동법률사무소에서 공증을 담당하는 변호사가 같은 사무소 소속 변호사의 촉탁으로 공정증서를 작성하는 경우에 구 공증인법(2009. 2. 6. 법률 제9416호로 개정되기 전의 것) 제21조가 규정하는 사유가 있는 때를 제외하고는 단지 같은 사무소 소속 변호사의 촉탁사항이라는 이유만으로 그 직무를 행할 수 없게 되는 것은 아

것으로 추정됨.

4) 서울고등법원 2011. 10. 31.자 2010브61 결정.

니다. 공증인 B가 촉탁인인 피상속인 A와 동일인이라거나 동일한 법률적 주체라고 할 수 없고 나아가 이 사건 유증의 대상이 된 부동산에 관하여 별도의 이해관계를 가지고 있지도 아니하므로, 피상속인 A가 이 사건 합동법률사무소의 구성원이라는 이유만으로 공증인 B에게 구 공증인법 제21조에서 규정하는 제척사유가 있다고 할 수는 없다.

2. C가 증인결격자인지 여부

[1] 민법 제1068조는 공정증서에 의한 유언은 유언자가 증인 2인이 참여한 공증인의 면전에서 유언의 취지를 구수하고 공증인이 이를 필기낭독하여 유언자와 증인이 그 정확함을 승인한 후 각자 서명 또는 기명날인하여야 하는 것으로 규정하고, 민법 제1072조 제2항은 공정증서에 의한 유언에는 공증인법에 의한 결격자는 증인이 되지 못하는 것으로 규정하고, 구 공증인법은 제33조 제3항 제6호, 제7호에서 촉탁인이 참여시킬 것을 청구한 경우를 제외하고는 공증인이나 촉탁인의 피용자 또는 공증인의 보조자 등은 참여인이 될 수 없도록 규정하고 있다. 이에 비추어 보면 공증인이나 촉탁인의 피용자 또는 공증인의 보조자는 촉탁인이 증인으로 참여시킬 것을 청구한 경우를 제외하고는 공정증서에 의한 유언에서 증인도 될 수 없다고 봄이 상당하다(대법원 1992. 3. 10. 선고 91다45509 판결 참조).

[2] 이 사건 공정증서에 의한 유언에 증인으로 참여한 C는 이 사건 합동법률사무소의 직원인바, 그렇다면 C는 구 공증인법 제33조 제3항에 정해진 공증인이나 촉탁인의 피용자 또는 공증인의 보조자일 가능성이 크고, 그럴 경우 촉탁인인 피상속인이 증인으로 참여시킬 것을 청구하지 아니한 이상 이 사건 공정증서에 의한 유언에서 증인이 될 수 없다고 할 것이다. 그런데도 원심은 이에 관하여 심리를 하지 아니한 채 C의 증인 자격을 인정하여 이 사건 공정증서가 유효하다고 판단하였는바, 이는 공정증서에 의한 유언에서의 증인 자격에 관한 법리를 오해하여 필요한 심리를 다하지 아니한 것이다. ☞ 파기환송

IV. 해 설

1. 공증인의 제척사유

구 공증인법 제21조는 공증인은 촉탁인, 그 대리인 또는 촉탁받은 사항에 관하여 이해관계를 가지는 사람의 배우자 또는 친족인 때(친족관계가 끝난 때도 또한 같다)(제1호), 촉탁인 또는 그 대리인의 법정대리인인 때(제2호), 촉탁받은 사항에 관하여 이해관계가 있을 때(제3호), 촉탁받은 사항에 관한 대리인이나 보조인인 때 또는 대리인이나 보조인이었을 때(제4호)에는 그 직무를 행할 수 없도록 규정하고 있다. 이는 공증인의 제척사유에 해당한다. 청구인들은 공증인 B가 이 중 제1호 또는 제3호에 해당한다고 주장하였다. 그러나 같은 합동법률사무소에 근무한다는 이유만으로 A와 B가 동일인이라고 볼 수는 없다. 또한 B가 유증대상 목적물에 관하여 이해관계를 가지지 않는 한 촉탁받은 사항에 관하여 이해관계가 있다고 볼 수도 없다. 즉 공증인가합동법률사무소에서 공증을 담당하는 변호사가 같은 사무소 소속 변호사의 촉탁으로 공정증서를 작성하는 경우 그 자체만으로는 위 제척사유 중 어디에도 해당된다고 볼 수 없다. 따라서 구 공증인법 제21조가 규정하는 사유가 있는 때를 제외하고는 단지 같은 사무소 소속 변호사의 촉탁사항이라는 이유만으로 그 직무를 행할 수 없게 되는 것은 아니라는 대법원의 판단은 타당하다.

2. 유언에서의 증인과 증인결격자

민법은 자필증서에 의한 유언 이외에는 모두 증인을 요구하고 있다. 특히 공정증서에 의한 유언에는 반드시 2명의 증인이 필요하다. 2명의 증인이 참여하지 않은 경우에는 그 공증유언은 효력이 없다.[5] 증인 2명은 유언증서를 작성할 때 처음부터

5) 대법원 2002. 9. 24. 선고 2002다35386 판결.

끝까지 참여하여야 하며, 작성 도중에 참여하거나 도중에 퇴석할 경우에는 무효이다. 또한 증인결격자가 참여한 경우에도 그 유언은 전체가 무효이다. 다만 증인결격자가 참여했더라도 결격자 외에 2명 이상의 증인이 참여한 경우에는 유언의 효력이 있는 것으로 본다.[6]

증인 2인의 참여를 요건으로 하는 이유는 유언이 유언자의 진정한 의사에 따라 성립하였음과 유언공정증서가 유언자의 구수취지에 따라 정확하게 작성되었는지를 증명하기 위함이며,[7] 동시에 공증인의 직권남용을 방지하기 위한 것이다.[8] 유언의 효력이 문제되는 상황은 통상 그 유언을 작성한 본인, 즉 유언자가 사망하고 난 이후이기 때문에 증인의 존재가 매우 중요하다. 증인을 제외하고는 그 유언의 진정 성립을 확인해 줄 사람이 없는 것이다. 이토록 중요한 증인을 아무나 될 수 있게 하면 쉽게 기망이나 착오가 발생할 수 있기 때문에 민법은 증인결격자를 규정하고 있다.

누가 증인결격자인지에 관하여 민법은 미성년자, 피성년후견인, 피한정후견인, 유언에 의하여 이익을 받을 사람 및 그 배우자와 직계혈족을 결격자로 규정하고 있고(제1072조 제1항), 특히 공정증서에 의한 유언의 경우에는 공증인법에 따른 결격자도 증인이 될 수 없다(제1072조 제2항). 그리하여 촉탁인이 참여를 청구한 경우를 제외하고는 미성년자, 시각장애인, 문자를 해득하지 못하는 사람, 서명할 수 없는 사람, 촉탁 사항에 관하여 이해관계가 있는 사람, <u>공증인의 친족, 피고용인 또는 동거인</u>, 공증인의 보조자는 증인이 될 수 없다(공증인법 제33조 제3항). 이처럼 현행 공증인법에 의하면 공증인의 피고용인은 증인결격자이지만 촉탁인의 피고용인은 증인결격자가 아니다. 그러나 구 공증인법에서는 공증인의 피용자뿐 아니라 촉탁인의 피용자도 증인이 될 수 없었다.[9]

---

6) 대법원 1977. 11. 8. 선고 76므15 판결.

7) 주해상속법(제1권), 676~677면(현소혜 집필부분),

8) 주석 민법[상속], 567면(박강민 집필부분).

9) 구 공증인법에서는 촉탁인이 참여시킬 것을 청구한 경우가 아닌 한, 미성년자, 서명할 수 없는 자, 촉탁사항에 관하여 이해관계있는 자, <u>공증인이나 촉탁인 또는 그 대리인의 배우자, 친족, 법정대리인, 피용자 또는 동거인</u>, 공증인의 보조자는 참여인이 될 수 없다고 규정하였다(제33조 제3항).

이 사건의 경우 유언공증의 촉탁인인 피상속인 A와 공정증서를 작성한 B 및 증인으로 참여한 C는 모두 동일한 J합동법률사무소 소속이었다. 피상속인 A와 B는 변호사였고 C는 직원이었다. 그렇다면 C는 공증인의 피용자라고 볼 수도 있고 촉탁인의 피용자라고 볼 수도 있을 것이다. 따라서 이 사건의 경우에는 구 공증인법에 의하든 현행 공증인법에 의하든 증인결격자가 참여한 유언으로서 효력이 없다고 보아야 한다. 만약 공증 당시 피상속인이 C의 참여를 청구하였다면 유언이 유효하게 될 수도 있겠으나, 원심에서 이 부분에 관한 심리가 이루어지지 않았기 때문에 심리미진으로 파기환송된 것이다.

3. 절대적 증인결격자와 상대적 증인결격자

위에서 언급한 것처럼, 미성년자, 시각장애인, 문자를 해득하지 못하는 사람, 서명할 수 없는 사람, 촉탁 사항에 관하여 이해관계가 있는 사람, 공증인의 친족, 피고용인 또는 동거인, 공증인의 보조자는 참여인이 될 수 없다(공증인법 제33조 제3항). 다만 촉탁인이 참여인의 참여를 청구한 경우에는 그러하지 아니하다(공증인법 제33조 제3항 단서). 따라서 공증인법에 의한 결격자라 하더라도 촉탁인이 참여를 청구하면 결격의 흠은 치유된다. 촉탁인이 참여를 원한 경우까지 그것을 금지시킬 이유는 없기 때문이다. 그런데 민법은 미성년자, 피성년후견인, 피한정후견인, 유언에 의하여 이익을 받을 사람 및 그 배우자와 직계혈족을 결격자로 규정하고 있고(제1072조 제1항), 이에 대해서는 어떠한 예외도 인정하고 있지 않다. 즉 이들에 대해서는 설사 촉탁인이 증인으로서 참여할 것을 청구했다 하더라도 허용되지 않는다고 보아야 한다. 따라서 미성년자나 촉탁 사항에 관하여 이해관계가 있는 사람(유언에 의하여 이익을 받을 사람과 유사하다고 볼 수 있다)에 대해 촉탁인이 참여를 청구했다 하더라도 이들이 참여한 유언은 증인결격자가 참여한 것이 되어 무효가 될 것이다. 그렇다면 결국 공정증서에 의한 유언에 있어서는 촉탁인이 참여를 청구해도 증인이 될 수 없는 절대적 증인결격자와 참여를 청구하면 증인이 될 수 있는 상대적 증인결격자로 나누어지게 된다. 이러한 상대적 증인결격자의 가장 대표적인 경우가 바로 공증인의 친족, 피고용인 또는 동거인, 공증인의 보조자이다.

4. 참여 청구의 의미

문제는 참여를 청구하는 것이 적극적으로 참여를 원한다는 의사표시를 해야 하는지 아니면 소극적으로 증인결격자가 참여하는 것에 대해 이의를 제기하지만 않아도 되는 것인지 여부이다. 편의상 전자는 적극적으로 참여 의사를 밝혀야 한다는 점에서 '적극설'이라고 하고, 후자는 소극적으로 이의를 제기하지 않아도 된다는 점에서 '소극설'이라고 칭하겠다. 예컨대 촉탁인이 증인을 대동하지 않아서 공증인이 공증사무소 직원을 증인으로 세우는 것에 대해 촉탁인이 아무런 반대의 의사를 표시하지 않으면 참여를 청구한 것으로 보아 적법한 유언이라고 볼 것이냐의 문제이다. 이에 관해서는 아직 명시적인 대법원 판결은 존재하지 않는다. 다만 하급심에서는 적극적인 의사표시를 해야 한다는 1심 판결[10]에 대해 적극적인 의사표시는 필요 없다고 하면서 1심 판결을 취소한 항소심 판결[11]이 존재한다.

사견으로는 적극설이 타당하다고 생각한다. 이의를 제기하지 않았다는 이유만으로 참여를 청구한 것으로 보는 것은, 일단 '청구'라는 개념의 정의에 맞지 않는다. 청구는 어떤 것을 요구하는 적극적인 의사표시를 뜻하는 것이지 다른 사람이 무엇인가를 하는 것을 단순히 용인하는 것을 의미하지 않는다. 만약 증인결격자가 증인으로 참여하는 데 촉탁인이 아무런 이의를 제기하지 않고 유언 공정증서가 작성된 경우에도 그 유언을 유효하다고 본다면, 실제에 있어서 증인결격자의 참여를 이유로 무효가 될 유언은 존재하기 어렵다. 촉탁인이 명시적으로 참여를 거부하는 의사를 표시하는 데도 공증인이 임의로 증인결격자를 참여시키는 경우는 현실에서 일어나기 어렵기 때문이다. 따라서 소극설은 공증인법상의 증인결격제도를 형해화시키는 주장으로서 받아들이기 어렵다.

---

10) 청주지방법원 2014. 9. 25. 선고 2014가합26078 판결.
11) 대전고등법원 2015. 6. 2. 선고 2014나21350 판결.

5. 유언공증 증인 관련 유의점

일반적으로 유언공증을 하려고 하는 사람들은 유언공증을 위해 증인 2명이 필요하다는 사실을 잘 알지 못하거나, 알더라도 마땅한 사람이 없어서 증인을 데려오지 못하는 경우가 종종 있다. 이런 경우에 공증인이 촉탁인에게 편의를 제공해준다는 생각에서 공증사무소 직원을 증인으로 세우는 경우가 있을 수 있다. 바로 이 사건의 경우이다. 그러나 이렇게 되면 증인결격자가 참여한 것이 되어 그 유언이 무효가 될 수 있음을 유의하여야 한다. 만약 촉탁인 주변에 증인으로 세울만한 사람이 없어서 할 수 없이 공증사무소 직원을 증인으로 세울 수밖에 없을 때에는 반드시 촉탁인에게 그러한 사정을 설명하고 촉탁인으로 하여금 그 직원의 참여를 청구하도록 하여야 한다. 촉탁인이 직접 결격자의 참여를 청구한 경우에는 유효한 유언이 되기 때문이다. 이처럼 촉탁인의 참여 청구 없이 그냥 공증사무소 직원을 증인으로 세움으로 인해 그 유언이 무효가 될 경우, 해당 공증인이나 공증인가 법무법인은 그 유언으로 이익을 얻을 자(수유자)에게 손해배상을 당할 위험도 있을 것이다.

한편 이 사건에서 대법원이 “C는 구 공증인법 제33조 제3항에 정해진 공증인이나 촉탁인의 피용자 또는 공증인의 보조자일 가능성이 크고, 그럴 경우 촉탁인인 피상속인이 증인으로 참여시킬 것을 청구하지 아니한 이상 이 사건 공정증서에 의한 유언에서 증인이 될 수 없다고 할 것이다. 그런데도 <u>원심은 이에 관하여 심리를 하지 아니한 채</u> C의 증인 자격을 인정하여 이 사건 공정증서가 유효하다고 판단하였는바, …”라고 판시하고 있는데, 여기서 원심이 심리를 했었어야 하는 것은 ‘촉탁인 A가 C를 증인으로 참여시킬 것을 청구했는지 여부’이다. 따라서 촉탁인이 증인결격자의 참여를 청구했다는 사정을 반드시 공정증서에 기재하여야만 참여 청구를 했는지 여부에 관한 입증의 문제를 해결할 수 있고 후일의 분쟁을 예방할 수도 있을 것이다.

6. 상속재산분할청구와 유류분반환청구

이 사건은 청구인들이 D를 상대로 상속재산분할을 요구하는 심판을 가정법원에 제기한 것이다. 그러면서 청구인들은 D를 상대로 유류분반환청구의 소를 민사법원에 제기하였다. 이와 관련하여 D는 상속재산분할청구 사건의 재판부가 민사사건인 유류분반환청구 사건을 함께 병행·심리하지 아니한 것을 재항고이유로 삼았다. 그러나 상속재산분할청구 사건은 가사소송법 제2조 제1항 제2호 나.목에 속하는 마류 가사비송사건으로 가정법원의 전속관할이므로, 상속재산분할청구 사건의 재판부가 민사사건인 유류분반환청구 사건을 함께 병행·심리하지 아니한 것에는 아무런 잘못이 없다. 그래서 대법원도 이 점은 재항고이유가 되지 않는다고 판단하였다.

피상속인이 사망했을 때 아직 피상속인의 소유로 되어 있는 상속재산에 대해서는 상속재산분할청구를 하고, 이미 생전증여나 유증을 한 재산에 대해서는 유류분반환청구를 한다. 이럴 경우 실무상으로는 유류분반환청구를 심리하는 민사법원에서는 상속재산분할심판에 대한 결정이 날 때까지 사건을 추정한다. 상속재산분할절차에서 특별수익이나 기여분을 고려한 구체적 상속분이 정해지고 나야만 유류분 부족액을 계산할 수 있기 때문이다.

9 공증인이 유언자 대신 기명날인한 유언장이 유효할까?

〈대법원 2016. 6. 23. 선고 2015다231511 판결: 유언무효확인 등〉

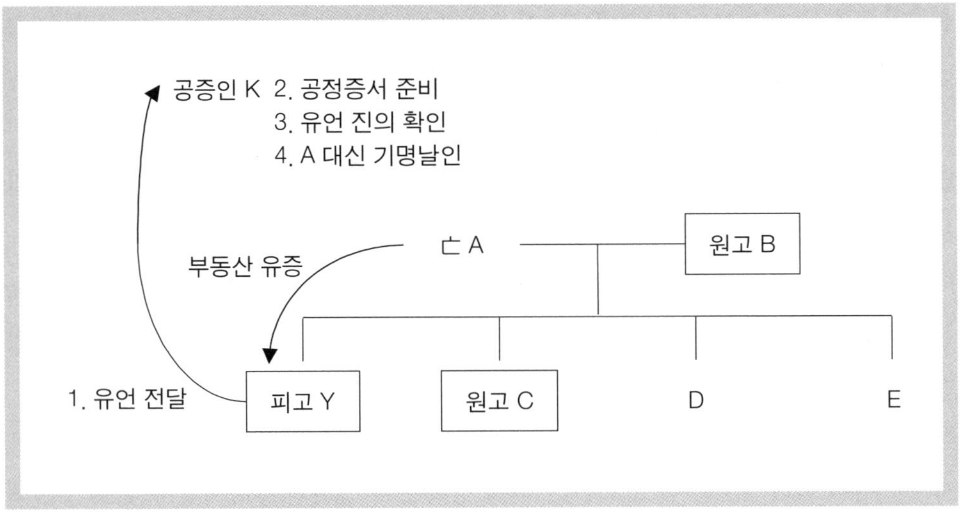

Ⅰ. 사실관계

망 A(이하 '망인'이라고 한다)는 1937. 12. 3.생으로 고혈압 및 당뇨 등을 앓다가 2011. 12. 12. 삼성창원병원 중환자실에 입원한 이후로 병원생활을 계속하던 중 2012. 11. 9. 사망하였다. 망인의 상속인으로 그의 처인 원고 B, 자녀인 피고 Y(장남), 원고 C(차남), D(삼남) 및 E(장녀)가 있다.

망인은 삼성창원병원에 입원하기 전인 2011. 10.경 피고의 처형 친구인 F를 통하여 공정증서에 의한 유언 방식이 있다는 사실을 알았고, 그 당시 F 등에게 장남인 피고에게 이 사건 각 부동산을 넘겨주면 피고가 다른 자녀들에게 도움을 주는 것으로 하면 좋겠다는 내용의 이야기를 한 적이 있었다.

망인은 2011. 12. 12. 삼성창원병원 중환자실에 입원하였는데, 2011. 12. 18. 의식이 거의 명료한 상태였고, 2011. 12. 19.에도 의식이 겨의 명료한 상태였으며, 2011. 12. 20. 23:00 보호자와 함께 운반차를 타고 일반병실인 931호실로 옮겼다. 그러나 이 사건 공정증서가 작성된 날인 2011. 12. 20. 망인의 상태는 대부분 의식수준 5단계[1] 중 기면 상태였고, 묻는 말에 대답을 하나 둔하며, 장소 지남력(자신이 놓여 있는 장소를 올바르게 인식하는 능력)이 흐린 상태에 있었다.

2011. 12. 20. 창원시 소재 공증인가 S법무법인에서 "망인은 별지 목록 기재 각 부동산을 장남인 Y에게 유증한다. 단, Y는 상속등기 후 10년 이내에 차남인 C 및 삼남인 D에게 각 3,000만 원, 딸인 E에게 1,000만 원을 지급한다. 처인 B에게는 B의 사망시까지 매월 말일에 60만 원씩 지급한다."는 내용의 유언공정증서(이하 '이 사건 공정증서'라고 한다)가 작성되었다. 위 공정증서에 의하면, 공증인가 S법무법인의 사무소에서 망인이 증인 F, G의 참여하에 위 사무소의 공증담당변호사인 K의 면전에서 유언의 취지를 구수하였고, 공증인 K가 이를 필기낭독하였으며, 위 증인들이 그 정확함을 승인한 후 서명날인하고, 망인은 그 정확함을 승인하였지만 자필서명이 어려워 공증인 K와 증인들이 그 사유를 부기하고 공증인이 대신 이름을 적고 날인한 것으로 되어 있다.

그런데 실제로는 공증인 K가 망인이 입원 중이던 삼성창원병원 중환자실에 방문하여 이 사건 공정증서를 작성하였으며, 공증인 K는 사전에 망인으로부터 유언 내용을 들은 적이 없고, 다만 피고로부터 유언 내용을 전달받아 그대로 공정증서를 준비하여 망인을 방문하였다. 방문 당시 망인은 오른팔에 수액을 공급받기 위한 주사바늘을 꽂은 채로 힘이 없는 상태로 누워 안정을 취하고 있었다. K 변호사가 이 사건 유언 내용을 개별적으로 읽고 망인에게 맞느냐고 말했을 때 망인은 "예"라고 하면서 고개를 끄덕였다.

---

1) 의식수준 5단계란, 각성(alert), 기면(drowsy), 혼미(stupor), 반혼수(semicoma), 혼수(coma)를 의미한다. 이 중 기면 상태는 심한 졸음이 있는 상태로서 자극을 주면 깨어나지만 곧 잠들어 버리는 상태를 의미한다. Thomas M. Jessell / James H. Schwartz, *Principle of Neural science*, McGraw-Hill(New York, 2000), 901면.

원고들은 위와 같은 방식의 유언은 유언자의 서명 또는 기명날인이 없었으므로 민법 제1068조에 규정된 방식에 위반하였고, 또한 망인의 진정한 의사에 기한 유언이라고 볼 수도 없어 무효라고 주장하며 이 사건 유언무효확인의 소를 제기하였다.

II. 소송경과

1. 1심 판결[2)]

가. 유언취지의 구수 요건 충족 여부

아래와 같은 이 사건 공정증서 작성 경위에 비추어 볼 때 이 사건 공정증서에 의한 유언의 취지가 망인의 진정한 의사에 기한 것으로 보기 어렵다는 이유로, 이 사건 공정증서에 의한 유언은 '유언취지의 구수' 요건을 갖추지 못하였다고 판단하였다.

> ① 망인이 이 사건 공정증서 작성 전날인 2011. 12. 19.에는 의식이 거의 명료하였으나, 이 사건 공정증서가 작성된 날인 2011. 12. 20. 망인의 상태는 기면 상태였고, 묻는 말에 대답을 하나 둔하며, 장소 지남력이 흐린 상태에 있었던 점,
> ② 이 사건 공정증서 상에는 공증인가 S법무법인의 사무소에서 작성된 것으로 되어 있으나, 실제로는 공증인 K가 망인이 입원 중이던 삼성창원병원 중환자실에 방문하여 이 사건 공정증서를 작성하였으며, 공증인 K는 사전에 망인으로부터 유언 내용을 들은 적이 없고, 다만 피고로부터 유언 내용을 전달받아 그대로 공정증서를 준비하여 망인을 방문하였던 점,
> ③ 이 사건 공정증서 작성은 공증인 K가 망인에게 미리 준비하여 간 공정증서의 내용을 낭독한 후 그 내용의 진위를 묻는 방식으로 진행되었는데, 망인은 "예"라고 하면서 고개를 끄덕이기만 하였을 뿐 분명한 의사표시를 한 것으로 보이지 않는 점,
> ④ 이 사건 공정증서의 유언자란에 망인이 직접 서명이나 기명날인을 하지 않고 공증인 K가 망인을 대신하여 서명과 날인을 하였는데, 당시 망인은 팔에 링거주사를 맞고 있었을

2) 창원지방법원 2014. 7. 10. 선고 2013가합3460 판결.

뿐 침대에 양손이 결박된 상태로 있지 않아 의식이 명료하였다면 굳이 공증인에게 서명과 날인을 대신하도록 할 필요가 없었던 점

나. 유언자의 서명 또는 기명날인 요건 충족 여부

이 사건 공정증서에 의한 유언은 공증인 K가 망인을 대신하여 서명과 날인을 하였으므로 민법 제1068조에서 요구하는 '유언자가 서명 또는 기명날인할 것'이라는 요건도 갖추지 못하였다고 판단하였다. 이에 대하여 피고는, 공증인법 제38조 제4항은 '참석자로서 서명할 수 없는 사람이 있으면 그 사유를 증서에 적고 공증인과 참여인이 날인하여야 한다.'고 규정하고 있는바, 이 사건 공정증서 작성 당시 망인이 팔이 떨리고 힘이 없어 제대로 서명하기 힘들어 위 규정에 따라 공증인 K가 망인의 서명을 대신하고 그 취지를 기재한 다음 증인 F, G가 그 취지 기재 부분에 별도로 날인하였으므로, '유언자가 서명 또는 기명날인할 것'이라는 요건을 갖추었다고 주장하였다. 그러나 1심 법원은 다음과 같이 판시하면서 피고의 주장을 배척하였다. "민법 제1068조에서 '유언자의 서명 또는 기명날인'을 공정증서에 의한 유언의 요건으로 정하고 있는 이상, 공증인법 제38조 제4항에 따른 유언자의 서명 불능 사유의 기재 및 공증인과 참여인의 날인으로 유언자의 서명 또는 기명날인을 대신할 수는 없으므로, 피고의 위 주장은 이유 없다."

2. 항소심 판결[3)]

가. 유언취지의 구수 요건 충족 여부

아래와 같은 사정을 종합해보면 피고를 통하여 유언내용을 전달받은 공증인이 망인에게 이 사건 공정증서를 낭독하면서 그 내용에 따른 질문을 하였다고 하더라도 망인은 공증인의 질문에 대하여 예라는 내용의 구술 답변을 하였고, 공증인의 진술에 유도되어 단순히 수긍하는 답변태도를 취한 것으로는 보이지 않는다고 하면서, 이는 유언자의 구수내용을 필기하여 낭독한 것과 다를 바 없으므로 이 사건 공정증

3) 부산고등법원 2015. 7. 23. 선고 2014나21345 판결.

서에 의한 유언은 '유언자의 유언취지의 구수' 요건을 갖추었다고 판단하였다.

> ① 이 사건 유언 내용은 복잡하지 않고 단순하며 망인이 평소 생각한 내용과 크게 다르지 않고, 설령 망인이 이 사건 유언을 할 때 기면상태에 있었다 하더라도 진의를 표시하는 데는 아무런 지장이 없었던 것으로 보이는 점,
> ② 이 사건 공정증서 작성 당일 밤에 망인은 일반 병실로 옮긴 점,
> ③ 이 사건 공증인 등이 공정증서 작성을 위하여 방문한 2011. 12. 20. 오후경 무렵 전후하여 망인이 기면상태에 있었다고 보이나 간호사로부터 질병이나 주의사항 등에 관한 간단한 설명을 들을 수 있는 상태에 있었던 것으로 보이고, 당심 증인 간호사 Z도 망인이 공증인이 읽어주는 유언의 취지 등에 대하여 간단한 대답을 할 수 있었을 것이라고 증언하고 있는 점,
> ④ 망인은 이 사건 공정증서 작성일로부터 10개월 넘어서 사망한 점

나. 유언자의 서명 또는 기명날인 요건 충족 여부

민법 제1068조에서는 유언자가 공정증서에 서명 또는 기명날인하여야 하는 것으로 되어 있고, 공증인법 제38조[4] 제3항 및 제4항은 촉탁인은 서명날인하여야 하고 서명날인할 수 없으면 공증인이 그 사유를 적고 공증인과 참여인이 날인하여야 한다고 규정하고 있다. 즉 '유언자의 서명 또는 기명날인'과 관련하여 민법과 공증인법의 관련 규정이 일견 다르게 규정되어 있어 충돌하고 있는 것처럼 되어 있다. 그런데 공증인법 제38조는 공증인이 증서를 작성할 때에는 기본적으로 이행해야 하는 절차에 관한 일반적인 규정이고, 공정증서에 의한 유언은 공정증서의 작성을 통하여 유언방식이 성립하는 것을 전제로 한 방식이므로, 민법에서 정하는 방식으로서의 요건은 공정증서의 작성 절차의 범위 안에서 이루어져야 한다. 따라서 증서의 작

---

4) 제38조(증서의 작성절차) ① 공증인은 그가 작성한 증서를 모든 참석자에게 읽어 주거나 열람하게 하여 촉탁인 또는 그 대리인의 이의가 없음을 확인하고 그 취지를 증서에 적어야 한다. ② 통역인을 참여시켰을 경우에는 제1항의 절차 외에 통역인에게 증서의 취지를 통역하게 하고 그 취지를 증서에 적어야 한다. ③ 제1항과 제2항에 따라 각각의 취지를 적으면 공증인과 참석자는 각자 증서에 서명날인하여야 한다. ④ 참석자로서 서명할 수 없는 사람이 있으면 그 사유를 증서에 적고 공증인과 참여인이 날인하여야 한다. ⑤ 공증인은 증서가 여러 장으로 이루어지는 경우에는 각 장에 걸쳐 직인으로 간인하여야 한다.

성절차를 규정한 공증인법 제38조와 민법 제1068조는 그 내용이 서로 상반된 것처럼 보이는 면이 있다 하여도 위 기준에 입각하여 서로 조화롭게 해석함이 타당하다. 따라서 위와 같은 관점에서 보면, 민법 제1068조와 공증인법 제38조 제3항 및 제4항을 종합하여 보면, 민법 제1068조에서 “유언자가 ‘서명 또는 기명날인’하여야 한다”고 규정한 부분은 공증인법 제38조 제3항 및 제4항에서 정한 절차에 의하여야 한다는 것을 축약하여 표현한 것으로 봄이 타당하다. 즉 유언자가 서명할 수 없는 경우 공증인과 증인 2명은 그 사유를 적고 날인할 수 있다고 해석함이 타당하다. 위 법리에 비추어 이 사건의 경우를 보건대, 망인은 오른 팔에 주사바늘을 꿉고 있었고 안정을 취해야 하는 관계로 일어나 서명을 할 수 없었던 것으로 보이는 점, 이에 공증인은 공정증서에 유언자가 서명을 할 수 없는 사유를 적고 날인하였고 증인 2명도 날인하였던 점 등을 종합하면, 이 사건 공정증서에 의한 유언은 ‘유언자가 서명 또는 기명날인할 것’이라는 요건을 갖추었다 할 것이다.

Ⅲ. 대상판결의 요지

1. 상고이유 제1점에 관하여: 유언취지의 구수 요건 충족 여부

‘유언취지의 구수’라 함은 말로써 유언의 내용을 상대방에게 전달하는 것을 뜻하므로 이를 엄격하게 제한하여 해석하여야 할 것이지만, 공증인이 유언자의 의사에 따라 유언의 취지를 작성하고 그 서면에 따라 유언자에게 질문을 하여 유언자의 진의를 확인한 다음 유언자에게 필기된 서면을 낭독하여 주었고, 유언자가 유언의 취지를 정확히 이해할 의사식별능력이 있고 유언의 내용이나 유언 경위로 보아 유언 자체가 유언자의 진정한 의사에 기한 것으로 인정할 수 있는 경우에는, 위와 같은 ‘유언취지의 구수’ 요건을 갖추었다고 보아야 한다. 이 사건에서도 비록 공증인이 미리 이 사건 공정증서의 내용을 기재하여 온 다음 이를 낭독하였더라도 유언자의 구수내용을 필기하여 낭독한 것과 다를 바 없으므로, 이 사건 공정증서에 의한 유언에는 '유언자의 유언취지의 구수'가 있었다고 봄이 상당하다.

2. 상고이유 제2점에 관하여: 유언자의 서명 또는 기명날인 요건 충족 여부

민법 제1068조 소정의 '공정증서에 의한 유언'은 유언자가 증인 2인이 참여한 공증인의 면전에서 유언의 취지를 구수하고 공증인이 이를 필기낭독하여 유언자와 증인이 그 정확함을 승인한 후 각자 서명 또는 기명날인하여야 하는데, 유언자의 기명날인은 유언자의 의사에 따라 기명날인한 것으로 볼 수 있는 경우 반드시 유언자 자신이 할 필요는 없다. 망인은 이 사건 유언 당시 오른 팔에 주사바늘을 꿉고 있었고 안정을 취해야 하는 관계로 일어나 이 사건 공정증서에 서명을 할 수 없어, 망인의 의사에 따라 공증인이 그 사유를 적고 망인을 대신하여 이름을 쓰고, 망인의 도장을 날인한 사실이 인정되는바, 위 사실관계를 앞서 본 법리에 비추어 살펴보면, 이 사건 공정증서는 민법 제1068조에 규정한 '유언자의 기명날인'의 요건을 갖추었다고 봄이 상당하다.

Ⅳ. 해 설

1. 대상판결의 논점

대상판결은 공정증서에 의한 유언의 요건과 관련하여 두 가지 중요한 법률적 쟁점을 담고 있다. 첫째는 공증인이 미리 작성한 서면에 따라 망인이 긍정하는 취지의 답변을 한 것만으로 유언의 취지를 구수한 것으로 볼 수 있는지 여부이고, 둘째는 망인이 직접 서명 또는 기명날인을 하지 않고 공증인이 망인을 대신하여 망인의 이름을 적고 날인을 한 경우에도 유언자가 서명 또는 기명날인을 한 것으로 볼 수 있는지 여부이다.

2. 이론적 검토

가. 유언취지의 구수

※ 유언취지의 구수에 관한 학설과 판례 분석은 앞의 대법원 2012. 12. 27. 선고 2011다87259 판결에 대한 해설 부분 참조.

당해 사안에서 공증인 K는 사전에 망인으로부터 유언 내용을 들은 적이 없고, 다만 피고로부터 유언 내용을 전달받아 그대로 공정증서를 준비하였다. 즉 유언자가 스스로 유언의 취지를 서면으로 작성한 것이 아니라 제3자가 유언의 취지를 서면으로 작성한 경우에 해당한다. 이처럼 제3자가 제공한 유언의 취지에 따라 공증인이 공정증서 초안을 미리 만들어 간 후 유언자에게 그 내용의 진위를 묻고 이에 대해 유언자가 "예"라고 하면서 고개를 끄떡이기만 한 경우, 학설에 따르면 유언취지의 구수가 있었다고 보지 않을 것이다. 그러나 유언자가 스스로 유언의 취지를 서면으로 작성한 경우와 제3자가 유언의 취지를 서면으로 작성한 경우를 구분하지 않는 판례에 따를 경우, 예외적인 인정 사유가 존재하는지 여부를 따져 보아야 한다.

1) 공증인이 사전에 전달받은 유언자의 의사에 따라 유언의 취지를 작성한 다음 그 서면에 따라 유증 대상과 수증자에 관하여 유언자에게 질문을 하고 이에 대하여 유언자가 한 답변을 통하여 유언자의 의사를 구체적으로 확인할 수 있어 그 답변이 실질적으로 유언의 취지를 진술한 것이나 마찬가지로 볼 수 있을 것

이 사건에서는 공증인 K가 피고로부터 사전에 전달받은 유언 내용에 따라 유언의 취지를 작성한 다음 그 서면에 따라 유언자 A에게 질문을 하였고 이에 대하여 A가 답변을 하였다. 따라서 이 요건은 일응 충족되었다고 볼 수 있다. 그러나 이에 관해서는 문제가 하나 있다. 공증인이 '사전에 전달받은 유언자의 의사'에 따라 유언의 취지를 작성했는지 여부에 관해서는 주장이나 입증이 이루어지지 않았다는 점이다. 공증인 K는 사전에 A로부터 유언 내용을 들은 적이 없고 다만 피고로부터 유언 내

용을 전달받아 그대로 공정증서를 준비했을 뿐이기 때문에 '사전에 전달받은 유언자의 의사'인지 여부는 확인되지 않았다. 그런데도 이 사건에서는 당사자들이 이 부분을 전혀 문제 삼지 않았고 그 결과 법원도 이 부분에 관하여는 전혀 판단하지 않았다. 이 사건 유언의 내용이 평소 A의 의사와 일치한다는 사실이 변론과정에서 입증되었기 때문에 피고로부터 전달받은 유언 내용이 A의 의사에 따른 것으로 추측할 여지는 있다. 그러나 위에서 사견으로 주장한 것처럼, 피고로부터 전달받은 유언 내용이 유언자의 진정한 의사에 따른 것이었는지 여부는 명확히 입증되어야 한다. 피고가 공증인에게 전달한 유언 내용이 유언장 초안과 같은 어떤 메모의 형태로 된 것이라면, 그것을 피고가 작성한 것인지 아니면 A가 작성한 것인지, 피고가 작성한 것이라면 그것이 A의 의사에 따라 작성한 것인지 여부가 확인되었어야 한다. 피고가 전달한 유언 내용이 서면의 형태가 아닌 구두로 한 경우에도 역시 그러한 방식으로 유언 내용을 전달한 것이 A의 의사에 따른 것인지 여부가 확인되었어야 한다.[5] 이 점을 심리하여 명확하게 사실확인을 하지 않고 넘어간 것은 잘못이라고 생각한다. 설사 유언의 내용이 평소 A가 이야기했던 내용과 유사하고 유언 당시 A가 유언능력이 있었다 하더라도 그것만으로 유언취지의 구수를 함부로 인정해서는 안된다. 앞에서도 언급한 것처럼, 유언취지의 구수 요건과 유언능력 요건은 엄연히 구분되는 것이며, 유언의 방식에 위배된 유언은 설사 그것이 유언자의 진정한 의사에 합치하더라도 무효이기 때문이다.[6] 피고 입장에서는 이 부분을 지적하면서 심리미진 내지는 유언취지의 구수에 관한 법리오해를 재항고이유로 삼았더라면 어땠을까 하는 아쉬움이 있다.

2) 유언자의 의사능력이나 유언의 내용, 유언의 전체 경위 등으로 보아 그 답변을 통하여 인정되는 유언 취지가 유언자의 진정한 의사에 기한 것으로 인정할 수 있을 것

---

5) 이 사건의 1심과 항소심 판결문을 모두 살펴보아도 피고가 공증인 K에게 전달한 유언 내용의 형식이 서면인지 구두인지 여부는 드러나지 않는다.

6) 대법원 2006. 3. 9. 선고 2005다57899 판결 등.

유언자 A는 이 사건 유언 당일 기면 상태였고 묻는 말에 대답을 하나 둔하며 장소 지남력(자신이 놓여 있는 장소를 올바르게 인식하는 능력)이 흐린 상태에 있었다. 그렇지만 이 사건 공정증서 작성 당일 밤에 A를 일반 병실로 옮긴 점, 공정증서 작성 당일에는 간호사로부터 질병이나 주의사항 등에 관한 간단한 설명을 들을 수 있는 상태에 있었던 점, 간호사 Z도 A가 공증인이 읽어주는 유언의 취지 등에 대하여 간단한 대답을 할 수 있었을 것이라고 증언하고 있는 점 등으로 미루어 볼 때, 비록 기면상태에 있었다 하더라도 유언능력은 인정할 수 있을 것으로 보인다.[7] 또한 유언의 내용이 평소 A의 의사와도 일치한다. 따라서 이 두 번째 요건은 인정된다고 볼 수 있다. 그러나 두 번째 요건을 예외적으로 '유언취지의 구수'를 인정하기 위한 요건으로 보는 것은 체계적으로 볼 때 문제가 있다고 생각한다. 유언취지의 구수는 어디까지나 유언의 내용을 말로 전달하는 것으로서 공정증서 유언의 유효성을 판단하기 위한 독립적인 방식에 관한 요건으로서, 유언능력이나 유언자의 진정한 의사와는 구별되는 개념이기 때문이다. 아무리 유언능력이 있더라도 유언취지의 구수는 없을 수 있는 것이고, 아무리 유언 내용이 유언자의 진정한 의사에 부합하더라도 유언취지의 구수는 인정되지 않을 수 있는 것이다. 법정된 요건과 방식에 어긋난 유언은 그것이 유언자의 진정한 의사에 합치하더라도 무효라는 대법원의 입장과 그 이유를 다시 한번 생각해 보아야 한다.

나. 유언자의 서명 또는 기명날인

(1) 민법과 공증인법의 규정

민법은, 공정증서에 의한 유언은 유언자와 증인이 각자 서명 또는 기명날인 하여야 한다고 규정하고 있다(제1068조). 그런데 공증인법은, 공증인과 참석자는 각자 증서에 서명날인하여야 하고, 참석자로서 서명할 수 없는 사람이 있으면 그 사유를 증서에 적고 공증인과 참여인이 날인하여야 한다고 규정하고 있다(제38조 제3항 및 제4

---

7) 대법원은 대체로 '반혼수상태'의 정도에 이른 경우에 의사능력을 부정하는 경향이 있다(대법원 1993. 6. 8. 선고 92다8750 판결; 대법원 1996. 4. 23. 선고 95다34514 판결; 대법원 2000. 12. 12. 선고 2000다49275 판결 등).

항). 이처럼 민법은 유언자 스스로 서명하거나 기명날인하여야 한다고 되어 있는데, 공증인법에서는 유언자가 서명할 수 없으면 그 사유를 적고 공증인과 증인이 날인하면 되는 것으로 하고 있다. 여기서 1심과 항소심의 판단이 나뉘게 된다. 1심에서는 민법의 규정을 우선하여 반드시 유언자 본인이 스스로 자기 이름을 적고 날인해야 한다고 본 것이고, 항소심에서는 민법이 요구하는 유언자의 서명 또는 기명날인은 공증인법에서 정한 절차에 의하여야 한다고 보아 유언자가 서명할 수 없는 경우 공증인과 증인 2명은 그 사유를 적고 날인할 수 있다고 해석한 것이다.

(2) 서명과 기명의 차이점

1심은 서명과 기명의 차이점을 명확히 인식하지 못했던 것으로 보인다. 서명(署名)이란 자기 고유의 필체로 자기의 이름을 제3자가 알아볼 수 있도록 쓰는 것을 말하고, 기명(記名)이란 단순히 이름을 적는다는 의미이다. 따라서 서명은 반드시 본인이 적어야 하지만, 기명은 다른 사람이 대리해서 적거나 워드프로세서로 작성해도 무방하다. 그래서 기명의 경우에는 본인의 진정한 의사를 확인하기 위해 일반적으로 날인이 함께 요구된다. 이 사건의 경우 공증인 K가 유언자의 의사에 따라 유언자를 대신하여 유언자의 이름을 기재했더라도 유언자의 날인이 있으므로 비록 '서명'에는 해당되지 않을지라도 '기명날인'의 요건은 충족되었다고 볼 수 있다.

민법은 서명 또는 기명날인을 요건으로 하고 있고, 공증인법은 서명날인을 요구하면서 유언자가 서명을 못하는 상황을 대비하여 기명날인의 방식을 정한 것으로 보아야 한다. 따라서 기명날인이 유언자의 의사에 따라 이루어졌다면 그것은 민법과 공증인법에 따라 당연히 유효하다. 그래서 이 사건에서 대법원이 "유언자의 기명날인은 유언자의 의사에 따라 기명날인한 것으로 볼 수 있는 경우 반드시 유언자 자신이 할 필요는 없다"고 판시하면서 이 사건 공정증서는 '유언자의 기명날인'의 요건을 갖추었다고 판결한 것이다. 일본에서도 위암이 악화된 유언자가 서명할 수 없는 경우 공증인이 그 사유를 부기하고 대신 서명할 수 있다는 최고재판소 판례가 있다.[8] 학설 역시 기명날인은 반드시 유언자 자신이 할 필요는 없고 유언자가 서명할

---

8) 최고재판소 1962. 6. 8, 집 16-7, 1293면.

수 없을 때에는 공증인이 부기하고 대신할 수도 있다고 하고 있다.[9] 다만 여기서 '대신'하는 것은 서명이 아니라 기명날인이다. 서명은 반드시 본인이 해야 하는 것이며 대신할 수 있는 것이 아니다. 참고로 공정증서에 의한 유언에서는 서명 또는 기명날인을 요구하지만, 자필증서에 의한 유언에서는 성명의 자서와 날인을 요구한다(제1066조). 성명의 자서란 스스로 이름을 적는다는 의미로서 서명과 같은 것으로 볼 수 있다.

(3) 유언자가 날인은 하지 않고 서명만 한 경우

공정증서에 의한 유언을 작성하면서 만약 유언자가 서명만 하고 날인을 하지 않았다면 어떻게 될까? 공증인 앞에서 유언장을 작성하면서 이런 일이 발생할 가능성은 별로 없지만, 유언자가 도장을 가지고 오지 않았고 공증인도 민법에 따르면 유언자의 서명만으로 족하다고 생각해서 이를 간과하는 일이 발생할 여지도 있다. 이런 경우에는 민법에 따라 유효한 유언이라고 해야 할까 아니면 공증인법에 따라 무효라고 해야 할까? 이러한 문제는 민법과 공증인법이 공정증서에 의한 유언의 방식을 다르게 규정하고 있기 때문에 생긴다. 그런데 우리 민법의 모태가 되었던 일본 민법은 공정증서에 의한 유언의 경우에도 유언자가 서명날인할 것을 요구하고 있고 서명날인을 할 수 없는 경우에는 공증인이 그 사유를 부기하고 서명에 갈음할 수 있도록 하고 있다(일본 민법 제969조 제5호). 그리고 일본 공증인법은 일본 민법과 같이 공증인과 열석자의 서명날인을 요구하고 열석자 중에 서명할 수 없는 자가 있는 경우에는 그 취지를 증서에 기재하고 공증인이 날인하도록 하고 있다(일본 공증인법 제39조 제3항 및 제4항). 즉 일본에서는 공정증서에 의한 유언의 방식이 민법이나 공증인법이나 모두 동일하게 규정되어 있어서 문제가 발생하지 않는다.

우리 민법은 1958년 2월 22일에 제정되어 1960년 1월 1일부터 시행되었다. 그리고 민법 제정 당시부터 공정증서에 의한 유언은 유언자와 증인이 각자 서명 또는 기명날인할 것을 요구했다(제1068조). 민법 제정자가 자필증서에 의한 유언과 달리 공정증서에 의한 유언의 경우에 서명날인을 요구하지 않고 서명 또는 기명날인만을

9) 신영호/김상훈/정구태, 464면.

요구했던 것은, 공증인 앞에서 하는 유언이기 때문에 자필증서처럼 엄격하게 서명날인을 요구할 필요는 없다고 생각했기 때문일 것이다. 그런데 그 후인 1961년 9월 23일에 제정되어 같은 날부터 시행된 공증인법에서는 제정 당시부터 공증인과 열석자[10]의 서명날인을 요구했고 서명할 수 없는 자가 있는 경우에는 그 사유를 증서에 기재하고 공증인과 참여인이 날인하도록 했다(제38조 제3항 및 제4항). 공증인법이 공정증서에 의한 유언에 관한 민법의 규정을 고려하지 않고 일본 공증인법을 그대로 받아들인 결과 발생한 입법상의 오류라고 생각된다. 이 문제를 해결하기 위해서는 우리 민법을 일본 민법처럼 공증인법과 일치하도록 개정하는 것이 궁극적으로는 바람직할 것이다. 그러나 그러한 개정이 이루어지기 전까지 해석론상으로는 공증인법이 민법보다 나중에 제정되었다는 점(신법 우선의 원칙), 민법이 일반법이라면 공증인법은 공증에 한정된 법이라는 점(특별법 우선의 원칙)에서 공증인법상의 보다 엄격한 요건을 충족해야만 유효한 것으로 보아야 하지 않을까 생각된다.[11] 이처럼 공증인이 유언자의 날인을 받지 않음으로 인해 당해 유언이 무효가 될 경우에는 그 유언으로부터 이익을 얻었을 사람, 즉 수유자로부터 손해배상을 당하게 될 위험이 높다.

3. 대상판결의 의의

대상판결은 ① 공증인이 미리 작성한 서면에 따라 망인이 긍정하는 취지의 답변을 한 것만으로 유언의 취지를 구수한 것으로 볼 수 있다는 종래 판례의 태도를 재확인하면서, ② 망인이 직접 서명 또는 기명날인을 하지 않고 공증인이 망인을 대신하여 망인의 이름을 적고 날인을 한 경우에도 유언자가 기명날인을 한 것으로 볼 수 있다고 최초로 판단하였다는 점에서 의의가 있다. 위 ②의 판단은 타당성이 인정되지만, 위 ①의 판단에 대해서는 의문이 없지 않다.

---

10) 제정 당시 공증인법에서는 일본 공증인법을 모방하여 '참석자'가 아닌 '열석자'라고 표현하였다.

11) 그러나 다수 견해는 민법의 규정에 따라 서명 또는 기명날인 중 어느 한쪽만 있으면 유효하다고 본다. 주석 민법[상속], 570면(박강민 집필부분); 주해상속법(제1권), 679면(현소혜 집필부분).

당해 사안은 유언자가 스스로 유언의 취지를 서면으로 작성한 것이 아니라 제3자가 유언의 취지를 서면으로 작성한 경우에 해당하므로, 사안에서 유언이 유효하기 위해서는 종래 판례가 설시해 온 2가지 예외적 요건(㉠ 공증인이 사전에 전달받은 유언자의 의사에 따라 유언의 취지를 작성한 다음 그 서면에 따라 유증 대상과 수증자에 관하여 유언자에게 질문을 하고 이에 대하여 유언자가 한 답변을 통하여 유언자의 의사를 구체적으로 확인할 수 있어 그 답변이 실질적으로 유언의 취지를 진술한 것이나 마찬가지로 볼 수 있을 것, ㉡ 유언자의 의사능력이나 유언의 내용, 유언의 전체 경위 등으로 보아 그 답변을 통하여 인정되는 유언 취지가 유언자의 진정한 의사에 기한 것으로 인정할 수 있을 것)이 충족되어야 한다.

그런데 위 ㉠과 관련하여 이 사건에서는 공증인이 '사전에 전달받은 유언자의 의사'에 따라 유언의 취지를 작성했는지 여부에 관해서는 아무런 주장이나 입증이 이루어지지 않았다. 그럼에도 이 사건에서는 당사자들이 이 부분을 전혀 문제 삼지 않았고 그 결과 법원도 이 부분에 관하여는 전혀 판단하지 않았다. 대상판결이 이 점을 심리하여 명확하게 사실확인을 하지 않고 넘어간 것은 잘못이라고 생각한다.

한편, 판례가 위 ㉡의 요건을 예외적으로 '유언취지의 구수'를 인정하기 위한 요건으로 보는 것은 체계적으로 볼 때 문제가 있다고 생각한다. 유언취지의 구수는 어디까지나 유언의 내용을 말로 전달하는 것으로서 공정증서 유언의 유효성을 판단하기 위한 독립적인 방식에 관한 요건으로서, 유언능력이나 유언자의 진정한 의사와는 구별되는 개념이기 때문이다. 법정된 요건과 방식에 어긋난 유언은 그것이 유언자의 진정한 의사에 합치하더라도 무효라는 대법원의 입장과 그 이유를 다시 한 번 생각해 보아야 한다.

Ⅴ. 참조판례: 대법원 2002. 10. 25. 선고 2000다21802 판결

1. 사실관계

유언자가 사지마비로 인해 직접 유언공정증서에 서명할 수 없는 상태였기 때문에 증인 중 한 사람이 유언자의 손에 필기구를 쥐어주고 그 손을 잡고 같이 서명을 한 사안에서, 대법원은 다음과 같이 판시하였다.

2. 판결 요지

“유언 당시 병원 중환자실에 입원 중이던 유언자의 의사전달능력은 있었으나 수술에 의하여 기관지가 절개된 상태였기 때문에 말을 하기 위해서는 절개 부분에 삽입된 의료기구를 제거하고 절개된 부분을 막아야만 쉰 목소리로 발음을 할 수 있었을 따름이고, 또 유언과 동시에 유언의 취지와 다소 모순되게 액면금 2억 원의 약속어음을 소송수계신청인에게 발행·교부하였다면, 과연 공정증서에 기재된 내용과 같이 제대로 된 유언의 구수가 있었는지에 관해서 강력한 의심이 들뿐만 아니라, 가사 유언의 구수가 있었다고 하더라도, … <u>다른 사람이 사지가 마비된 유언자의 손을 잡고 공정증서 말미용지에 서명과 날인을 하게 한 행위만으로는 유언자의 서명날인이 있다고 할 수도 없으므로</u>, 위 요건 중 ‘유언자가 서명 또는 기명날인할 것’이라는 요건도 갖추지 못하였다 할 것이다.”

3. 해 설

다른 사람이 대신 유언자의 이름을 적고 날인한 것은 유효하다고 보면서도 다른 사람이 유언자의 손을 잡고 서명과 날인을 하게 하는 것은 무효라고 보는 것은 다소 모순된 느낌이 있다. 물론 다른 사람이 유언자를 대신해서 이름을 적는 것은 분명히 기명에 해당하지만, 다른 사람이 유언자의 손을 잡고 서명을 하게 하는 것은 기명이나 서명 어느 것으로 보기에도 어색한 것이 사실이다. 그러나 이것은 '서명'과 '기명'에 관한 개념의 문제라기보다는 기본적으로 그러한 행위가 유언자의 의사에 따른 것이었는지 여부에 관한 문제라고 생각된다. 유언자의 의사임이 분명한 경우에는 설사 다른 사람이 기명날인을 하든, 유언자가 서명, 날인하는 것을 다른 사람이 도와주든 유효한 것으로 보아야 할 것이다. 이 사건에서 대법원이 유언장을 무효라고 본 것은, 유언 당시 유언자의 상태가 온전하지 못하여 그러한 유언이 유언자의 진의에 의한 것인지 여부가 불분명하다는 점이 반영된 것이라 생각된다.

10 보험회사의 승낙 없이 유언으로 보험계약자 지위를 변경할 수 있을까?

〈대법원 2018. 7. 12. 선고 2017다235647 판결: 보험금〉

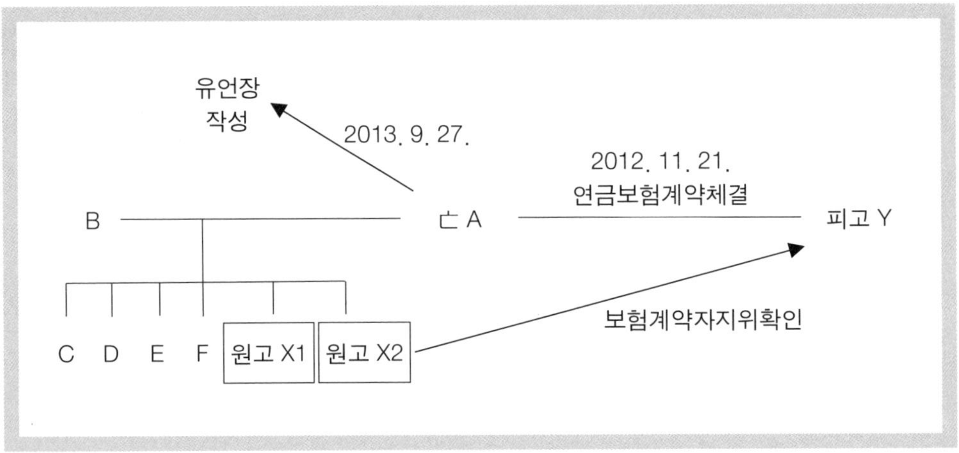

Ⅰ. 사실관계

망 A(이하 '망인'이라고만 함)는 2012. 11. 21. 보험회사(보험자)인 피고 Y와 두 개의 연금보험(이하 순서대로 '제1 연금보험', '제2 연금보험'이라 하고, 통칭할 때에는 '제1, 2 연금보험'이라 한다)계약을 체결하고, 그 무렵 피고 Y에게 제1 연금보험료 694,600,000원을, 제2 연금보험료 496,600,000원을 전액 일시불로 지급하였다. 제1, 2 연금보험은 ① 각 피보험자인 원고 X1이 만 50세, 원고 X2가 만 49세에 이를 때까지 생존하면, 피고 Y가 보험계약자이자 보험수익자인 망인에게 매월 일정액의 연금(제1 연금보험에서 정한 연금은 약 200만 원, 제2 연금보험에서 정한 연금은 약 150만 원이다)을 지급하고, ② 피보험자가 사망하면 법정상속인에게 '7,000만 원(제1 연금보험) 또는 5,000만 원(제2 연금보험)과 사망 당시 연금계약 책임준비금[1])을 합산한 금액'을 지급하는 보험이다. 제1, 2 연금보험 약관 제6조는 계약내용의 변경 등에 관하여 다음과 같이 정하고 있다.

> (1) 계약자는 회사의 승낙을 얻어 다음 사항(1호: 기본보험료, 2호: 계약자, 3호: 기타 계약의 내용)을 변경할 수 있다. 이 경우 승낙을 서면으로 알리거나 보험증권(보험가입증서)의 뒷면에 기재해 준다(제1항). 계약자는 보험수익자를 변경할 수 있으며 이 경우에는 회사의 승낙을 요하지 않는다. 다만 계약자가 보험수익자를 변경하는 경우 회사에 통지하지 않으면 변경 후 보험수익자는 그 권리로써 회사에 대항하지 못한다(제2항).
> (2) 회사는 계약자가 제1항 제1호에 의하여 기본보험료를 감액하고자 할 때에는(상속연금형의 종신형에 한함) 그 감액된 부분은 해지된 것으로 보며, 이로 인하여 회사가 지급하여야 할 해지환급금이 있을 때에는 제16조(해지환급금) 제1항에 따라 이를 계약자에게 지급한다(제3항). 계약자가 제2항에 따라 보험수익자를 변경하고자 할 경우에는 보험금의 지급사유가 발생하기 전에 피보험자의 서면에 의한 동의가 있어야 한다(제4항).

한편, 망인이 사망하기 전인 2013. 9. 27. 공증인가 법무법인 사명 증서 2013년 제○○○○호로 유언공정증서(이하 '이 사건 유언공정증서'라 한다)가 작성되었다. 이 사건 유언공정증서에는 망인이 원고 X1을 유언집행자로 지정하고, 피고 Y에 가입한 무배당 즉시 연금보험금[보험증권번호: (보험증권번호 1 생략), 피보험자: 원고 X1]을 원고 X1에게, 무배당 즉시 연금보험금[보험증권번호: (보험증권번호 2 생략), 피보험자: 원고 X2]을 원고 X2에게 유증한다고 기재되어 있고, 제1, 2 연금보험의 보험증권 사본이 첨부되어 있다. 망인은 2014. 2. 2. 사망하였고, 상속인으로는 배우자인 B와 자녀들인 C, D, E, F 및 원고들이 있다. 피고 Y는 2014. 3.경부터 원고들에게 제1, 2 연금보험에 따른 연금보험금을 매월 지급하였다.

---

1) 책임준비금이란 보험사업자(보험회사)가 장래의 보험금지급 청구, 해약금 등 계약상 책임이행을 위하여 회사내부에 적립하는 금액을 말한다. 이것은 장래에 있을 채무에 대하여 보험자가 적립하는 적립금 또는 보증금이라고 볼 수 있으며, 보험회사에 특유한 법정(法定) 의무적립금의 하나이다. 대차대조표 상에 부채로서 계상된다(보험업법 제98조). 책임준비금은 고객이 낸 수입보험료에서 적립하는데, 보험사업자는 이 돈을 항상 가지고 있어야 하며, 그 준비 정도를 지급여력비율이라고 한다. 네이버 지식백과 https://terms.naver.com/entry.nhn?docId=72557&cid=43667&categoryId=43667

II. 소송경과

원고들은 망인이 사망한 이후 피고 Y에게 제1, 2 연금보험의 계약자를 원고들로 변경해 줄 것을 요청하였는데 피고 Y가 이를 거절하자, 원고들은 '이 사건 유언공정증서에 따라 원고들에게 이루어진 유증(이하 '이 사건 유증'이라 한다)의 대상은 이 사건 각 연금보험계약 자체이므로, 망인의 유증에 따라 원고들이 이 사건 각 연금보험의 계약자 지위에 있다'고 주장하면서 보험계약자지위의 확인을 구하는 이 사건 소를 제기하였다.

이에 대하여 1심은, 이 사건 유증의 대상은 이 사건 각 연금보험 그 자체로서 각 연금보험계약상 지위라고 봄이 상당하고, 이 사건과 같이 특정유증으로 각 연금보험의 계약상 지위가 그대로 특정인에게 이전되는 경우에는 이 사건 유증에 따른 각 연금보험계약상 지위의 이전에 피고의 승낙이 필요하지 않다고 판시하면서 원고들의 청구를 인용하였다.[2] 그러나 항소심은, 망인이 원고들에게 유증한 재산은 연금보험계약상의 계약자 지위 그 자체가 아니라 각 연금보험계약에 기초한 연금보험금 청구권이고, 유증의 자유나 재산처분의 자유를 보장하기 위하여 일반적인 계약인수와 달리 유증에 의한 계약자 지위의 이전에는 보험계약의 상대방인 보험자의 동의나 승낙이 필요하지 않다고 해석하기는 어렵다는 이유로 원심판결을 취소하고 원고들의 청구를 기각하였다.[3]

III. 대상판결의 요지

[1] 생명보험은 피보험자의 사망, 생존 또는 사망과 생존을 보험사고로 하는 보험으로(상법 제730조), 오랜 기간 지속되는 생명보험계약에서는 보험계약자의 사정에

2) 서울중앙지방법원 2016. 1. 8. 선고 2015가합534383 판결.
3) 서울고등법원 2017. 5. 16. 선고 2016나2008501 판결.

따라 계약 내용을 변경해야 하는 경우가 있다. 생명보험계약에서 보험계약자의 지위를 변경하는 데 보험자의 승낙이 필요하다고 정하고 있는 경우, 보험계약자가 보험자의 승낙이 없는데도 일방적인 의사표시만으로 보험계약상의 지위를 이전할 수는 없다.

[2] 보험계약자의 신용도나 채무 이행능력은 계약의 기초가 되는 중요한 요소일 뿐만 아니라 보험계약자는 보험수익자를 지정·변경할 수 있다(상법 제733조). 보험계약자와 피보험자가 일치하지 않는 타인의 생명보험에 대해서는 피보험자의 서면동의가 필요하다(상법 제731조 제1항, 제734조 제2항). 따라서 보험계약자의 지위 변경은 피보험자, 보험수익자 사이의 이해관계나 보험사고 위험의 재평가, 보험계약의 유지 여부 등에 영향을 줄 수 있다. 이러한 이유로 생명보험의 보험계약자 지위 변경에 보험자의 승낙을 요구한 것으로 볼 수 있다.

[3] 유증은 유언으로 수증자에게 일정한 재산을 무상으로 주기로 하는 단독행위로서 유증에 따라 보험계약자의 지위를 이전하는 데에도 보험자의 승낙이 필요하다고 보아야 한다. 보험계약자가 보험계약에 따른 보험료를 전액 지급하여 보험료 지급이 문제 되지 않는 경우에도 마찬가지이다. 유언집행자는 유증의 목적인 재산의 관리 기타 유언의 집행에 필요한 행위를 할 권리·의무가 있다. 유언집행자가 유증의 내용에 따라 보험자의 승낙을 받아서 보험계약상의 지위를 이전할 의무가 있는 경우에도 보험자가 승낙하기 전까지는 보험계약자의 지위가 변경되지 않는다.

☞ 상고기각

IV. 해 설

1. 대상판결의 논점

대상판결의 논점은, ① 이 사건 유증의 대상이 연금보험수급권인지 아니면 보험계약자의 지위 그 자체인지 여부와, ② 유증에 의한 계약자 지위의 변경에도 계약

상대방의 승낙이 필요한지 여부이다.

2. 이론적 검토

가. 유증의 대상이 계약자의 지위 그 자체인지 여부

이 쟁점에 관하여 1심은, 다음과 같은 사정에 비추어 연금보험계약상 지위 그 자체가 유증의 대상이라고 판단하였다.

① 이 사건 유언공정증서에는 유증의 대상으로 상단에 "연금보험금"이라고 기재되어 있으나, 바로 그 하단에 이 사건 각 연금보험에 관한 "보험증권, 연금보험, 보험증권번호, 피보험자"가 상세하게 기재되어 있고, 이 사건 각 연금보험에 관한 보험증권 사본이 그대로 첨부되어 있다.
② 이 사건 각 연금보험의 내용에 따르면, 망인이 일시불로 납입한 보험료에 기초하여 피보험자인 원고들의 생존시 망인이 매월 일정액의 연금을 지급받고 원고들의 사망시 원고들의 법정상속인이 사망보험금을 지급받게 되며, 계약해지시 망인이 해지환급금을 받게 된다. 이와 같이 이 사건 각 연금보험에 관한 권리는 망인 또는 원고들이 가지고 있으므로, 이를 각각의 피보험자에게 유증을 한 원고는 이 사건 각 연금보험 자체를 이전하려는 의사를 가지고 있다고 봄이 상당하다.
③ 만일 피고의 주장과 같이 이 사건 각 연금보험계약상 지위는 망인의 상속인들에게 귀속되고, 이 사건 각 연금보험에 따른 보험금만 원고들에게 귀속된다고 본다면, 이 사건 각 연금보험에 따른 보험금이 원고들 또는 원고들의 법정상속인에게 지급되는데, 망인의 상속인들이 이 사건 각 연금보험계약을 해지할 경우에는 그 해지환급금이 망인의 상속인들에게 분할귀속되는 결과가 된다. 이는 망인의 사망 전후 이 사건 각 연금보험에 따른 권리의 귀속자가 변경되는 것으로서 이 사건 유증을 한 망인의 의사에는 부합하지 않는다.
④ 이 사건 유언공정증서에 따른 유증에서 배제된 망인의 장녀 C는 원고들을 비롯한 망인의 상속인에 대하여 이 사건 각 연금보험이 원고들에게 귀속됨을 전제로 상속재산분할심판을 청구하였다.

이 사건에서 원고들이 그냥 연금보험금을 받으면 될텐데 굳이 보험계약자의 지위에 서고자 했던 이유는, 연금보험계약을 해지하고 일시금으로 해지환급금을 받고 싶었기 때문일 것으로 짐작된다. 즉 원고들 입장에서는 보험수익자의 지위를 버리고 보험계약자의 지위를 얻어야 할 충분한 필요성은 존재한다. 그러나 다음과 같은 이유에서 1심의 판단은 타당하지 않다고 생각한다.

① '연금보험금'과 '보험계약자의 지위' 자체는 엄연히 구분되는 것이어서 다른 합리적인 사정이 인정되지 않는다면 연금보험금을 연금보험계약의 계약자 지위로 해석하는 것은 문언에 반한다.

② 연금보험에 관한 권리는 여러 가지가 있을 수 있는데, 보험계약자로서의 권리와 보험수익자로서의 권리가 대표적이다. 보험계약자는 보험수익자를 지정 또는 변경할 수 있는 권리와 보험계약 자체를 해지하고 해지환급금을 받을 수 있는 권리가 있다. 반면 보험수익자는 보험계약 자체를 변경하거나 해지할 수는 없고 단지 보험사고가 발생했을 때 보험계약에 정해진 바에 따른 보험수익을 받을 권리가 있다. 이 중 보험계약자로서의 권리는 망인이 가지고 있는 것이 분명하다. 그리고 보험수익자로서의 권리도 원칙적으로는 망인이 가지고 있지만, 피보험자인 원고들의 사망시 원고들의 법정상속인이 사망보험금을 지급받게 되어 있으므로 이 경우에는 원고들의 법정상속인이 보험수익자로서의 권리를 가진다. 즉 원고들 자신은 이 사건 보험계약상 어떠한 권리도 가지고 있지 않다. 다만 망인이 유언을 통해 원고들에게 연금보험금을 유증한 것이다. 따라서 이 사건 각 연금보험의 내용상 연금보험에 관한 권리를 망인 또는 원고들이 가지고 있으므로 이를 각각의 피보험자에게 유증한 원고가 이 사건 각 연금보험 자체를 이전하려는 의사를 가지고 있다고 본 1심의 판단은 옳지 않다.

③ 1심은, 연금보험계약상 지위는 망인의 상속인들에게 귀속되고 보험금만 원고들에게 귀속된다면 망인의 상속인들이 연금보험계약을 해지할 경우 그 해지환급금이 망인의 상속인들에게 분할귀속되는 결과가 되어 부당하다고 한다. 그러나 민법 제547조 제1항은 '당사자의 일방 또는 쌍방이 수인인 경우에는 계약의 해지나 해제는 그 전원으로부터 또는 전원에 대하여 하여야 한다'고 규정하고 있으므로, 계약의 일방 당사자가 사망하였고 그에게 여러 명의 상속인이 있는 경우에 그 상속인들이 위 계약을 해제하려면, 상속인들 전원이 해제의 의사표시를 하여야 한다.[4] 따라서 보험계약자의 지위 자체가 원고들을 포함한 망인의 상속인들에게 공동 상속되었다고 하더라도 다른 상속인들이 원고들의 의사를 배제하고 이 사건 각 연금보험계약을 해제 또는 해지할 수는 없다.

4) 대법원 2013. 11. 28. 선고 2013다22812 판결.

④ 상속재산분할심판청구를 할 때 이 사건 각 연금보험이 원고들에게 귀속됨을 전제로 했다고 하여 그것이 유증의 대상이 보험계약자의 지위 그 자체라고 볼 근거가 될 수는 없다. 망인이 연금보험금을 원고들에게 유증했기 때문에 상속재산분할심판청구를 할 때 그것을 원고들의 특별수익으로 넣고 구체적 상속분을 계산한 것일 뿐이다.

결론적으로 이 사건 유증의 대상은 유언장에 기재된 문언대로 '연금보험금' 즉 연금보험금에 관한 권리인 연금보험수급권인 것이지 보험계약자의 지위가 아니라고 보아야 한다.

나. 계약자 지위 변경을 위해 상대방의 승낙이 필요한지 여부

이 쟁점에 관하여 1심은 다음과 같은 이유로 이 사건 유증에 따른 연금보험계약상 지위의 이전에는 피고의 승낙이 필요하지 않다고 판단하였다.

① 보험수익자의 변경과 달리 계약자의 변경에 피고의 승낙을 요하는 것은 계약자 변경으로 말미암아 피고의 계약상 지위가 불리하게 변경될 수 있기 때문이다. 그런데 이 사건과 같이 특정유증으로 연금보험의 계약상 지위가 그대로 특정인에게 이전되는 경우에는 피고의 계약상 지위가 불리하게 변경되었다고 볼 수 없다.
② 이와 같은 경우에도 피고의 승낙이 있어야만 계약자의 지위가 변경될 수 있다고 본다면 결과적으로 망인의 사유재산 처분과 유언의 자유를 제한하게 되어, 이 부분 약관조항은 약관의 규제에 관한 법률 제6조 제2항 제1호에 따라 고객에게 부당하게 불리한 조항으로서 무효라고 보아야 한다.

그러나 다음과 같은 이유에서 1심의 판단은 타당하지 않다고 생각한다.

① 연금보험 약관 제6조는 계약내용의 변경에 관하여, 피고의 승낙 없이 보험수익자를 변경할 수 있는 것과 달리(제2항), 보험계약자는 피고의 승낙을 얻어야 변경할 수 있다고 명시(제1항)하고 있다. 보험계약자의 신용도나 채무 이행능력은 계약의 기초가 되는 중요한 요소일 뿐만 아니라 보험계약자는 보험수익자를 지정 · 변경할 수 있다(상법 제733조). 따라서 보험계약자의 지위 변경은 보험자가 해당 보험계약을 유지할 것인지 여부를 결정하

는 데에 영향을 줄 수 있다. 이러한 이유로 보험계약자 지위 변경에 보험자의 승낙을 요구한 것으로 볼 수 있다. 이처럼 보험계약자를 변경하기 위해서는 보험자의 승낙을 얻어야 한다는 규정을 둔 근본적인 취지가 설사 보험계약자의 변경으로 인해 피고의 계약상 지위가 불리해지는 경우를 막기 위한 것이라 할지라도, 모든 사건마다 보험계약자의 변경으로 인해 피고가 불리해지는지 그렇지 않은지를 따져서 피고의 승낙 요부를 달리하는 것은 거래의 안전을 해치고 약관의 획일성에도 맞지 않는다. 그러므로 이 사건처럼 보험계약자가 보험계약에 따른 보험료를 전액 지급하여 보험료 지급이 문제 되지 않는 경우라고 해서 달리 해석할 수는 없다고 본다.

② 보험계약자의 변경에 피고의 승낙을 필요로 한다고 하여 망인이 자신의 재산을 처분하는 것과 유언을 하는 것에 장애가 생긴 것은 아니다. 만약 망인이 진정으로 보험계약자의 지위를 원고들에게 이전시켜주고 싶었다면 생전에 피고에게 계약자 변경을 요구했으면 될 일이다. 그런데 망인은 그렇게 하지 않고 유언으로 연금보험금을 원고들에게 유증했다. 즉 망인은 연금보험금을 받을 수 있는 권리를 자유롭게 유언으로 이전시킨 것이다. 그러므로 이 부분 약관조항이 약관의 규제에 관한 법률 제6조 제2항 제1호에 따라 고객에게 부당하게 불리한 조항으로서 무효라는 1심의 판단 역시 타당하지 않다.

결론적으로 유증에 의해 보험계약자의 지위를 변경하는 경우에도 보험자의 승낙이 있어야만 보험계약자가 변경된다고 보아야 한다. 그리고 보험계약자가 보험계약에 따른 보험료를 전액 지급하여 보험료 지급이 문제 되지 않는 경우라도 달리 볼 수 없는 것이다.

3. 소 결

처분문서는 그 성립의 진정함이 인정되는 이상 법원은 그 기재 내용을 부인할 만한 분명하고도 수긍할 수 있는 반증이 없으면 처분문서에 기재된 문언대로 의사표시의 존재와 내용을 인정하여야 한다. 당사자 사이에 법률행위의 해석을 둘러싸고 다툼이 있어 처분문서에 나타난 당사자의 의사해석이 문제 되는 경우에는 문언의 내용, 법률행위가 이루어진 동기와 경위, 법률행위로써 달성하려는 목적, 당사자의 진정한 의사 등을 종합적으로 고찰하여 논리와 경험칙에 따라 합리적으로 해석하여야 한다.[5] 그렇다면 이 사건 유증의 대상은 유언장에 기재된 문언대로 '연금보험금' 즉 연금보험금에 관한 권리인 연금보험수급권이라고 보아야 한다. 그리고 이 사건 연금보험약관에 기재된 대로 보험자인 피고의 승낙이 있어야만 보험계약자가 변경되는 것인데, 이 사건의 경우 보험계약자의 변경에 피고가 승낙한 바가 없으므로 유언만으로 보험계약자가 변경되었다고 할 수는 없다. 결국 대상판결의 결론이 타당하다고 생각한다.

4. 관련 판례

망 A(이하 '망인'이라 한다)가 2007. 10. 10. 보험회사인 피고와 종신형 변액연금보험계약(이하 '이 사건 보험계약'이라 한다)을 체결하면서 일시납 보험료로 10억원을 납부하였다. 이 사건 보험계약상 피보험자는 망인의 손녀이자 원고의 딸인 B였고, 보험수익자는 망인의 며느리이자 원고의 아내인 C였다. 그 후 망인은 2011. 1. 14. '이 사건 보험계약에 대한 수익자를 원고로 지정한다.'는 취지의 공정증서에 의한 유언(이하 '이 사건 유언'이라 한다)을 작성하였다. 망인은 2014. 1. 14. 사망하였는데, 사망 당시 상속인으로는 아들인 원고 이외에 3명의 딸들이 있었다. 망인이 사망하자 원고는 "이 사건 유언에서 망인의 진정한 의사는 보험계약자의 지위를 포함하여 보험에 관한 모든 권리를 원고에게 승계시켜주려는 것이었으므로, 이 사건 보험계약상의 계약자 지위는 원고에게 상속되었다."고 주장하면서 보험계약자의 명의를 원고로 변경해줄 것을 청구하였다.[6] 이에 대하여 서울고등법원은, 공정증서상에 기재된 '보험수익자'의 지위가 아니라 '보험계약자'의 지위를 원고에게 이전할 의사로 유언했다고 볼 수 없다고 판단하면서 원고의 청구를 기각하였다.[7] 그 이유에 관한 설시를 요약하면 다음과 같다.

---

5) 대법원 2002. 6. 28. 선고 2002다23482 판결; 대법원 2017. 2. 15. 선고 2014다19776, 19783 판결 등 참조.

6) 당시 원고의 목적은, 연금보험계약을 해지하고 일시금으로 해지환급금을 받는 것이었다.

7) 서울고등법원 2015. 6. 11. 선고 2014나2047786 판결. 이 판결에 대해서는 패소한 원고가 상고를 포기하여 확정되었다.

① 보험수익자와 보험계약자는 법률상, 사실상 구분되는 지위 내지 용어인데, 엄격한 절차에 따라 공정증서가 작성된 점을 고려하면 그와 같이 작성된 공정증서상의 기재 내용인 '보험수익자'를 '보험계약자'로 보거나 이를 포함한 것으로 보기 어렵다.
② 피고는 망인의 상속인들간의 합의하에 이 사건 보험계약의 계약자를 변경하여 줄 수 있을 것으로 보이나, 원고를 포함한 망인의 상속인들간에 재산상속에 관하여 다툼이 있는 상황에서는 엄격한 절차에 따라 작성된 이 사건 공정증서를 그 문구와 달리 해석하는 것에 신중을 요하고 충분한 근거가 있어야 한다.
③ 망인은 생전행위를 통해서도 원고를 위 보험계약의 계약자로 충분히 지정할 수 있었다.

5. 대상판결의 의의

대상판결은, 생명보험계약에서 보험계약자의 지위를 변경하는 데 보험자의 승낙이 필요하다고 정한 경우, 보험계약자가 보험자의 승낙 없이 유언이라는 일방적인 의사표시만으로 보험계약상의 지위를 이전할 수 있는지 여부에 관하여 대법원이 처음으로 명확한 판단을 내린 점에서 의미가 크다고 할 수 있다. 특히 이 사건처럼 보험료를 일시금으로 지급하였고 보험계약자를 변경하더라도 보험자의 이해관계에 별다른 영향이 없는 경우라 하더라도 보험약관의 문언에 따라 보험계약자의 지위를 변경하기 위해서는 보험자의 승낙이 필요하다고 본 것은 약관의 획일적 해석이라는 관점에서 수긍할 만하다.

11 유언의 집행에 관한 소송에서는 누가 당사자적격이 있을까?

〈대법원 2010. 10. 28. 선고 2009다20840 판결: 소유권이전등기말소〉

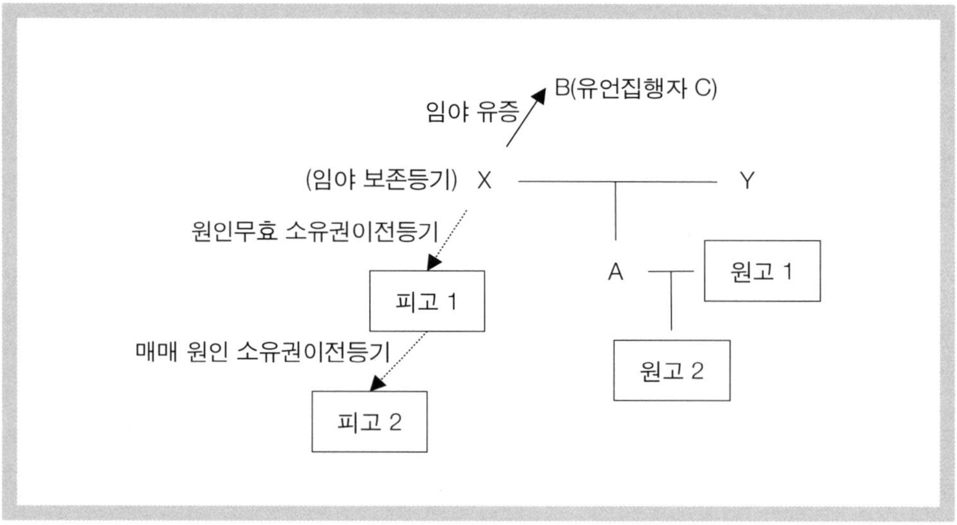

Ⅰ. 사실관계

X는 1953년에 이천시 소재 임야 3,570㎡(이하 '이 사건 임야'라 한다)에 대한 보존등기를 마쳤다. 그런데 구 부동산 소유권이전등기 등에 관한 특별조치법(1977. 12. 31. 법률 제3094호, 실효, 이하 '이 사건 특별조치법'이라 한다)에 의하여 1981. 6. 13. 피고 1 앞으로 소유권이전등기가 마쳐졌다. 그 후 1985. 2. 6. 매매를 원인으로 피고 2 앞으로 순차 소유권이전등기가 마쳐졌다. 그러나 이 사건 임야에 관한 피고 1 명의의 소유권이전등기는 아무런 원인행위 없이 마쳐진 무효의 등기였다.

X는 1967. 8. 21. 사망하면서 유족으로 처 Y와 아들 A를 남겼고, Y도 1992. 8. 3. 사망하여 A가 Y의 상속분을 다시 상속하였다. A는 2000. 4. 27. 유족으로 처 원고 1

과 자녀 원고 2를 남기고 사망하였다. 그런데 A는 사망하기 전인 1997. 1. 16. 이 사건 임야를 B에게 유증하는 한편 그 유언의 집행을 위하여 C를 유언집행자로 지정하였다.

Ⅱ. 소송경과

A의 상속인인 원고들은 피고들을 상대로 위 소유권이전등기의 말소를 구하는 이 사건 소를 제기하였다. 1심[1]과 항소심[2]에서는, 이 사건 특별조치법에 의해 피고 1 앞으로 마쳐진 소유권이전등기가 원인무효이므로 그 후 피고 2 앞으로 순차로 마쳐진 소유권이전등기 역시 무효라고 하면서 원고들의 청구를 인용하였다. 이에 피고들이 상고하였는데 상고심이 계속 중인 상태에서 유언집행자 C는 해임되었다.

Ⅲ. 대상판결의 요지

[1] 유언집행자는 유증의 목적인 재산의 관리 기타 유언의 집행에 필요한 모든 행위를 할 권리의무가 있으므로, 유증 목적물에 관하여 마쳐진, 유언의 집행에 방해가 되는 다른 등기의 말소를 구하는 소송에 있어서는 유언집행자가 이른바 법정소송담당으로서 원고적격을 가진다고 할 것이고, 유언집행자는 유언의 집행에 필요한 범위 내에서는 상속인과 이해상반되는 사항에 관하여도 중립적 입장에서 직무를 수행하여야 하므로, 유언집행자가 있는 경우 그의 **유언집행에 필요한 한도에서** 상속인의 상속재산에 대한 처분권은 제한되며 그 제한 범위 내에서 상속인은 원고적격이 없다.

[2] 민법 제1095조는 유언자가 유언집행자의 지정 또는 지정위탁을 하지 아니하거나 유언집행자의 지정을 위탁받은 자가 위탁을 사퇴한 때에 한하여 적용되는 것

1) 서울중앙지방법원 2007. 10. 31. 선고 2007가단24 판결.
2) 서울중앙지방법원 2009. 2. 3. 선고 2007나35373 판결.

이므로, 유언자가 지정 또는 지정위탁에 의하여 유언집행자의 지정을 한 이상 그 유언집행자가 사망·결격 기타 사유로 자격을 상실하였다고 하더라도 상속인은 민법 제1095조에 의하여 유언집행자가 될 수는 없다.

[3] 유증 등을 위하여 유언집행자가 지정되어 있다가 그 유언집행자가 사망·결격 기타 사유로 자격을 상실한 때에는 상속인이 있더라도 유언집행자를 선임하여야 하는 것이므로, 유언집행자가 해임된 이후 법원에 의하여 새로운 유언집행자가 선임되지 아니하였다고 하더라도 유언집행에 필요한 한도에서 상속인의 상속재산에 대한 처분권은 여전히 제한되며 그 제한 범위 내에서 상속인의 원고적격 역시 인정될 수 없다.

[4] 원심판결 중 원고들에 대한 부분을 파기하고, 그 부분 제1심판결을 취소한다. 이 사건 소를 각하한다.

IV. 해 설

1. 유언의 집행에 관한 소송에서 누가 당사자가 되는가?

소송에서 당사자가 될 수 있는 자격을 당사자적격이라고 한다. 당사자적격을 권한의 면에서 파악하면 소송수행권이 된다. 이는 민법상의 관리처분권에 대응하는 개념이다. 일반적으로는 소송의 승패에 관하여 법률상 이해관계를 가진 자가 정당한 당사자이다. 자신의 권리관계에 관한 소송에서는 그 권리관계의 주체인 자가 대표적인 이해관계인이므로 정당한 당사자가 되는 것이 보통이다.[3] 그런데 권리관계의 주체 이외의 제3자가 당사자적격을 갖는 경우가 있는데, 이 경우를 제3자 소송담당이라 한다. 제3자가 소송수행권(관리처분권)을 갖는 경우이다. 소송담당자는 다른 사람의 권리관계에 관하여 소송을 수행하지만, 자기의 이름으로 소송수행을 하는

3) 정동윤/유병현/김경욱, 232~233면.

사람이기 때문에 다른 사람의 이름으로 소송을 수행하는 대리인이 아니다. 제3자 소송담당 중에 권리관계의 주체인 사람의 의사에 관계없이 제3자가 법률의 규정에 의해 소송수행권을 갖는 경우를 법정소송담당이라고 한다. 법정소송담당은 다시 제3자가 권리관계의 주체인 사람과 함께 소송수행권을 갖는 경우(병행형)와, 제3자가 권리관계의 주체인 사람에 갈음하여 배타적으로 소송수행권을 갖는 경우(갈음형)으로 나뉜다. 병행형의 대표적인 경우가 채권자대위소송을 하는 채권자이고, 갈음형의 대표적인 경우가 바로 유언에 관한 소송에서의 유언집행자이다.[4] 민법은 "유언집행자는 유증의 목적인 재산의 관리 기타 유언의 집행에 필요한 행위를 할 권리의무가 있다"고 하여 유언집행자의 소송수행권을 인정하고 있다(제1101조). 판례도 "유언의 집행을 위하여 지정 또는 선임된 유언집행자는 유증의 목적인 재산의 관리 기타 유언의 집행에 필요한 행위를 할 권리의무가 있으므로, 유언의 집행에 방해가 되는 유증 목적물에 경료된 상속등기 등의 말소청구소송 또는 유언을 집행하기 위한 유증 목적물에 관한 소유권이전등기 청구소송에 있어서 유언집행자는 이른바 법정소송담당으로서 원고적격을 가진다고 봄이 상당하다."고 판시하고 있다.[5] 그리고 대상 판결이 판시한 것처럼 유언집행자가 있는 경우 그의 유언집행에 필요한 한도에서 상속인의 상속재산에 대한 처분권은 제한되며 그 제한 범위 내에서 상속인은 원고적격이 없기 때문에 오직 유언집행자만이 당사자적격을 갖게 된다.

이 사건은 상속재산인 임야에 관하여 피고들 앞으로 아무런 원인 없이 소유권이전등기가 마쳐졌다. 따라서 유언을 집행하기 위하여 피고들을 상대로 위 소유권이전등기의 말소를 구하는 소를 제기하여야 하는 사건이다. 이 때 누가 정당한 원고가 될 수 있느냐가 문제이다. 이 사건에서는 상속인들이 원고가 되어 소를 제기하였다. 그러나 유언의 집행에 관하여는 유언집행자만이 당사자적격이 있으므로 상속인들이 아니라 유언집행자인 C가 원고가 되어 이 사건 소를 제기하였어야 했다. 따라서 이 사건 소는 당사자적격이 없는 자에 의해 제기되어 부적법하다.

---

4) 정동윤/유병현/김경욱, 236~237면.
5) 대법원 1999. 11. 26. 선고 97다57733 판결.

2. 유언집행자가 해임된 경우에는 누가 당사자가 되는가?

유언집행자에는 지정유언집행자, 법정유언집행자, 선임유언집행자가 있다. 지정유언집행자는 유언자가 유언으로 지정한 자이다(제1093조). 상속인이나 수유자도 지정유언집행자가 될 수 있다. 지정유언집행자가 없는 경우에는 상속인이 유언집행자가 된다(제1095조). 이를 법정유언집행자라 한다. 유언집행자가 없거나 유언집행자가 사망이나 결격 등으로 인해 없게 된 때에는 이해관계인의 청구에 의하여 가정법원이 유언집행자를 선임한다(제1096조). 이를 선임유언집행자라 한다.

그런데 이 사건처럼 지정유언집행자가 해임된 경우에는 제1095조에 따라 상속인이 유언집행자가 되는지 아니면 제1096조에 따라 법원이 유언집행자를 선임하여야 하는지 문제된다. 민법 제1095조는 유언자가 유언집행자를 지정하지 않은 때에 한하여 적용되는 것으로서, 유언자가 일단 유언집행자를 지정함으로써 지정유언집행자가 있는 경우에는 법정유언집행자가 존재할 가능성이 없게 된다. 즉 유언자가 유언집행자를 지정하였으나 그 지정유언집행자가 해임되어 없게 된 경우에는 '유언집행자가 기타 사유로 인하여 없게 된 때'에 해당하여 제1096조에 따라 법원이 유언집행자를 선임하여야 한다.

그리하여 대상 판결 역시 "상고심 계속 중에 유언집행자인 C가 해임되었다고 하더라도 원고들이 민법 제1095조에 의하여 유언집행자가 될 수는 없으며, 유언집행자가 해임된 이후 법원에 의하여 새로운 유언집행자가 선임되지 아니하였다고 하더라도 그 동안에 상속인인 원고들에게 원고적격이 인정되는 것도 아니"라고 하였다. 이에 따르면 결국 상속인들은 법원에 새로운 유언집행자의 선임을 청구하여 새로이 선임된 유언집행자로 하여금 이 사건 소를 제기하도록 해야 한다.

3. 유언의 집행이 완료된 경우에는 누가 당사자가 되는가?

만약 유언의 내용에 따라 유증의 목적물이 수유자에게 이전되어 유언의 집행이 완료된 상태에서 그 유증 목적물의 반환 내지는 유언무효확인의 소를 제기해야 할 필요가 있을 때는 누구를 상대로 소를 제기해야 할까? 예를 들어 유언에 따라 유증 목적물인 부동산의 소유권이 수유자에게 이전되었는데 상속인이 유언무효확인의 소나 소유권이전등기의 말소등기청구의 소를 제기하고자 할 때에는 등기명의자인 수유자를 상대로 해야 하는지 아니면 유언집행자를 상대로 해야 하는지 문제된다.

유언집행자가 유언에 관한 소송에서 배타적인 당사자적격을 보유하는 것은 임무가 종료되지 않아 유언집행자로서의 지위가 유지되는 것을 전제로 한 것이다. 유언집행자는 "유증의 목적인 재산의 관리 기타 **유언의 집행에 필요한 행위**를 할 권리의무를 가지는 자"이므로(민법 제1101조), 그 임무 범위는 어디까지나 유언집행에 필요한 행위를 하는 것으로 한정되고, 유언집행이 종료되면 그 임무가 종료되어 유언집행자로서의 지위가 소멸되는 것으로 보아야 한다. 민법은 유언집행자의 법적 지위를 상속인의 대리인으로 보면서, 유언집행자의 관리처분권 또는 상속인과의 법률관계에 대해서는 위임의 규정을 준용하고 있다(민법 제1103조, 제1103조 제2항). 일반적으로 유언집행자의 임무종료원인으로는 유언집행자의 사망, 결격사유의 발생, 사퇴, 해임과 더불어 유언집행의 종료가 당연한 사유로 설명되고 있고,[6] 이는 유언집행자와 상속인의 관계에 위임의 규정을 준용하고 있는 민법의 태도와도 부합한다. 유언집행에 관한 수임인이라고 할 수 있는 유언집행자가 유언집행을 종료하게 되면 그 임무가 종료하여 수임인으로서의 지위도 당연히 소멸하는 것으로 보는 것이 위임의 법률관계에 비추어 타당하다. 유언집행이라는 임무가 종료되었음에도 불구하고 언제까지나 유언집행자의 지위가 유지된다고 볼 수 없고, 유언집행이 종료한 이후 유증의 목적물에 관한 소송이 제기되었다고 하여 소멸한 유언집행자의 지위가 다시 부활한다고 볼 근거도 없다. 결국 유언집행이 종료한 이후 유언집행의 근거가 된 유언의 효력 여부를 다투는 소를 제기하는 경우에는, 확인의 소의 일반 법리에 따라 유언 집행의 효과로 유증 목적물을 현재 보유하고 있는 수유자를 상대로 하는 것이 옳다.

서울고등법원 2016. 9. 2. 선고 2015나2068735 판결 역시 이와 같은 견해를 취하

6) 지원림, 『민법강의(제20판)』, 홍문사(2023), 1674면.

고 있다. 판결 요지는 다음과 같다. "유언집행자의 권리의무의 범위는 유증의 목적인 재산의 관리 기타 유언의 집행에 필요한 행위에 한정되므로, 유언집행자는 유언집행을 완료함으로써 그 임무가 종료되고 유언집행자로서의 지위를 상실한다. 따라서 유언집행이 종료된 이후에는 유언집행자가 유증재산에 대한 관리처분권을 상실하므로, 유증재산과 관련한 소송절차에서 당사자적격을 갖지 아니한다."[7)]

4. 보론: 유언집행자가 수인인 경우 유증의무의 이행을 구하는 소송은 유언집행자 전원을 피고로 해야 하는가?

고유필수적 공동소송은 소송의 공동이 법률상 강제되고 또 합일확정의 필요가 있는 소송이다. 즉 여러 사람에게 소송수행권(실체법상의 관리처분권)이 공동으로 귀속되어 여러 사람이 공동으로 원고나 피고가 되지 않으면 당사자적격을 잃어 부적법해지는 경우이다.[8)] 여러 사람의 파산관재인처럼 관리처분권이 여러 사람에게 합유적으로 귀속되는 경우가 대표적이다.[9)] 유언집행자가 수인인 경우도 이와 마찬가지로 보아야 한다. 즉 상속인이 유언집행자가 되는 경우를 포함하여 유언집행자가 수인인 경우에는, 유증 목적물에 대한 관리처분권은 유언의 본지에 따른 유언의 집행

7) 이 사건의 1심은 "상속인 중 일부가 다른 상속인들을 상대로 유언 및 그에 따른 유증의 효력을 다투는 소송에 있어서는 유언집행자가 이른바 법정소송담당으로서 당사자의 지위에 있고, 그에 필요한 한도에서 상속인의 상속재산에 대한 처분권이 제한되므로 상속인에게 피고적격이 없다"고 하면서 유언집행자가 아니라 상속인을 상대로 유언무효확인의 소를 제기한 것은 피고적격이 없는 자를 상대로 한 것이어서 부적법하다고 판단하였다(서울중앙지방법원 2015. 11. 3. 선고 2014가합560651 판결). 위 고등법원 판결에 대해서는 상고가 제기되었으나 심리불속행 기각으로 판결이 확정되었다(대법원 2016. 12. 27. 선고 2016다252126 판결).

8) 정동윤/유병현/김경욱, 1049, 1055면.

9) 대법원 2008. 4. 24. 선고 2006다14363 판결: "파산재단에 속하는 재산의 관리처분권은 파산자로부터 이탈하여 파산관재인에게 전속하게 되고, 파산재단에 관한 소송에 있어서는 파산관재인이 원고 또는 피고가 되므로, 파산관재인이 여럿인 경우에는 법원의 허가를 얻어 직무를 분장하였다는 등의 특별한 사정이 없는 한 그 여럿의 파산관재인 전원이 파산재단의 관리처분권을 갖고 있기 때문에 파산관재인 전원이 소송당사자가 되어야 하므로 그 소송은 필수적 공동소송에 해당한다."

이라는 공동의 임무를 가진 수인의 유언집행자에게 합유적으로 귀속되고, 그 관리처분권 행사는 과반수의 찬성으로써 합일하여 결정하여야 하므로, 유언집행자가 수인인 경우 유언집행자에게 유증의무의 이행을 구하는 소송은 유언집행자 전원을 피고로 하는 고유필수적 공동소송이다.[10]

---

10) 대법원 2011. 6. 24. 선고 2009다8345 판결: 수인의 유언집행자 중 1인만을 피고로 하여 유증의무 이행을 구하는 소송을 제기한 사안에서, “유언집행자 지정 또는 제3자의 지정 위탁이 없는 한 상속인 전원이 유언집행자가 되고, 유증의무자인 유언집행자에 대하여 민법 제1087조 제1항 단서에 따라 유증의무의 이행을 구하는 것은 유언집행자인 상속인 전원을 피고로 삼아야 한다.”고 판결하였다.

12 유언집행자의 해임사유의 판단기준

〈대법원 2011. 10. 27.자 2011스108 결정: 유언집행자의 해임〉

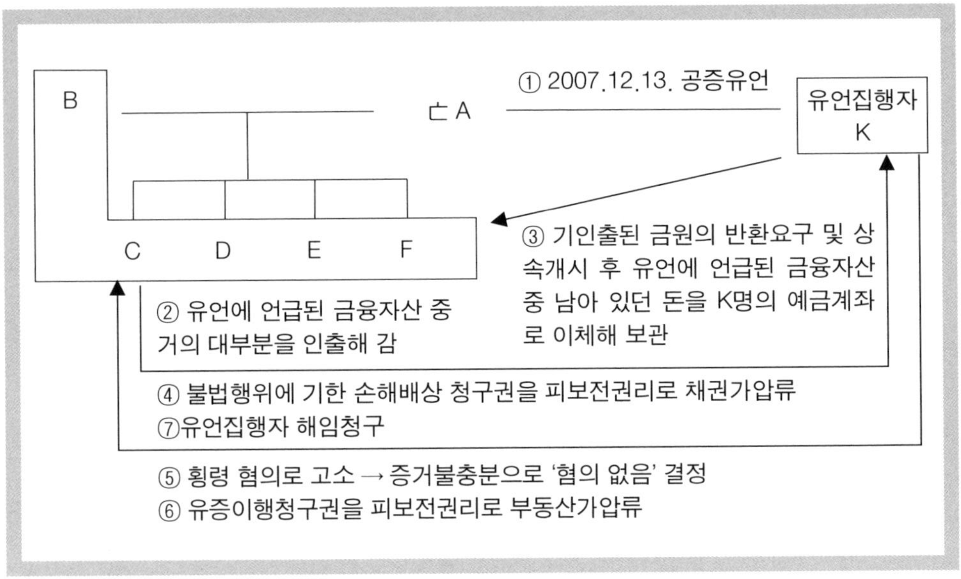

Ⅰ. 사실관계

피상속인인 망 A(사건본인, 이하 '망인'이라 한다)는 2007. 12. 25. 사망하였고, 상속인으로는 처 B와 그 자녀들인 C, D, E, F(청구인들)가 있다. 망인은 2007. 12. 13. 상속인들에게 유산을 분배하고 유언집행자로 K(참가인)를 지정하는 내용의 공증유언을 하였다. 상속개시 이후 참가인은 위 유언에서 언급된 금융자산 중 거의 대부분이 이미 인출되었음을 알게 되었다. 참가인은 청구인들에 대하여 기인출된 금원의 반환을 요구하면서 아직 인출되지 않고 남아있던 약 1억 2,300만 원 정도에 대하여는 참가인의 우리은행 예금계좌로 이체시켜 이를 보관하였다.

그러자 B와 청구인들은 2008. 6. 10. 참가인을 상대로 불법행위에 기한 손해배상 청구권을 피보전권리로 한 1억 2,000만 원의 채권가압류 결정을 받았다. 이에 참가인은 청구인들을 횡령 혐의로 고소하고 청구인들에 대하여 참가인의 우리은행 예금계좌에 보관 중인 금원에 대한 유언에 따른 분배도 거절하였다. 참가인의 청구인들에 대한 고소에 대하여 검찰이 2008. 10. 17. 증거불충분을 이유로 '혐의없음' 결정을 하자, 참가인은 같은 달 22일 청구인들을 상대로 유증이행청구권을 피보전권리로 하여 부동산가압류 신청을 하였고, 같은 달 30일 가압류결정을 받았다.

II. 소송경과

청구인들은 참가인이 유언집행자로서 임무를 해태하거나 적당하지 않은 사유가 있다고 주장하면서 이 사건 유언집행자해임청구를 하였다. 이에 대하여 원심은, 참가인은 청구인들에 대해 소송과 고소를 하는 등으로 인하여 상속인들 전원의 신뢰를 얻고 있지 못한 점, 유언집행자가 자신의 예금계좌에 보관하고 있는 금원의 분배를 거절하는 것은 부당하다고 보이는 점 등에 비추어, 참가인에게는 유언집행자로서 적당하지 않은 사유가 있다고 하면서 참가인을 유언집행자의 지위에서 해임하는 결정을 하였다.[1)]

III. 대상판결의 요지

지정 또는 선임에 의한 유언집행자에게 임무해태 또는 적당하지 아니한 사유가 있는 때에는 법원은 상속인 기타 이해관계인의 청구에 의하여 유언집행자를 해임할 수가 있으나(민법 제1106조), 유언집행자는 유증의 목적인 재산의 관리 기타 유언의

1) 수원지방법원 2011. 4. 18.자 2010브75 결정.

집행에 필요한 모든 행위를 할 권리의무가 있을 뿐만 아니라(민법 제1101조) 유언의 집행에 필요한 범위 내에서는 상속인과 이해상반되는 사항에 관하여도 중립적 입장에서 직무를 수행하여야 하므로, 유언집행자가 유언의 해석에 관하여 상속인과 의견을 달리한다거나 혹은 유언집행자가 유언의 집행에 방해되는 상태를 야기하고 있는 상속인을 상대로 유언의 충실한 집행을 위하여 자신의 직무권한 범위에서 가압류신청 또는 본안소송을 제기하고 이로 인해 일부 상속인들과 유언집행자 사이에 갈등이 초래되었다는 사정만으로는 유언집행자의 해임사유인 '적당하지 아니한 사유'가 있다고 할 수 없으며, 일부 상속인에게만 유리하게 편파적인 집행을 하는 등으로 공정한 유언의 실현을 기대하기 어려워 상속인 전원의 신뢰를 얻을 수 없음이 명백하다는 등 유언집행자로서의 임무수행에 적당하지 아니한 구체적 사정이 소명되어야 한다.

Ⅳ. 해 설

1. 유언집행자의 법적 지위

지정 또는 선임에 의한 유언집행자는 상속인의 대리인으로 본다(제1103조 제1항). 이는 유언집행자의 행위의 효과가 상속인에게 귀속됨을 정한 것일 뿐 유언집행자가 상속인의 의사에 따라 유언을 집행해야 함을 의미하는 것이 아니다. 그리하여 유언집행자는 유언의 집행에 필요한 범위 내에서는 상속인과 이해상반되는 사항에 관하여도 중립적 입장에서 직무를 수행해야 한다.[2)]

2. 유언집행자의 해임

유언집행자가 그 임무를 해태하거나 적당하지 아니한 사유가 있는 때에는 가정법

2) 대법원 2001. 3. 27. 선고 2000다26920 판결.

원은 상속인 그 밖의 이해관계인의 청구에 의하여 유언집행자를 해임할 수 있다(제1106조). 지정유언집행자인가 가정법원이 선임한 유언집행자인가를 가리지 않는다. 해임은 그 사유가 있을 때에 한하여 할 수 있고, 가정법원이 재량으로 해임여부를 결정할 수 없다.[3] 해임의 정당한 사유에 해당한다고 주석서에서 들고 있는 유형은 다음과 같다.[4]

① 유언집행자가 유증을 받은 자의 이익을 무시한 채 상속인의 뜻에 따라 유증대상 재산을 매우 싼 값에 처분하는 경우
② 상속재산에 속하지 아니하는 상속인의 재산을 정당한 이유 없이 상속인에게 인도하지 않는 경우
③ 상속재산인 건물의 차임지급을 최고하는 의무가 있을 때 이를 게을리하는 경우
④ 유언이 강박에 따른 것이라고 주장하면서 임무수행을 거절하는 경우
⑤ 사무처리보고를 하지 않은 경우

해임심판절차에는 해임이 청구된 유언집행자를 절차에 참가시켜야 한다(규칙 제84조 제2항). 청구를 기각한 심판에 대하여는 청구인이 즉시항고를 할 수 있고(규칙 제27조), 청구를 인용한 심판에 대하여는 해임되는 유언집행자가 즉시항고를 할 수 있다(규칙 제84조 제3항).

3. 이 사건의 경우

망인의 유언에 따라 공동상속인들에게 분배되어야 할 금융자산 대부분이 인출되어 청구인들이 보관 중이라면 유언집행자로서는 위 유언의 충실한 집행을 위해 자신이 소송당사자가 되어 직접 청구인들에게 그 반환을 구하는 소를 제기하거나 가압류 등 보전조치를 취할 권한과 의무가 있다고 볼 수 있다. 나아가 기인출된 예금채권의 규모와 청구인들 각자가 보관 중인 금원의 내역 등이 정확히 파악되지 않고

3) 실무제요 가사[II], 1124면.
4) 주석 민법[상속], 674면(박강민 집필부분).

서는 유언의 취지대로 각 수증자들에게 분배 또는 반환받을 액수를 확정할 수 없는 점에서도 참가인이 유언집행자의 지위에서 보관 중인 위 예금채권에 대한 청구인들의 분배요구를 거절하였다고 하여 이를 임무해태 내지 불공정한 직무수행으로 보기도 어렵다. 따라서 유언집행자인 참가인이 유언의 집행에 방해되는 상태를 야기하고 있는 청구인들을 상대로 유언의 충실한 집행을 위하여 가압류신청 또는 본안소송을 제기하고 이로 인해 상속인인 청구인들과 사이에 갈등이 초래되었다는 사정만으로는 유언집행자를 해임하기에 정당한 사유라고 볼 수 없다.

13 유증받은 토지를 제3자가 무상으로 사용하고 있으면 차임을 요구할 수 있을까?

〈대법원 2018. 7. 26. 선고 2017다289040 판결: 추심금〉

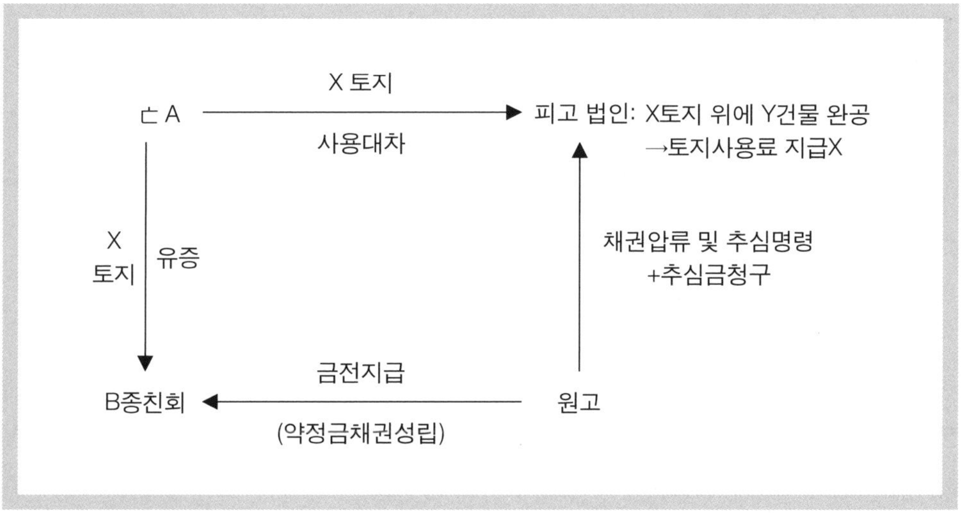

Ⅰ. 사실관계

유언자 A는 1971. 10. 16. 피고 사회복지법인(이하 '피고 법인'이라 한다)을 설립하여 이사장으로 재직하면서 피고 법인을 운영하였다. 피고 법인은 A 소유이던 X 토지 위에 1987. 7. 31. 피고 법인 소유의 Y 건물을 완공하고도 A에게 X 토지의 사용료를 지급하지 않았다. A는 1994. 6. 13. X 토지를 B 종친회에 유증한 후 1999. 11. 1. 사망하였고, 2001. 4. 11. X 토지에 관하여 B 종친회 앞으로 위 유증을 원인으로 한 소유권이전등기가 마쳐졌다.

원고는 B 종친회에 대한 약정금채권을 지급받기 위하여 B 종친회의 피고 법인에 대한 부당이득반환채권에 관해 채권압류 및 추심명령을 받고, 이에 따라 제3채무자인 피고 법인을 상대로 이 사건 추심금청구의 소를 제기하였다. 피고 법인이 B 종친회 소유의 X 토지를 점유 사용하였으므로 B 종친회에 대하여 부당이득반환채무를 진다는 것이다.

II. 소송경과

피고 법인은, A가 생전에 X 토지를 무상으로 사용하는 것을 허락하였고, 수증자인 B 종친회는 민법 제1085조에 규정된 것처럼 X 토지에 관한 피고 법인의 권리를 소멸시키는 청구를 할 수 없다고 주장하였다.

1심과 원심은 다음과 같은 이유로 피고 법인의 주장을 배척하였다. ① B 종친회가 X 토지의 소유권을 취득하기 전까지는 피고 법인이 X 토지를 무상으로 사용해 온 것으로 볼 여지가 있으나, 그렇게 본다고 하더라도 피고 법인이 새로운 소유자에게 A에 대한 무상사용권을 가지고 대항할 수 없다. ② 민법 제1085조는 수증자가 유증의무자에게 제3자의 권리소멸을 청구하지 못한다는 것일 뿐 대항력 없는 제3자인 피고 법인에 대한 수증자측의 권리행사를 제한하는 규정이 아니다.[1)]

III. 대상판결의 요지

민법 제1085조는 "유증의 목적인 물건이나 권리가 유언자의 사망 당시에 제3자의 권리의 목적인 경우에는 수증자는 유증의무자에 대하여 그 제3자의 권리를 소멸시킬 것을 청구하지 못한다."라고 규정하고 있다. 이는 유언자가 다른 의사를 표시하지 않는 한 유증의 목적물을 유언의 효력발생 당시의 상태대로 수증자에게 주는 것이 유언자의 의사라는 점을 고려하여 수증자 역시 유증의 목적물을 유언의 효력발

1) 서울남부지방법원 2017. 4. 11. 선고 2016가단26611 판결(1심), 서울남부지방법원 2017. 11. 23. 선고 2017나54041 판결(원심).

생 당시의 상태대로 취득하는 것이 원칙임을 확인한 것이다. 그러므로 유증의 목적물이 유언자의 사망 당시에 제3자의 권리의 목적인 경우에는 그와 같은 제3자의 권리는 특별한 사정이 없는 한 유증의 목적물이 수증자에게 귀속된 후에도 그대로 존속하는 것으로 보아야 한다. ☞ 파기환송

Ⅳ. 해 설

1. 유증목적물에 대한 담보책임

증여는 무상행위이므로 증여 목적물에 어떠한 권리나 물건의 하자가 있더라도 증여자는 담보책임을 부담하지 않는 것이 원칙이다(제559조 제1항). 그러나 유증의 경우에는 유증의무자에게 담보책임을 인정하는 규정을 두고 있다. 즉 불특정물을 유증의 목적으로 한 경우에 유증의무자는 그 목적물에 대하여 매도인과 같은 담보책임이 있다. 그리고 목적물에 하자가 있는 때에는 유증의무자는 하자 없는 물건으로 인도하여야 할 의무가 있다(제1082조). 불특정물 유증의 경우에는 유증의무자로 하여금 수증자에게 완전한 물건을 급부하도록 하는 것이 유언자의 의사라고 보는 것이 합리적이기 때문이라고 한다.[2] 그러나 특정물 유증의 경우에는 이러한 담보책임을 부담시키지 않는다. 유증목적물을 현상 그대로 주려는 것이 유언자의 일반적인 의사이고, 수증자로서도 유언자가 보유하고 있던 상태 그 이상을 요구할 수 없기 때문이다.[3] 이를 물건의 하자와 권리의 하자로 구분해보면 다음과 같다. 첫째, 유증목적물인 특정물에 물건의 하자가 있는 경우에 대해서는 명문의 규정이 없으므로 증여에 준하여 담보책임을 지지 않는다(제559조 유추적용). 둘째, 권리의 하자 중 소유권의 하자가 있는 경우, 즉 유증목적물이 유언자의 사망 당시에 상속재산에 속하지 않고 제3자에게 속하는 경우에는 유언이 그 효력을 상실하기 때문에 역시 담보책임

2) 주해상속법(제1권), 783면(현소혜 집필부분).
3) 윤진수, 619면.

을 부담하지 않는다(제1087조 제1항). 셋째, 권리의 하자 중 소유권 이외의 하자가 있는 경우, 즉 유증목적물 자체는 유언자 사망 당시에 상속재산에 속하기는 하지만 그것이 제3자의 권리의 목적이어서 완전한 소유권을 이전할 수 없는 경우에는 수증자는 유증의무자에 대하여 그 제3자의 권리를 소멸시킬 것을 청구하지 못한다(제1085조).[4] 다만 제1085조는 임의규정이므로 유언자가 유언으로 다른 의사를 표시한 때에는 그에 의한다(제1086조).

2. 제3자의 권리의 목적인 물건 또는 권리의 유증(제1085조)

이 사건은 특정물 유증에 관한 위 세 가지 분류 중에 세 번째에 해당된다. 즉 특정물인 X 토지 자체는 유언자 사망 당시에 상속재산에 속하기는 하지만, 그것이 제3자인 피고 법인의 권리(사용차주로서의 권리)의 목적인 경우이다. 이러한 경우에 수증자는 유증의무자에 대하여 그 제3자의 권리를 소멸시킬 것을 청구하지 못하는데(제1085조), 이때 '제3자의 권리'가 물권만을 의미하는 것인지 아니면 채권도 포함하는 것인지에 관하여 견해의 대립이 있다. 이에 대해서는 용익물권, 담보물권과 같은 제한물권뿐만 아니라, 임차권 그 밖에 유증목적물에 붙어 있는 각종의 채권이 모두 포함된다고 보는 것이 통설이다.[5] 대상판결 역시 그와 같은 전제에서 채권인 사용차주로서의 권리도 제1085조에서 규정하는 제3자의 권리에 포함된다고 판시하고 있다.

이에 대하여 제1085조는 유증목적물에 관한 제3자의 권리가 물권인 경우에만 적용되는 조문이라고 하면서, 대상판결은 공시되지 않는 제3자의 채권을 유증이라는 우연한 사정에 의해 소유권에 우선하는 강력한 권리로 만들고 있다며 비판하는 견해가 있다.[6] 제1085조는 수증자와 유증의무자간의 관계를 규율하기 위한 조문일 뿐 수증자와 제3자간의 관계를 규율하는 조문은 아니라고 하면서, 대항력 없는 채

4) 주해상속법(제1권), 793면(현소혜 집필부분).

5) 주석 민법[상속], 617면(박강민 집필부분). 일본에서도 이것이 다수설이다(일본 민법 제1000조는 우리 민법 제1085조와 동일하다).

6) 최수정, "유증목적물에 대한 제3자의 권리," 가족법연구 제33권 제1호(2019. 3), 80면.

권만을 가지고 있었던 수증자가 유증이라는 외부적 사태를 계기로 본래 없던 대항력을 갑자기 취득한다는 것은 이상하다고 비판하는 견해도 있다.[7)]

3. 결 론

제3자의 권리에는 물권 뿐 아니라 채권도 포함된다고 보는 통설과 판례의 태도가 타당하다고 생각한다. 그 이유는 다음과 같다. ① 유증은 증여와 마찬가지로 수증자만이 이익을 얻는 무상행위이므로 유상계약에서와 같은 담보책임을 유증의무자에게 부담시키는 것은 지나치다. 특히 증여의 의사표시를 한 자와 증여할 의무자가 분리되는 유증의 경우에는 더욱 더 가혹하다. 만약 제3자의 권리에 채권은 포함되지 않는다고 보면 수증자가 유증의무자에 대하여 제3자의 채권을 소멸시킬 것을 청구할 수 있게 되는데, 그러한 청구에 따라 유증의무자가 제3자의 채권을 소멸시킬 경우 제3자는 유언자의 권리와 의무를 포괄적으로 승계하는 유증의무자(상속인)에게 채무불이행책임을 추궁할 수 있게 될 것이다. 이러한 결과는 상속인에게 지나치게 가혹하다.[8)] ② 제1085조는 제3자의 권리를 물권으로 제한하고 있지도 않고 대항력 있는 권리로 한정하고 있지도 않다. 그와 같이 제3자의 권리를 폭넓게 규정한 이유는, 유증과 같은 무상행위의 경우에는 수증자에게 유증목적물에 붙어 있는 부담을 그대로 수인토록 하더라도 부당하지 않고, 그러한 유증을 받기를 원치 않는 수증자는 언제라도 유증을 포기할 수 있기 때문이다(제1074조). ③ 유언자가 다른 의사를 표시하지 않는 한 사망 당시 상태 그대로의 물건을 유증하고자 하는 것이 통상적인 유언자의 의사라고 보아야 한다. 유언자가 이와 다른 의사를 표시한 경우에 한하여 제3자의 권리를 소멸시킬 수 있는 것이다(제1086조).

이 사건은 특정물 유증에서 담보책임이 문제된 최초의 사건이며, 대상판결은 민법 제1085조의 해석론에 관한 최초의 판결로서 그 의미가 매우 크다고 할 수 있다.

---

7) 권영준, "2018년 민법 판례 동향," 서울대학교 법학 제60권 제1호(2019. 3), 385~387면.`

8) 현소혜, "특정물 유증에서의 담보책임," 『2018년 가족법주요판례10선』, 세창출판사(2019), 171면도 이와 같은 생각이다.

14 증인결격자가 참여한 공증유언의 적법성★

〈서울고등법원 2018. 6. 20. 선고 2017나2052291 판결: 소유권이전등기말소〉

9)

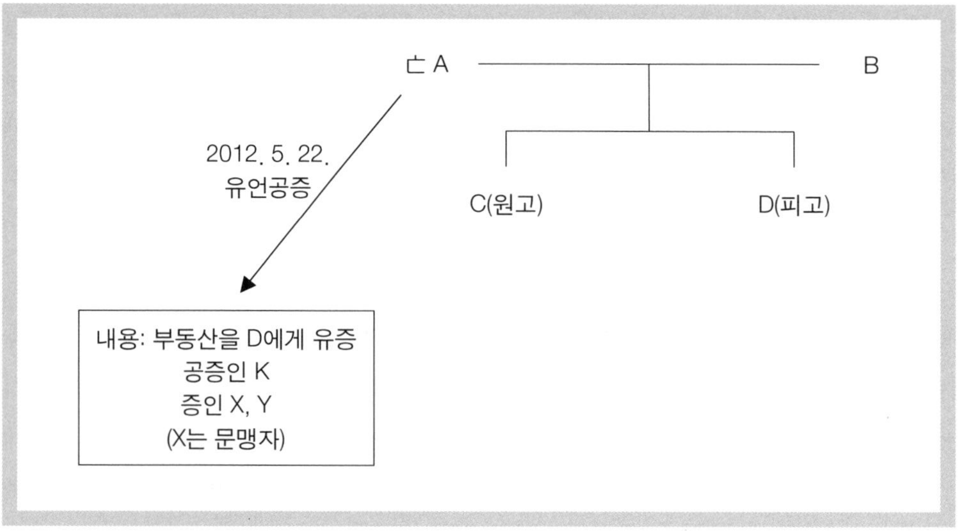

Ⅰ. 사실관계

망 A(이하 '망인'이라 한다)는 2013. 8. 8. 사망하였는데, 사망 당시 망인의 상속인으로는 배우자 B와 자녀들인 C, D가 있었다. 망인은 생전에 청주시 소재 대지와 주유소 등 부동산(이하 '이 사건 각 부동산'이라 한다)을 소유하고 있었는데, 2012. 5. 22. 공증인 K에게 촉탁하여, 공증인 K는 망인이 이 사건 각 부동산을 D에게 유증한다는 내용의 유언공정증서(이하 '이 사건 공정증서'라 한다)를 작성하였다. 그리고 이 유언공정증서의 작성에는 X와 Y가 증인으로 참여한 것으로 공정증서에 기재되어 있다. X

★ 이 글은, 저자가 2019년 4월 조선대학교 법학논총에 기고한 논문("증인결격자가 참여한 공증유언의 적법성")을 수정, 보완한 것이다.

는 D의 남편 E의 지인이었다. D는 망인이 사망한 후인 2013. 8. 16. 이 사건 각 부동산에 관하여 2013. 8. 8. 유증을 원인으로 하여 소유권이전등기를 마쳤다. 그런데 위 유언공증 당시 증인으로 참여했던 X는 글을 읽거나 쓸 수 없는 문맹자였다.

C는 이 사건 유언공정증서는 무효이고 무효인 유언에 터잡아 이 사건 각 부동산에 관하여 D명의로 마쳐진 소유권이전등기 역시 무효이므로 D는 C에게 위 소유권이전등기의 말소등기절차를 이행할 의무가 있다고 주장하면서 주위적으로 소유권이전등기의 말소등기청구를 하였고, 이 사건 유언공정증서가 유효한 경우를 대비하여 예비적으로 유류분반환청구를 하였다.

II. 판결요지(서울고등법원 2018. 6. 20. 선고 2017나2052291 판결)

공정증서에 의한 유언에는 공증인법에 따른 결격자는 증인이 되지 못한다(민법 제1072조 제2항). 공증인법 제33조 제2호는, 문자를 해득하지 못하는 사람은 참여인이 될 수 없고, 다만 공증인법 제29조 제2항에 따라 촉탁인이 참여를 청구한 경우에 한하여 참여인이 될 수 있다고 정하고 있다. 제1심 증인 X의 증언에 의하면, X는 문자를 제대로 해득하지 못하는 사람인 사실이 인정된다. 한편 제1심 증인 X와 B의 각 증언에 의하면, X가 망인으로부터 '보증인'이 필요하다는 부탁을 받고 망인, B, D 및 D의 남편 E와 함께 공증인 K의 사무실에 동행한 사실, 이 사건 유언공정증서에는 "망인의 촉탁에 의하여 증인 X와 Y를 참여시키고 유언의 취지를 청취하여 이 증서를 작성하였다"고 기재되어 있는 사실이 각 인정된다. 위 인정사실에 의하면 X는 문자를 해득하지 못하는 사람으로 공증인법 제33조 제3항 제2호에 따른 결격자에 해당하기는 하나 망인이 이 사건 유언공정증서 작성에 X의 참여를 청구하였다고 봄이 상당하다. 따라서 X는 공증인법 제33조 제3항 단서에 따라 공증인법에서 정한 참여인이 될 수 있으므로, 이 사건 유언공정증서는 유효하고, 원고 C의 이 사건 주위적 청구는 이유 없다.[1]

Ⅲ. 증인결격자가 참여한 공증유언의 효력

1. 유언증인의 역할과 증인결격제도의 취지

만들어진 유언이 진정으로 성립하였다는 것, 즉 유언자의 진의에 의한 것임을 증명할 의무를 부담하는 자가 증인이다. 누구를 증인으로 하느냐는 유언자가 결정하게 되며, 유언자의 요청을 받아 수락한 자가 증인으로서 유언 작성에 참여하게 된다. 이러한 증인을 참여하게 하는 것은 유언이 올바로 행하여지는 것을 보장하기 위함이다. 따라서 적절하지 못한 자가 증인으로 참여하는 것을 막을 필요성이 있다. 그리하여 일정한 자는 결격자로서 유언의 작성에 증인으로 참여하지 못하도록 하였다.[2)]

우리 민법에서 유언증인의 역할은 유언을 하는 자리에 합석하여 유언서 작성 자체를 담보하는 것뿐만 아니라 그 유언서의 내용이 유언자의 진의에 기초한 것인지까지 담보하는 역할을 담당한다. 즉 유언에 증인의 참여를 요구하는 이유는, 유언자가 본인이 틀림없다는 점, 유언자의 정신상태가 유언을 할 만하다는 점, 작성된 유언증서가 진실로 성립되고 유언자의 의사에 합치된다는 점 등 유언이 된 사실을 알고 이것을 증명하기 위한 목적과 함께, 공정증서가 작성되는 절차를 감시하는 등 공증인의 직권남용을 방지할 목적도 가지고 있다.[3)]

이처럼 공정증서에 의한 유언에서의 증인은, 유언이 올바로 행해지는 것을 보장하고 공정증서가 작성되는 절차를 감시함으로써 공증인의 직권남용을 방지하는 역할도 수행한다는 측면에서 생각해볼 때, 공증인이 유언장에 기재한 유언내용이 정말로 유언자가 말한 내용대로 기재되어 있는지를 확인할 수 있어야 하고 실제로 확

1) 이 사건에 대해서는 패소한 원고가 상고를 하였으나 심리불속행으로 기각 확정되었다.

2) 곽윤직, 373~374면.

3) 장재형, “유언공정증서 작성에서의 실무상 주요 쟁점—유언내용의 ‘구수’와 증인적격을 중심으로,” 인하대학교 법학연구(제21집 제2호), 2018, 322면.

인해야 할 의무가 있다고 보아야 한다.

2. 유언증인의 결격사유

자필증서를 제외하고는 녹음, 공정증서, 비밀증서, 구수증서에 의한 유언의 경우 모두 증인의 참여가 필요하다. 민법은 제1072조에서 유언에 참여하는 증인이 되지 못하는 결격사유를 규정하고 있다. 여기에 열거된 결격자는 한정적으로 해석된다. 따라서 유언집행자도 증인이 될 수 있다.[4)]

민법은 ① 미성년자 ② 피성년후견인과 피한정후견인 ③ 유언으로 이익을 받을 사람, 그의 배우자와 직계혈족은 유언에 참여하는 증인이 되지 못한다고 규정하고 있다(제1072조 제1항).[5)] 그리고 공정증서에 의한 유언의 경우 공증인법에 따른 결격자도 증인이 될 수 없다(제1072조 제2항).

공증인법에 따른 결격자에는 임명공증인결격자와 참여인결격자가 있다. 공증인결격자는 공증인이 될 수 없는 사람을 말하는 것이므로(공증인법 제13조), 유언공증에 있어서 증인이 될 수 없는 사람은 참여인결격자를 의미하는 것으로 보아야 할 것이다.[6)] 즉 공정증서에 의한 유언에서의 증인은 공증인법상의 참여인에 해당한다.[7)] 공증인법상 참여인에는 필요적 참여인과 임의적 참여인이 있다. 촉탁인이 시각장애인이거나 문자를 해득하지 못하는 경우에는 반드시 참여인이 공증에 참여하여야 하는데, 이러한 참여인을 필요적 참여인이라 한다(공증인법 제29조 제1항). 그리고 촉탁인이 시각장애인도 아니고 문자를 해득할 수 있는 경우에도 참여인의 참여를 청구할 수 있는바, 이러한 참여인을 임의적 참여인이라 한다(공증인법 제29조 제2항). 임의적 참여인은 보통 농자(聾者)나 아자(啞者), 서명할 수 없는 자 또는 의사능력이 부족한 자인 경우 등에 활용된다.[8)] 공정증서에 의한 유언에서의 증인은 유언공증절차

---

4) 신영호/김상훈/정구태, 458면; 김주수/김상용, 832면.

5) 여기서 '유언에 의하여 이익을 받을 사람'이라 함은, 유언자의 상속인으로 될 사람 또는 유증을 받게 될 수증자 등을 말한다. 신영호/김상훈/정구태, 458면.

6) 윤진수, 595면; 곽윤직, 374면; 주석 민법[상속], 581면(박강민 집필부분) 등.

7) 장재형, 앞의 논문, 324면.

에 반드시 참여해야 하므로 공증인법상의 참여인 중에 필요적 참여인에 해당한다고 볼 수 있다. 그렇다면 민법 제1072조 제2항에서 말하는 '공증인법에 따른 결격자'는 공증인법 제29조 제1항에 따른 필요적 참여인의 결격자라고 보아야 할 것이다.[9)]

공증인법이 정하는 참여인결격자는 다음과 같다. ① 미성년자 ② 피성년후견인 또는 피한정후견인 ③ 시각장애인이거나 문자를 해득하지 못하는 사람 ④ 서명할 수 없는 사람 ⑤ 촉탁 사항에 관하여 이해관계가 있는 사람 ⑥ 촉탁 사항에 관하여 대리인 또는 보조인이거나 대리인 또는 보조인이었던 사람 ⑦ 공증인의 친족, 피고용인 또는 동거인 ⑧ 공증인의 보조자(공증인법 제33조 제3항 본문). 이 중 ① 미성년자 ② 피성년후견인 또는 피한정후견인 ⑤ 촉탁 사항에 관하여 이해관계가 있는 사람은 민법상의 증인결격자와 중복된다.

3. 공증유언의 증인에 대하여 공증인법 제33조 제3항 단서가 적용되는지 여부

(1) 문제의 소재

유언의 증인으로서의 자격을 결여한 사람이 참여한 유언은 그 유언 전체가 무효라는 것이 통설이다.[10)] 그런데 공정유언의 경우 '공증인법에 따른 결격자'도 증인결격자에 해당하는바, 공증인법상 참여인결격자는 위에서 본 바와 같이 제33조 제3항 본문에서 규정하고 있다. 문제는 동항 단서("다만, 제29조 제2항에 따라 촉탁인이 참여인의 참여를 청구한 경우에는 그러하지 아니하다.")의 규정이 공증유언의 증인에도 적용되는지 여부이다. 만약 공증유언의 증인에 대해서도 단서가 적용된다면, 설사 참여인결격자라도 촉탁인이 참여를 청구한 경우에는 결격사유가 해소되어 적법한 유언이 된다. 이 문제에 관하여 먼저 학설과 판례의 입장을 살펴본 후 사견을 개진하고자 한다.

---

8) 장재형, 앞의 논문, 324-325면.

9) 같은 견해로는 남상우, "민법 제1072조 제2항의 '공증인법에 따른 결격자'의 의미—유언증인에 대하여 공증인법 제33조 제3항 단서가 적용되는지에 관한 판례의 동향과 비판을 중심으로," 가족법연구 제31권 3호(2018), 96면.

10) 신영호/김상훈/정구태, 459면; 김주수/김상용, 833면; 윤진수, 596면; 곽윤직, 374면 등.

(2) 학 설

먼저 단서의 적용을 긍정하는 긍정설은, 촉탁인이 참여시킬 것을 청구한 경우에는 공증인법 제33조 제3항 본문 각호에 열거된 결격자라도 증인이 될 수 있다고 한다.[11] 유언의 진실성을 담보하는 한 증인적격을 굳이 부인할 이유가 없다는 점, 증인이 필요한 유언의 다른 방식과 비교하더라도 공정증서유언의 경우에만 지나치게 증인의 자격을 좁게 한정할 특별한 이유가 없다는 점, 현행법상 유언의 엄격한 방식주의로 인해 유언자의 진정한 의사가 실현되지 못하고 분쟁이 발생하는 예가 허다한 점에 비추어 민법에서 규정하는 이상의 요건을 강화하는 것은 지나치다는 점 등을 그 근거로 들고 있다.[12] 이에 대하여 부정설은 촉탁인이 참여시킬 것을 청구했더라도 공증인법 제33조 제3항 본문 각호에 열거된 결격자는 증인이 될 수 없다는 견해이다, 어떤 사람을 증인결격자로 정한 것은 그 사람이 증인으로서의 역할을 담당하기에 적합하지 않다고 여겨서 그렇게 규정한 것인데 촉탁인이 임의로 결격자 제도를 배제할 수 있는 것으로 해석한다는 것은 결격자 제도를 도입한 입법자의 의도를 무의미하게 만들어 버리는 것이라는 점, 어떤 증인이 자신의 유언에 증인으로 참여한 경우에 유언자가 아무런 이의가 없다면 촉탁인인 유언자에게 청구의 의사가 있다고 해석하는 것이 당연한데 그렇게 본다면 유언자의 입장에서 민법 제1072조 제2항은 무의미한 규정이 되어버린다는 점 등을 근거로 들고 있다.[13]

(3) 판 례

대법원은 “민법 제1072조는 제1항에서 일반적으로 유언에 참여하는 증인이 될 수 없는 자를 열거하는 외에, 제2항에서 공정증서에 의한 유언의 경우에는 공증인법에 의한 참여인 결격자는 증인이 되지 못한다고 따로이 규정하고 있는바, 한편 공증인법 제33조 제3항은 본문에서 공증시 참여인이 될 수 없는 자의 하나로 공증촉탁인의 친족을 들면서도 단서에서 ‘공증촉탁인이 공증에 참여시킬 것을 청구한 경우’에

11) 주석 민법[상속], 581면(박강민 집필부분).
12) 장재형, 앞의 논문, 327~328면.
13) 남상우, 앞의 논문, 95~96면.

는 예외적으로 같은 법 제33조 제3항 본문 규정의 적용이 배제됨을 규정하고 있어, 결국 공증참여자가 유언자와 친족의 관계에 있다 하더라도 유언자의 청구에 의할 경우에는 공증인법에 의한 공증참여인 결격자가 아니라고 보아야 할 것"[14]이라고 하여 긍정설의 입장임을 분명히 하였다.

최근에도 다음과 같이 판시하여 이러한 입장을 견지하고 있다. "민법 제1072조 제2항은 공정증서에 의한 유언에는 공증인법에 의한 결격자는 증인이 되지 못하는 것으로 규정하고, 구 공증인법(2009. 2. 6. 법률 제9416호로 개정되기 전의 것)은 제33조 제3항 제6호, 제7호에서 촉탁인이 참여시킬 것을 청구한 경우를 제외하고는 공증인이나 촉탁인의 피용자 또는 공증인의 보조자 등은 참여인이 될 수 없도록 규정하고 있다. 이에 비추어 보면 공증인이나 촉탁인의 피용자 또는 공증인의 보조자는 촉탁인이 증인으로 참여시킬 것을 청구한 경우를 제외하고는 공정증서에 의한 유언에서 증인도 될 수 없다.[15]

(4) 검 토

긍정설에서는 유언의 진실성을 담보하는 한 증인적격을 굳이 부인할 이유가 없다고 하지만, 참여인결격자로 규정된 사람들은 공정증서의 진실성을 담보하기에 적절하지 않기 때문에 그와 같이 규정된 것이다. 또한 긍정설에서는 다른 유언방식과 비교하여 공정증서유언의 경우에만 지나치게 증인의 자격을 좁게 한정할 특별한 이유가 없다고 하나, 공증이 사법절차에서 가지는 중대한 가치와 효과를 생각해 볼 때 공증유언의 경우에는 보다 엄격하게 증인의 자격을 제한할 필요가 있다. 그렇기 때문에 공증인법에서도 참여인의 자격을 제한하고 있는 것이다. 긍정설에서는 유언의

---

14) 대법원 1992. 3. 10. 선고 91다45509 판결.

15) 대법원 2014. 7. 25.자 2011스226 결정: 이 사건은, 피상속인인 갑이 토지와 건물을 처 을에게 유증하는 내용의 유언공정증서를 작성하였는데, 공증인인 공증인가 병 합동법률사무소의 직원 정이 위 공정증서에 증인으로 기명날인한 사안에서, 정이 구 공증인법(2009. 2. 6. 법률 제9416호로 개정되기 전의 것) 제33조 제3항에 정해진 공증인이나 촉탁인의 피용자 또는 공증인의 보조자일 가능성이 커 촉탁인인 갑이 증인으로 참여시킬 것을 청구하지 아니한 이상 위 공정증서에 의한 유언에서 증인이 될 수 없음에도, 정의 증인 자격을 인정하여 공정증서가 유효하다고 본 원심판결에 법리오해 등의 잘못이 있다고 한 사례이다.

엄격한 방식주의로 인해 유언자의 진정한 의사가 실현되지 못하고 분쟁이 발생하는 예가 허다하다는 점도 근거로 들고 있으나, 유언의 엄격한 요식성 자체를 부정하는 것이 아닌 한 그로 인해 유언이 무효가 된다는 사정은 공증인법 제33조 제3항 단서를 공증유언의 증인에 대해서도 적용해야 하는 근거가 될 수는 없다. 유언에 있어서 엄격한 형식을 요구하는 이유는, 유언자의 유언여부, 그 진정성과 내용을 분명히 하여 유언장의 위변조를 방지하고, 유언내용을 명백히 하여 분쟁의 소지를 없애기 위함이며, 상속인 기타 이해관계인에게 중대한 영향을 미치므로 유언자의 신중한 결정을 위한 측면도 있다.[16]

공증유언의 증인은 공증인법상의 참여인에 해당한다. 공증유언의 증인은 유언공증절차에 반드시 참여해야 하므로 공증인법상의 참여인 중에 필요적 참여인에 해당한다고 볼 수 있다. 그렇다면 민법 제1072조 제2항에서 말하는 '공증인법에 따른 결격자'는 공증인법 제29조 제1항에 따른 필요적 참여인의 결격자라고 보아야 한다. 따라서 임의적 참여인에 대해서만 적용되는 공증인법 제33조 제3항 단서는 공증유언의 증인에 대해서는 적용되지 않는다고 보아야 한다.[17]

---

16) 이와 같은 엄격형식주의는 유언을 하려는 자에게는 다소 불편을 줄 수 있지만, 표의자의 진의를 명확히 하고 분쟁과 혼란을 피하기 위해서는 부득이하다고 한다. 장재형, "공정증서유언상의 증인적격," 대한공증협회지(창간호, 2008), 82면. 우리나라 뿐 아니라 외국에서도 대체로 유언장은 다른 법률 문서들에 비해 더욱 엄격한 형식을 요구한다. 특히 미국에서는, 유언장 작성에 있어서 가장 중요한 사람인 유언자가 나중에(그가 사망하고 난 후) 유언장에 관해 증언할 수 없다는 점, 유언자는 일반적으로 부당한 영향을 받기 쉽다는 점 등을 이유로 든다. 유언자는 부당한 영향을 받기 쉽기 때문에 유언장 작성 시에 유언자를 보호하기 위한 예방적 차원의 조치로 엄격한 형식을 요구하는 것이라고 볼 수도 있다. 김상훈, 『미국상속법』, 세창출판사(2012), 102~103면.

17) 이에 대하여 공증유언의 증인은 참여인과 달리 유언자로부터 독립하여 유언의 정확함을 확인하는 주체이므로 공증인법상의 필요적 참여인도 아니고 임의적 참여인도 아니라는 견해도 있다. 이 견해에 따르면, 필요적 참여인은 촉탁인에 종속된 존재라면 유언증인은 유언자로부터 독립된 존재로서 유언증인에서의 결격자제도가 가지는 의미는 필요적 참여인에서 결격자제도가 가지는 의미보다도 훨씬 중요하다고 한다. 필요적 참여인은 피참여인만을 위한 존재이지만, 유언증인은 유언자뿐만 아니라 유언자 사후에 남겨진 사람들을 위한 존재이기도 하기 때문이라고 한다. 그러면서도 촉탁인의 의사와 관계없이 반드시 참여하여야 한다는 점과 결격자제도를 두고 있다는 점에서 유언증인은 임의적 참여인보다는 필요적 참여인에 훨씬 더 가까운 존재이므로 필요적 참여인에 준해서 취급해야 한다고 한다. 남상우, 앞의 논문,

나아가 공증유언의 증인은, 유언이 올바로 행해지는 것을 보장하고 공정증서가 작성되는 절차를 감시함으로써 공증인의 직권남용을 방지하는 역할도 수행한다는 측면에서 생각해볼 때, 공증인이 유언장에 기재한 유언내용이 정말로 유언자가 말한 내용대로 기재되어 있는지를 확인할 수 있어야 하고 실제로 확인해야 할 의무가 있다. 따라서 대상판결의 사안과 같이 증인이 문맹자인 경우에는 공증인이 유언장에 기재한 유언내용이 정말로 유언자가 말한 내용대로 기재되어 있는지를 확인하기 어려운 사람이므로 설사 망인이 X의 참여를 청구했다고 하더라도 결격사유가 해소되었다고 볼 수 없다.

4. '참여를 청구'하는 것의 의미와 기준

(1) 문제의 소재

설사 촉탁인이 참여시킬 것을 청구한 경우에는 공증인법상 참여인결격자라도 증인이 될 수 있다고 보더라도, 과연 어떠한 경우에 참여를 '청구'한 것으로 볼 것인지, 즉 참여 청구의 의미와 기준을 어떻게 정할 것인지는 또 다른 문제이다. 어떤 경우에 촉탁인의 참여 청구가 있었다고 볼 것인지 그 구체적인 기준에 관하여 대법원의 명시적인 판결은 아직 없다. 다만 하급심에서는 촉탁인이 소극적으로 이의를 제기하지 않으면 그것만으로 참여를 청구한 것으로 볼 수 있다는 판결(소극설)도 있고, 이의를 제기하지 않은 것만으로는 참여를 청구한 것으로 볼 수 없고 적극적으로 참여청구의 의사를 표시해야 하며 유언공정증서에 촉탁인이 증인결격자의 참여를 청구하였다는 명시적 기재가 있어야만 한다는 판결(적극설 또는 명시설)도 있는 등 아직 정리가 되지 않아 혼선이 빚어지고 있는 상황이다. 이에 해당하는 구체적인 하급심 판결을 제시하면 다음과 같다.

97~98면. 결국 이 견해에 따르더라도 공증인법 제33조 제3항 단서는 공증유언의 증인에 대해서는 적용되지 않는다는 결론에 이르게 된다.

(2) 판 례

1) 소극설의 입장을 취한 판결

서울고등법원은 2015나2068735 사건에서 다음과 같이 판시하였다.[18] "이 사건 유언 당시 망인은 피고회사의 대표이사였고, 이 사건 유언공정증서에 증인으로 서명날인한 A, B는 피고회사의 직원이었으며, A, B는 피고인 장남 C의 지시에 따라 이 사건 유언의 증인으로 참여하게 되었으나, A, B는 이 사건 유언의 증인으로 참여하기 위하여 공증인 사무실에 망인과 동행하였고, 망인은 A, B가 증인으로 이 사건 유언에 참여하는 것에 대하여 이의를 제기하지 아니하고 공증인에게 이들을 증인으로 참여시킬 것을 촉탁한 사실이 인정된다. 위 인정사실에 의하면, A, B는 망인의 피용자라 할지라도 위 공증인법의 예외규정에 의해 공증인법에 의한 공증참여인 결격자에 해당하지 않아 결국 민법 제1072조 제2항에 의한 증인결격자에 해당하지 않는다."[19]

대상판결 역시 소극설의 입장에서, X가 망인으로부터 부탁을 받고 망인 등과 함께 공증인 사무실에 동행하였고, 이 사건 유언공정증서에 '망인의 촉탁에 의하여 증인 X와 Y를 참여시키고 유언의 취지를 청취하여 이 증서를 작성하였다'고 기재되어 있다는 이유만으로 망인이 X의 참여를 청구한 것으로 보았다.

2) 적극설(명시설)의 입장을 취한 판결

서울중앙지방법원은 2015나70401 사건에서 다음과 같이 판시하였다.[20] "이 사건 공정증서유언 당시 망인은 피고회사의 대표이사였고, 유언공정증서에 증인으로 서명날인한 A, B는 피고회사의 직원이었던 사실, A, B는 피고인 장남 C의 지시에 따라 유언의 증인으로 참여하게 되었던 사실이 각 인정되는바, … 망인이 사전에 C에

---

18) 이 사건은 구 공증인법(2009. 2. 9. 법률 제9416호로 개정되기 전의 것)상 증인결격자인 촉탁인의 피용자가 유언공증에 증인으로 참여한 사안이다.

19) 서울고등법원 2016. 9. 2. 선고 2015나2068735 판결. 이 사건은 원고가 상고를 하였으나 심리불속행기각으로 확정되었다(대법원 2016. 12. 27. 선고 2016다252126 판결).

20) 이 사건은 위 서울고등법원 2015나2068735 판결의 사안과 사실상 동일한 사안이다. 다만 위 서울고등법원의 사안은 차남이 원고가 되어 수유자(장남 및 장남이 대표이사로 있는 법인)를 상대로 제기한 것이고, 이 사건은 삼남이 원고가 되어 수유자(장남 및 장남이 대표이사로 있는 법인)를 상대로 제기한 것이었다.

게 A, B를 증인으로 선정하도록 지시하였음을 인정할 아무런 증거가 없는 점, A, B를 증인으로 참여하도록 지시한 피고 C는 이 사건 공정증서유언의 수증자 중 1인이었던 점, 이 사건 유언의 공증담당 변호사가 망인과 A, B의 관계나 그들의 증인적격을 확인하였다는 근거도 없는 점, 구 공증인법 제33조 제3항 단서에 따르면 증인결격자라 하더라도 촉탁인이 참여시킬 것을 청구한 경우에는 증인이 될 수 있으나 … A, B가 증인으로서의 자격이 인정되지 않음에도 망인이 그들의 참여를 요구하였다는 취지의 어떠한 명시적인 기재도 없는 점, 민법 제1060조는 '유언은 본 법의 정한 방식에 의하지 아니하면 효력이 발생하지 아니한다'고 규정하여 유언에 관하여 엄격한 요식성을 요구하고 있으며 이는 같은 법 제1068조 소정의 '공정증서에 의한 유언'의 경우에도 마찬가지인 점 등을 종합하여 볼 때, A, B는 이 사건 공정증서유언에 있어서 증인적격이 없다."[21]

더 나아가 서울고등법원 2014브96 사건에서는 촉탁인이 증인결격자에게 유언공증의 증인으로 참여해달라고 부탁한 사정만으로는 참여를 청구한 것으로 볼 수 없다는 판단을 하였다.[22] "이 사건 유언공정증서 작성 당시 유언자이자 촉탁인인 피상속인의 피용자였던 K는 피상속인의 부탁에 의하여 위 유언에 증인으로 참여하였음을 인정할 수 있다. 그러나 … 피상속인이 K에게 이 사건 유언에 증인으로 참여할 것을 부탁하였다는 사정만으로는 피상속인이 공증담당변호사인 P에게 증인결격자인 K를 이 사건 유언공정증서 작성에 참여하도록 청구한 사실이 있다고 인정하기에 부족하다. … 공정증서의 필수적 기재사항을 열거하고 있는 공증인법 제35조에서 제9호로 '공정인이 참여인을 참여시켰을 때에는 그 사유와 참여인의 주소, 직업, 성명과 연령'을 증서에 기재하도록 하고 있는데, 이 사건 유언공정증서에는 '촉탁인인

---

21) 서울중앙지방법원 2017. 6. 7. 선고 2015나70401 판결. 이 사건은 피고가 상고를 하였고, 대법원은 이 판결이 선행판결인 서울고등법원 2015나2068735 판결의 사실관계와 동일한데 이미 확정된 관련 민사사건에서 인정된 사실은 특별한 사정이 없는 한 유력한 증거가 되므로 합리적인 이유 설시 없이 이를 배척할 수 없다는 이유로 파기 환송하였다(대법원 2017. 9. 26. 선고 2017다239816 판결).

22) 이 사건은 구 공증인법상 증인결격자인 촉탁인의 피용자가 유언공증에 증인으로 참여한 사안으로서, 위 대법원 2014. 7. 25.자 2011스226 결정에 따른 파기환송심 결정이다.

피상속인의 청구에 의하여 K를 증인으로 참여시키다'라는 기재가 없다. 이와 같이 촉탁인인 피상속인이 공증담당변호사인 P에게 K를 증인으로 참여하게 할 것을 청구하였음을 인정할 증거가 부족하고, 혹 피상속인이 공증담당변호사인 P에게 이 사건 유언에 K의 참여를 청구하였더라도 이 사건 유언공정증서에 위 사유가 기재되어 있지 아니한 이상 K는 여전히 증인결격자여서 이 사건 유언공정증서에 의한 유언은 2인 이상의 증인이 참여하지 아니한 셈이 되어 무효이거나, 이 사건 유언공정증서 자체가 증서의 필수적 기재사항이 기재되지 아니하여 무효라고 보아야 할 것이다."[23]

(3) 명시적인 참여 청구의 필요성

민법 제1065조 내지 제1070조가 유언의 방식을 엄격하게 규정한 것은 유언자의 진의를 명확히 하고 그로 인한 법적 분쟁과 혼란을 예방하기 위한 것이므로, 법정된 요건과 방식에 어긋난 유언은 그것이 유언자의 진정한 의사에 합치하더라도 무효이다.[24] 이러한 유언의 엄격한 요식성의 요청에 비추어 보면, 유언공정증서에 있어 증인결격자의 예외를 정하고 있는 공증인법 제33조 제3항 단서 및 제29조 제2항 '촉탁인이 참여인의 참여를 청구한 경우'에 관한 해석도 엄격히 이루어져야 한다. 또한 공증인법상 증인결격자가 참여한 유언은 무효가 된다는 것이 원칙이고, 공증인법 제33조 제3항에서는 촉탁인의 참여청구에 의해 증인결격성이 해소되는 사정을 단서에 규정하고 있다. 따라서 증인결격성을 해소시키기 위해서는 결격증인이 참여한 유언의 유효를 주장하는 쪽에서 '촉탁인이 참여인의 참여를 청구한 경우'한 사실에 대한 입증책임을 부담한다. 그러므로 촉탁인이 결격증인의 참여를 명시적으로 청구한 경우에만 증인결격성이 해소된다고 보아야 하며, 단순히 이의를 제기하지 않았거나 결격증인에게 증인을 서달라고 부탁했다는 사유만으로 참여를 청구한 것으로 확대해석해서는 안된다. 이의를 제기하지 않은 것만으로도 증인의 참여를 청구한 것으로 본다면, 실제 사안에서 공증인법상 증인결격자에 해당한다는 이유로 공증유언이 무효가 되는 일은 있을 수 없게 된다. 촉탁인이 적극적으로 증인의 참여를 거

23) 서울고등법원 2015. 11. 16. 선고 2014브96 결정.

24) 대법원 1999. 9. 3. 선고 98다17800 판결 참조.

부한 경우에는 어차피 공증이 이루어지지 않을 것이므로, 결국 증인결격자가 참여하여 이루어지는 공증유언은 모두 촉탁인이 이의를 제기하지 않았을 것이기 때문이다.

그러나 대상판결을 비롯하여 소극설을 취하는 하급심은 단순히 결격증인의 참여에 대해 촉탁인이 이의를 제기하지 않는 것만으로도 참여를 청구한 것으로 본다. 그러면서 유언공정증서 서두에 "본 공증인은 유언자의 촉탁에 의하여 다음 증인 등을 참여시키고 다음과 같은 유언의 취지를 청취하여 이 증서를 작성하였다"[25]라고 기재되어 있음을 이유로, 마치 유언자가 결격증인의 참여를 '촉탁'했으므로, 이는 공증인법 제29조 제2항에서 의미하는 유언자의 청구가 될 수 있는 것처럼 판시하고 있다. 하지만 이는 '촉탁'과 '청구'의 의미를 구별하지 못한 데에서 나온 잘못된 판단이다. 유언공정증서에서 부동문자로 작성되는 '유언자의 촉탁에 의하여'라는 부분이 수식하는 것은 '이 증서를 작성하였다'라는 부분이다. '유언자의 촉탁에 의하여'라는 부분이 '증인 등을 참여시키고'라는 부분까지 수식할 수는 없다. 왜냐하면 '촉탁'이라는 말은 일을 부탁하여 맡긴다는 의미로서, '유언장의 공증업무'를 촉탁하는 것이기 때문이다. 이처럼 공증업무를 촉탁하는 사람을 촉탁인이라고 부른다. 그런데 '증인의 참여업무(?)'를 촉탁한다는 것은 그 자체로 말이 되지 않는다. 즉 '유언장의 공증업무'는 '촉탁'하는 것이고 '증인의 참여'는 '청구'하는 것이다. 그래서 공증인법에서도 "촉탁인이 참여인을 참여시킬 것을 청구('촉탁'이 아니라)한 경우"라고 규정하고 있는 것이다. 이처럼 증인의 참여는 '촉탁'하는 것이 아니라 '청구'하는 것임은 법문상으로도 명백하다. 공증인법을 보면 '촉탁'이라는 말의 의미가 더욱 명확해진다. 공증인법에서는 공증인의 직무를 다음과 같이 규정하고 있다.

〈공증인법〉

제2조(공증인의 직무) 공증인은 당사자나 그 밖의 관계인의 촉탁에 따라 다음 각 호의 사무를 처리하는 것을 직무로 한다. 공증인은 위 직무에 관하여 공무원의 지위를 가지는 것으

25) 이러한 표현은 사실 거의 대부분의 유언공정증서에서 상투적으로 사용하는 부동문자이다. 이미 내용이 기재되어 있는 양식에다가 증인의 이름만 바꿔서 사용하는 것이 공증실무의 현실이다. "유언자의 촉탁에 의하여"라는 문구가 있다고 해서 증인의 참여를 청구했다고 단정지을 수 없는 또 하나의 이유이기도 하다.

로 본다.

1. 법률행위나 그 밖에 사권에 관한 사실에 대한 공정증서의 작성
2. 사서증서 또는 전자문서 등(공무원이 직무상 작성한 것은 제외한다)에 대한 인증
3. 이 법과 그 밖의 법령에서 공증인이 취급하도록 정한 사무

이 규정을 보면 촉탁은 아무 때나 하는 게 아니라 공정증서를 작성하거나 사서증서를 인증하는 경우에만 하는 것임을 알 수 있다. '증인의 참여'는 공증인에게 촉탁할 수도 없는, 즉 촉탁의 대상조차 될 수 없는 것이다. 따라서 유언공정증서에 기재된 '유언자의 촉탁에 의하여'라는 부분은 유언공정증서를 작성하게 된 경위를 설명하는 것일 뿐이며, 증인결격자에 대하여 증인으로 참여할 것을 요구하는 것은 위와 같은 '촉탁'이 아니라 '청구'의 방식으로 이루어져야 한다.

그리고 공정증서의 필수적 기재사항을 열거하고 있는 공증인법 제35조에서 제9호로 '공증인이 참여인을 참여시켰을 때에는 그 사유와 참여인의 주소, 직업, 성명과 연령'을 증서에 기재하도록 하고 있다는 점도 참여 청구를 명시적으로 하여야 한다는 근거가 될 수 있다.

(4) 증인결격사유에 대한 인식 필요성

또한 참여 청구의 의미는 촉탁인과 공증인이 증인의 결격사유를 알고 있으면서 참여 청구를 한 것으로 한정되어야 한다. 촉탁인과 공증인이 증인결격사유를 알지 못하였음에도 불구하고 촉탁인이 그를 증인으로 하는 것에 수인하였다는 사실만으로 증인결격사유를 해소시킨다면, 이는 우리 공증인법이 정한 증인결격사유의 입법취지에 정면으로 반하는 것일 뿐만 아니라 공증의 취지를 몰각시키는 결과를 초래할 것이 분명하다. 특히 대상판결의 사안과 같은 문맹자나 시각장애인의 경우 공증절차의 적법성이나 내용의 정확성을 담보할만한 능력이 매우 떨어지는 사람들이어서 이들이 문맹이거나 시각장애가 있다는 사실을 모르고 증인을 부탁한 경우 증인결격사유가 해소되었다고 볼 수 없다. 실제로 공증인법에서는 단순히 촉탁인이 증인결격사유가 없는 자를 증인(참여인)으로 할 것을 '선정'하는 것(제33조 제1항)과 증

인결격사유가 있는 자를 그러한 증인결격사유에도 불구하고 증인(참여인)으로 할 것을 '청구'하는 것(제33조 제3항 단서)을 분명하게 구분하여 규정하고 있다.[26)]

한편 이때 청구의 상대방은 증인이 아니라 공증인이다. 청구는 증인결격사유가 있는 자를 증인으로 할 것을 요청하는 것인데, 증인결격자에 해당하는지 아닌지에 대하여 판단하는 주체가 공증인이므로 촉탁인 뿐 아니라 공증인도 당해 증인의 결격성 여부에 대한 인식이 있어야 한다. 즉 공증인은 증인에게 결격사유가 있는지 여부를 판단한 후, 결격사유가 있는 경우에는 촉탁인에게 그러한 사정을 설명하고, 그럼에도 불구하고 증인으로 청구할 것인지를 확인해야 하며, 그러한 사실을 공정증서에 명확히 기재해야 한다.

(5) 소 결

결국 공증인법상 촉탁인의 참여 청구란, 단순히 촉탁인이 이의를 제기하지 않은 경우를 말하는 것이 아니라, ① 유언자와 공증인이 당해 증인의 증인결격사유를 인식하고 있으면서 ② 그럼에도 불구하고 그 증인의 참여를 적극적으로 청구하고 ③ 이러한 참여 청구가 공정증서에 객관적으로 명시된 경우로 한정되어야 한다.

그런데 대상판결에서는 X가 문맹자라는 사실을 망인이 알면서도 X를 증인으로 해줄 것을 공증인에게 청구한 사실이 전혀 입증되지 않았다. 따라서 이 사건 공정증서유언은 증인결격자가 참여한 유언이어서 효력이 없다고 보아야 한다.

Ⅳ. 결 론

유언내용과의 일치가 요구되는 것은 필기내용이지 공증인의 낭독내용이 아니다.

---

26) 제33조 (통역인 · 참여인의 선정과 자격)
① 통역인과 참여인은 촉탁인이나 그 대리인이 선정하여야 한다.
③ 다음 각 호의 어느 하나에 해당하는 사람은 참여인이 될 수 없다. 다만, 제29조 제2항에 따라 촉탁인이 참여인의 참여를 청구한 경우에는 그러하지 아니하다.

그런데 공증인의 낭독내용 자체의 정확성, 즉 필기내용과의 일치에 의문이 있으면 직접 필기한 것을 확실히 해야 하는데, 이 역시 증인에게 요구되는 책무이다. 공증인이 유언자의 구술내용과 다른 내용을 서면에 기재하면서 이를 읽어줄 때는 구술한대로의 내용을 읽어줄 가능성도 분명히 존재한다. 앞서 살펴본 유언증인의 역할에서도 보았듯이, 공증유언의 증인은 공정증서가 작성되는 절차를 감시함으로써 공증인의 직권남용을 방지하는 역할도 수행한다. 그런데 이 사건 공증유언의 증인으로 참여한 X는 문맹자로서 공증인의 직권남용을 방지하는 역할을 수행할 능력이 없는 자이다. 그리고 공증인법 제33조 제3항 단서는 공증유언의 증인에 대해서는 적용되지 않는다고 보아야 하므로, 설사 망인이 X의 참여를 청구하였다고 하더라도 X의 증인결격사유는 해소되지 않는다. 나아가 촉탁인의 참여 청구란, ① 유언자와 공증인이 당해 증인의 증인결격사유를 인식하고 있으면서 ② 그 증인의 참여를 적극적으로 청구하고 ③ 이러한 참여 청구가 공정증서에 객관적으로 명시된 경우로 한정되어야 한다. 그런데 X가 문맹자라는 사실을 망인이 알면서도 X를 증인으로 해줄 것을 공증인 K에게 청구했다는 사실이 공정증서에 전혀 드러나지 않는다. 따라서 이 사건 공정증서유언은 어느 모로 보나 증인결격자가 참여한 유언으로서 무효이다.

한편 이 사건 유언은 미국 유언법상 부당한 영향(Undue Influence)이론에 따라 유언의 효력을 부인할 수도 있을 것으로 본다. 유언에 대한 이의제기사유로서 부당한 영향 이론이 인정되기 위해서는, 유언자와 수익자 사이의 신뢰관계(Confidential Relationship)와 의심스러운 정황(Suspicious Circumstances)이 존재해야 한다. 신뢰관계의 대표적인 예가 바로 이 사건과 같은 부모와 자식 사이이다. 의심스러운 정황은 유언자와 수익자 사이의 신뢰관계가 남용되었음을 추론케 해 준다.[27] 이 사건 공정

27) 부당한 영향 이론에 관한 자세한 설명은 김상훈, 앞의 책, 194~199면. 제3차 재산법 리스테이트먼트의 주석에 따르면, 의심스러운 정황이 존재하는지 여부를 판단함에 있어서는 다음과 같은 요소들을 종합적으로 고려해야 한다(§8.3 comment). ① 유언장을 작성할 당시 유언자의 정신적, 신체적 상태가 부당한 영향을 받기 쉬운 연약한 상태였는지 여부 ② 수증자가 유언장 작성에 참여했는지 여부 ③ 유언자가 유언장을 작성함에 있어서 변호사 또는 그에 준하는 유능하고 이해관계 없는 조력자로부터 독립적인 조언을 받았는지 여부 ④ 유언장이 서둘러서(in haste) 또는 비밀리에(in secrecy) 작성되었는지 여부 ⑤ 유언자와 수증자의 관계가 다른 사람에 대한 유언자의 태도변화에 영향을 미쳤는지 여부 ⑥ 새로운 유언장(이의가

증서유언은, 다른 자식은 물론 배우자마저도 배제하고 한 명의 자식에게 대부분의 재산을 유증한다는 취지의 매우 불공정하고 부자연스러운 유언이다. 뿐만 아니라 그와 같은 유언으로 인해 유증을 받게 되는 피고 D와 그의 배우자 E에 의해 공증과정이 주도되었고, 또 다른 상속인인 C 몰래 비밀리에 작성되었다. 그리고 증인 X는 이 사건 유언으로부터 유증을 받게 된 D의 남편 E의 지인이었다.[28] 이러한 사실은, 유언자의 진심을 담보하기 어렵게 만들뿐만 아니라 피고가 자신의 이익을 위해 절차적인 하자를 감수하면서도 무리하게 이 사건 유언공정증서를 작성했음을 의심할 만한 충분한 근거가 된다. 부당한 영향이론이 적용될 수 있는 요건인 신뢰관계와 의심스러운 정황이 존재하는 것이다. 우리나라에서는 아직 부당한 영향 이론을 채택하고 있지 않지만, 우리도 유언에 대한 이의제기사유로서 부당한 영향 이론을 검토해 볼 만하지 않을까 생각된다.[29]

무엇보다도 대상판결이 이와 같이 부당한 결론에 이르게 된 근본적인 이유는, 우리 민법이 증인결격자에 관하여 독자적으로 규정하지 않고 '공증인법에 따른 결격자'라고 규정하였기 때문이라고 생각한다. 따라서 입법론으로서는 민법이 독자적으로 증인결격자를 규정함으로써 불필요한 해석의 여지를 남기지 않는 것이 바람직할 것이다.

제기된 유언장)과 선행 유언장(earlier will) 사이에 결정적인 불일치가 있는지 여부 ⑦ 재산에 대한 확정된 처분의도를 명시한 선행 유언장의 '목적이 지속되고 있는지 여부 ⑧ 이의가 제기된 유언장에 의한 처분이 공정한지(fairness) 또는 자연스러운지(naturalness) 여부

28) 게다가 이 사건 변론과정에서는, 유언장의 존재를 최초로 유일하게 발설한 사람이 피고 D라는 점, 유언자의 막내딸인 피고 D가 공증 40일 전 있었던 가족회의에서 먼 지역에 살기 때문에 모든 정보로부터 차단된 언니 C에게 **상속포기각서**를 쓰도록 종용한 점도 확인되었다.

29) 부당한 영향 이론을 국내법에 활용하는 방안에 관해서는 김상훈, "증여계약서와 사실실험공증에 의한 유언제도의 형해화—미국 유언법상 부당한 영향 이론의 활용 가능성," 가족법연구 제27권 2호(2013), 123면 이하.

제 5 장

유류분

1 증여재산이 상속개시 전에 처분된 경우 증여재산의 가액산정 방법

〈대법원 2023. 5. 18. 선고 2019다222867 판결: 유류분반환청구〉

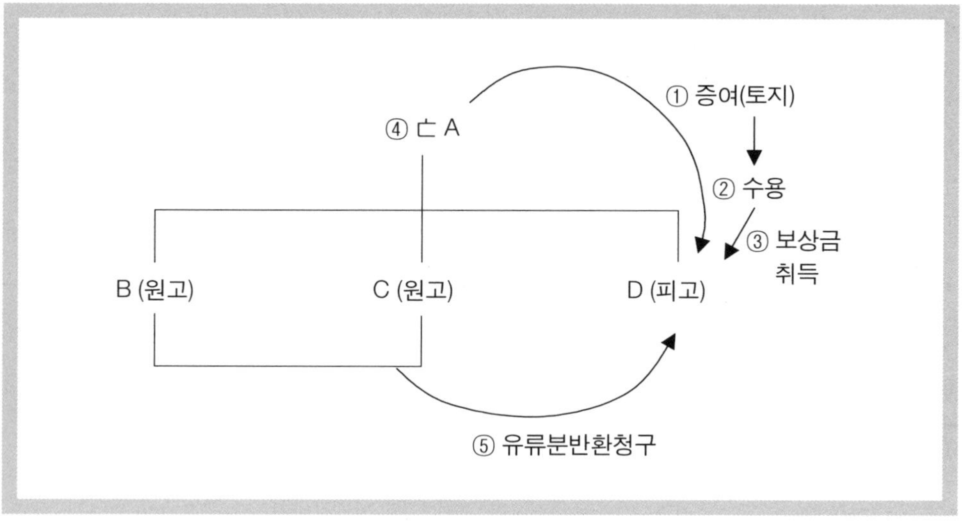

Ⅰ. 사실관계

망 A(이하 '망인'이라 한다)는 2014. 9. 12. 사망하였는데, 자녀인 원고 B, C와 피고 D가 망인을 공동상속하였다. 망인은 1995. 5. 30. 자신이 소유하고 있던 이 사건 각 토지에 관하여 1995. 5. 25. 증여를 원인으로 하여 피고 앞으로 소유권이전등기를 마쳐주었다. 2005. 1. 17. 이 사건 각 토지 중 일부가 개발제한구역에서 해제되고, 1종 일반주거지역으로 용도지역이 변경되었다. 한국토지주택공사는 2009. 11. 3. 이 사건 각 토지를 수용하였고, 피고는 2009. 12. 11. 한국토지주택공사로부터 약 51억 원 상당의 수용보상금을 수령하였다. 그 후 이 사건 각 토지의 용도지역은 상업지역으로 변경되었고, 이 사건 각 토지 중 위 개발제한구역 해제 당시 해제되지 않았던 부분도 개발제한구역에서 해제되었다. 이로 인해 이 토지들의 상속개시 당시 가액은 약 72억 원으로 급격히 상승하였다. 원고 B, C는 피고 D를 상대로 유류분반환청구의 소를 제기하였다.

Ⅱ. 소송경과

1심은, "피고가 2009. 12. 11. 수령한 이 사건 각 토지의 수용보상금을 상속개시 당시의 화폐가치로 환산하는 방법이 아닌 이 사건 각 토지의 상속개시시 시가로 산정하는 방법이 타당하다"고 판단하였다.[1] 그리고 2심 역시 피고가 증여받은 이 사건 각 토지의 가액을 산정함에 있어 상속이 개시된 때(2014. 12. 2.)를 기준으로 부동산 가치의 평가요인을 산정한 다음, 원고들의 피고에 대한 유류분반환청구를 일부 받아들였다.[2] 그러나 대법원은 이러한 증여재산 산정방법은 위법하다고 하여 원심판결을 파기 환송하였다.

Ⅲ. 대상판결의 요지

피상속인이 상속개시 전에 재산을 증여하여 그 재산이 유류분반환청구의 대상이 된 경우, 수증자가 증여받은 재산을 상속개시 전에 처분하였거나 증여재산이 수용되었다면 민법 제1113조 제1항에 따라 유류분을 산정함에 있어서 그 증여재산의 가액은 증여재산의 현실 가치인 처분 당시의 가액을 기준으로 상속개시까지 사이의 물가변동률을 반영하는 방법으로 산정하여야 한다. 구체적인 이유는 다음과 같다.

① 부동산 등 현물로 증여된 재산이 상속개시 전에 처분 또는 수용된 경우, 상속개시 시에

---

1) 수원지방법원 안산지원 2018. 1. 11. 선고 2015가합21308 판결.
2) 서울고등법원 2019. 2. 20. 선고 2018나2008505 판결.

있어서 수증자가 보유하는 재산은 수증자가 피상속인으로부터 처분대가에 상응하는 금전을 증여받은 것에 대하여 처분 당시부터 상속개시 당시까지 사이의 물가변동률을 반영하는 방법으로 상속개시 당시의 화폐가치로 환산한 것과 실질적으로 다를 바 없다.

② 수증자가 재산을 처분한 후 상속개시 사이에 그 재산의 가치가 상승하거나 하락하는 것은 수증자나 기타 공동상속인들이 관여할 수 없는 우연한 사정이다. 그럼에도 상속개시 시까지 처분재산의 가치가 증가하면 그 증가분만큼의 이익을 향유하지 못하였던 수증자가 부담하여야 하고, 감소하면 그 감소분만큼의 위험을 유류분청구자가 부담하여야 한다면 상속인 간 형평을 위하여 마련된 유류분제도의 입법 취지에 부합하지 않게 된다. 특히 증여재산인 토지 일대에 개발사업이 시행된 결과 상속개시 전에 협의취득 또는 수용에 이른 경우 증여토지의 형상이 완전히 변모하고 개발사업의 진행 경과에 따라 가격의 등락이 결정되게 되는바, 이를 수증자나 다른 공동상속인들의 이익이나 손실로 돌리는 것은 부당하다. 정부의 부동산 정책과 개발사업에 따라 부동산 가액 변동성이 매우 큰 우리나라의 상황이 고려되어야 한다.

③ 유류분 반환 범위는 상속개시 시에 상속재산이 되었을 재산, 즉 그러한 증여가 없었다면 피상속인이 보유하고 있었을 재산이 기준이 된다. 만약 피상속인이 재산을 보유하다가 자신의 생전에 이를 처분하거나 재산이 수용된 후 사망하였다면 재산 자체의 시가상승으로 인한 이익이 상속재산에 편입될 여지가 없다. 그런데 피상속인이 생전에 증여를 한 다음 수증자에 의하여 처분되거나 수용되었다고 하여 그 재산의 시가상승 이익을 유류분 반환대상에 포함시키도록 재산가액을 산정한다면 수증자의 재산 처분을 제재하는 것과 마찬가지가 된다.

Ⅳ. 해 설

1. 쟁 점

유류분액을 산정함에 있어 반환의무자가 '증여받은 재산'의 시가는 상속개시 당시를 기준으로 산정하여야 한다는 것이 확고한 판례이다.[3] 피상속인으로부터 생전에 증여받은 재산을 상속개시 시까지 그대로 보유하고 있는 경우에는 그 재산의 가

3) 대법원 2009. 7. 23. 선고 2006다28126 판결.

액을 상속개시 시로 평가하더라도 문제가 없다. 그러나 상속개시 전에 처분하거나 수용된 경우에도 '증여받은 재산(이 사건의 경우 부동산)' 그 자체를 상속개시 시 시가로 평가해야 할까? 대상판결은 이 문제에 관한 최초의 대법원 판결이라는 점에서 큰 의미가 있고, 실무상으로도 매우 중요한 쟁점을 다루고 있다.

2. 평 석

종래 실무상으로는 피상속인으로부터 생전 증여받은 재산을 처분한 경우에도 상속개시 시에 그 증여받은 재산이 그대로 존재하는 것을 전제로 시가를 산정하여 유류분액을 계산해 왔다. 기존 대법원 판례의 원칙을 예외 없이 적용해 온 것이다. 그러나 이렇게 하게 되면 증여재산을 처분한 이후에 그 재산의 가액이 크게 증가한 경우에 유류분의무자가 실제 얻은 이익이 아님에도 불구하고 그 이익을 얻은 것처럼 특별수익액을 산정함으로써 부당하게 불리해진다는 비판이 제기되어 왔다. 대상판결은 이러한 비판을 수용해서 구체적 타당성을 추구했다는 데 의의가 있다.

다만 대상판결은 전원합의체가 아닌 대법원 소부에서 판결한 것이기 때문에 기존 판례를 변경한 것은 아니라고 봐야 한다. 즉 유류분액을 산정함에 있어서 대원칙은 여전히 상속개시 당시를 기준으로 '증여재산'의 시가를 산정하는 것이다. 부동산을 증여받았다면 증여재산은 부동산이기 때문에 그 부동산의 상속개시 시 시가로 유류분액을 계산해야 하는 것이 원칙이다. 그렇다면 대상판결이 수증재산이 상속개시 전에 처분 또는 수용되는 모든 경우에 대하여 '처분(수용) 당시 가액'을 기준으로 특별수익을 산정해야 한다는 일반 원칙을 제시한 것은 아니라고 볼 여지가 있다.

대상판결의 사실관계는 수증 부동산이 수용된 이후 **현상에 급격한 변동이 있어** 예상치 못한 가격상승이 발생한 경우로서, 대상판결은 이러한 **우연적인 가액의 변동성을** 상속인들의 이익이나 손실로 돌리는 것은 부당하는 취지의 예외적인 판결이라고도 볼 수 있다. 대상판결은 "이 사건과 같이 증여재산인 토지 일대에 개발사업이 시행된 결과 상속개시 전에 협의취득 또는 수용에 이른 경우 **증여토지의 형상이 완전히 변모하고** 개발사업의 진행 경과에 따라 가격의 등락이 결정되게 되는바, **이를 수**

증자나 다른 공동상속인들의 이익이나 손실로 돌리는 것은 부당하다. 정부의 부동산 정책과 개발사업에 따라 **부동산 가액 변동성이 매우 큰** 우리나라의 상황이 고려되어야 한다."라고 판시한 것을 주목할 필요가 있다. 즉 수증재산이 처분 또는 수용된 이후에 **그 형상이 완전히 변경되어 가액이 급격히 상승한 사정은**, 상속인들 사이 형평에 어긋나는 사정이기 때문에, 그와 같은 예외적인 경우에 관하여 판시한 것이라고 볼 수도 있는 것이다.

대상판결이 예외적인 경우에 대하여 판시한 것임은 민법 유류분 조항에 대한 헌법재판소의 결정으로도 확인할 수 있다. 헌법재판소는 "증여받은 목적물이 처분되거나 수용된 경우 수증자는 그 처분이나 수용으로 인하여 얻은 금원 등의 **이용기회를 누리는 점**, 수증자가 증여받은 재산의 가액이 **상속개시 시에 이르러 처분 당시나 수용 시보다 낮게 될 가능성도 배제할 수 없는 점** 등에 비추어 보면, 유류분산정의 기초재산에 가산되는 증여재산의 평가시기를 증여재산이 피상속인 사망 전에 **처분되거나 수용되었는지를 묻지 않고 모두 상속개시 시로 하는 것**이 현저히 자의적이어서 **기본권제한의 한계를 벗어난 것이라고 할 수는 없다**"라고 판시하였다.[4] 즉 수증재산이 상속개시 전에 처분 내지 수용된 경우, 수증자는 그 처분이나 수용으로 얻은 금원 등의 이용기회를 누릴 수 있어 불합리함이 없고, 반대로 상속개시 당시 가액이 처분 내지 수용 당시 가액보다 낮을 가능성이 있어 이때 발생할 수 있는 또 다른 불합리함을 고려하면, 유류분 산정의 기초재산에 가산되는 증여재산의 평가시기는 증여재산이 피상속인 사망 전에 **처분되거나 수용되었는지를 묻지 않고** 모두 상속개시 시로 하는 것이 **원칙이라고 할 수 있다.** 그리고 수증재산이 처분 또는 수용된 이후에 그 형상이 완전히 변경되어 가격이 급격히 상승한 것과 같은 **예외적인 경우에 있어** 대상판결을 적용하는 것이라고 해석할 수 있는 것이다.

4) 헌법재판소 2010. 4. 29.선고 2007헌바144 전원합의체 결정.

2 공동상속인들이 증여와 유증을 혼합하여 받은 경우 유류분반환의 순서와 범위

〈대법원 2013. 3. 14. 선고 2010다42624 판결: 유류분반환 등〉

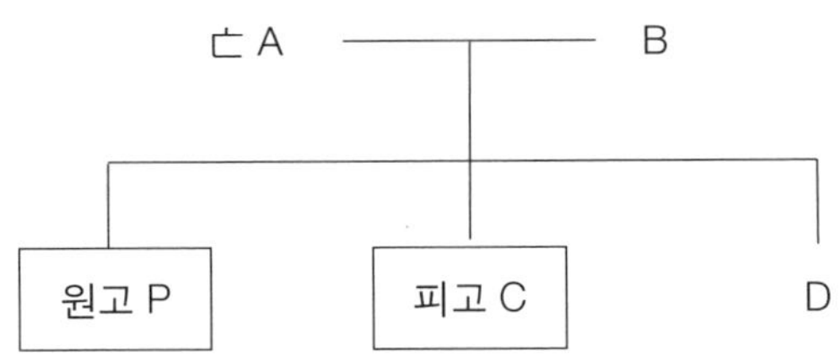

(단위): 억 원

	원고 P	B	피고 C	D
수유재산	0	10.7	43.3	22
수증재산	0	47.7	102.1	74.2
유류분 부족액	-34	+7.2	+111.2	+62

Ⅰ. 사실관계

망 A(이하 '망인'이라고 한다)는 의사로서 J의원을 운영해 오다가 2005. 9. 20. 사망하였는데, 그의 상속인으로는 처인 B, 자녀들인 P(장녀)와 C(장남), D(차남)가 있다. C는 피부과 전문의로서 1990. 5.경부터 피부과의원을 개원하여 현재까지 개업의로 활동하고 있고, D는 2000.경부터 2004.경까지 망인의 J의원에서 관리이사로 근무한 바 있다.

망인은 생전에 B, C, D에게 아파트와 빌딩 등 부동산을 증여하였고, 1997. 4. 11. 또 다른 건물과 토지 등 부동산을 B, C, D에게 유증한다는 내용의 유언공정증서를 작성하여 B, C, D가 이를 유증받았다. 그러나 P는 망인으로부터 증여받거나 유증받은 재산이 전혀 없다. 계산결과 P의 유류분 부족액은 약 34억원으로 확인되었고, B, C, D의 수유재산(유증받은 재산) 및 수증재산(생전 증여받은 재산)의 가액은 다음과 같다.

B: 수유재산의 가액은 약 10억 7천만 원, 수증재산의 가액은 약 47억 7천만 원
C: 수유재산의 가액은 약 43억 3천만 원, 수증재산의 가액은 약 102억 1천만 원
D: 수유재산의 가액은 약 22억 원, 수증재산의 가액은 약 74억 2천만 원

B의 특별수익액(수유재산의 가액 + 수증재산의 가액) 약 58억 4천만 원 중 B의 유류분을 초과하는 가액은 약 7억 2천만 원, C의 특별수익액 약 145억 4천만 원 중 C의 유류분을 초과하는 가액은 약 111억 2천만 원, D의 특별수익액 약 96억 2천만 원 중 D의 유류분을 초과하는 가액은 약 62억 원이다.

P는 1심에서는 C와 D를 상대로 유류분반환청구를 하였으나 항소심과 상고심에서는 C에 대해서만 소를 유지하였다. 피고 C는 원고 P에게 어떤 재산으로 얼마를 반환해 주어야 할까?

Ⅱ. 대상판결의 요지

[1] 증여 또는 유증을 받은 재산 등의 가액이 자기 고유의 유류분액을 초과하는 수인의 공동상속인이 유류분권리자에게 반환하여야 할 재산과 그 범위를 정함에 있어서, 수인의 공동상속인이 유증받은 재산의 총 가액이 유류분권리자의 유류분 부족액을 초과하는 경우에는 그 유류분 부족액의 범위 내에서 각자의 수유재산을 반환하면 되는 것이지 이를 놓아두고 수증재산을 반환할 것은 아니다. 이 경우 수인의 공동상속인이 유류분권리자의 유류분 부족액을 각자의 수유재산으로 반환할 때 분담하여야 할 액은 각자 **증여 또는 유증을 받은 재산** 등의 가액이 자기 고유의 유류분

액을 초과하는 가액의 비율에 따라 안분하여 정하되, 그중 어느 공동상속인의 수유재산의 가액이 그의 분담액에 미치지 못하여 분담액 부족분이 발생하더라도 이를 그의 수증재산으로 반환할 것이 아니라, 자신의 수유재산의 가액이 자신의 분담액을 초과하는 다른 공동상속인들이 위 분담액 부족분을 위 비율에 따라 다시 안분하여 그들의 수유재산으로 반환하여야 한다. 나아가 어느 공동상속인 1인이 수개의 재산을 유증받아 그 각 수유재산으로 유류분권리자에게 반환하여야 할 분담액을 반환하는 경우, 반환하여야 할 각 수유재산의 범위는 특별한 사정이 없는 한 민법 제1115조 제2항을 유추 적용하여 그 각 수유재산의 가액에 비례하여 안분하는 방법으로 정함이 상당하다.

[2] 원심이 인정한 사실관계에 의하면, B, C, D가 각자 망인으로부터 받은 특별수익액은 각자 고유의 유류분을 초과하고 있고, B, C, D의 수유재산의 총 가액은 약 76억 원으로서 원고의 유류분 부족액 약 34억 원을 초과하고 있으므로, B, C, D는 원고에게 위 유류분 부족액을 각자의 수유재산으로 반환하면 되는 것이지 이를 놓아두고 B, C, D의 수증재산으로 반환할 것은 아니다. 이 경우 피고가 원고에게 피고의 수유재산으로 반환하여야 할 분담액은 원고의 유류분 부족액 약 34억 원에 'B, C, D 각자의 특별수익액이 각자의 유류분을 초과하는 가액의 합계'에 대한 '피고의 특별수익액이 피고의 유류분을 초과하는 가액'의 비율을 곱하여 산정하여야 할 것이다. 한편 피고는 원고에게 반환하여야 할 피고의 분담액을 피고 소유의 수개의 수유재산으로 반환하여야 하는데, 이때 반환하여야 할 각 수유재산의 범위는 각 수유재산의 가액에 비례하여 안분하는 방법으로 정함이 상당하다.

Ⅲ. 해 설

1. 유류분반환에 있어서 증여와 유증의 관계

유류분권리자가 유류분반환청구를 함에 있어 증여 또는 유증을 받은 다른 공동상속인이 수인일 때에는 각자 증여 또는 유증을 받은 재산 등의 가액이 자기 고유의 유류분액을 초과하는 상속인에 대하여 그 유류분액을 초과한 가액의 비율에 따라서 반환을 청구할 수 있다.[1] 이때 수증재산과 수유재산을 구분하지 않고 동일하게 취급하여 반환범위를 정하면 되는지, 아니면 수증재산이나 수유재산 중 어떤 재산을 먼저 반환하고 그런 후에도 유류분 부족액이 있을 경우에 다른 재산으로 반환해야 하는지 문제된다. 이에 관해 민법은, 증여에 대하여는 유증을 반환받은 후가 아니면 이것을 청구할 수 없다고 반환의 순서를 정하고 있다(제1116조). 이에 따르면, 유류분반환청구의 목적인 증여나 유증이 병존하고 있는 경우 유류분권리자는 먼저 유증을 받은 자를 상대로 유류분침해액의 반환을 구하여야 하고, 그 이후에도 여전히 유류분침해액이 남아 있는 경우에 한하여 증여를 받은 자에 대하여 그 부족분을 청구할 수 있다. 사인증여의 경우에는 유증의 규정이 준용되고 그 실제적 기능도 유증과 다르지 않으므로 유증과 같이 보아야 한다.[2]

일본 민법과 프랑스 민법은 유증부터 반환의 대상으로 하고, 증여가 여러 개 있는 때에는 뒤의 증여부터 순차로 반환의 대상으로 하고 있는데, 우리 민법은 유증과 증여 간의 선후만을 정하고, 유증과 유증 사이, 증여와 증여 사이에는 각자의 얻은 가액의 비례로 반환하여야 한다고 규정하고 있다(민법 제1115조 제2항).[3] 민법이 이와 같이 정하고 있는 이유는, 증여재산은 피상속인이 사망하기 전에 미리 이전해준 것이지만 수유재산은 상속이 개시된 이후에 이전되는 것이어서 이미 재산을 취득한 수증자에게 반환을 시키는 것보다는 수유자에게 먼저 반환을 시키는 것이 수증자의 기대이익과 피상속인의 의사에 보다 부합하기 때문이다. 나아가 증여는 상속이 개시되기 오래 전에 이루어진 경우가 많아서 수유재산을 반환시키는 경우보다 증여재산을 반환시킬 경우 법률관계가 복잡해질 가능성이 높다는 점도 고려할 필요가 있다.

---

1) 대법원 2006. 11. 10. 선고 2006다46346 판결 등 참조.
2) 대법원 2001. 11. 30. 선고 2001다6947 판결 등 참조.
3) 윤진수, 662면.

2. 대상판결에 따른 계산

대상판결에 따라 이 사건에서 피고가 원고에게 수유재산으로 반환하여야 할 분담액을 계산해 보면 다음과 같다. 먼저 'B, C, D 각자의 특별수익액이 각자의 유류분을 초과하는 가액의 합계'는 약 180억 4천만 원이다. 그리고 '피고의 특별수익액이 피고의 유류분을 초과하는 가액'은 약 111억 2천만 원이다. 따라서 원고의 유류분 부족액 약 34억 원 × 111억 2천만 원/180억 4천만 원 = 34억 원 × 약 0.616 = 약 21억 원이다. 즉 피고는 자신의 수유재산에서 약 21억 원을 원고에게 반환하여야 한다. 참고로 B는 34억 원 × 약 0.04[4] = 약 1억 4천만 원을, D는 34억 원 × 0.34[5] = 약 11억 6천만 원을 각자의 수유재산에서 원고에게 반환해야 한다.

3. 대상판결에 대한 비판

이러한 대상판결에 대해서는 공동상속인 사이의 불균형을 심화시키는 결과를 낳는다며 비판하는 견해가 있다. 이 견해의 요지는 다음과 같다. "재판실무상 유류분반환사건은 대부분 피상속인이 공동상속인 중 일부에게 유증/증여를 한 것인바, 이 경우 유류분액 계산을 위한 전단계로서 '피상속인의 상속개시 당시 재산과 증여재산'을 계산함에 있어서 유증재산과 증여재산은 구분없이 모두 포함된다. 그런데 대상판결은 유류분 반환 순서에 관한 민법 제1116조의 문리적 해석에 집착하여 반환순서뿐 아니라 반환 범위를 정함에 있어서도 유증재산을 절대적으로 우선시켰고, 이에 따른 계산 결과 공동상속인 사이의 불균형을 심화시키는 결과를 낳았다."[6]

이 견해는 유류분액의 계산과 반환 순서 및 범위는 논리적으로는 구분되지만 실제로는 원고의 인용액을 결정하는 일련의 계산과정을 이루기 때문에 반환 범위를 정함에 있어서 유증과 증여를 구분하지 말고 동일하게 취급해야 한다는 것이다. 초

---

4) 7억 2천만 원/180억 4천만 원 = 약 0.0399

5) 62억 원/180억 4천만 원 = 약 0.3436

6) 민유숙, "2013년 분야별 중요판례분석—가족법," 법률신문 2014년 4월 3일자.

과특별수익을 얻은 것은 동일한데 증여로 얻은 것이냐 유증으로 얻은 것이냐에 따라 반환 범위가 달라진다는 것은 공동상속인 간에 형평에 어긋나는 것으로 볼 수도 있다. 이 점에서 비판론을 이해 못할 바는 아니다. 그러나 민법은 명문으로 유증을 반환받은 후에야 증여에 대해 반환청구 할 수 있다고 하여 반환 순서를 규정하고 있다. 또한 위에서 언급한 바와 같이, 증여와 유증을 구별하는 데는 합리적인 이유 내지 타당성이 있어서 다른 나라에서도 이러한 입법례를 볼 수 있다는 점을 고려하면 대상판결의 결론이 부당하다고만은 할 수 없을 것 같다.

4. 대상판결의 이해를 돕기 위한 예시

공동상속인들이 증여와 유증을 혼합하여 받은 경우 이 판결에 따른 유류분반환의 순서와 범위를 알기 쉽게 이해할 수 있도록 간단한 사례를 들어 보자. 피상속인 K에게는 상속인으로 A, B, C, D 네 명의 자식이 있다. A, B, C는 각 0원, 6억 원, 12억 원의 생전증여를 받았고, 또한 각 12억 원, 6억 원, 0원의 유증을 받았다. K에게는 남은 상속재산이 전혀 없다. D는 A, B, C에게 각 얼마씩의 유류분반환을 받을 수 있을까? 위 사례에서 명목상의 총 상속재산은 36억 원이고, 상속인들의 본래의 상속분은 각 9억 원씩이다. 따라서 D의 유류분액은 4억 5천만 원이다. A, B, C는 모두 각 3억 원의 초과특별수익을 얻었다. 만약 반환순서에 관하여 수증재산과 수유재산을 구별하지 않을 경우에는 D는 A, B, C로부터 각 1억 5천만 원씩 반환받으면 된다. 그러나 수유재산으로부터 먼저 반환받아야 한다는 대상판결에 따르면, D는 A, B로부터 각 2억 2,500만 원씩 반환받아야 하고 생전증여만 받은 C로부터는 반환을 받을 수 없다.

이 때, A와 B는 각자 얻은 특별수익의 총액은 동일하지만 수유재산만 놓고 보면 A는 12억 원을 유증받았고, B는 6억 원을 유증받았으니 A와 B가 각자 유증받은 재산의 가액의 비율대로 유류분반환을 해야 하는 것 아닌가 하는 의문이 있을 수 있다. 그러나 수인의 공동상속인이 유류분권리자의 유류분 부족액을 각자의 수유재산으로 반환함에 있어서 분담하여야 할 액은, 유증받은 재산만을 놓고 계산하는 것이 아니라 각자 증여 또는 유증을 받은 재산 등의 가액이 자기 고유의 유류분액을 초과하는 가액의 비율에 따라 안분하여 정하는 것이다. 따라서 A와 B는 동일한 가액을 D에게 반환해야 한다.

3 유류분의무자가 부당이득으로 반환하여야 하는 목적물 사용이익의 범위

〈대법원 2013. 3. 14. 선고 2010다42624 판결: 유류분반환 등〉

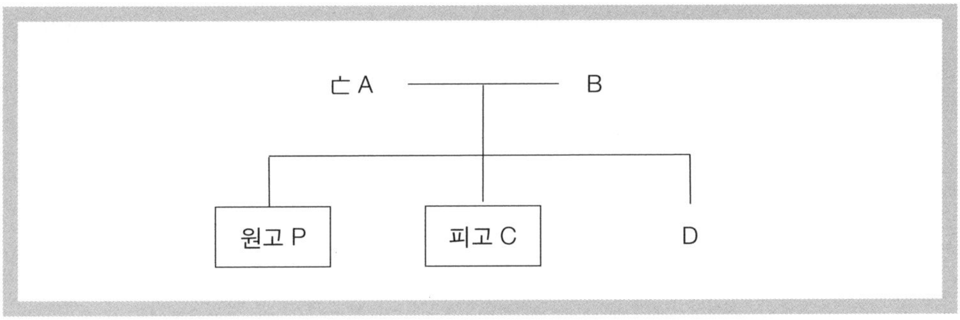

Ⅰ. 사실관계

망 A(이하 '망인'이라고 한다)는 의사로서 병원을 운영해 오다가 2005. 9. 20. 사망하였는데, 그의 상속인으로는 처인 B, 자녀들인 P(장녀)와 C(장남), D(차남)가 있다(P는 망인과 전처 사이의 소생이고, C와 D는 망인과 B 사이의 소생이다). 망인은 1997. 4. 11. 자기 소유의 건물과 토지 등 부동산을 B, C, D에게만 유증한다는 내용의 유언공정증서를 작성하여 B, C, D가 이를 유증받았다. 망인으로부터 생전에 증여받거나 유증받은 재산이 전혀 없었던 P는 유류분반환청구의 소를 제기하였다.

Ⅱ. 소송경과

이 소송에서 P는 "피고들이 유류분반환 대상인 부동산을 임대하여 사용, 수익하고 있고, 그 사용, 수익으로 인한 이익이 매월 770만 원이므로 망인이 사망한 때로부터 이 사건 항소심 변론종결일까지의 기간 동안 얻은 사용이익 중 원고에게 반환해야 할 지분에 상당하는 돈을 부당이득으로 반환해야 한다"고 주장하였다.

이에 대해 원심은, "위 부동산은 망인으로부터 피고에게 유증된 부동산으로서 피고가 원고에게 유류분반환으로 위 부동산의 일부 지분을 반환하여야 하는 이상, 피고는 원고가 구하는 바에 따라 망인의 사망으로 인한 상속개시일로부터 2009. 12.에 이르기까지 49개월간 얻은 위 부동산의 사용이익 중 원고에게 반환할 지분에 상당한 23,677,100원을 부당이득으로 반환할 의무가 있다"고 판단하였다.[1]

Ⅲ. 대상판결의 요지

[1] 유류분권리자가 반환의무자를 상대로 유류분반환청구권을 행사하는 경우 그의 **유류분을 침해하는 증여 또는 유증은 소급적으로 효력을 상실**하므로, 반환의무자는 유류분권리자의 유류분을 침해하는 범위 내에서 그와 같이 실효된 증여 또는 유증의 목적물을 사용·수익할 권리를 상실하게 되고, **유류분권리자의 그 목적물에 대한 사용·수익권은 상속개시의 시점에 소급하여 반환의무자에 의하여 침해당한 것**이 된다. 그러나 민법 제201조 제1항은 "선의의 점유자는 점유물의 과실을 취득한다."고 규정하고 있고, 점유자는 민법 제197조에 의하여 선의로 점유한 것으로 추정되므로, 반환의무자가 악의의 점유자라는 사정이 증명되지 않는 한 반환의무자는 그 목적물에 대하여 과실수취권이 있다고 할 것이어서 유류분권리자에게 그 목적물의 사용이익 중 유류분권리자에게 귀속되었어야 할 부분을 부당이득으로 반환할 의무가 없다. 다만 민법 제197조 제2항은 "선의의 점유자라도 본권에 관한 소에 패소한 때에는 그 소가 제기된 때로부터 악의의 점유자로 본다."고 규정하고 있고, 민법 제201조 제2항은 "악의의 점유자는 수취한 과실을 반환하여야 하며 소비하였거나 과실로 인하여 훼손 또는 수취하지 못한 경우에는 그 과실의 대가를 보상하여야 한

1) 서울고등법원 2010. 4. 30. 선고 2009나16058(본소), 2010나28569(반소) 판결.

다."고 규정하고 있으므로, 반환의무자가 악의의 점유자라는 점이 증명된 경우에는 그 악의의 점유자로 인정된 시점부터, 그렇지 않다고 하더라도 본권에 관한 소에서 종국판결에 의하여 패소로 확정된 경우에는 그 소가 제기된 때로부터 악의의 점유자로 의제되어 각 그때부터 유류분권리자에게 그 목적물의 사용이익 중 유류분권리자에게 귀속되었어야 할 부분을 부당이득으로 반환할 의무가 있다.

[2] 피고가 악의의 점유자라는 점에 대한 원고의 주장 · 입증이 없다면, 비록 원고의 유류분반환청구권의 행사에 의하여 유증의 효력이 원고의 유류분을 침해하는 범위 내에서 실효되었다고 하더라도, 그러한 사정만으로 피고가 위 부동산의 사용이익 중 원고에게 유류분으로 반환할 지분에 상당한 부분을 부당이득하였다고 볼 수 없다. 따라서 원심으로서는 피고가 상속개시 당시부터 악의의 점유자라거나 혹은 언제부터 악의의 점유자가 되었는지에 관하여 원고의 주장 · 입증이 있는지 여부를 살펴, 피고가 위 부동산의 사용이익 중 일부를 부당이득하였다고 볼 수 있는지 여부 및 그것이 인정된다면 언제부터 부당이득하였다고 볼 수 있는지 등을 심리 · 판단하여야 할 것이다. ☞ 파기환송

Ⅳ. 해 설

1. 유류분반환청구권의 법적 성질

유류분권리자가 유류분반환청구권을 행사하면 유증 또는 증여의 효력은 어떻게 될까? 이것은 결국 유류분반환청구권의 성질을 무엇으로 볼 것인가의 문제이다. 이에 관해 우리나라에서는 전통적으로 형설권설과 청구권설이 대립하여 왔다. 형설권설에 따르면, 유류분을 침해하는 유증 또는 증여는 유류분권리자의 반환청구에 의하여 효력을 상실하고 반환의 목적물 위의 권리는 당연히 유류분권리자에게 이전한다고 한다.[2)] 한편 청구권설에 따르면, 유류분반환청구로 인하여 이미 이루어진 증여나 유증이 당연히 실효되는 것은 아니고 유류분권리자는 유증 또는 증여받은 사

람에 대하여 유류분에 부족한 만큼의 재산의 인도나 반환을 청구할 수 있는 채권적 권리를 가질 뿐이라고 한다. 이러한 청구권설은 다시 원물을 반환해야 한다는 견해(원물반환설)[3]와 가액을 반환해야 한다는 견해(가액반환설)[4]로 나뉜다.[5]

대법원은 이 사건에서 "유류분권리자가 반환의무자를 상대로 유류분반환청구권을 행사하는 경우 그의 유류분을 침해하는 증여 또는 유증은 소급적으로 효력을 상실하므로, 반환의무자는 유류분권리자의 유류분을 침해하는 범위 내에서 그와 같이 실효된 증여 또는 유증의 목적물을 사용·수익할 권리를 상실하게 되고, 유류분권리자의 그 목적물에 대한 사용·수익권은 상속개시의 시점에 소급하여 반환의무자에 의하여 침해당한 것이 된다"고 판시함으로써 형성권설을 취하고 있음을 분명히 하였다.

2. 선의의 점유자의 과실수취권과 유류분반환의무자의 사용이익 반환의무

형성권설의 논리에 따르면, 유류분을 침해하는 유증 또는 증여는 유류분권리자의 반환청구에 의하여 소급적으로 효력을 상실하기 때문에 반환대상인 재산은 당연히 유류분권리자에게 이전한다. 따라서 그 재산에서 나오는 과실 역시 상속개시시부터 원래의 소유자인 유류분권리자의 것이 되어야 한다.

그러나 반환의무자가 선의인 경우에도 무조건 취득한 과실을 반환하도록 하는 것은 지나치게 가혹하므로 이때는 점유자와 회복자의 관계에 관한 민법 규정을 적용해야 한다는 것이 대법원의 결론이다. 즉 선의의 점유자는 점유물의 과실을 취득하는데(제201조 제1항), 점유는 선의로 한 것으로 추정되므로(제197조), 반환의무자가 악의의 점유자라는 점이 증명되지 않는 한 반환의무자는 그 목적물에 대하여 과실수취권이 있다는 것이다.[6] 따라서 반환의무자는 유류분권리자에게 그 목적물의 사

2) 김주수/김상용, 904면; 박병호, 480면 등.

3) 곽윤직, 472면; 윤진수, 659~660면 등.

4) 이경희/윤부찬, 662면.

5) 각 학설의 근거와 문제점 등 자세한 내용에 관하여는 윤진수, 655~659면 참조.

6) 선의점유란, 본권이 없음에도 불구하고 본권이 있는 것으로 믿고 하는 점유를 말한다. 지원

용이익 중 유류분권리자에게 귀속되었어야 할 부분을 부당이득으로 반환할 의무가 없게 된다. 다만 선의의 점유자라도 본권에 관한 소에서 패소한 때에는 그 소가 제기된 때로부터 악의의 점유자로 본다(민법 제197조 제2항). 그리고 악의의 점유자는 수취한 과실을 반환하여야 한다(제201조 제2항). 따라서 반환의무자가 악의의 점유자라는 점이 증명된 경우에는 그 악의의 점유자로 인정된 시점부터, 그렇지 않다고 하더라도 본권에 관한 소에서 패소판결이 확정된 경우에는 그 소가 제기된 때로부터 악의의 점유자로 의제되어 각 그때부터 유류분권리자에게 그 목적물의 사용이익 중 유류분권리자에게 귀속되었어야 할 부분을 부당이득으로 반환할 의무가 있게 된다.

3. 피고들이 선의인지 여부

이 사건의 원심은, 원고가 구하는 바에 따라 상속개시일로부터 항소심 변론종결 이전인 2009. 12.에 이르기까지 피고가 얻은 부동산의 사용이익 중 원고에게 반환할 지분에 상당한 금원의 부당이득반환을 인정하였다. 그러나 대법원은, 피고가 악의의 점유자라는 점에 대한 원고의 주장 · 입증이 없다면 피고가 위 부동산의 사용이익 중 원고에게 유류분으로 반환할 지분에 상당한 부분을 부당이득하였다고 볼 수 없다고 판단하였다. 그리하여 "원심으로서는 피고가 상속개시 당시부터 악의의 점유자라거나 혹은 언제부터 악의의 점유자가 되었는지에 관하여 원고의 주장 · 입증이 있는지 여부를 살펴, 피고가 위 부동산의 사용이익 중 일부를 부당이득하였다고 볼 수 있는지 여부 및 그것이 인정된다면 언제부터 부당이득하였다고 볼 수 있는지 등을 심리 · 판단하여야 할 것이다"라고 하면서 원심판결에 법리오해와 심리미진의 위법이 있다고 하여 파기환송하였다.

물론 선의점유는 추정되므로 원고가 피고들의 악의에 관한 아무런 주장과 입증을

림, 『민법강의(제20판)』, 홍문사(2023), 340면. 따라서 이 사건에서는 피고들이 당해 부동산 전체에 대한 권리가 자신들에게 있다고 믿은 것, 즉 원고의 유류분을 침해하는 것을 모르고 하는 점유를 뜻한다.

하지 않은 이상, 법원으로서는 임의로 언제부터 피고들이 악의였다고 인정하여 판단할 수는 없을 것이다. 그러나 이 사건에서 원고는 망인으로부터 증여 또는 유증을 받은 것이 전혀 없고, 피고들만이 이 사건 부동산을 유증받았다. 그렇다면 피고들은 상속이 개시되어 유증을 받은 때 원고의 유류분을 침해한다는 사실을 알고 있었다고 보아야 하지 않을까? 즉 이 사건 사실관계 하에서라면 선의점유의 추정을 깨고 피고들의 악의를 인정할 수 있지 않을까 생각된다. 이러한 점을 전혀 주장하지 않은 원고측의 실책이 크다.

4. 보론: 반환 목적물이 제3자에게 양도된 경우 반환청구 가부

참고로 이 사건과 직접적인 관련은 없지만, 형성권설과 관련하여 추가적으로 설명할 것이 있다. 반환의 목적물이 수유자나 수증자로부터 제3자에게로 양도되었을 때 형성권설을 관철한다면 유류분권리자는 그 제3자에 대하여도 반환을 구할 수 있다고 해야 할 것이다. 그러나 형성권설을 주장하는 학자들은 거래의 안전을 위하여 제3자가 선의인 경우에는 그 제3자에 대하여 목적물의 반환을 청구할 수 없고 유류분을 침해한 수유자 또는 수증자에 대하여 그 가액의 반환을 청구할 수 있을 뿐이라고 한다.[7] 대법원 역시 "유류분반환청구권의 행사에 의하여 반환하여야 할 유증 또는 증여의 목적이 된 재산이 타인에게 양도된 경우, 그 양수인이 양도 당시 유류분권리자를 해함을 안 때에는 양수인에 대하여도 그 재산의 반환을 청구할 수 있다."고 판시하여 동일한 입장을 취하고 있다.[8]

---

7) 주해상속법(제2권), 963면(최준규 집필부분).

8) 대법원 2015. 11. 12. 선고 2010다104768 판결; 대법원 2002. 4. 26. 선고 2000다8878 판결 등.

4 유류분제도 시행 전에 증여계약의 이행이 완료된 증여재산도 유류분반환대상이 될까?

〈대법원 2012. 12. 13. 선고 2010다78722 판결: 유류분반환〉

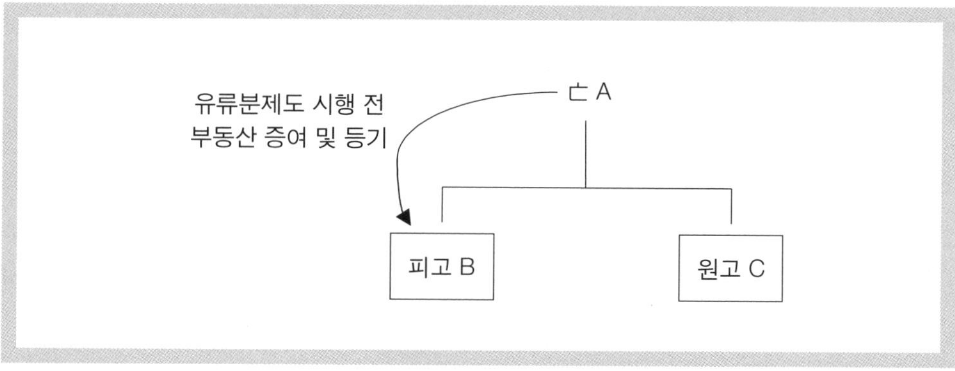

Ⅰ. 사실관계

어머니인 망 A(이하 '망인'이라 한다)는 생전에 부동산을 취득하여, 경제적 자력이 없는 아들 B 앞으로 소유권이전등기를 해주는 방법으로 B에게 부동산을 증여하였다. 그런데 이 부동산이 B 명의로 등기가 이루어진 것은 1977. 12. 31. 법률 제3051호로 개정된 민법이 시행되기 전이었다. A는 1998. 6. 27. 사망하였고, 아들 B(피고)와 딸 C(원고)가 공동상속인이 되었다. C는 이 사건 유류분반환소송을 제기하기에 앞서, 2006. 6.경 B를 상대로 이 사건 부동산이 A로부터 B에게 명의신탁된 부동산이라고 주장하면서 A의 상속인으로서 부당이득반환소송을 제기하였다. 그러나 명의신탁된 부동산이 아니라 증여된 부동산이라는 이유로 패소판결이 선고되었고, 2008. 5. 위 패소판결이 확정되었다.

Ⅱ. 소송경과

C는 위 패소판결이 확정된 때로부터 1년이 경과하기 전, 이 사건 유류분반환소송을 제기하였다. 이 소송에서 원고는, "망인은 이 사건 토지들을 매수한 후 이를 피고에게 증여하였고, 피고는 그러한 매수 당시 연소자, 학생이거나 군 입대, 무직 상태였고 농사에도 별다른 역할을 한 바가 없었다."라고 주장하였다. 이에 대해 피고는, "자신은 중 · 고등학교 시절부터 망인의 농사일을 도왔고, 대학 시절에는 ○○대학교까지 통학하면서 적극적으로 농사를 지었으며, 대학 졸업 무렵에는 망인이 피고에게 농사일 등 일체를 일임하여 피고가 잠시 입대한 기간을 제외하면 1964년 말부터 1970년 경까지 피고가 주도적으로 농사를 짓고 대출을 받아 토지들을 매수하였던 것으로서, 망인이 피고에게 토지들을 증여한 것이 아니다."라고 항변하였다.

원심[1)]은 원고의 청구를 일부 인정하여 피고에게 유류분반환을 명하였다. 그러나 대법원은 유류분제도가 시행되기 전에 증여계약의 이행이 완료된 증여재산은 유류분반환의 대상이 될 수 없다고 판시하면서 원심 판결을 파기환송하였다. 판시 요지는 다음과 같다.

Ⅲ. 대상판결의 요지

[1] 유류분 제도가 생기기 전에 피상속인이 상속인이나 제3자에게 재산을 증여하고 이행을 완료하여 소유권이 수증자에게 이전된 때에는 피상속인이 1977. 12. 31. 법률 제3051호로 개정된 민법(이하 '개정 민법'이라 한다) 시행 이후에 사망하여 상속이 개시되더라도 소급하여 증여재산이 유류분 제도에 의한 반환청구의 대상이 되지는 않는다. 개정 민법의 유류분 규정을 개정 민법 시행 전에 이루어지고 이행이 완

1) 서울고등법원 2010. 8. 12. 선고 2009나49843 판결.

료된 증여에까지 적용한다면 수증자의 기득권을 소급입법에 의하여 제한 또는 침해하는 것이 되어 개정 민법 부칙 제2항[2]의 취지에 반하기 때문이다.

[2] 다른 한편 개정 민법 부칙 제5항은 "이 법 시행일 전에 개시된 상속에 관하여는 이 법 시행일 후에도 종전의 규정을 적용한다"고 규정하고 있다. 따라서 개정 민법 시행일 이후 개시된 상속에 관하여는 개정 민법이 적용되어야 하므로, 개정 민법 시행 이전에 증여계약이 체결되었더라도 이행이 완료되지 않은 상태에서 개정 민법이 시행되고 그 이후에 상속이 개시된 경우에는 상속 당시 시행되는 개정 민법에 따라 증여계약의 목적이 된 재산도 유류분 반환의 대상에 포함된다.

[3] 비록 개정 민법 부칙 제2항이 개정 민법은 종전의 법률에 의하여 생긴 효력에 영향을 미치지 아니한다고 하여 개정 민법의 일반적인 적용대상을 규정하고 있지만, 부칙 제5항이 개정 민법 시행 이후 개시된 상속에 관하여는 개정 민법을 적용한다고 정하고 있는데 유류분 제도 역시 상속에 의한 재산승계의 일환이기 때문이다. 또한 유류분 산정의 기초가 되는 재산의 범위에 관하여 민법 제1113조 제1항[3]에서 대상재산에 포함되는 것으로 규정한 '증여재산'은 상속개시 전에 이미 증여계약이 이행되어 소유권이 수증자에게 이전된 재산을 가리키는 것이고, 아직 증여계약이 이행되지 아니하여 소유권이 피상속인에게 남아 있는 상태로 상속이 개시된 재산은 상속재산, 즉 '피상속인의 상속개시 시 가진 재산'에 포함된다고 보아야 하는 점 등에 비추어 보더라도, 증여계약이 개정 민법 시행 전에 체결되었지만 이행이 개정 민법 시행 이후에 되었다면 그 재산은 유류분 산정의 대상인 재산에 포함시키는 것이 옳고, 이는 증여계약의 이행이 개정 민법 시행 이후에 된 것이면 그것이 상속 개시 전에 되었든 후에 되었든 같다.

---

2) "이 법은 종전의 법률에 의하여 생긴 효력에 대하여 영향을 미치지 아니한다."

3) 유류분은 피상속인의 상속개시시에 있어서 가진 재산의 가액에 증여재산의 가액을 가산하고 채무의 전액을 공제하여 이를 산정한다.

Ⅳ. 해 설

1. 개정 민법 부칙 제2조와 제5조의 충돌상황

유류분제도는 1977년 민법 개정 때 처음으로 도입되었다. 유류분은 피상속인의 사유재산 처분의 자유 내지 유언의 자유를 제한하는 예외적인 제도이다. 상속재산 형성에 있어서 상속인들의 기여 및 생존 가족들의 생계보호 측면을 고려한 입법이다. 따라서 이러한 유류분제도가 시행되기 전에는 피상속인이 자신의 재산에 관해 마음대로 증여나 유증을 할 수 있었다. 문제는 유류분제도가 시행되기 전에 증여를 한 경우에도 그것을 유류분반환대상으로 보아 유류분권자가 그 반환을 청구할 수 있는지 여부이다. 이와 관련하여 개정 민법 부칙 제2조와 제5조는 서로 충돌하는 면이 있다. 제2조에 의하면 개정 민법은 종전 민법에 의하여 생긴 효력에는 영향을 미치지 않는다고 되어 있는 반면, 제5조에서는 개정 민법 시행일 이후 개시된 상속에 관하여는 개정 민법이 적용되어야 한다고 하고 있기 때문이다. 이 사건처럼 유류분이 시행되기 전에 증여를 하였으나 상속의 개시는 개정 민법이 시행된 이후에 일어난 경우, 부칙 제2조만을 앞세우면 그 증여재산은 유류분반환대상이 되지 않을 것이고 부칙 제5조만을 앞세우면 유류분반환대상이 될 것이다.

2. 규범조화적 해석을 통한 해결

이러한 충돌적인 문제에 관하여 대법원은 이 판결을 통해 명시적인 해결책을 제시하였다. 유류분제도가 시행된 것은 1979. 1. 1.부터인데, 그 이전에 증여를 하고 그 이행까지 모두 완료된 경우에는 유류분반환대상이 아니라는 것이다. 그러나 증여계약만 하거나 증여의 의사표시만 하고 실제 소유권의 이전은 유류분제도가 시행된 1979. 1. 1. 이후에 이루어진 경우에는 유류분반환대상이 된다는 것이다. 민법 부칙 제2조와 제5조 중 어느 한 조문을 우선하지 않고 그 관계를 상호 조화롭게 해석한, 소위 규범조화적 해석의 결과이다. 그리고 이와 같은 해석은, 유류분반환대상에 해당하는 '증여재산'은 상속개시 전에 이미 증여계약이 이행되어 소유권이 수증자에게 이전된 재산을 가리킨다는 기존 대법원 판례와도 수미일관한다.[4)]

3. 유류분반환청구권의 단기소멸시효의 문제점 및 회피방안

유류분반환청구권은 상속의 개시와 반환하여야 할 증여 또는 유증을 한 사실을 안 때로부터 1년 내에 해야 한다(제1117조). 유류분반환청구권의 단기소멸시효기간의 기산점인 '유류분권리자가 상속의 개시와 반환하여야 할 증여 또는 유증을 한 사실을 안 때'는 유류분권리자가 상속이 개시되었다는 사실과 증여 또는 유증이 있었다는 사실 및 그것이 반환하여야 할 것임을 안 때를 뜻한다.[5)] 따라서 아무리 증여 또는 유증이 있었다는 사실을 알았더라도 그 증여나 유증이 무효라고 생각했든지 아니면 증여나 유증이 아니라 명의신탁 등 다른 법률행위에 해당한다고 생각했던 경우에는 그 무렵까지는 아직 그것이 반환하여야 할 것임을 알았다고 할 수 없다. 그러한 법률행위가 사실은 유효한 증여나 유증이라는 사실을 안 때가 바로 반환하여야 할 것임을 안 때가 된다.

이 사건에서 원고가 처음부터 유류분반환소송을 하지 않고 명의신탁된 부동산이라고 주장하면서 부당이득반환소송을 제기했던 실제 이유는, 유류분반환청구의 소멸시효(1년)가 이미 지났기 때문이었던 것으로 보인다. 그래서 명의신탁이라고 주

4) 대법원 1996. 8. 20. 선고 96다13682 판결: "유류분 산정의 기초가 되는 재산의 범위에 관한 민법 제1113조 제1항에서의 '증여재산'이란 상속개시 전에 이미 증여계약이 이행되어 소유권이 수증자에게 이전된 재산을 가리키는 것이고, 아직 증여계약이 이행되지 아니하여 소유권이 피상속인에게 남아 있는 상태로 상속이 개시된 재산은 당연히 '피상속인의 상속개시시에 있어서 가진 재산'에 포함되는 것이므로, 수증자가 공동상속인이든 제3자이든 가리지 아니하고 모두 유류분 산정의 기초가 되는 재산을 구성한다."

5) 대법원 2006. 11. 10. 선고 2006다46346 판결: 해외에 거주하다가 피상속인의 사망사실을 뒤늦게 알게 된 상속인이 유증사실 등을 제대로 알 수 없는 상태에서 다른 공동상속인이 교부한 피상속인의 자필유언증서 사본을 보았다는 사정만으로는 자기의 유류분을 침해하는 유증이 있었음을 알았다고 볼 수 없고, 그 후 유언의 검인을 받으면서 자필유언증서의 원본을 확인한 시점에 그러한 유증이 있었음을 알았다고 본 사례.

장하다가 명의신탁이 아니라 증여라고 인정되어 패소하자 그 때서야 비로소 그것이 반환하여야 할 것임을 알았다고 하면서 명의신탁 사건의 패소판결 확정 후 1년 안에 유류분반환청구를 함으로써 소멸시효 문제를 피해가려 했던 것으로 추측된다.

이와 유사한 편법으로 이용되는 것이 유언무효확인소송이다. 즉 유류분반환청구의 소멸시효가 지난 후에 피상속인의 유언이 무효라고 주장하면서 유언무효확인의 소를 제기하였다가 유언이 유효라는 이유로 패소하면 그 패소판결이 확정된 때로부터 1년 내에 유류분반환청구의 소를 제기하는 것이다. 그러나 대법원은, 피상속인의 생전에 유언의 존재를 알고 있었던 유류분권리자가 재판과정에서 여러 가지 이유를 들어 유서가 무효라고 주장하였으나 <u>그 주장들이 한결같이 사실상 또는 법률상의 근거 없이 피상속인의 유언을 부인하려는 구실로밖에 보이지 아니하는 한편 유류분권리자가 유언이 무효임을 확신하였다는 특별한 사정을 엿볼 수 없는 경우</u>, 피상속인이 사망한 다음날부터 유류분권리자의 유류분반환청구권의 단기소멸시효가 진행된다고 판시하고 있다.[6)]

이 사건에서 피고의 소송대리인은 소멸시효 항변도 제출하였지만, 대법원은 소멸시효 항변까지 판단하지는 않았다. 그러나 이 사건에서 원고가 명의신탁을 주장하면서 부당이득반환소송을 제기한 것은 사실상 또는 법률상의 근거 없이 단지 유류분반환청구권의 소멸시효를 회피해보려는 구실에 지나지 않는다고 볼 여지도 있다. 이럴 경우 원고의 유류분반환청구는 소멸시효가 완성되었다는 이유로 기각될 수도 있을 것이다. 그렇지만 유류분반환청구권의 소멸시효가 1년으로 워낙에 짧다는 점을 고려해 볼 때, 유류분반환청구권자의 권리보호를 위해 시효완성은 가급적 엄격하게 인정하는 것이 옳다고 생각한다. 즉 유류분권자의 주장이 아무런 근거 없이 오로지 소멸시효의 적용을 회피하려는 구실임이 명백한 경우가 아닌 한 섣불리 시효가 완성되었다고 보아서는 안 될 것이다.

6) 대법원 1998. 6. 12. 선고 97다38510 판결.

4. 보론: 유류분제도 시행 전에 증여가 완성된 경우 그 증여재산의 특별수익 해당 여부

유류분제도가 시행되기 전에 피상속인으로부터 부동산을 증여받고 이전등기까지 완료한 경우 그 수증부동산은 유류분반환대상에 해당되지는 않는다. 그렇지만 상속재산분할을 위한 구체적 상속분을 계산함에 있어서는 유류분제도 시행 전에 받은 것이든 시행 후에 받은 것이든 모두 특별수익으로 고려되어야 한다. 민법 제1008조의 특별수익반환(조정)제도는 제정 민법 때부터 존재했던 제도로서 유류분제도 시행 여부와는 무관한 것이기 때문이다.

그렇다면 위 수증자가 유류분이 침해되었다고 주장하면서 유류분반환청구를 할 경우 그 수증자의 유류분부족분을 계산할 때 유류분제도 시행 전에 받은 부동산도 고려해야 할까? 유류분부족분은 유류분액[7] - 순상속분액[8] - 특별수익분으로 계산한다. 위에서 언급한 것처럼 특별수익은 유류분제도 시행 여부와 무관한 것이므로 위 수증자가 유류분반환청구를 하는 경우에도 유류분부족액을 계산할 때 피상속인으로부터 유류분제도 시행 전에 받은 부동산을 특별수익으로 포함시켜야 할 것이다.

---

7) (적극재산 + 증여액 - 소극재산) × 유류분율

8) 상속에 의하여 얻은 재산액 - 상속채무분담액

5 유류분 제도 시행 전에 증여받은 재산도 특별수익에 해당할까?

〈대법원 2018. 7. 12. 선고 2017다278422 판결: 유류분반환〉

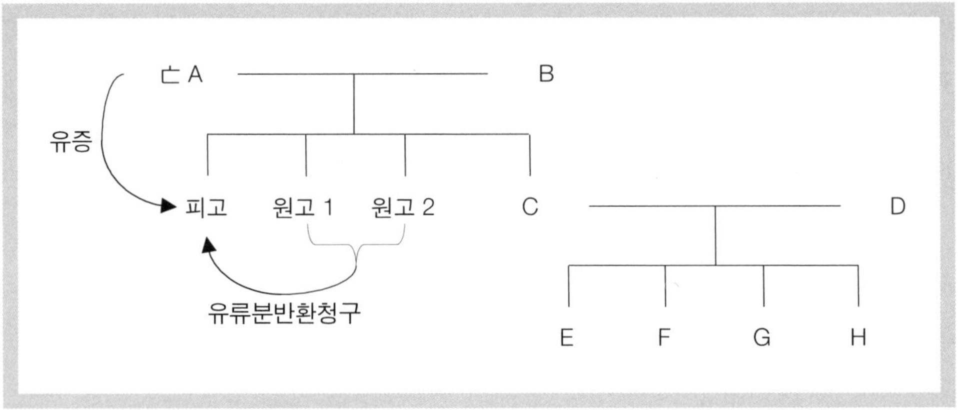

Ⅰ. 사실관계

망 A(2015. 9. 4. 사망, 이하 '망인'이라 한다)는 남편인 B(1950. 7. 8. 사망)와 사이에 4명의 자녀로 원고들, 피고 및 C를 두었다. C는 망인 사망 전인 2001. 11. 19. 사망하였는데, 그 배우자로는 처 D, 자녀들로는 E, F, G, H가 있다. 망인이 2015. 9. 4. 사망할 당시 망인 소유의 재산으로는 용산구 소재 부동산(이하 '이 사건 부동산'이라 한다)이 있고, 그밖에 다른 적극재산이나 소극재산은 없었다. 망인은 사망 전인 2013. 5. 30. 이 사건 부동산을 피고에게 유증하는 내용의 유언공정증서를 작성하였다(이하 '이 사건 유증'이라 한다). 이에 따라 피고는 망인의 사망 후인 2015. 10. 7. 이 사건 부동산에 관하여 유증을 원인으로 한 소유권이전등기를 마쳤다.

II. 소송경과

원고들은, 이 사건 부동산 중 원고들의 각 유류분(1/8 지분) 침해분을 현물로서 반환받을 권리가 있다고 주장하면서 이 사건 유류분반환청구를 하였다. 이에 대해 피고는, 원고들이 망인으로부터 이미 증여받은 재산들이 피고가 유증받은 이 사건 부동산보다 훨씬 많으므로 이를 반영하여 유류분액을 계산하면 원고들의 유류분이 침해된 것은 없다고 항변하였다.

이에 대하여 원심은, 1977. 12. 31. 법률 제3051호로 개정된 민법(이하 '개정 민법'이라 한다)이 시행되기 전에 피상속인이 재산을 증여하고 이행을 완료하여 소유권이 수증자에게 이전된 때에는 소급하여 증여재산이 유류분 제도에 의한 반환청구의 대상이 되지 않는다는 대법원 2012. 12. 13. 선고 2010다78722 판결을 원용하면서, 개정 민법 시행 전에 피상속인으로부터 어느 상속인에게 증여되어 그 이행이 이미 완료된 재산의 경우 유류분액 산정을 위한 기초 재산으로 포함(산입)되지 아니한다고 판시하였다.[1] 그리하여 원고들이 망인으로부터 부동산을 증여받고 이행이 완료된 시점은 유류분 제도가 시행된 1979. 1. 1. 이전이므로 이러한 증여재산은 유류분 산정에 고려하지 않는 것이 타당하다고 하면서 원고들의 청구를 인용하였다.

III. 대상판결의 요지

[1] 유류분 제도가 생기기 전에 피상속인이 상속인이나 제3자에게 재산을 증여하고 이행을 완료하여 소유권이 수증자에게 이전된 때에는 피상속인이 개정 민법 시행 이후에 사망하여 상속이 개시되더라도 소급하여 증여재산이 유류분 제도에 의한 반환청구의 대상이 되지는 않는다. 개정 민법의 유류분 규정을 개정 민법 시행 전에

1) 서울서부지방법원 2017. 10. 12. 선고 2017나34855 판결.

이루어지고 이행이 완료된 증여에까지 적용한다면 수증자의 기득권을 소급입법에 의하여 제한 또는 침해하는 것이 되어 개정 민법 부칙 제2항의 취지에 반하기 때문이다. 개정 민법 시행 전에 이미 법률관계가 확정된 증여재산에 대한 권리관계는 유류분 반환청구자이든 반환의무자이든 동일하여야 하므로, 유류분 반환청구자가 개정 민법 시행 전에 피상속인으로부터 증여받아 이미 이행이 완료된 경우에는 그 재산 역시 유류분산정을 위한 기초재산에 포함되지 아니한다고 보는 것이 타당하다.

[2] 그러나 유류분 제도의 취지는 법정상속인의 상속권을 보장하고 상속인 간의 공평을 기하기 위함이고, 민법 제1115조 제1항에서도 '유류분권리자가 피상속인의 증여 및 유증으로 인하여 그 유류분에 부족이 생긴 때에는 부족한 한도 내에서 그 재산의 반환을 청구할 수 있다'고 규정하여 이미 법정 유류분 이상을 특별수익한 공동상속인의 유류분 반환청구권을 부정하고 있다. 이는 개정 민법 시행 전에 증여받은 재산이 법정 유류분을 초과한 경우에도 마찬가지로 보아야 하므로, 개정 민법 시행 전에 증여를 받았다는 이유만으로 이를 특별수익으로도 고려하지 않는 것은 유류분 제도의 취지와 목적에 반한다고 할 것이다. 또한 민법 제1118조에서 제1008조를 준용하고 있는 이상 유류분 부족액 산정을 위한 특별수익에는 그 시기의 제한이 없고, 민법 제1008조는 유류분 제도 신설 이전에 존재하던 규정으로 민법 부칙 제2조와도 관련이 없다. 따라서 **개정 민법 시행 전에 이행이 완료된 증여 재산이 유류분 산정을 위한 기초재산에서 제외된다고 하더라도, 위 재산은 당해 유류분 반환청구자의 유류분 부족액 산정 시 특별수익으로 공제되어야 한다**.

IV. 해 설

1. 유류분산정을 위한 기초재산

유류분산정의 기초가 되는 재산은 상속개시시에 가진 재산의 가액에 증여재산의 가액을 가산하고 채무의 전액을 공제하여 산정한다(제1113조 제1항). 이 중 상속개시

시에 가진 재산은 상속재산 중 적극재산만을 의미하는데, 유증의 목적인 재산은 상속개시 시에 가진 재산에 포함되고,[2] 상속개시 당시 아직 증여계약이 이행되지 아니하여 소유권이 피상속인에게 남아 있는 상태로 상속이 개시된 재산 역시 피상속인의 상속개시 시에 가진 재산에 포함된다.[3] 한편 증여재산은 원칙적으로 상속개시 전 1년 사이에 이루어진 증여만 포함되지만(제1114조 전문), 공동상속인의 특별수익에 해당하는 증여는 증여의 시기와 관계없이 유류분산정의 기초재산에 포함된다.[4] 이로 인하여 공동상속인이 피상속인으로부터 아무리 오래 전에 생전증여를 받은 재산이라도 모두 유류분산정의 기초재산에 포함되게 된다. 그리고 이 때의 증여재산은 상속개시 전에 이미 증여계약이 이행되어 소유권이 수유자에게 이전된 재산을 가리킨다.[5] 문제는 유류분제도가 시행되기 전에 증여가 이루어진 경우에도 역시 유류분산정의 기초재산에 포함되는지 여부이다. 이에 대해서는 대상판결 이전에 이미 대법원이 "유류분 제도가 생기기 전에 피상속인이 재산을 증여하고 이행을 완료하여 소유권이 수증자에게 이전된 때에는 증여재산이 유류분 제도에 의한 반환청구의 대상이 되지는 않는다."고 하여 유류분산정의 기초재산에 포함되지 않는다고 판단하였다.[6]

2. 유류분부족분 산정

유류분부족분을 산정하는 공식은 다음과 같다.

부족분 = 유류분액 − 순상속분액 − 특별수익분

유류분액 = 유류분산정의 기초가 되는 재산 × 유류분율

순상속분액 = 상속에 의하여 얻은 재산액 − 상속채무분담액

---

2) 대법원 2001. 11. 30. 선고 2001다6947 판결.
3) 대법원 2012. 12. 13. 선고 2010다78722 판결.
4) 대법원 1996. 2. 9. 선고 95다17885 판결.
5) 대법원 1996. 8. 20. 선고 96다13682 판결.
6) 대법원 2012. 12. 13. 선고 2010다78722 판결.

위에서 본 바와 같이 유류분부족분을 산정하기 위해서는 특별수익이 계산되어야 하는데, 여기의 특별수익에는 유류분제도가 시행되기 전에 이루어진 증여가 포함되는지 여부가 문제된다. 바로 대상판결에서 문제된 쟁점이다. 이에 대하여 대상판결의 원심은, 원고들이 망인으로부터 개정 민법 시행 이전에 증여받은 부동산을 특별수익으로 고려하여야 한다는 피고의 주장에 대하여, 위 부동산이 개정 민법 시행 전에 원고들 명의로 소유권이전등기가 완료된 이상 원고들이 망인으로부터 증여받았는지 여부와 관계없이 유류분산정을 위한 기초재산으로 삼을 수 없다고만 판단하고 피고의 위 주장을 배척한 후 피고가 유증받은 부동산에 대하여 유류분반환을 원인으로 한 소유권이전등기를 명하였다. 이러한 원심 판결은 유류분액 산정의 문제와 유류분부족액 산정의 문제를 구분하지 못한 결과이다. 개정 민법 시행 전에 이행이 완료된 증여가 유류분산정의 기초재산인 증여재산에는 포함되지 않는다 하더라도, 유류분부족액의 산정을 위한 특별수익에는 해당된다고 보아야 한다. 왜냐하면 민법 제1118조에서 준용하고 있는 제1008조의 특별수익반환(조정)제도는 제정 민법 때부터 존재했던 제도로서 유류분제도 시행 여부와는 무관한 것이기 때문이다. 따라서 원심이 원고들 명의로 개정 민법 시행 전에 이행이 완료된 부동산을 유류분산정의 기초재산으로 삼을 수 없다고 본 것은 정당하지만, 이에 더 나아가 특별수익 여부를 판단하지 않은 것은 잘못이었다. 원심으로서는 위 재산의 증여 여부를 가려 증여받은 것으로 인정된다면 이를 원고들의 특별수익으로 고려하여 원고들 유류분의 부족 여부를 판단했어야 했다.

6 증여재산의 상태를 변경하여 가액을 증가시킨 경우 유류분반환 시 시가산정 기준시점

〈대법원 2015. 11. 12. 선고 2010다104768 판결: 유류분반환〉

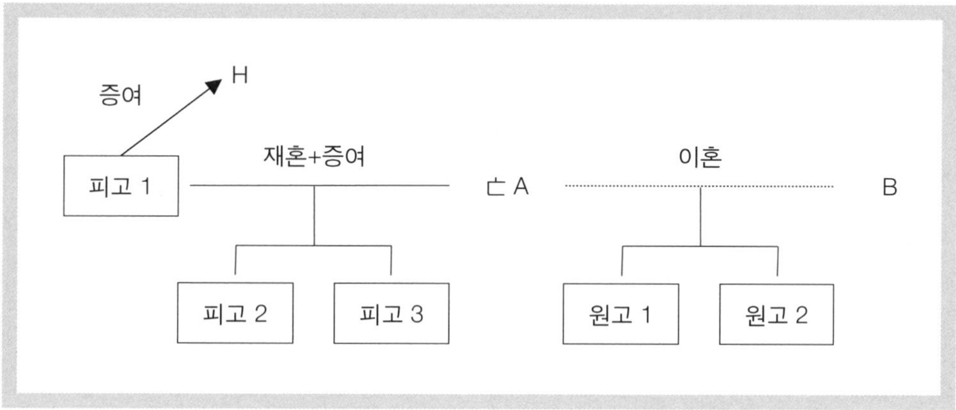

Ⅰ. 사실관계

망 A(이하 '망인'이라 한다)는 전처 B와의 사이에서 딸 둘(원고 1, 2)을 낳았고, 재혼하여 아들 둘을 낳았다. 그리고 생전에 모든 재산(논, 밭, 임야 등)을 재혼한 처 C(피고 1)와 아들들(피고 2, 3)에게 증여하였고, 2007. 7. 30. 사망하였을 당시에는 아무런 재산이 없었다. 피고 1은 증여받은 논과 임야를 H회사에 매각하였는데 H회사가 이를 잡종지, 창고용지 등으로 조성하여 지목이 변경되었다. 한편 피고 2, 3은 증여받은 논과 밭을 잡종지 등으로 변경하였다. 이로 인해 상속개시 당시 이들 부동산들은 처음 증여될 당시에 비해 가격이 상당히 높아졌다. 한편 피고 1은 망인으로부터 증여받은 부동산 중 일부를 1999. 12. 13.경 피고 2, 3에게 다시 증여하였다.

II. 소송경과

망인이 사망한 후 원고들은 피고들을 상대로 이 사건 유류분반환청구의 소를 제기하였다. 이에 대해 피고들은, 수증자 등의 특별한 기여로 인하여 목적물의 현상이 개선되어 가액이 증가된 경우에는 목적물이 증여 당시의 현상 그대로 존재하는 것으로 보아 상속개시 당시의 가액을 산정하여야 한다고 항변하였다.

원심[1]은 별지 제2목록 기재 각 부동산은 수증자인 피고 1이 H회사 등에 이를 매각한 후 H회사 등이 전, 임야를 잡종지, 창고용지 등으로 조성하여 지목이 변경되었고, 별지 제3목록 기재 각 부동산은 피고들이 토지조성비 등을 부담하여 지목을 답에서 전 등으로, 전에서 잡종지 등으로 변경하였으므로, 위 각 부동산의 상속개시 당시 가액은 각 증여 당시의 지목, 형상, 이용 상태를 기준으로 평가함이 상당하다고 하였다.

III. 대상판결의 요지

[1] 유류분반환의 범위는 상속개시 당시 피상속인의 순재산과 문제 된 증여재산을 합한 재산을 평가하여 그 재산액에 유류분청구권자의 유류분비율을 곱하여 얻은 유류분액을 기준으로 산정하는데, 증여받은 재산의 시가는 상속개시 당시를 기준으로 하여 산정하여야 한다. 다만 증여 이후 수증자나 수증자에게서 증여재산을 양수한 사람이 자기 비용으로 증여재산의 성상 등을 변경하여 상속개시 당시 가액이 증가되어 있는 경우, 변경된 성상 등을 기준으로 상속개시 당시의 가액을 산정하면 유류분권리자에게 부당한 이익을 주게 되므로, 이러한 경우에는 그와 같은 변경을 고려하지 않고 증여 당시의 성상 등을 기준으로 상속개시 당시의 가액을 산정하여야 한다.

---

1) 서울고등법원 2010. 11. 9. 선고 2009나104122 판결.

[2] 유류분반환청구권의 행사에 의하여 반환하여야 할 유증 또는 증여의 목적이 된 재산이 타인에게 양도된 경우, 그 양수인이 양도 당시 유류분권리자를 해함을 안 때에는 양수인에 대하여도 그 재산의 반환을 청구할 수 있다.

Ⅳ. 해 설

1. 유류분반환 대상재산의 시가산정 기준시점

가. 증여재산의 시가산정 원칙과 문제점

유류분반환을 청구하는 것은 기본적으로 피상속인이 생전에 증여한 것을 상속개시 이후에 반환해달라고 요구하는 것이다. 따라서 증여시점과 상속개시시점 사이에 시간적 간격이 생길 수밖에 없고, 이로 인해 유류분반환 대상재산의 가치를 언제 시점으로 산정해야 하는지의 문제가 반드시 생긴다. 그 재산이 부동산이나 주식인 경우 증여당시의 가액과 상속개시 당시의 가액에 상당히 큰 차이가 발생하는 것이 보통이다. 이에 대해 대법원은 증여받은 재산의 시가는 상속개시 당시를 기준으로 하여 산정하여야 한다고 판시하고 있다.[2] 예컨대 피상속인이 사망하기 20년 전에 시가 1억 원 상당의 부동산을 장남에게 증여했는데 상속개시 당시 시가가 10억 원이 된 경우에는 유류분반환 대상재산의 시가를 10억 원으로 하여 유류분가액을 계산한다.

그런데 이렇게 상속개시 시를 기준으로 증여재산의 가치를 산정하는 것은 실제에 있어서 납득하기 어려운 문제를 야기한다. 예컨대 피상속인이 사망하기 10년 전에 장남에게는 시가 1억 원 상당의 부동산을 증여하였고, 차남에게는 현금 1억 원을 증여하였는데 상속이 개시된 10년 후에 이르러서는 장남에게 증여한 부동산은 10억 원이 되었고 차남에게 증여한 1억 원은 소비자물가지수를 참작하여 산정했을 때 2

2) 대법원 2011. 4. 28. 선고 2010다29409 판결.

억 원에 불과하다면 차남은 장남에게 1억 원의 유류분반환을 청구할 수 있게 된다[12억 원(10억 원+2억 원)×1/2(법정상속분)×1/2(유류분비율)-2억 원]. 증여 이후 10년이 지나서 부동산의 가치와 현금의 가치가 그와 같이 크게 차이가 나게 된 것은 어디까지나 우연이다. 우연의 결과로 인한 차이에 대해 유류분반환을 인정할 필요가 있는지 의문이다.[3] 우연히 부동산의 가치와 현금의 가치가 동등하게 상승하면 유류분반환을 구할 수 없고 우연히 가치의 상승에 차이가 난 경우에는 유류분반환을 구할 수 있다고 하는 것은 납득하기 어렵다. 그런데 그렇다고 하여 유류분반환 대상인 증여재산의 시가산정을 '증여 시'를 기준으로 하더라도 역시 불합리한 결과가 생길 수 있다. 예를 들어 피상속인이 사망하기 10년 전에 장남에게는 시가 10억 원 상당의 부동산을 증여하였고 차남에게는 2억 원 상당의 주식을 증여하였는데 상속이 개시된 10년 후에는 장남에게 증여한 부동산은 가격이 떨어져서 5억 원이 되었고 차남에게 증여한 주식은 10억 원으로 올랐다면, 상속개시 시에는 피상속인의 증여로 인해 차남이 장남보다 오히려 두 배나 많은 이익을 받은 셈이지만 그럼에도 불구하고 장남에게 1억 원의 유류분반환을 청구할 수 있게 된다. 따라서 증여재산의 시가산정 기준을 상속개시 시로 하든 증여시로 하든 불합리한 경우가 발생하는 것을 막기는 어렵다.

사견으로는 유류분산정의 기초재산이 되는 증여를 아무런 기간 제한 없이 무한정 인정하는 판례나 통설에 근본적인 문제가 있다고 본다. 유류분에 산입될 증여는 상속개시 전의 1년간에 행한 것에 한하여 가액을 산정하는 것이 원칙이고, 예외적으로 당사자쌍방이 유류분권리자에게 손해를 가할 것을 알고 증여를 한 때에 한하여 1년 전에 한 증여도 가액을 산정한다(제1114조). 그런데 공동상속인에 대한 증여는 그것이 특별수익에 해당할 때에는 제1118조가 특별수익에 관한 제1008조를 준용하고 있으므로, 증여시기를 불문하고 유류분산정의 기초재산에 산입한다는 것이 판례이다.[4] 그리고 학설 역시 상속인에 대한 생전증여는 상속분의 선급, 즉 상속재산을

3) 만약 피상속인이 차남에게도 동등한 부동산을 증여하려고 했으나 차남이 현금을 원하여 현금으로 증여한 경우라면 그 부당함은 더욱 클 것이다.

4) 대법원 1996. 2. 9. 선고 95다17885 판결 등.

미리 준 것이라고 보기 때문에 공동상속인 간의 공평을 위해서 1년보다 먼저 것이라도 전액 산입하는 것이 당연하다는 것이 통설이다.[5] 헌법재판소도 그러한 해석이 재산권과 평등권을 침해하는 것이 아니라고 하였다.[6] 이에 대해서는 제1114조는 제1008조에 대한 특별규정이므로 공동상속인 간에도 상속개시 1년 전의 것은 손해를 가할 것을 안 때에만 유류분산정의 기초재산에 해당한다고 보는 소수설이 있다.[7] 생각건대 피상속인이 사망하기 10년 전에 증여하였든 20년 전에 증여하였든 언제나 유류분산정의 기초재산으로 보는 것은 해당 재산을 수증자에게 종국적으로 귀속시키고자 한 피상속인의 사유재산 처분의사에 명백히 반한다. 또한 오랜 세월의 경과로 인해 피상속인으로부터 증여받은 재산에 대한 불가침의 완전한 권리를 취득했다고 믿는 수증자의 기대 내지는 재산권을 심대하게 제약하는 것이다. 그리고 지나치게 오래전의 증여까지 유류분산정의 기초재산으로 삼을 경우 입증의 어려움 등으로 인해 실속 없이 분쟁만 키우고 소송의 장기화만 야기하는 역효과가 생긴다. 따라서 판례와 통설의 태도에는 선뜻 찬성하기 어렵다. 해석론으로는 소수설의 태도가 타당하다고 본다. 그런데 이러한 견해를 관철할 경우 유류분제도의 취지가 몰각될 위험 또한 크다. 이런 문제점을 고려할 때, 피상속인이 사망하기 10년 이전에 공동상속인에게 증여한 재산에 대해서는 유류분산정의 기초재산에서 제외하는 것으로 입법을 하는 것이 바람직하다고 생각한다.

나. 수증자나 전득자가 자기 비용을 투입하여 가치를 증가시킨 경우

증여받은 재산에 자기 비용을 투입함으로써 증여 당시에 비해 그 재산의 가치가 상당히 높아진 경우에도 유류분반환 대상재산의 시가를 상속개시 당시로 산정하게 되면 매우 불합리한 결과가 발생할 수 있다. 예컨대 황무지를 증여받아서 열심히 개간하여 논, 밭으로 일구었다든가, 허름한 건물을 증여받아서 리모델링을 하여 값비싼 건물로 탈바꿈시켜 놓은 경우가 있을 수 있다. 그리고 이 사건의 경우처럼 논,

5) 주석 민법[상속], 719면(김혜진 집필부분).
6) 헌법재판소 2010. 4. 29. 선고 2007헌바144 결정.
7) 윤진수, 645~646면.

밭, 임야를 잡종지나 창고용지 등 보다 경제적 가치가 높은 지목으로 변경시켜 놓은 것도 그 예가 될 수 있다. 이러한 경우에는 그와 같은 변경을 고려하지 않고 증여 당시의 성상(상태)을 기준으로 상속개시 당시의 가액을 산정하여야 한다는 것이 이 사건 대법원 판결의 결론이다. 즉 잡종지나 창고용지로 변경되지 않고 그대로 논, 밭, 임야의 상태로 있는 것으로 보고 그것의 상속개시 당시 시가를 산정하는 것이다.

한편 이 사건의 H회사처럼 유류분반환 대상재산을 양수한 자는 원칙적으로 그 재산을 반환해야 할 의무가 없다. 이처럼 원물반환이 불가능한 경우에는 그 재산을 H회사에게 매각한 C가 가액으로 반환해야 하는데, 이때도 역시 그 양도한 부동산의 증여 당시 성상을 기준으로 상속개시 당시의 가액을 산정하면 될 것이다. 그런데 대법원은 원물반환이 불가능하여 가액반환을 할 경우 그 가액은 상속개시 시가 아니라 사실심 변론종결 시를 기준으로 산정한다고 하고 있다.[8] 원물반환을 할 때와 가액반환을 할 때를 굳이 이렇게 달리 구별할 필요가 있는지 의문이나, 이러한 판례에 따를 경우 C가 H회사에 매각한 부동산에 대해서는 그 부동산의 증여 당시 성상을 기준으로 사실심 변론종결 당시의 가액을 산정하여야 할 것이다. 그리고 이러한 시가감정은 법원이 선임하는 감정평가사에 의해 이루어지게 된다. 당사자들이 개인적으로 감정기관에 감정을 의뢰하여 받아 오는 소위 '사감정'은 참고는 될지언정 결국은 법원이 선임한 감정인의 시가감정에 의해 결론이 내려지게 된다.

2. 유류분권리자의 악의의 양수인에 대한 반환청구

가. 유류분반환청구권의 성질

유류분반환의 목적물이 수유자나 수증자로부터 제3자에게로 양도된 경우에 그 제3자에 대해서도 반환청구를 할 수 있는지 문제된다. 이 문제는 유류분반환청구권의 성질에 관한 논의의 연장선상에 있다. 형성권설에 따르면, 유류분을 침해하는 유증 또는 증여는 유류분권리자의 반환청구에 의하여 효력을 상실하고 반환의 목적

8) 대법원 2005. 6. 23. 선고 2004다51887 판결.

물 위의 권리는 당연히 유류분권리자에게 이전한다고 한다.[9] 한편 청구권설에 따르면, 유류분반환청구로 인하여 이미 이루어진 증여나 유증이 당연히 실효되는 것은 아니고 유류분권리자는 유증 또는 증여받은 사람에 대하여 유류분에 부족한 만큼의 재산의 인도나 반환을 청구할 수 있는 채권적 권리를 가질 뿐이라고 한다. 이러한 청구권설은 다시 원물을 반환해야 한다는 견해(원물반환설)[10]와 가액을 반환해야 한다는 견해(가액반환설)[11]로 나뉜다.[12] 대법원은 형성권설을 취하고 있으며,[13] 원물반환을 원칙으로 보고 있다.[14]

나. 유류분반환청구권의 성질에 따른 결론

반환의 목적물이 수유자나 수증자로부터 제3자에게로 양도되었을 때 형성권설을 관철한다면 유류분권리자는 그 제3자에 대하여도 반환을 구할 수 있다고 해야 할 것이다. 그러나 형성권설을 주장하는 학자들은 거래의 안전을 위하여 제3자가 선의인 경우에는 그 제3자에 대하여 목적물의 반환을 청구할 수 없고 유류분을 침해한 수유자 또는 수증자에 대하여 그 가액의 반환을 청구할 수 있을 뿐이라고 한다.[15] 이 사건에서 대법원 역시 "유류분반환청구권의 행사에 의하여 반환하여야 할 유증 또는 증여의 목적이 된 재산이 타인에게 양도된 경우, 그 양수인이 양도 당시 유류분권리자를 해함을 안 때에는 양수인에 대하여도 그 재산의 반환을 청구할 수 있다."고 판시하여 동일한 입장을 취하고 있다. 그러나 청구권설에 의하면 원래의 수증자 또는 수유자 외에 제3자는 원칙적으로 반환의무를 부담하지 않는다고 보게 된다. 다만 청구권설을 따르면서도 악의의 제3자는 반환의무가 있다고 하는 견해도 있다.[16] 이러한 견해에 의하면 제3자에 대한 반환청구 문제는 형성권설에 의하든

9) 김주수/김상용, 904면; 박병호, 480면 등.
10) 곽윤직, 472면; 윤진수, 659~660면 등.
11) 이경희/윤부찬, 662면.
12) 각 학설의 근거와 문제점 등 자세한 내용에 관하여는, 윤진수, 655~659면 참조.
13) 대법원 2013. 3. 14. 선고 2010다42624 판결.
14) 대법원 2005. 6. 23. 선고 2004다51887 판결.
15) 주해상속법(제2권), 963면(최준규 집필부분).
16) 윤진수, 659면.

청구권설에 의하든 차이가 없게 된다.

다. 이 사건의 경우

피고 2, 3은, 유류분반환 대상재산이 타인에게 양도된 경우에는 그 양수인에게 유류분반환청구를 할 수 없으므로 자신들이 피고 1로부터 다시 증여받은 재산은 유류분반환 대상이 아니라고 항변했다. 그러나 양수인이 양도 당시 유류분권리자를 해함을 안 때에는 양수인에 대하여도 그 재산의 반환을 청구할 수 있다.[17] 그런데 피고 1이 망인으로부터 증여받은 후 피고 2, 3에게 다시 증여하였는데, 피고 2, 3은 망인과 수증자인 피고 1의 아들들이고, 위 증여 당시 피고들이 망인 소유 재산 중 상당 부분을 증여받은 상태였던 점, 망인이 원고들에게는 별다른 재산을 증여하였다고 인정할 증거가 없는 점 등 여러 사정을 고려하면, 피고 2, 3은 위 각 부동산을 증여받을 당시 유류분권리자인 원고들을 해함을 알고 있었다고 볼 수 있다. 이 경우 전득자인 피고 2, 3은 수증자인 C와 동일시할 수 있다.[18] 따라서 피고 2, 3은 악의의 양수인으로서 원고들에게 위 각 부동산에 관하여 원고들의 유류분을 침해하는 한도에서 이를 반환할 의무가 있다.

---

17) 대법원 2002. 4. 26. 선고 2000다8878 판결.

18) 윤진수, 659면.

7 기여분과 유류분의 관계

〈대법원 2015. 10. 29. 선고 2013다60753 판결: 유류분반환〉

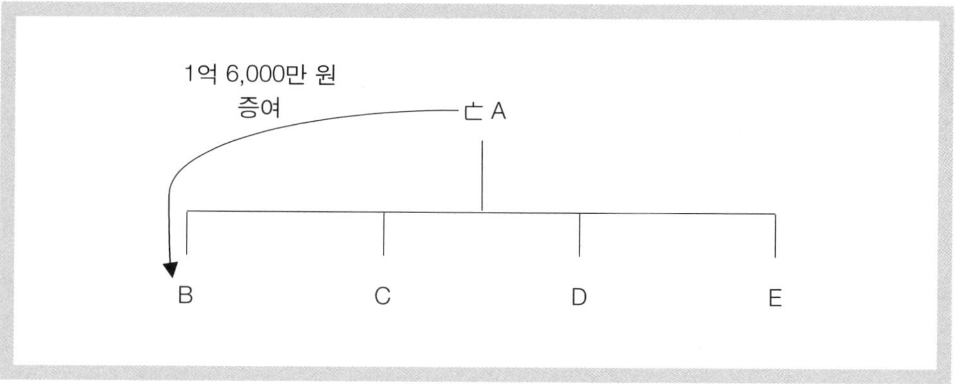

Ⅰ. 사실관계

망 A(이하 '망인'이라 한다)에게는 4명의 자녀 B, C, D, E가 있었다. 망인은 그 중 한 자녀인 B와 함께 생활하면서 생전에 B에게 총 1억 6,000만 원을 증여하였다. 그 결과 망인이 사망할 당시 망인 명의의 재산은 남아있지 않았다. B는 자기가 망인을 모시고 살았으므로 상속재산에 대한 기여가 있다고 주장하면서 C, D, E를 상대로 인천지방법원에 상속재산분할 및 기여분 심판을 청구하였다. 그러나 분할대상 상속재산이 없어 상속재산분할청구는 부적법하고, 상속재산분할청구를 전제로 한 기여분 청구 역시 부적법하다고 하여 청구가 모두 각하되었다. 그러자 C, D, E는 망인의 전 재산을 모두 B가 생전에 증여받음으로 인해 자신들의 유류분이 침해되었다고 주장하면서 B를 상대로 이 사건 유류분반환청구소송을 제기하였다.

II. 소송경과

B는 이 사건 유류분소송에서 자신의 기여분을 결정해줄 것을 주장하면서 유류분 기초재산에서 자신의 기여분 만큼은 공제되어야 한다고 주장하였다. 즉 B는 망인의 생전에 처와 함께 20년 이상 망인을 부양하여 왔고, 망인 소유의 집 수리비 등으로 1,400만 원을 지출하는 등 자신의 기여분으로 유류분 채무액을 공제하고 나면 원고들에게 지급할 채무가 남아 있지 않다고 주장하였다. 이에 대해 1심[1]과 항소심[2]은 다음과 같이 판단하면서 B의 항변을 배척하였다. "공동상속인 중 피상속인의 재산의 유지 또는 증가에 관하여 특별히 기여하거나 피상속인을 특별히 부양한 자가 있는 경우 그 기여분의 산정은 공동상속인들의 협의에 의하여 정하도록 되어 있고, 협의가 되지 않거나 협의할 수 없는 때에는 기여자의 신청에 의하여 가정법원이 심판으로 이를 정하도록 되어 있으므로 이와 같은 방법으로 기여분이 결정되기 전에는 유류분반환청구소송에서 피고가 된 기여상속인은 상속재산 중 자신의 기여분을 공제할 것을 항변으로 주장할 수 없다. 이와 같이 피고가 망인의 생전에 기여한 부분이 있다고 하더라도 당사자 사이의 협의나 가정법원의 심판절차를 거쳐 피고의 기여분을 산정하는 절차를 거치지 않은 이상 이 사건 유류분반환청구소송에서 그 공제를 주장할 수 없다."

III. 대상판결의 요지

[1] 민법 제1008조의2(기여분), 제1112조(유류분), 제1113조 제1항(유류분의 산정), 제1118조(준용규정)에 비추어 보면, 기여분은 상속재산분할의 전제 문제로서의 성격을 가지는 것으로서, 상속인들의 상속분을 일정 부분 보장하기 위하여 피상속인의

---

1) 인천지방법원 2012. 6. 5. 선고 2010가단117329 판결.
2) 인천지방법원 2013. 6. 27. 선고 2012나12795 판결.

재산처분의 자유를 제한하는 유류분과는 서로 관계가 없다. 따라서 공동상속인 중에 상당한 기간 동거·간호 그 밖의 방법으로 피상속인을 특별히 부양하거나 피상속인의 재산의 유지 또는 증가에 특별히 기여한 사람이 있을지라도 공동상속인의 협의 또는 가정법원의 심판으로 기여분이 결정되지 않은 이상 유류분반환청구소송에서 기여분을 주장할 수 없음은 물론이거니와, 설령 공동상속인의 협의 또는 가정법원의 심판으로 기여분이 결정되었다고 하더라도 유류분을 산정함에 있어 기여분을 공제할 수 없고, 기여분으로 유류분에 부족이 생겼다고 하여 기여분에 대하여 반환을 청구할 수도 없다.

[2] 따라서 원심이 위 1억 6,000만 원 전부를 유류분 산정을 위한 기초재산에 산입하는 한편 피고의 기여분 공제 항변을 배척한 것은 정당하다.

Ⅳ. 해 설

1. 기여분이 결정되지 않은 경우

공동상속인 중에 상당한 기간 동거·간호 그 밖의 방법으로 피상속인을 특별히 부양하거나 피상속인의 재산의 유지 또는 증가에 특별히 기여한 자는 기여분을 주장할 수 있다. 공동상속인의 협의로 기여분이 인정된 경우 상속개시 당시의 피상속인의 재산가액에서 기여분을 공제한 것을 상속재산으로 보고 법정상속분에 기여분을 가산한 액을 기여자의 상속분으로 한다. 기여분에 관하여 공동상속인 간에 협의가 되지 아니하거나 협의할 수 없는 때에는 가정법원이 기여자의 청구에 의하여 기여의 시기·방법 및 정도와 상속재산의 액 기타의 사정을 참작하여 기여분을 정한다(제1008조의2).

기여분 청구는 상속재산분할심판절차에 부수하여 청구하여야 한다(제1008조의2 제4항). 따라서 상속재산분할심판절차에서 기여분에 대한 결정이 이루어지지 않은 경우에는 유류분반환청구소송 등 다른 재판절차에서 기여분을 주장하거나 기여분

결정을 청구할 수는 없다. 피고가 상속재산분할심판을 청구하면서 이에 부수하여 기여분 청구를 하였으나 분할대상 상속재산이 없다는 이유로 청구가 각하됨으로써 기여분이 결정되지 못했기 때문에 피고는 이 사건 유류분반환청구소송에서 기여분 주장을 할 수 없게 된 것이다. 따라서 이 사건에서 원고 3명은 각 2천만 원씩의 유류분을 반환받을 수 있게 되었다(1억 6,000만 원×1/4×1/2).

그러나 이 사건처럼 상속재산이 없다는 이유로 상속재산분할심판을 청구할 수 없어서 결국 기여분청구도 하지 못하는 경우에까지 유류분소송에서 기여분을 인정해주지 않는 것은 실질적으로 불공평한 측면이 있다. 분명히 상속재산의 형성이나 피상속인에 대한 부양 등의 기여가 있음에도 불구하고 절차규정으로 인해 기여분을 인정받지 못하는 것은 기여가 있는 상속인에게 지나치게 가혹하다. 이와 관련하여서는 다음과 같은 제안을 하고 싶다. 즉 대법원 판례 중에 일생의 반려자였던 피상속인의 배우자가 피상속인으로부터 생전 증여를 받은 경우 그것을 특별수익에서 제외할 수 있다는 판결이 있다.[3] 이 판례를 이 사건과 같은 사안에 적용해본다면, 설사 상속재산분할심판절차에서 기여분이 결정되지 못했더라도 사실상 기여분에 해당하는 만큼의 증여재산은 특별수익이 아니라고 판단함으로써 실질적 공평을 기할 수도 있지 않을까 생각해본다.

2. 기여분이 결정된 경우

기여분이 결정되지 않은 경우에는 기여상속인이 유류분반환소송에서 상속재산 중 자신의 기여분을 공제할 것을 항변으로 주장할 수 없다.[4] 그렇다면 만약에 상속재산분할심판절차에서 피고의 기여분이 결정되었다면 유류분반환청구소송에서 피고는 유류분 기초재산에서 자신의 기여분 만큼은 공제되어야 한다고 주장할 수 있는가? 유류분은 피상속인의 상속개시시에 있어서 가진 재산의 가액에 증여재산의 가액을 가산하고 채무의 전액을 공제하여 산정하는 것이다(제1113조 제1항). 공제되

3) 대법원 2011. 12. 8. 선고 2010다66644 판결.
4) 대법원 1994. 10. 14. 선고 94다8334 판결.

는 것은 채무에 한정되어 있을 뿐 기여분은 공제대상이 아니다. '피상속인이 상속개시시에 있어서 가진 재산'이 기여분을 공제하고 남은 재산을 의미한다고 해석한다면 모를까 그렇지 않을 경우 유류분의 기초재산을 산정함에 있어서 기여분을 고려해야 할 법적 근거는 없게 된다. 그러나 '피상속인이 상속개시시에 있어서 가진 재산'이 기여분을 공제하고 남은 재산을 의미한다고 해석하는 것은 문언해석의 범위를 넘어서는 것으로 보이고, 기여분에 관한 민법 제1008조의2 규정과도 부합하지 않는다. 민법 제1008조의2에서는 '상속개시 당시의 피상속인의 재산가액'에서 기여분을 공제한 것을 상속재산으로 본다고 하여 '상속개시 당시의 피상속인의 재산가액'을 기여분 공제 이전의 개념으로 보고 있기 때문이다. 따라서 설사 상속재산분할심판절차에서 피고의 기여분이 결정되었다 하더라도 유류분 기초재산에서 기여분을 공제할 수는 없다는 결론에 이르게 된다. 설령 공동상속인의 협의 또는 가정법원의 심판으로 기여분이 결정되었다고 하더라도 유류분을 산정함에 있어 기여분을 공제할 수 없다는 대법원의 입장은 이러한 해석에 기초한 것이라 생각된다.[5)]

한편 유류분권리자가 피상속인의 증여 및 유증으로 인하여 그 유류분에 부족이 생긴 때에는 부족한 한도에서 그 재산의 반환을 구할 수 있다(제1115조 제1항). 따라서 기여분이 인정됨으로 인해 유류분에 부족이 생겼다고 하더라도 유류분청구권자는 기여자에 대해 기여분의 반환을 요구할 수 없다. 유류분반환청구는 증여 및 유증에 대해서만 할 수 있기 때문이다.

3. 기여분과 유류분의 관계를 이해하기 위한 예시

이상의 논의를 구체적인 예를 들어 설명하면 다음과 같다. 망인이 600만 원의 상속재산을 남겼는데 망인에게는 상속인으로 자녀 A, B, C, D가 있다. 망인은 생전에 A에게 300만 원을 증여했다. B가 A, C, D를 상대방으로 하여 상속재산분할심판 및 기여분 청구를 하였고 B의 기여분으로 300만 원이 인정되었다. 이 경우 구체적 상

5) 그러나 이러한 결론의 타당성은 의심스럽고 기여분이 결정되었다면 이는 당연히 공제되어야 할 것이라는 견해로는 윤진수, 681면.

속분을 산정하기 위한 상속재산총액은 600만 원이다**[600만 원**(상속개시 당시 피상속인의 재산가액)**+300만 원**(증여재산)**-300만 원**(기여분)**]**.[6] 따라서 A, B, C, D의 본래의 상속분은 150만 원이다(600만 원×1/4). 그렇다면 구체적 상속분은 A는 0원(이미 본래의 상속분보다 많은 300만 원의 생전증여를 받았으므로), C와 D는 각 100만 원(상속개시 당시 피상속인의 재산가액 600만 원에서 기여분 300만 원을 공제하고 남는 300만 원을 B, C, D가 1/3씩 나눠 가지므로), B는 400만 원(기여분 300만 원+100만 원)이다. 이 경우 유류분액을 계산할 때 판례에 따라 유류분 산정의 기초재산에서 기여분을 공제하지 않으면 유류분액은 112.5만 원이 된다**[{600만 원**(피상속인의 상속개시시에 있어서 가진 재산)**+300만 원**(증여재산)**}×1/4**(법정상속분)**×1/2**(유류분비율)**]**. C와 D는 유류분부족액 12만 5천 원씩을 A에게 반환청구할 수 있을 것이다. 이 때 기여분을 받은 B에 대해서는 유류분반환청구를 할 수 없다. 기여분이 인정됨으로 인해 유류분이 부족하게 되었더라도 기여분의 반환을 요구할 수 없기 때문이다. 그런데 여기서 기여분을 인정받은 B도 A에게 유류분부족액 12만 5천 원의 반환을 구할 수 있는지 문제된다. 기여분과 유류분은 서로 관계가 없다는 판례대로라면 B도 A에게 유류분반환청구를 할 수 있다고 볼 여지가 있다. 그러나 법정상속분에 따라 각 공동상속인의 상속분을 산출한 후 그 산출된 상속분에 기여분을 가산한 액을 기여상속인의 구체적 상속분으로 하기 때문에(제1008조의2), B는 유류분을 초과하는 구체적 상속분을 받은 셈이므로 유류분반환을 구할 수 없다고 보아야 할 것이다.

이론상으로는 위와 같지만 실제 가정법원이 기여분을 결정할 때에는 다른 공동상속인의 유류분을 고려하게 될 것이므로, 기여분으로 인해 유류분이 침해되는 일은 현실에서는 거의 일어나지 않을 것이다. 예컨대 위 사례에서 B의 기여분이 150만 원으로 결정되었다면, 구체적 상속분을 산정하기 위한 상속재산총액은 750만 원이다(600+300-150). 따라서 A, B, C, D의 본래의 상속분은 187.5만 원이다(750만 원×1/4). 그렇다면 구체적 상속분은 A는 0원, C와 D는 각 150만 원[(600-150)×1/3], B는 300만 원(150+150)이다. 이 경우 유류분액은 기여분을 고려하지 않기 때문에 위 사

6) 상속개시 당시의 피상속인의 재산가액에서 기여분을 공제한 것을 상속재산으로 보기 때문이다(제1008조의2).

례와 마찬가지로 112.5만 원이 되고, 결국 아무도 유류분을 침해받지 않게 된다.

4. 헌법재판소 결정 이후

그런데 2024년 4월 25일 헌법재판소는, 기여분에 관한 제1008조의2를 준용하는 내용을 두지 않아서 결과적으로 기여분과 유류분의 관계를 단절하고 있는 것은 현저히 불합리하고 자의적이어서 헌법 제37조 제2항에 따른 기본권 제한의 입법한계를 일탈하여 재산권을 침해하므로 헌법에 위반된다고 결정했다(2020헌가4 등). 이에 따라 입법자는 2025. 12. 31.까지 유류분에도 기여분을 인정하는 취지의 구체적인 개정 방안을 마련해야 한다. 그렇게 되면 유류분에도 기여분을 반영할 수 있게 될 것이다.[7)]

7) 유류분에도 기여분을 반영하는 구체적인 방안에 관해서는 현소혜, "유류분과 기여분의 관계에 관한 개정 방안," 가족법연구 제39권 1호(2025. 3), 193면 이하.

8 유류분반환청구권의 행사방법

〈대법원 2012. 5. 24. 선고 2010다50809 판결: 상속재산반환 등〉

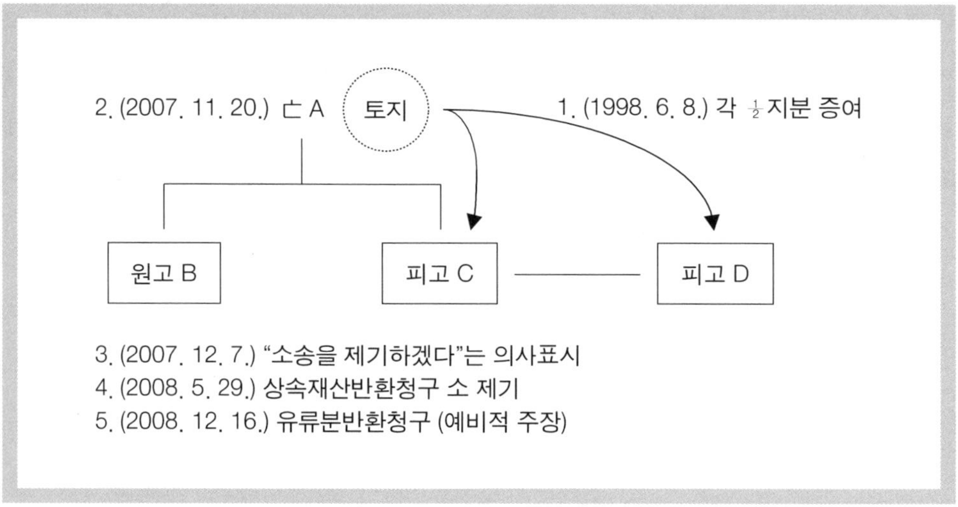

Ⅰ. 사실관계

망 A(이하 '망인'이라 한다)는 2007. 11. 20. 사망하였는데, 망인의 자녀들로는 딸 B(이하 '원고'라 한다)와 아들 C가 있고, D는 C의 아내이다(C와 D를 '피고들'이라 한다). 망인 소유였던 이 사건 토지에 관하여는, 이 중 각 1/2 지분에 관하여 1998. 6. 8. 증여를 원인으로 한 피고들 명의의 소유권이전등기(이하 '이 사건 소유권이전등기'라 한다)가 경료되었다.

원고는 2007. 12. 7.경 피고들의 집을 찾아가 피고들이 망인으로부터 이 사건 토지를 증여받은 사실을 거론하며 피고들에게 2억 원을 지급할 것을 요구하였고, 피고들이 이를 거절하자, "내가 국세청이고 어디고 다 뒤엎을 거야. 너희들이 엄마한

테 받은 상동 땅도 내가 찾아 가는가 못 찾아 가는가 두고 봐. 확 뒤집어엎어 버릴거다."라고 하면서 소송을 제기하겠다고 말하였다.

II. 소송경과

원고는 2008. 5. 29. 이 사건 증여가 무효임을 주장하며 상속재산의 반환을 구하는 이 사건 소를 제기하였다. 그 후 2008. 12. 16.자 준비서면을 통해 예비적으로 유류분반환청구를 하겠다는 취지의 주장을 하였다. 한편 원고는 2009. 1. 8.자 준비서면을 통하여 위 증여가 망인 및 D가 유류분권리자인 원고에게 손해를 가할 것을 알고 체결된 것이라고 주장하였다.

1심은, 이 사건 증여는 유효하며, 원고는 망인의 사망 당시 위 증여가 유류분권자에게 반환하여야 할 것임을 알았다고 봄이 상당한데, 망인이 사망한 때로부터 1년이 지난 2008. 12. 16.자 준비서면을 통해 유류분반환청구의 의사표시를 하였으므로 이미 소멸시효가 완성되었다고 판단하며 원고의 청구를 모두 기각하였다.[1] 이에 대해 원고가 항소하였으나, 항소심 역시 같은 이유로 항소를 기각하였다.[2]

III. 대상판결의 요지

[1] 구체적으로 유류분반환청구 의사가 표시되었는지는 법률행위 해석에 관한 일반원칙에 따라 의사표시의 내용과 아울러 의사표시가 이루어진 동기 및 경위, 당사자가 의사표시에 의하여 달성하려고 하는 목적과 진정한 의사 및 그에 대한 상대방의 주장 · 태도 등을 종합적으로 고찰하여 사회정의와 형평의 이념에 맞도록 논리와 경험의 법칙, 그리고 사회일반의 상식에 따라 합리적으로 판단하여야 한다. 상속인

1) 서울중앙지방법원 2009. 6. 18. 선고 2008가합51040 판결.
2) 서울고등법원 2010. 5. 19. 선고 2009나68936 판결.

이 유증 또는 증여행위가 무효임을 주장하여 상속 내지는 법정상속분에 기초한 반환을 주장하는 경우에는 그와 양립할 수 없는 유류분반환청구권을 행사한 것으로 볼 수 없지만, 상속인이 유증 또는 증여행위의 효력을 명확히 다투지 아니하고 수유자 또는 수증자에 대하여 재산분배나 반환을 청구하는 경우에는 유류분반환의 방법에 의할 수밖에 없으므로 비록 유류분 반환을 명시적으로 주장하지 않더라도 그 청구 속에는 유류분반환청구권을 행사하는 의사표시가 포함되어 있다고 해석함이 타당한 경우가 많다.

[2] 공동상속인이 아닌 제3자에 대한 증여는 원칙적으로 상속개시 전의 1년간에 행한 것에 한하여 유류분반환청구를 할 수 있고, 다만 당사자 쌍방이 증여 당시에 유류분권리자에 손해를 가할 것을 알고 증여를 한 때에는 상속개시 1년 전에 한 것에 대하여도 유류분반환청구가 허용된다. 증여 당시 법정상속분의 2분의 1을 유류분으로 갖는 직계비속들이 공동상속인으로서 유류분권리자가 되리라고 예상할 수 있는 경우에, 제3자에 대한 증여가 유류분권리자에게 손해를 가할 것을 알고 행해진 것이라고 보기 위해서는, 당사자 쌍방이 증여 당시 증여재산의 가액이 증여하고 남은 재산의 가액을 초과한다는 점을 알았던 사정뿐만 아니라, 장래 상속개시일에 이르기까지 피상속인의 재산이 증가하지 않으리라는 점까지 예견하고 증여를 행한 사정이 인정되어야 하고, 이러한 당사자 쌍방의 가해의 인식은 증여 당시를 기준으로 판단하여야 한다.

Ⅳ. 해 설

1. 유류분반환청구권의 법적 성질과 행사방법

유류분반환청구권의 행사방법은 유류분반환청구권의 법적 성질을 어떻게 보느냐에 따라 다르다. 청구권설에 따르면, 단순히 이행을 구하는 의사표시는 소멸시효와 관련하여 최고로서의 효력 밖에 없으므로 궁극적으로는 재판상 소를 제기하여 권리를 행사하여야 한다고 한다.[3] 이러한 견해에 의하면, 유류분반환청구권의 행사는 수증자에 대하여 유류분을 침해하는 목적물의 반환을 이행하라는 의사표시로 행해져야 하고, 이때 개개의 반환되어야 하는 목적물 그 자체를 특정해야 한다고 해석한다. 청구권설의 입장에서 유류분반환청구의 소를 제기하는 것은 이행의 소를 구하는 것인데, 무엇을 이행받을 것인지에 관하여 특정하지 않는다면 법원이 이행판결을 내릴 수 없기 때문이다.[4] 그러나 형성권설, 특히 판례와 다수설이 취하고 있는 물권적 형성권설에 따르면, 유류분반환청구권의 행사는 재판상 또는 재판 외에서 상대방에 대한 의사표시의 방법으로 할 수 있다고 본다.[5] 형성권에 있어서는 권리자의 의사표시가 있으면 그것만으로 바로 법률효과가 발생하기 때문이다. 그리고 유류분반환의 의사표시는 침해를 받은 유증 또는 증여행위를 지정하여 이에 대한 반환청구의 의사를 표시하면 그것으로 족하며, 그로 인하여 생긴 목적물의 이전등기청구권이나 인도청구권 등을 행사하는 것과는 달리 그 목적물을 구체적으로 특정해야 할 필요는 없다.[6]

이 사건에서 원고는 피고들의 집을 찾아가 피고들이 망인으로부터 이 사건 토지를 증여받은 사실을 거론하며 피고들에게 2억 원을 지급할 것을 요구하였고, 피고들이 이를 거절하자 소송을 제기하겠다고 말하였다. 만약 원고가 이 사건 증여행위의 무효를 주장하며 법정상속분에 기초한 반환을 주장하였다면 그와 양립할 수 없는 유류분반환청구권을 행사한 것으로 볼 수는 없을 것이다. 그러나 원고는 증여행위의 효력을 명확히 다투지 아니하면서 피고들에게 재산분배를 청구하였다. 이러한 경우 원고가 자신의 권리를 찾기 위해서는 유류분반환의 방법에 의할 수밖에 없으므로 비록 유류분 반환을 명시적으로 주장하지 않았더라도 그 청구 속에는 유류분반환청구권을 행사하는 의사표시가 포함되어 있다고 해석할 수 있다. 대상판결의

---

3) 변동열, "유류분제도," 민사판례연구(XXV), 박영사(2003), 879면.

4) 정소민, "유류분반환청구권에 관한 고찰–법적 성질 및 시효 소멸에 관한 논의를 중심으로," 외법논집 제30집(2008. 5), 159~160면.

5) 신영호/김상훈/정구태, 502면; 김주수/김상용, 906면; 대법원 2015. 11. 12. 선고 2011다55092, 55108 판결.

6) 대법원 2002. 4. 26. 선고 2000다8878 판결.

결론도 이와 같다. 유류분반환청구권은 재판 외에서도 상대방에 대한 의사표시로 행사할 수 있고, 그 의사표시는 침해를 받은 유증 또는 증여행위를 지정하여 이에 대한 반환청구의 의사를 표시하면 족하다는 판례의 기본 입장과 수미일관한 결론이다.

2. 유류분반환청구권의 소멸시효

민법 제1117조 소정의 기간 중 "상속개시시부터 10년"은 제척기간이라는 견해도 있으나, 1년의 기간이 소멸시효라는 데에는 통설과 판례가 일치하고 있다. 소멸시효의 기산점인 '유류분권리자가 상속의 개시와 반환하여야 할 증여 또는 유증을 한 사실을 안 때'라 함은, 유류분권리자가 상속이 개시되었다는 사실과 증여 또는 유증이 있었다는 사실 및 그것이 반환하여야 할 것임을 안 때를 뜻한다.[7)]

원고는 2007. 12. 7. 재판 외에서 유류분반환청구권을 행사하였다. 유류분권리자가 이와 같이 유류분반환청구권을 행사하면 제1117조 소정의 소멸시효 기간 안에 권리를 행사한 것이 된다.[8)] 이처럼 재판 외에서 유류분반환청구권을 행사하면 제1117조에 정한 소멸시효의 진행도 그 의사표시로 중단된다는 것이 판례이다.[9)] 그렇다면 그와 같이 중단된 이후에는 어떻게 된다는 것인가? 이러한 재판 외에서의 청구는 시효중단사유인 '최고'에 해당되어 6개월 내에 유류분반환청구의 소를 제기하지 않는 이상 소멸시효중단의 효력이 없게 되고 결국 소멸시효가 완성된다고 보아야 하는 것인가(제174조의 적용)? 아니면 일단 유류분반환청구권을 행사하였으므로 그 다음부터는 소멸시효는 문제가 되지 않는다고 보아야 하는 것인가? 대상판결에서는 이 점에 관하여는 전혀 언급이 없다.[10)] 대상판결 이후에 나온 대법원 2015.

---

7) 대법원 2006. 11. 10. 선고 2006다46346 판결.

8) 대법원 2015. 11. 12. 선고 2011다55092, 55108 판결.

9) 대법원 2002. 4. 26. 선고 2000다8878 판결.

10) 대상판결의 사안을 보면, 원고가 유류분반환청구권을 재판 외에서 행사한 때로부터 6개월 내에 소를 제기하였으므로 일응 제174조가 적용된다고 보더라도 소멸시효중단의 효과는 발생한 것으로 볼 여지가 있다. 그러나 이 사건 소는 유류분반환청구가 아닌 증여의 무효를 이

11. 12. 선고 2011다55092, 55108 판결은 이 문제에 관하여 다음과 같이 판시하였다.

> "유류분권리자가 유류분반환청구권을 행사한 경우 그의 유류분을 침해하는 범위 내에서 유증 또는 증여는 소급적으로 효력을 상실하고, 상대방은 그와 같이 실효된 범위 내에서 유증 또는 증여의 목적물을 반환할 의무를 부담한다(대법원 2013. 3. 14. 선고 2010다42624 판결 참조). 유류분반환청구권을 행사함으로써 발생하는 목적물의 이전등기청구권 등은 유류분반환청구권과는 다른 권리이므로, 그 이전등기청구권 등에 대하여는 민법 제1117조 소정의 유류분반환청구권에 대한 소멸시효가 적용될 여지가 없고, 그 권리의 성질과 내용 등에 따라 별도로 소멸시효의 적용 여부와 기간 등을 판단하여야 한다."[11)]

유류분반환청구권을 행사한 후에는 유류분반환청구권 그 자체의 소멸시효는 문제되지 않고 유류분반환청구권을 행사함으로 인하여 발생하는 개별적인 권리마다 별도로 소멸시효를 판단해야 한다는 취지라고 이해된다. 이처럼 형성권설 하에서 유류분반환청구권을 행사한 후에는 더 이상 시효중단의 문제가 생길 여지가 없으므로, 위 대법원 2002. 4. 26. 선고 2000다8878 판결에서 소멸시효의 중단을 언급한 것은 타당하지 않다.[12)]

3. 공동상속인이 아닌 제3자에 대한 증여

유류분 산정의 기초재산이 되는 증여는 상속개시전의 1년간에 행한 것에 한한다(제1114조 본문). 그러나 공동상속인 중에 피상속인으로부터 생전 증여에 의하여 특별수익을 한 자가 있는 경우에는 민법 제1114조의 규정은 그 적용이 배제되고, 따라서 그 증여는 상속개시 1년 이전의 것인지 여부에 관계없이 유류분 산정을 위한 기

유로 하는 상속재산반환청구였기 때문에 이러한 소를 가지고 6개월 내에 재판상 청구를 한 것으로 보는 것은 무리가 있다고 생각된다. 그렇다면 대상판결 역시 유류분반환청구권을 재판 외에서 행사하고 나면 그 다음부터는 제1117조의 소멸시효는 문제가 되지 않는 것으로 판단한 것이 아닐까 추측된다.

11) 대법원 2015. 11. 12. 선고 2011다55092, 55108 판결.

12) 같은 견해로는 주해상속법(제2권), 1024면(최준규 집필부분).

초재산에 산입된다는 것이 판례이다.[13] 따라서 C에 대한 증여가 1998. 6. 8.에 이루어졌다 하더라도 유류분 산정의 기초재산에 포함된다.

그러나 D는 공동상속인이 아니기 때문에 D에 대한 증여는 상속이 개시되기 1년 이전에 이루어진 것이어서 원칙적으로 유류분 산정의 기초재산에 포함되지 않는다. 다만 당사자 쌍방이 유류분권리자에 손해를 가할 것을 알고 증여를 한 때에는 1년 전에 한 것이라도 유류분 산정의 기초재산에 포함된다(제1114조 단서). 그리고 이때 제3자에 대한 증여가 유류분권리자에게 손해를 가할 것을 알고 행해진 것이라고 보기 위해서는, 당사자 쌍방이 증여 당시 증여재산의 가액이 증여하고 남은 재산의 가액을 초과한다는 점을 알았던 사정뿐만 아니라, 장래 상속개시일에 이르기까지 피상속인의 재산이 증가하지 않으리라는 점까지 예견하고 증여를 행한 사정이 인정되어야 한다는 것이 대상판결의 결론이다. 이 사건에서 원고는 D에 대한 증여가 망인 및 D가 유류분권리자인 원고에게 손해를 가할 것을 알고 체결된 것이라고 주장하였다. 그런데도 원심은 원고의 위 주장 부분에 대해서 아무런 판단도 하지 않고 D가 수증한 위 토지 지분은 망인의 사망 전의 1년간에 행해진 증여재산이 아니라는 이유만으로 유류분반환대상이 아니라고 판단하였다. 대상판결은 이 점을 적절히 지적하였다.

V. 참조판례: 대법원 2006. 11. 10. 선고 2006다46346 판결 [소유권이전등기등]

[1] 민법 제1117조가 규정하는 유류분반환청구권의 단기소멸시효기간의 기산점이 되는 '유류분권리자가 상속의 개시와 반환하여야 할 증여 또는 유증을 한 사실을 안 때'라 함은 유류분권리자가 상속이 개시되었다는 사실과 증여 또는 유증이 있었다는 사실 및 그것이 반환하여야 할 것임을 안 때를 뜻한다.

13) 대법원 1996. 2. 9. 선고 95다17885 판결. 이러한 판례의 태도에 반대하여 공동상속인에 대한 증여 역시 제1114조가 적용되어야 한다는 견해로는 윤진수, 565~566면.

[2] 해외에 거주하다가 망인의 사망사실을 뒤늦게 알게 된 A로서는 유증사실 등을 제대로 알 수 없는 상태에서 단순히 B로부터 일방적으로 교부된 위 망인의 자필유언증서의 사본을 보았다는 사정만으로는 자기의 유류분을 침해하는 유증이 있었음을 알았다고 단정하기 어렵고 2004. 6. 30. 유언의 검인을 받으면서 자필유언증서의 원본을 확인한 시점에서야 비로소 그러한 유증이 있었음을 알았다고 봄이 상당하고, 따라서 그때로부터 1년이 경과되기 전인 2005. 5. 20. A가 유류분반환청구권을 행사한다는 뜻의 의사표시를 하였으므로 A의 유류분반환청구권은 시효로 소멸되었다고 할 수 없다.

9 유류분반환청구권의 소멸시효

〈대법원 2015. 11. 12. 선고 2011다55092, 55108 판결: 유류분반환 · 유류분반환청구〉

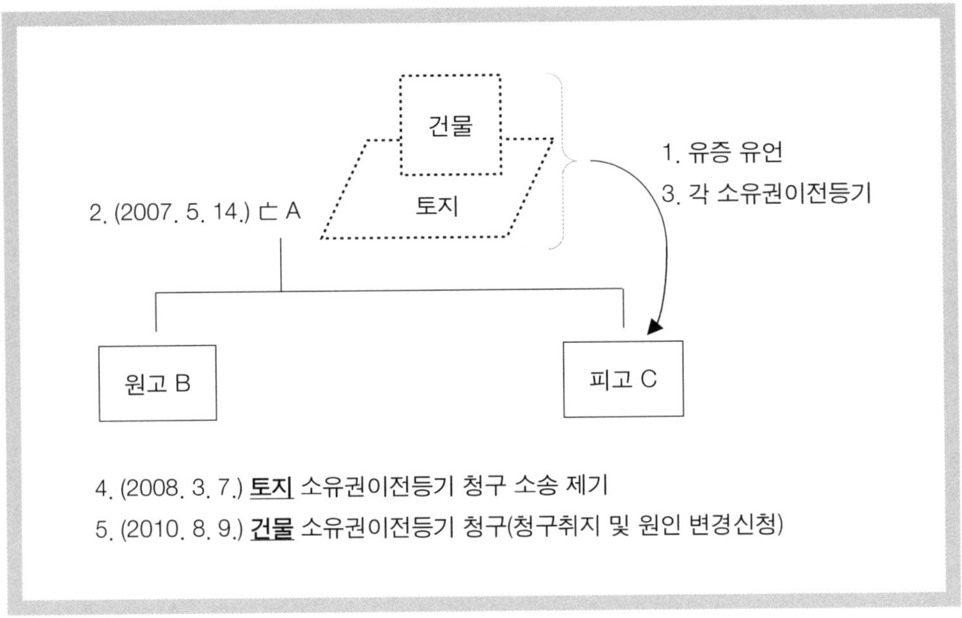

Ⅰ. 사실관계

피상속인 망 A(이하 '망인'이라 한다)는 2007. 5. 14. 사망하였고, 망인의 상속인으로는 원고 B와 피고 C가 있다. 망인은 생전에 제주시 소재 대지(이하 '이 사건 토지'라고 한다)와 이 사건 토지 위에 건립된 단층주택(이하 '이 사건 건물'이라고 한다)을 소유하고 있었다. 망인은 이 사건 토지와 건물을 피고에게 유증한다는 취지의 유언을 남겼다. 이에 따라 이 사건 토지에 관하여는 2007. 5. 14.에, 이 사건 건물에 관하여는 2007. 6. 26.에 각 유증을 원인으로 하여 피고 앞으로 소유권이전등기가 각 마쳐졌다.

원고가 2008. 3. 7. 피고를 상대로 이 사건 토지에 관하여 유류분반환을 원인으로 한 소유권이전등기를 청구하는 이 사건 소를 제기하였는데, 원고가 이 소를 제기할 무렵에는 이 사건 건물에 관하여도 망인의 피고에 대한 유증행위가 있었던 사실을 알고 있었다.

II. 소송경과

원고는 2008. 3. 7. 피고를 상대로 망인의 피고에 대한 2007. 5. 14.자 유증행위를 지정하면서 이 사건 토지에 관하여 유류분반환을 원인으로 이전등기를 청구하는 이 사건 소를 제기하였고, 그 소장 부본이 그 무렵 피고에게 송달되었다. 그리고 원고는 2010. 8. 9.에 이르러 이 사건 건물 중 원고의 유류분에 상당하는 지분에 관하여 유류분반환을 원인으로 하여 이전등기를 청구하는 내용 등이 담긴 이 사건 청구취지 및 원인 변경신청서를 제출하였고, 피고는 그 무렵 이를 수령하였다.

원심은, 원고가 2008. 3. 7. 상속의 개시와 위 유증행위를 알고 이 사건 소를 제기한 후 1년이 경과한 2010. 8. 9.에 이르러서야 이 사건 건물에 관한 이전등기를 청구하는 내용 등이 담긴 이 사건 청구취지 및 원인 변경신청서를 제출하였으므로, 이 사건 건물에 관한 유류분반환청구권은 시효로 소멸하였다고 판단하였다.[1]

III. 대상판결의 요지

[1] 유류분반환청구권의 행사는 재판상 또는 재판 외에서 상대방에 대한 의사표시의 방법으로 할 수 있다. 그 의사표시는 침해를 받은 유증 또는 증여행위를 지정하여 이에 대한 반환청구의 의사를 표시하면 그것으로 충분하고, 그로 인하여 생긴 목

1) 제주지방법원 2011. 6. 2. 선고 2010나873, 880 판결.

적물의 이전등기청구권이나 인도청구권 등을 행사하는 것과는 달리 그 목적물을 구체적으로 특정하여야 하는 것은 아니다. 유류분권리자가 위와 같은 방법으로 유류분반환청구권을 행사하면 민법 제1117조 소정의 소멸시효 기간 안에 권리를 행사한 것이 된다.

[2] 유류분권리자가 유류분반환청구권을 행사한 경우 그의 유류분을 침해하는 범위 내에서 유증 또는 증여는 소급적으로 효력을 상실하고, 상대방은 그와 같이 실효된 범위 내에서 유증 또는 증여의 목적물을 반환할 의무를 부담한다(대법원 2013. 3. 14. 선고 2010다42624 판결 참조). 유류분반환청구권을 행사함으로써 발생하는 목적물의 이전등기청구권 등은 유류분반환청구권과는 다른 권리이므로, 그 이전등기청구권 등에 대하여는 민법 제1117조 소정의 유류분반환청구권에 대한 소멸시효가 적용될 여지가 없고, 그 권리의 성질과 내용 등에 따라 별도로 소멸시효의 적용 여부와 기간 등을 판단하여야 한다.

Ⅳ. 해 설

1. 유류분반환청구권의 행사방법

유류분반환청구권의 행사는 재판상 또는 재판 외에서 상대방에 대한 의사표시의 방법으로 할 수 있다는 것이 통설과 판례이다.[2] 이때 그 의사표시는 어떻게 하면 되는지에 관하여 대상판결은, 침해를 받은 유증 또는 증여행위를 지정하여 이에 대한 반환청구의 의사를 표시하면 그것으로 충분하고, 그로 인하여 생긴 목적물의 이전등기청구권이나 인도청구권 등을 행사하는 것과는 달리 그 목적물을 구체적으로 특정하여야 하는 것은 아니라고 하였다.

이 사건에서 원고는 망인이 사망한 후 1년이 지나기 전에 이 사건 소로써 유류분

2) 신영호/김상훈/정구태, 502면; 김주수/김상용, 906면; 대법원 2015. 11. 12. 선고 2011다55092, 55108 판결.

반환을 청구하였다. 즉 재판상 유류분반환청구권을 행사하였다. 문제는 소 제기 당시 이 사건 토지에 대해서만 반환을 구하고, 이 사건 건물에 대해서는 1년이 지난 후에 청구를 하였다는 점이다. 이러한 경우 건물에 대해서는 소멸시효 기간 내에 유류분반환청구권을 행사하지 않았다고 보아야 하는가? 원고는 2008. 3. 7. 피고를 상대로 이 사건 소를 제기하면서 망인의 피고에 대한 유증행위를 지정하며 반환청구의 의사표시를 하였다. 비록 토지만을 특정하고 건물은 특정하지 않았지만, 망인의 유증행위를 지정하면서 유류분반환을 청구하였으므로 비록 원고가 그 당시 이 사건 건물을 구체적으로 특정하지 않았다고 하더라도 상속의 개시와 반환하여야 할 유증을 한 사실을 안 때부터 1년 내에 유류분반환청구권을 행사한 것으로 볼 수 있다. 대상판결의 결론도 이와 같다.

실무에서는 망인이 수증자에게 구체적으로 어떤 재산을 증여하였는지 전혀 모르는 경우가 많다. 이 경우 유류분권리자로서는 어쩔 수 없이 소 제기 당시에는 증여재산을 전혀 특정하지 못하고 일단 일부청구로서 금 1억 원을 반환하라는 식으로 청구취지를 기재하게 된다. 그 후 소송 진행 과정에서 수증재산이 파악되면 그것을 기초로 하여 청구취지를 변경하는 것이 일반적이다. 이러한 경우에 만약 소 제기 당시 증여재산을 특정하지 못하였다고 하여 소멸시효 완성을 이유로 유류분권리자의 청구를 기각한다면 유류분제도의 실효성은 현격히 떨어질 것이고 제도의 취지에도 부합하지 않는 일이다.[3)]

2. 유류분반환청구권의 법적 성질과 소멸시효

유류분반환청구권은 유류분권리자가 상속의 개시와 반환하여야 할 증여 또는 유증을 한 사실을 안 때로부터 1년 내에 하지 않으면 시효에 의하여 소멸한다(제1117

---

3) 이러한 문제에 관하여는 청구권설의 입장에서, 유류분반환청구에서 특정되지 못한 목적물에 대하여는 '반환하여야 할 증여 또는 유증을 한 사실'을 알지 못한 것으로 해석함으로써 합리적으로 해결할 수 있다는 견해도 있다. 정소민, "유류분반환청구권에 관한 고찰—법적 성질 및 시효 소멸에 관한 논의를 중심으로," 외법논집 제30집(2008/5), 160면.

조 전단). 이 기간은 소멸시효이다. 유류분반환청구권은 재판상 또는 재판 외에서 행사할 수 있는바, 이 기간 내에 재판 외에서 유류분반환청구권을 행사하면 그 이후에는 어떻게 되는 것인가? 이러한 재판 외에서의 청구는 시효중단사유인 '최고'에 해당되어 6개월 내에 유류분반환청구의 소를 제기하지 않는 이상 소멸시효중단의 효력이 없게 되고 결국 소멸시효가 완성된다고 보아야 하는 것인가(제174조의 적용)? 아니면 일단 유류분반환청구권을 행사하였으므로 그 다음부터는 소멸시효는 문제가 되지 않는다고 보아야 하는 것인가? 이것은 기본적으로 유류분반환청구권의 법적 성질에 따라 달라질 수 있는 문제이다. 청구권설의 입장에서는 소멸시효기간 내에 재판상 청구를 하거나 기타 소멸시효중단의 조치를 취하여야만 소멸시효 완성을 막을 수 있다고 하므로,[4] 유류분반환의 의사표시에 최고로서의 효력 이상을 인정하기 어려울 것이다.[5] 반면 유류분반환청구권을 물권적 형성권으로 보게 되면 이 형성권의 행사로 인하여 침해행위에 해당하는 증여 등을 실효시키고 증여 등의 목적물에 대한 소유권 등이 직접 유류분권리자에게 귀속하게 되는 법률관계가 형성되는 것이므로 시효의 중단이라는 문제가 생기지 않는다.[6] 대상판결은 이 문제에 관하여 형성권설을 전제로 하여, 유류분반환청구권을 행사한 후에는 유류분반환청구권 그 자체의 소멸시효는 문제되지 않고 유류분반환청구권을 행사함으로 인하여 발생하는 개별적인 권리마다 별도로 소멸시효를 판단해야 한다는 취지로 판시하였다.

그런데 형성권설에 따르면 유류분반환청구의 의사표시에 의하여 유류분침해행위인 유증 또는 증여계약의 효력은 소급적으로 소멸하고, 목적물에 대한 권리는 당연히 유류분권리자에게 복귀하게 된다. 그렇다면 원물반환의 경우 유류분권리자는 물권적 청구권에 기하여 목적물의 반환을 청구할 수 있게 되므로, 원칙적으로 유류분반환청구권을 행사함으로써 발생하는 권리(예컨대 이전등기청구권) 역시 소멸시효에 걸리지 않는다고 보아야 한다.[7] 다만 가액반환의 경우에는 유류분반환청구권을

4) 윤진수, 687면. 이 견해는 청구권설의 입장에서 소멸시효가 의사표시에 의해 중단된다고 볼 근거가 없다고 한다.

5) 변동열, "유류분제도," 민사판례연구(XXV), 박영사(2003), 879면.

6) 정소민, 앞의 논문, 158면.

7) 일본 최고재판소도 "유류분권리자가 특정 부동산 증여에 대해 감쇄청구를 한 경우에 수증자

행사함으로써 채권적 청구권(예컨대 부당이득반환청구권)이 발생하게 되므로 이러한 권리가 소멸시효에 걸릴 수 있을 것이다.

가 취득한 소유권은 유류분을 침해하는 한도 내에서는 당연히 유류분권리자에게 귀속하기 때문에 유류분권리자가 감쇄청구로 취득한 부동산 소유권 또는 공유지분권에 기한 등기청구권은 시효로 소멸하지 아니한다"고 판시하였다[最高裁判所 1995(平成7). 6. 9. 判例時報 539号 68項].

10 유류분반환청구권의 행사방법과 소멸시효 중단

〈서울고등법원 2023. 11. 17. 선고 2023나2002181 판결: 유류분에 기한 소유권이전등기청구〉

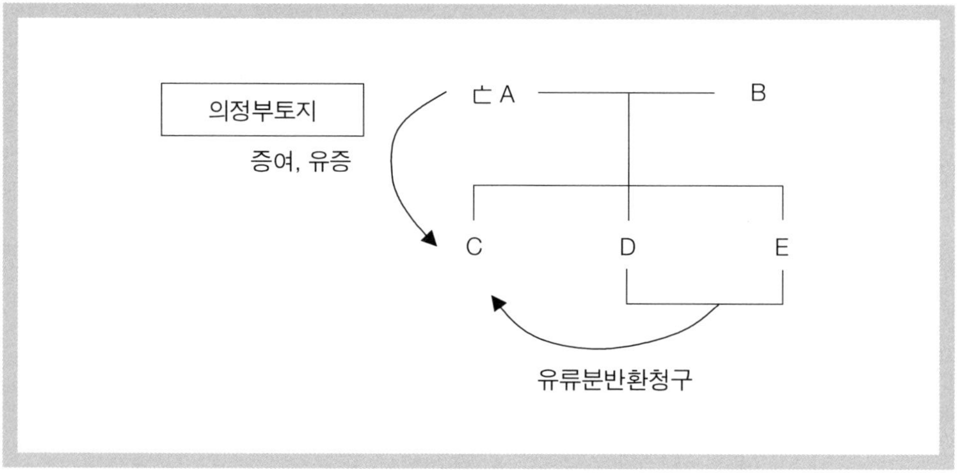

Ⅰ. 사실관계

망 A(이하 '망인'이라 한다)는 2004. 5. 2. 사망하였고, 상속인으로는 아내인 B, 아들 C, 그리고 딸 D와 E가 있다. 망인은 의정부 지역에 19필지의 토지를 소유하고 있었다. 그런데 망인은 이 토지들을 모두 아들인 C에게 증여하거나 유증하였다. D와 E는 망인의 재산을 상속받지 못하여 설날과 추석마다 망인의 돈을 관리하던 C에게 망인의 재산을 분배해 줄 것을 요구하였다. 그러다가 D가 2011. 11. 10. 우연히 토지대장을 살펴보고 망인의 모든 토지가 C에게 증여 또는 유증된 사실을 알게 되었다. 그 후 처음 도래한 명절인 2012. 1. 23. 설날에 D와 E는 C에게 자신들의 몫을 달라고 요구하였고, 그 후로도 D와 E는 매년 설날과 추석 때마다 C에게 자신들의 몫을 요구하였다. 그런데도 C가 재산을 나눠 주지 않자 D와 E(이하 '원고들'이라 한다)는 2022. 10. 6. C(이하 '피고'라 한다)를 상대로 이 사건 유류분반환청구의 소를 제기하였다.

II. 소송경과

이 사건에서 피고는 원고들의 유류분반환청구권은 이미 소멸시효가 완성되었다고 항변했다. 즉 원고들은 1년이라는 소멸시효 기간 내에 유류분반환청구를 한 사실이 없고, 망인이 사망하여 상속이 개시된 때로부터 10년이 지나고 나서야 이 사건 소를 제기하였기 때문에 원고들의 유류분반환청구권은 시효로 소멸하였다는 것이다.

이에 대하여 원고들은, 2011. 11. 10.경 우연히 토지대장을 보고 나서야 비로소 망인이 이 사건 토지들을 피고에게 모두 증여 또는 유증한 사실을 알았는데, 그로부터 1년 이내인 2012. 1. 23. 설날에 피고에게 유류분반환청구권을 행사했기 때문에 소멸시효가 완성되지 않았다고 재항변했다.

그러자 피고는, 설령 원고들이 2012. 1. 23. 설날에 유류분반환청구를 한 사실이 인정된다 하더라도 그 당시 유류분반환청구권을 행사함으로써 발생한 소유권이전등기청구권은 2022. 10. 6.에서야 비로소 행사되었기 때문에 이미 10년이 지나서 역시 소멸시효가 완성되었다고 재재항변을 하였다.

III. 대상판결의 요지

1심에서는, 원고들이 2011. 11. 10. 토지대장을 살펴보고 망인의 모든 토지가 C에게 증여 또는 유증된 사실을 알게 되었으므로 이때부터 유류분반환청구권의 소멸시효가 기산되는 것이고, 그때로부터 1년 이내이자 망인이 사망한 때로부터 10년

이내인 2012. 1. 23.에 원고들이 피고에게 자신들의 몫을 달라고 요구한 것은 유류분반환청구권을 행사한 것이므로, 원고들의 유류분반환청구권은 소멸시효가 완성되지 않았다고 하면서 원고들의 청구를 인용하였다.[1]

이에 대하여 피고가 항소를 했는데, 항소심에서도 다음과 같은 이유로 원심판결을 유지하였다.[2]

> ① 유류분반환청구권의 행사는 재판상 또는 재판 외에서 상대방에 대한 의사표시의 방법으로 할 수 있다. 원고들은 2012. 1. 23. 재판 외에서 유류분반환청구권을 행사했다.
> ② 원고들이 이 사건에서 행사하는 권리는 유류분반환청구권 자체가 아닌 유류분반환청구권을 행사함으로써 발생한 이 사건 각 부동산에 대한 이전등기청구권인바, 이러한 권리에 대하여는 민법 제1117조 소정의 유류분반환청구권에 대한 소멸시효가 적용될 여지가 없다.

피고가 대법원에 상고를 했지만, 대법원에서는 심리불속행으로 기각결정을 하면서 항소심 판결을 확정했다.[3]

Ⅳ. 해 설

1. 쟁 점

유류분반환청구권은 유류분권리자가 상속의 개시와 반환하여야 할 증여 또는 유증을 한 사실을 안 때로부터 1년 내에 하지 않으면 시효에 의해 소멸한다. 상속이 개시된 때로부터 10년을 경과한 때에도 마찬가지이다(민법 제1117조). 그렇다면 그 1년이라는 소멸시효기간 내에 어떠한 방식으로 유류분반환청구권을 행사해야 하는

1) 서울동부지방법원 2022. 12. 14. 선고 2021가합114325 판결.
2) 서울고등법원 2023. 11. 17. 선고 2023나2002181 판결.
3) 대법원 2024. 3. 14. 선고 2023다309129 판결.

지가 문제되며, 또한 그렇게 유류분반환청구권을 행사하고 난 후에는 설사 10년이 지나더라도 유류분반환청구권의 소멸시효는 더 이상 문제되지 않는 것인지도 의문이 들 수 있다. 대상 판결은 유류분반환청구권에 관한 이러한 중요한 쟁점을 검토하기에 매우 좋은 케이스이다.

2. 평 석

유류분반환청구권은 유류분권리자가 자신의 유류분이 침해된 것을 안 때로부터 1년이 지나면 시효가 완성되어 권리가 소멸한다. 그런데 이 사건에서 원고들은 2011. 11. 10. 토지대장을 살펴보고 나서야 망인이 모든 토지를 피고에게 증여 또는 유증한 사실을 알게 되었으므로 이때부터 유류분반환청구권의 소멸시효가 진행된다고 볼 수 있다. 그렇다면 1년이라는 짧은 소멸시효기간 내에 어떤 방식으로 유류분반환청구권을 행사해야 하는 것일까? 이 기간 내에 반드시 법원에 소송을 제기해야만 하는 것일까? 그렇지는 않다. 유류분반환청구권은 반드시 재판상으로만 행사해야 하는 것은 아니고 재판 외에서도 행사할 수 있다.[4] 대표적인 것이 내용증명을 보내는 것이다. 그러나 꼭 이렇게 문서로 해야만 하는 것은 아니고 구두로 유류분반환청구를 하는 것도 가능하다. 따라서 원고들이 자신들의 유류분이 침해된 사실을 알고 명절 때 자신들의 몫을 요구한 것은 구두로 유류분반환청구권을 행사한 것이라고 볼 수 있다.

그런데 원고들은 2012. 1. 23. 설날에 구두로 유류분반환청구권을 행사하고 나서 무려 10년이 지난 2022. 10. 6.에 이르러서야 C를 상대로 유류분반환청구소송을 제기하였다. 이렇게 늦게 소송을 제기해도 괜찮은 것일까? 이에 대해 대법원은 "유류분반환청구권을 행사함으로써 발생하는 목적물의 이전등기청구권은 유류분반환청구권과는 다른 권리이므로, 그 이전등기청구권 등에 대하여는 유류분반환청구권의 소멸시효가 적용될 여지가 없고, 그 권리의 성질과 내용 등에 따라 별도로 소멸시효

4) 대법원 2002. 4. 26. 선고 2000다8878 판결.

의 적용 여부와 기간 등을 판단하여야 한다"고 판시하였다.[5)]

이와 관련하여 드는 의문점은, 유류분반환청구권을 재판 외에서 행사하고 난 후에는 어떻게 되는 것인지 여부이다. 즉 재판 외에서의 청구는 시효중단사유인 '최고'에 해당되어 6개월 내에 유류분반환청구의 소를 제기하지 않는 이상 소멸시효중단의 효력이 없게 되고 결국 소멸시효가 완성된다고 보아야 하는 것일까?(민법 제174조 적용), 아니면 일단 유류분반환청구권을 행사하였으므로 그 이후부터는 유류분반환청구권의 소멸시효는 문제가 되지 않는다고 보아야 하는 것일까? 이것은 기본적으로 유류분반환청구권의 법적 성질에 따라 달라질 수 있는 문제이다. 청구권설의 입장에서는 소멸시효 기간 내에 재판상 청구를 하거나 기타 소멸시효중단의 조치를 취해야만 소멸시효 완성을 막을 수 있다고 하므로, 유류분반환의 의사표시에 최고로서의 효력 이상을 인정하기 어려울 것이다.[6)] 반면 유류분반환청구권을 물권적 형성권으로 보게 되면 이 형성권의 행사로 인하여 침해행위에 해당하는 증여 등을 실효시키고 증여 등의 목적물에 대한 소유권 등이 직접 유류분권리자에게 귀속되므로 시효의 중단이라는 문제가 생기지 않는다.[7)] 대법원은 이 문제에 관하여 형성권설을 전제로 하여 유류분반환청구권을 행사한 후에는 유류분반환청구권 자체의 소멸시효는 문제되지 않고 유류분반환청구권을 행사함으로 인해 발생하는 개별적인 권리마다 별도로 소멸시효를 판단해야 한다고 판시한 것이다.

그렇다면 원고들이 재판 외에서 유류분반환청구권을 행사함으로 인해 발생한 목적물에 대한 소유권이전등기청구권은 언제까지 행사할 수 있는 것인지가 문제된다. 우리 판례가 취하고 있는 형성권설에 따르면 유류분반환청구권의 의사표시에 의하여 유류분침해행위인 증여 또는 유증의 효력은 소급적으로 소멸하고, 목적물에 대한 권리는 당연히 유류분권리자에게 복귀하게 된다. 그렇다면 원물반환의 경우 유류분권리자는 물권적 청구권에 기하여 목적물의 반환을 청구할 수 있게 되므로, 원

5) 대법원 2015. 11. 12. 선고 2011다55092, 55108 판결.
6) 변동열, "유류분제도," 민사판례연구(XXV), 박영사(2003), 879면.
7) 정소민, "유류분반환청구권에 관한 고찰—법적 성질 및 시효 소멸에 관한 논의를 중심으로," 외법논집 제30집(2008), 158면.

칙적으로 유류분반환청구권을 행사함으로써 발생하는 권리(이 사건의 소유권이전등기청구권) 역시 소멸시효에 걸리지 않는다고 보아야 한다. 다만 가액반환의 경우에는 유류분반환청구권을 행사함으로써 채권적 청구권이 발생하게 되므로 이러한 권리가 소멸시효에 걸릴 수는 있을 것이다. 따라서 이 사건에서 원고들이 유류분반환청구권을 재판 외에서 행사한 뒤 10년이 지나서 소유권이전등기청구권을 행사하였다고 하더라도 그 소유권이전등기청구권 역시 소멸시효가 문제되지 않게 된다.

11 명의신탁소송에서 패소한 경우 유류분반환청구권은 언제부터 소멸시효가 진행될까?

〈대법원 2023. 6. 15. 선고 2023다203894 판결: 소유권이전등기〉

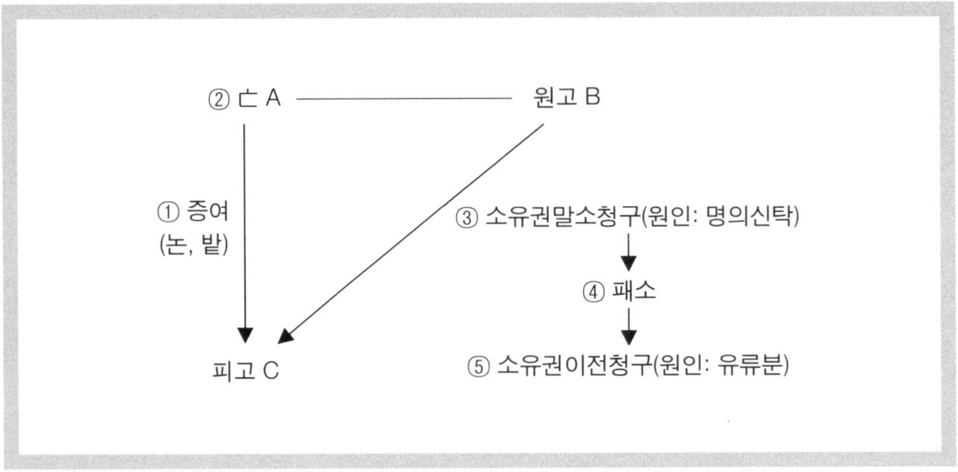

Ⅰ. 사실관계

망 A(이하 '망인'이라 한다)는 1986. 12. 17. 원고 B(이하 '원고'라 한다)와 혼인하였으나 슬하에 자녀는 없이 살았다. 망인은 2016. 3. 2. 조카인 피고 C(이하 '피고'라 한다)에게 자신이 소유하고 있던 충남 당진 소재 논과 밭(이하 '이 사건 부동산'이라 한다)을 증여했다. 이 사건 부동산의 등기부상 등기원인은 매매로 되어 있으나 실제 매매대금은 지급되지 않았고 피고 명의로 소유권이전등기가 경료된 이후에도 망인이 이 사건 부동산을 계속 경작했다. 망인은 2018. 4. 4. 사망하면서 당진 소재 대지를 남겼고, 이 대지는 유일한 상속인이었던 원고가 상속받았다. 그런데 원고는 망인이 사망하고 난 후에야 이 사건 부동산이 피고에게 넘어간 사실을 알았다.

원고는 2018. 7. 9. 망인이 이 사건 부동산을 피고에게 명의신탁한 것이라고 주장하면서 피고를 상대로 소유권이전등기 말소청구의 소를 제기하였다. 그러나 망인이 피고에게 이 사건 부동산을 명의신탁한 것이 아니라 증여한 것이라는 이유로 2019. 7. 31. 원고가 패소하였고, 이에 원고는 항소를 하였으나 항소심도 패소하여 패소판결이 2020. 9. 15. 확정되었다(이 명의신탁 소송을 '선행 소송'이라 한다). 그러자 원고는 2021. 3. 5. 위 증여로 인해 자신의 유류분이 침해되었다면서 피고를 상대로 이 사건 부동산의 1/2 지분에 관하여 유류분반환을 원인으로 한 소유권이전등기청구의 소를 제기하였다.

II. 소송경과

1심에서는, 원고가 적어도 선행 소송의 제1심 판결이 도달한 2019. 7. 31. 무렵에는 이 사건 부동산이 피고에게 생전증여되었고 유류분을 침해하여 반환청구를 할 수 있다는 사실을 알고 있었던 것으로 보아야 한다고 하면서 그로부터 1년이 지난 후에 이 사건 유류분반환청구의 소가 제기되었다는 이유로 원고의 청구를 기각했다.[1)]

그러나 2심에서는, 선행 소송에서 원고가 명의신탁 주장을 한 것이 단지 근거 없는 구실에 불과한 것이 아니라 사실상 또는 법률상 근거가 있다고 하면서 선행 소송의 판결이 확정된 2020. 9. 15.부터 유류분반환청구권의 소멸시효가 진행된다고 보아 원고의 청구를 인용했다.[2)]

III. 대상판결의 요지

[1] 공동상속인이 아닌 제3자에 대한 증여가 상속개시 1년 전에 한 것이라도 당사

1) 대전지방법원 서산지원 2021. 9. 29. 선고 2021가단51497 판결.
2) 대전지방법원 2022. 12. 14. 선고 2021나123060 판결.

자 쌍방이 증여 당시에 유류분권리자에 손해를 가할 것을 알고 증여한 경우에는 그에 대한 유류분반환청구가 허용된다. 증여 당시 법정상속분의 2분의 1을 유류분으로 갖는 배우자나 직계비속이 공동상속인으로서 유류분권리자가 되리라고 예상할 수 있는 경우에, 제3자에 대한 증여가 유류분권리자에게 손해를 가할 것을 알고 행해진 것이라고 보기 위해서는, 당사자 쌍방이 증여 당시 증여재산의 가액이 증여하고 남은 재산의 가액을 초과한다는 점을 알았던 사정뿐만 아니라, 장래 상속개시일에 이르기까지 피상속인의 재산이 증가하지 않으리라는 점까지 예견하고 증여를 행한 사정이 인정되어야 한다.

[2] 유류분권리자가 피상속인으로부터 그 소유 부동산의 등기를 이전받은 제3자를 상대로 등기의 무효 사유를 주장하며 소유권이전등기의 말소를 구하는 소를 제기하고 관련 증거를 제출하였으나, 오히려 증여된 것으로 인정되어 무효 주장이 배척된 판결이 선고되어 확정된 경우라면, 특별한 사정이 없는 한 그러한 판결이 확정된 때에 비로소 증여가 있었다는 사실 및 그것이 반환하여야 할 것임을 알았다고 보아야 한다.

Ⅳ. 해 설

1. 유류분반환 대상인지 여부

민법에서는 상속인이 아닌 제3자에게 증여한 경우에는 상속개시 전 1년 내에 이루어진 증여에 대해서만 반환을 허용하고 있다(제1114조). 피고는 상속인이 아닌 제3자인데다가 망인으로부터 이 사건 부동산을 증여받은 것은 2016. 3. 2.이고 망인은 그로부터 2년이 지난 2018. 4. 4.에 사망했으므로 원칙적으로 이 증여는 유류분반환 대상이 될 수 없다. 그러나 당사자 쌍방이 유류분권리자에게 손해를 가할 것을 알고 증여를 한 때에는 1년 전에 한 증여라도 유류분반환 대상이 된다(제1114조). 증여 당시 망인의 나이, 재산상태, 소득 등을 고려할 때, 망인이 피고에게 이 사건 부동산을 증여하게 되면 원고의 유류분이 침해될 수 있다는 사실을 망인과 피고는 인식할 수 있었으므로, 망인이 피고에게 증여한 부동산은 유류분반환의 대상이 될 수 있다. 이 점은 워낙 분명하기 때문에 이 사건의 1심부터 대법원까지 모두 동일하게 이와 같이 판단했다.

2. 유류분반환청구권의 소멸시효 도과 여부

유류분반환청구권은 유류분권리자가 상속의 개시와 반환하여야 할 증여 또는 유증을 한 사실을 안 때로부터 1년이 지나면 소멸시효가 완성되어 권리가 소멸한다(제1117조). 원고는 망인이 피고에게 이 사건 부동산의 소유권을 이전해 준 것이 증여가 아니라 명의신탁이라고 생각하고 선행 소송를 제기하였다. 그러나 이 선행 소송의 제1심에서 그것이 증여라고 판단하여 패소판결을 내렸으니 적어도 그 패소판결을 받은 때부터는 증여사실을 알았다고 보아야 하므로 이때로부터 1년 내에 유류분반환청구를 했어야 한다고 볼 수도 있다. 실제로 이 사건 유류분소송의 제1심 법원은 그렇게 판단해서 이미 소멸시효가 지났다고 보아 원고의 청구를 기각했다. 그러나 대법원에서는 특별한 사정이 없는 한 명의신탁에 관한 판결이 확정된 때에 비로소 증여가 있었다는 사실을 알았다고 보아야 한다고 판단했다. 그래서 원고가 명의신탁 판결이 확정된 2020. 9. 15.로부터 1년 이내인 2021. 3. 5.에 유류분반환소송을 제기했기 때문에 소멸시효가 지나지 않았다고 보았다. 그러나 설사 대법원의 결론이 이렇다 하더라도 원고의 변호사로서는 애초부터 소멸시효 문제가 쟁점이 되는 것을 막을 필요가 있으므로, 명의신탁만 주장할 것이 아니라 예비적으로 유류분청구도 해 두는 것이 바람직했을 것이다.

그런데 이 대법원 판결을 예외 없이 무조건적으로 허용한다면 자칫 유류분반환청구권의 소멸시효 제도가 형해화될 위험이 있다. 왜냐하면 이미 유류분반환청구권의 소멸시효가 지난 사건에서 유류분권리자가 문제된 증여를 명의신탁이라고 주장하면서 말소청구소송을 제기했다가 패소하면 그 판결이 확정된 때로부터 1년 안에 유류분청구를 함으로써 소멸시효 도과 문제를 회피할 수 있기 때문이다. 이런 경우 유류분의무자를 대리하는 변호사 입장에서는 유류분권리자의 명의신탁 주장이 근거 없는 구실에 지나지 않는다고 하면서 위 대법원 판결을 적용할 수 없다고 주장해야 한다. 실제 대법원 판결 중에는 "민법이 유류분반환청구권에 관하여 특별히 단기소멸시효를 규정한 취지에 비추어 보면 유류분권리자가 소송상 무효를 주장하기만 하면 그것이 근거 없는 구실에 지나지 아니한 경우에도 시효는 진행하지 않는다 함은 부당하므로, 피상속인의 거의 전 재산이 증여되었고 유류분권리자가 위 사실을 인식하고 있는 경우에는, 무효의 주장에 관하여 일응 사실상 또는 법률상 근거가 있고 그 권리자가 위 무효를 믿고 있었기 때문에 유류분반환청구권을 행사하지 않았다는 점을 당연히 수긍할 수 있는 특별한 사정이 인정되지 않는 한, 위 증여가 반환될 수 있는 것임을 알고 있었다고 추인함이 상당하다"라고 판시한 예가 있다.[3] 그렇지만 이 사건 부동산의 등기부상 등기원인은 매매로 되어 있으나 실제 매매대금은 지급되지 않았고, 망인이 피고 명의의 소유권이전등기가 경료된 이후에도 이 사건 부동산을 계속 경작했다는 점, 원고가 선행 소송을 제기할 당시 아직 유류분반환청구권의 소멸시효가 완성되지 않았다는 점 등에서 원고의 명의신탁 주장이 근거 없는 구실에 지나지 않는다고 보기는 어려울 것 같다.

3. 유류분 부족액 산정방법

한편 '유류분액'은 피상속인이 상속개시 시에 가진 재산의 가액에 증여재산의 가액을 가산하고 피상속인이 상속개시 시에 부담하고 있던 채무가 있다면 그 전액을 공제하여 유류분 산정의 기초가 되는 재산액을 확정한 다음, 거기에 유류분 비율을 곱하여 산정한다(제1113조). 유류분권리자가 반환을 청구할 수 있는 '유류분 부족액'은 위와 같이 산정한 '유류분액'에서 유류분권리자가 받은 특별수익액과 순상속분액을 공제하는 방법으로 산정한다.[4] 그런데 원심은 원고의 유류분부족액을 산정함에 있어 원고가 상속받은 적극재산(당진 소재 대지)이 있다는 사실을 간과하고 이를 고

3) 대법원 2001. 9. 14. 선고 2000다66430, 66447 판결.
4) 대법원 2022. 8. 11. 선고 2020다247428 판결.

려하지 않은 채 원고 청구를 그대로 인용한 잘못이 있다. 대법원은 이 점을 지적하면서 원심판결을 파기환송하였다. 원심은 원고의 유류분반환청구권이 소멸시효가 완성되었는지 여부에만 심리를 집중하다가 정작 유류분부족액을 계산하는 데 있어서 치명적인 실수를 저지르고 말았다. 어떤 사건의 쟁점이 많을 경우 변호사로서는 재판부의 주위를 환시시키는 차원에서 마지막에 쟁점을 정리하는 종합준비서면 제출을 고려해 볼 필요가 있다.

12 유류분반환청구에 대해 소멸시효 항변을 할 수 없는 경우

〈대법원 2023. 6. 1. 선고 2022다294367 판결: 유류분반환청구의 소〉

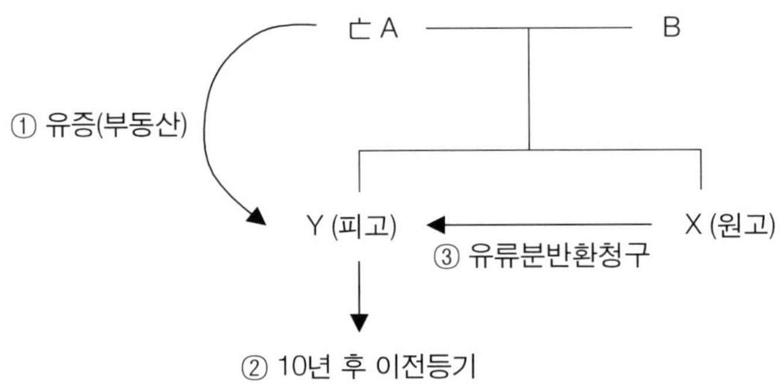

Ⅰ. 사실관계

망 A(이하 '망인'이라 한다)는 2006. 9. 24. 사망하였고, 상속인으로는 배우자인 B와 자녀인 원고 X(이하 '원고'라 한다), 피고 Y(이하 '피고'라 한다)를 두었다. 망인은 2006. 8. 21. 피고에게 이 사건 부동산을 유증하고, 유언집행자로 피고를 지정하는 내용의 유언공정증서(이하 '이 사건 유증'이라 한다)를 작성하였는데, 망인은 사망 당시 위 부동산 외에 다른 재산은 없었다. 그로부터 10년 이상이 지난 2017. 3. 9. 피고는 이 사건 유증을 원인으로 하여 이 사건 부동산에 관하여 소유권이전등기를 마쳤다.

한편 소외 K는 망인이 사망하기 이전부터 이 사건 부동산을 임차하여 경작하였는데, 그 차임을 망인 사망 이전에는 망인에게, 그 후에는 망인의 아내인 B 또는 피고에게 주다가 2009년부터는 원고에게 주었다. 또한 원고는 2010년부터 2018년까지

이 사건 부동산에 대한 재산세 중 대부분을 납부하여 왔다.

Ⅱ. 소송경과

1. 선행 사건의 판결

원고는 2017. 5. 11. 이 사건 부동산 중 원고의 상속지분에 관하여 소유권이전등기 말소청구권을 피보전권리로 하여 부동산처분금지가처분결정을 받았다. 그리고 2017. 8. 9. 피고를 상대로 이 사건 소유권이전등기는 '소유권이전등기청구권의 소멸시효가 완성된 후에 마쳐진 등기로서 말소되어야 할 등기'라는 이유로 원고의 상속지분에 관하여 진정명의회복을 원인으로 한 소유권이전등기절차의 이행을 구하는 소를 제기하였다. 그러나 위 등기는 실체관계에 부합하는 유효한 등기라는 이유로 원고의 청구는 기각되었고, 2019. 4. 24. 확정되었다(이하 '선행 소송'이라 한다).

2. 제1심과 제2심 판결

이에 원고는 이 사건 유류분반환청구의 소를 제기하였는데, 1심[1)]과 2심[2)]은 "원고의 유류분반환청구권은 망인이 사망한 날로부터 10년이 지나 소멸시효가 완성되었고, 피고의 소멸시효 항변이 신의성실의 원칙을 위반하거나 권리남용에 해당한다고 보기 어렵다"고 하여 원고의 청구를 기각하였다.

---

1) 대구지방법원 2022. 2. 18. 선고 2019가단122407 판결.
2) 대구지방법원 2022. 10. 26. 선고 2022나307209 판결.

Ⅲ. 대상판결의 요지

대법원은 다음과 같은 이유로 원심판결을 파기하였다.

[1] 소멸시효를 이유로 한 항변권의 행사도 민법의 대원칙인 신의성실의 원칙과 권리남용금지의 원칙의 지배를 받는 것이어서, 채무자가 시효완성 전에 채권자의 권리행사나 시효중단을 현저히 불가능하게 하였거나, 그러한 조치가 불필요하다고 믿게 하는 행동을 하였거나, 객관적으로 채권자가 권리를 행사할 수 없는 장애사유가 있었거나, 또는 일단 시효완성 후에 채무자가 시효를 원용하지 아니할 것 같은 태도를 보여 권리자로 하여금 그와 같이 신뢰하게 하였거나, 채권자보호의 필요성이 크고 같은 조건의 다른 채권자가 채무의 변제를 수령하는 등의 사정이 있어 채무이행의 거절을 인정함이 현저히 부당하거나 불공평하게 되는 등의 특별한 사정이 있는 경우에는 채무자가 소멸시효의 완성을 주장하는 것이 신의성실의 원칙에 반하여 권리남용으로서 허용될 수 없다.

[2] 원고의 권리행사를 방해할 의도로 일부러 이 사건 유증 사실을 원고에게 알리지 않은 채, 피고가 유언집행자로서의 임무를 해태하면서, 상속개시일로부터 10년이 지나서 유증으로 인한 소유권이전등기를 마쳤다면, 이는 채무자가 시효완성 전에 채권자의 권리행사나 시효중단을 불가능 또는 현저히 곤란하게 하였거나, 그러한 조치가 불필요하다고 믿게 하는 행동을 한 경우라고 보기에 충분하다. 나아가 이러한 사정은 객관적으로 원고가 권리를 행사할 수 없는 장애사유에도 해당한다.

Ⅳ. 해 설

1. 쟁 점

유류분반환청구권은 상속이 개시된 때로부터 10년이 지나면 시효로 소멸한다(민법 제1117조). 그러나 소멸시효의 항변권 행사도 민법의 대원칙인 신의성실의 원칙과 권리남용금지의 원칙의 지배를 받는다. 따라서 유류분반환 의무자의 소멸시효 항변이 신의성실의 원칙에 위반되거나 권리남용에 해당하면 설사 상속이 개시된 때로부터 10년이 지난 후라도 유류분반환청구를 할 수 있다. 그렇다면 과연 구체적으로 어떤 경우가 이에 해당하는지 살펴볼 필요가 있다. 대상판결은 이러한 예외적인 경우를 살펴보기에 매우 좋은 케이스이다.

2. 소멸시효 항변과 권리남용

실무에서는 상속이 개시된 때로부터 10년이 지난 후에 제기된 유류분반환청구는 소멸시효 완성으로 기각되는 것이 일반적이다. 그러한 소멸시효 항변이 신의칙에 위반되거나 권리남용이라고 하여 유류분반환청구를 인정하는 사례는 매우 드물다. 그러나 본 사안처럼, 유류분권리자가 유언의 존재 자체를 모르는 것을 기화로 유류분의무자가 소멸시효 완성을 기다렸다가 10년이 지나자마자 유증에 기해 소유권이전등기를 한 경우에까지 소멸시효 항변을 허용하는 것은 신의성실의 원칙에 반하여 권리남용이라는 것이다. 이것은 소멸시효 제도의 존재 의의 내지 취지에 관한 문제이다. 소멸시효가 완성되면 권리가 소멸하는 것으로 보는 것은, 소위 '권리 위에 잠자는 자'는 보호할 필요가 없고, 거래의 안전(법적 안정성)을 지키기 위함이다.[3] 그런데 이 사건과 같은 경우에는 애초에 원고가 권리행사를 할 수가 없었고, 소멸시효 항변을 인정하지 않는다고 하여 법적 안정성이 침해되지도 않는다. 따라서 대법원은 채무자가 소멸시효의 완성을 주장하는 것이 신의성실의 원칙에 반하여 권리남용으로서 허용될 수 없다고 보았던 것이다.

3. 상속결격의 가능성

그런데 이 사건에 관하여 좀 더 생각을 해 보면, 이 문제는 상속결격으로 해결할

3) 대법원 1992. 3. 31. 선고 91다32053 판결.

수도 있지 않을까 싶다. 즉 피상속인의 상속에 관한 유언서를 위조, 변조, 파기 또는 은닉한 자는 상속을 받을 수 없다(민법 제1004조 5호). 여기서 '은닉'이라 함은, 유언서의 소재를 불명하게 하여 그 발견을 방해하는 일체의 행위를 의미한다.[4] 이 사건에서 피고는 유언집행자로서 유언서를 보관하고 있었으면서도 이 사실을 원고를 비롯한 다른 상속인에게 무려 10년 이상이나 숨기고 있었다. 이러한 피고의 행위는 유언서의 은닉에 해당한다고 볼 수 있을 것이다.[5] 그렇다면 피고는 상속결격자에 해당하며, 상속결격자는 수유결격자이기도 하기 때문에(제1064조), 망인으로부터 상속뿐 아니라 유증도 받을 수 없다. 아마도 원고측 소송대리인이 상속결격 주장을 하지 않았기 때문에 법원에서도 이 부분을 판단하지 않은 것으로 보이는데, 변호사로서는 유류분뿐 아니라 상속결격 주장도 했으면 좋았을 것이라는 생각이 든다. 즉 주위적으로는 상속결격을, 예비적으로는 유류분을 주장하는 것이 바람직한 소송방식이라고 생각된다.

4) 대법원 1998. 6. 12. 선고 97다38510 판결.

5) 이에 대하여 "자신에게 유리한 유언을 은닉한 행위는 제1004조 5호에서 말하는 유언서의 은닉에 해당하지 않는다"는 견해로는, 정구태, "2023년 상속법 관련 주요 판례 회고," 안암법학 68호(2024), 331면. 반면 유언의 자유에 대한 침해가 객관적으로 이루어진 이상 상속에서 이익을 받겠다는 의사는 요구되지 않는다는 견해로는, 김형석, "상속결격의 몇 가지 쟁점," 『자율과 정의의 민법학(양창수 교수 고희기념 논문집)』, 박영사(2021), 366~367면.

13 유류분부족액 계산 시 순상속분액의 계산기준

아버지 A가 아들 B에게만 생전에 1억 6천만 원을 증여했고 딸 C에게는 전혀 증여를 하지 않았다. A가 사망하면서 4천만 원의 상속재산을 남겼고 상속채무는 없다면, C는 B에게 유류분으로 얼마를 달라고 할 수 있을까? 이것은 C의 유류분부족액이 얼마인지를 계산하는 문제이다. 유류분부족액 계산방식은 다음과 같다.

◇ 유류분부족액 = 유류분권리자의 유류분액 − 유류분권리자의 특별수익액 − 유류분권리자의 순상속분액

• 유류분액 = 유류분 산정의 기초재산 × 유류분권리자의 유류분비율

• 순상속분액 = 유류분권리자가 상속에 의해 얻은 재산액 − 상속채무 분담액

이 사건에서 C의 유류분액은 5천만 원이다[(상속재산 4천만원 + 증여재산 1억 6천만원) × 1/4]. 그리고 C의 특별수익액은 0원이므로 순상속분액만 구하면 된다. 그런데 순상속분액에서 C가 상속에 의해 얻는 재산액을 법정상속분에 따를 것인지 아니면 구체적 상속분에 따를 것인지가 문제이다. 법정상속분은 민법에 정해져 있는 상속분을 말하고, 구체적 상속분은 생전증여나 유증과 같은 특별수익을 받은 상속인이 있는 경우에 그 특별수익 가액을 법정상속분에서 공제하고 계산한 상속분을 말한다.

위 사건에서 만약 법정상속분에 따른다면 C의 순상속분액은 2천만 원이다(상속재산 4천만 원 × 법정상속분1/2). 그러나 구체적 상속분에 따를 경우 C의 순상속분액은 4천만 원이 된다(B는 생전증여에 의해 이미 자신의 법정상속분을 초과하는 특별수익을 얻었으므로 남아 있는 상속재산 4천만 원은 모두 C가 상속받아야 하기 때문이다). 그래서 순상속분액을 법정상속분에 따르게 되면 C의 유류분부족액은 3천만 원이 되고(유류분액 5천만 원 − 순상속분액 2천만 원), 구체적 상속분에 따르게 되면 1천만 원이 된다(유류분

액 5천만 원 - 순상속분액 4천만 원). 결국 C가 B에게 3천만 원을 청구할 수 있느냐 아니면 1천만 원만 청구할 수 있느냐의 문제인 것이다.

이에 관하여 최근 대법원은 "유류분권리자의 유류분 부족액을 산정할 때에는 유류분액에서 특별수익액과 순상속분액을 공제하여야 하고, 이때 공제할 순상속분액은 당해 유류분권리자의 특별수익을 고려한 구체적인 상속분에 기초하여 산정하여야 한다."고 판단하였다(대법원 2021. 8. 19. 선고 2017다235791 판결). 그동안 학설상으로는 법정상속분설과 구체적 상속분설이 대립하고 있었는데, 대법원이 이에 관해 확실하게 입장을 정리해 주었다.

유류분반환청구권은 상속인의 상속분이 유류분에 미치지 못하는 경우에 이를 보충해 주기 위한 제도이다. 민법도 "공동상속인 중에 피상속인으로부터 재산의 증여 또는 유증을 받은 자가 있는 경우에 그 수증재산이 자기의 상속분에 달하지 못한 때에는 그 부족한 부분의 한도에서 상속분이 있다."라고 규정하고 있다(제1008조). 따라서 구체적 상속분에 따라 유류분부족액을 계산하는 것이 타당하다고 생각한다. 그러나 만약 상속재산에 대해서는 그냥 법정상속분에 따르는 것으로 상속인들 간에 분할협의가 이루어진 경우라면, 당해 유류분권리자가 상속에 의해 얻은 재산액은 법정상속분에 따라야 할 것이다.

제 6 장

상속과 세금

1 유류분 반환받았는데 상속세를 더 내야 할까?

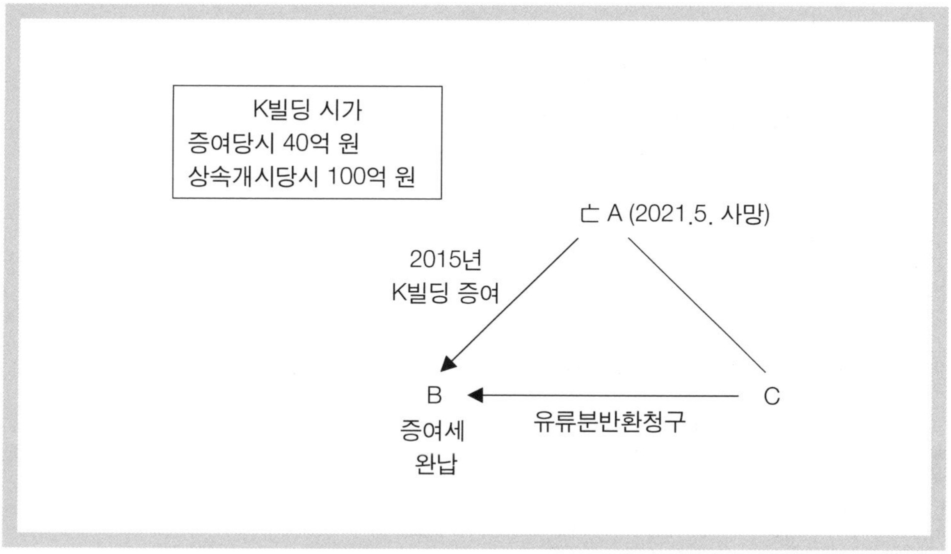

Ⅰ. 사실관계

A씨는 자신이 2012년에 40억 원에 구입한 K빌딩을 2015년에 장남 B에게 증여했다(증여 당시 K빌딩의 시가는 변동이 없었다). 그리고 B는 그 무렵 증여세를 모두 납부했다. 그런데 A씨가 2021년 5월경 사망하자 B의 동생 C는 B를 상대로 유류분반환청구를 했다. 상속개시 시점에 K빌딩의 시가는 100억 원이 되어 있었다. C는 자신이 유류분을 반환받더라도 이미 증여세가 완납되었으니 추가로 상속세가 나오지는 않을 것으로 생각하고 있다.

한편 C의 유류분은 1/4(법정상속분 1/2의 1/2)이므로 C는 B에게 K빌딩의 지분 1/4을 달라고 할 수도 있고, 지분 1/4에 해당하는 가액 25억 원을 달라고 할 수도 있을 것이다(물론 유류분은 원물반환이 원칙이므로 B가 가액반환에 동의한다는 전제하에). C는 지분을 받으나 돈을 받으나 세금측면에서 무슨 차이가 생길 거라고는 전혀 생각하지 않고 지분 대신 현금을 받고자 한다.

과연 C의 생각대로 유류분은 세금과 무관한 것일까?

II. 유류분과 상속세

유류분 소송을 하면서 세금 문제까지 고민하는 변호사는 드문 것이 사실이다. 그러나 유류분소송을 포함하여 상속분쟁을 처리하는 변호사라면 반드시 세금 문제를 고려해야 한다. 그렇지 않으면 열심히 일해 주고 나서 의뢰인에게 이런 부분도 체크하지 못했냐며 원망을 들을 수 있다.

위 사례와 같이 동생 C가 유류분반환청구를 통해 형 B에게 증여되었던 재산 중 일부를 반환받을 경우 상속세가 추가로 더 나오게 될 수 있다는 점을 유의해야 한다. 아버지가 생전에 장남에게 재산을 증여하면 증여세가 부과되는데, 그 증여가 있은 후 10년 이내에 아버지가 돌아가신 경우에는 그 증여재산도 상속재산에 가산되어 상속세가 부과된다. 이렇게 되면 상속세의 누진체계가 적용되어 이미 납부한 증여세보다 많은 상속세가 나오게 되고 그 차액을 추가로 납부하게 되는 구조이다. 다만 이때 증여재산의 가액은 증여 당시의 가액을 기준으로 산정한다. 즉 위 사례에서 K빌딩이 상속세에 가산되더라도 상속개시 당시 가액인 100억 원이 아니라 증여당시 가액인 40억 원으로 계산하게 된다(물론 증여한 재산 이외에 다른 상속재산이 전혀 없다면 누진세의 문제는 생기지 않을 것이다).

그러나 그 증여재산을 동생이 유류분청구를 통해 반환받은 경우에는 해당 증여는 소급해서 효력이 없게 되고 결국 동생이 상속개시 시에 그 재산을 상속받은 셈이 된다(이것이 바로 유류분반환청구권의 법적 성질에 관한 물권적 형성권설의 입장이고 판례의 태도이다[1]). 따라서 상속세를 계산할 때 해당 재산은 상속개시 시의 가액으로 산정하게 된다. 이 재산이 부동산일 경우 시간이 지날수록 가격이 상승하는 것이 일반적이므로 결국 유류분으로 인해 상속세가 증가하는 결과를 초래하게 되는 것이다. 위 사례에서도 동생이 K빌딩의 1/4지분을 유류분으로 반환받게 되면 그에 상응하는 상속개시 시 가액 25억 원에 대한 상속세가 부과될 것이다. 좀 더 정확하게는, B가 증여받은 3/4 지분(증여 당시 가액 30억 원) + C가 유류분으로 상속받은 1/4지분(상속 당시 가액 25억 원) = 55억 원에 대한 상속세를 계산한 후 B가 기납부한 증여세를 공제한 차액을 납부하게 될 것이다.

Ⅲ. 유류분과 양도소득세

한편 유류분반환 대상 재산이 부동산인 경우에는 세금과 관련하여 또 하나 유의해야 할 점이 있다. 바로 양도소득세이다. 유류분반환은 원물반환이 원칙이기 때문에(제1115조), 아버지가 장남에게 부동산을 증여한 경우에는 그 부동산 자체가 유류분반환의 대상이다. 위 사례에서 동생 C는 형 B에게 1/4 지분에 대한 권리를 유류분으로 주장할 수 있다. 그런데 만약 K빌딩의 지분 1/4을 반환받는 것이 아니라 그에 상당하는 가액 25억 원을 받는다면, C는 양도소득세를 납부해야 한다. 원물반환이 원칙이라서 C는 원래 K빌딩의 지분 1/4을 받았어야 하는데, 지분 대신 가액을 받게 되면 지분을 받은 다음에 그 지분을 다시 B에게 매도한 구조가 되기 때문이다. 이처럼 유류분반환청구를 하면서 원물이 아닌 가액으로 반환받을 경우에는 양도소득세 문제가 생긴다는 것을 유념해야 한다(그렇지만 만약 상속세를 시가로 신고하고 납부한다면 실제 양도소득은 발생하지 않은 것으로 될 수도 있을 것이다).

1) 신영호/김상훈/정구태, 500~501면; 대법원 2013. 3. 14. 선고 2010다42624 판결.

2 유류분반환과 양도소득세의 관계

〈서울고등법원 2025. 5. 8. 선고 2024누46196 판결: 양도소득세부과처분취소〉

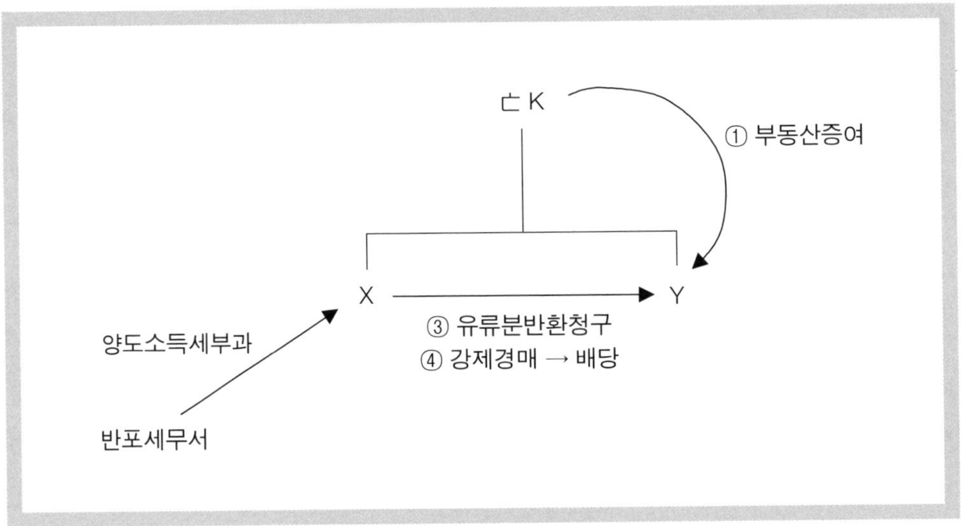

Ⅰ. 사실관계

망 K(이하 '망인'이라 한다)에게는 장남 Y와 딸 X가 있다. K는 1995년 3월 사망했는데, X는 2004년경 장남인 Y를 상대로 상속권회복 및 유류분반환 소송을 제기해 승소했다. 당시 판결에서는 Y가 X 에게 서울 종로구 부동산 등 일부 지분에 대해 소유권이전등기 절차를 이행하고, 원물반환이 불가능한 나머지 부동산에 대해선 가액으로 반환하라고 했다(이하 '관련 민사판결'이라 한다). 그런데 Y는 X에게 관련 민사판결에서 확정된 사항을 이행하지 않았다. 이에 X는 Y 명의로 된 부동산에 대해 강제경매를 신청했다. 이를 통해 X는 매각대금 중 관련 민사판결상 원금 약 4억 5,000만 원을 배당받았다.

그러자 반포세무서는 X가 Y를 상대로 유류분 반환을 청구했을 때 이미 제3자들에게 매도되어 원물반환이 불가능하게 된 가액반환 대상 부동산 중 X의 유류분에 상당하는 지분을 X가 상속 개시일에 취득했다가 강제경매 과정에서 배당이 이뤄진 2014년 6월에 양도한 것으로 보고, X가 배당받은 원금 약 4억 5,000만 원을 양도가액으로 산정해 X에게 양도소득세 약 1억 5,000만 원을 부과했다.

II. 소송경과

반포세무서의 양도소득세부과처분에 불복한 X는 "해당 금원은 원물반환이 불가능함에 따라 가액반환을 받은 것으로 애당초 양도소득세의 과세대상으로 볼 수 없다"며 이 사건 취소소송을 제기했다. X는 "Y는 상속 재산에 포함된 해당 부동산을 관련 민사판결이 나오기 훨씬 이전에 제3자에게 양도했는바, 가액반환 대상 부동산의 양도에 대해서는 Y만을 양도소득세 납세의무자로 봐야 하며 원물반환이 불가능하여 가액반환을 받았을 뿐인 X는 '양도' 자체를 한 것으로 볼 수 없다"고 주장했다.

1심은 X의 주장을 받아들였다. 즉 "반포세무서의 부과처분은 X가 4억 5,000만 원을 배당받은 것이 세법상 양도에 해당한다는 것을 전제로 한 것이나, 양도로 삼을 만한 것이 존재하지 않는다"며 "X는 단지 자신이 침해당한 유류분의 반환을 구할 권리를 Y를 상대로 행사했을 뿐이고, 관련 민사판결을 통해 X에게 응당 속했어야 할 몫을 원물이 아닌 가액반환의 방식으로 돌려받기로 정해졌으며 그에 따라 이 사건 금원을 경매절차에서 배당받았던 것"이라고 밝혔다.[1)]

III. 대상판결의 요지

항소심 재판부도 1심과 마찬가지로 반포세무서의 부과처분은 위법하여 취소돼야

1) 서울행정법원 2024. 5. 22. 선고 2023구단70391 판결.

한다고 판단했다. 판시요지는 다음과 같다.[2)]

[1] 유류분반환청구권의 법적 성격이 물권적 형성권이라고 하더라도, 유류분반환청구권의 행사에 의하여 반환하여야 할 증여의 목적이 된 재산이 제3자에게 양도된 경우 그 제3자가 선의인 경우에는 유류분권리자들은 그 제3자를 상대로 직접 소유권에 기한 반환청구 등을 할 수 없으며, 수증자 내지 수유자를 상대로만 유류분침해액에 관하여 가액반환을 청구할 수 있다. 즉 유류분반환청구권을 행사하여 피상속인으로부터 가액반환 대상 부동산을 증여받았던 것의 효력이 소급적으로 상실되더라도, 그러한 효력이 선의의 제3자에게도 미쳐 유류분반환의무자가 증여받은 재산을 제3자에게 양도하였던 것의 효력까지 소급적으로 상실된다고 볼 수는 없는 것이다.

[2] 설령 이 사건 금원이 양도소득세 과세대상에 포함된다고 하더라도, 이 사건 금원의 양도시기는 Y가 가액반환 대상 부동산을 제3자에게 양도한 1996. 5. 9. 또는 2001. 3. 13.이라 할 것이고, 이에 대하여 과세관청은 이미 Y에게 양도소득세를 부과하였을 것이다. 따라서 이 사건 부과처분은 7년의 국세부과 제척기간이 지난 다음에 이루어진 것으로서 무효이거나, 이중부과의 위법이 존재하여 무효이다.

[3] 나아가 조세법률주의 원칙상 과세요건이나 비과세요건 또는 조세감면요건을 막론하고 조세법규의 해석은 특별한 사정이 없는 한 법문대로 해석하여야 한다. 당사자 사이에 양도의 의사가 있는지 여부를 불문하고 자산의 이전 및 그에 상응하는 금원의 취득이라는 결과만을 가지고서 곧바로 금원을 취득한 자가 해당 자산을 양도한 것이라고 의제한다는 등의 소득세법상 규정은 찾아볼 수 없다. 그럼에도 이를 소득세법상 양도에 해당한다고 보는 것은 합리적 이유 없이 과세요건을 확장해석하거나 유추해석하는 것으로 허용될 수 없다.

---

2) 서울고등법원 2025. 5. 8. 선고 2024누46196 판결. 이 판결에 대해서는 피고인 반포세무서가 상고하지 않아 그대로 확정되었다.

IV. 해 설

피고의 과세논리는, ① 관련 민사판결에 의해 가액반환 대상 부동산이 상속개시시점으로 소급하여 상속재산에 편입되었고, ② 가액반환 대상 부동산 중 이 사건 금원에 해당하는 부분은 상속개시시점에 원고에게 물권적으로 귀속되어 원고는 위 시점에 위 해당 부분을 취득한 것으로 보아야 한다는 것이다.

유류분반환청구권의 법적 성질에 관해 우리 판례가 취하고 있는 물권적 형성권설에 의할 때, Y가 망인으로부터 가액반환 대상 부동산을 증여받았던 것의 효력이 유류분 반환의 범위 내에서 소급적으로 상실되는 것까지는 수긍할 수 있다. 그러나 그렇다고 Y가 가액반환 대상 부동산을 제3자에게 양도하였던 것의 효력까지 소급적으로 상실된다고 볼 수는 없다. 유류분반환청구권의 행사에 의하여 반환하여야 할 증여 또는 유증의 목적이 된 재산이 타인에게 양도된 경우, 그 양수인이 선의인 때에는 원물반환이든 가액반환이든 양수인을 상대로는 일체의 유류분반환을 청구할 수 없다.[3] 따라서 Y가 가액반환 대상 부동산을 제3자에게 양도한 것 자체의 효력은 관련 민사판결로부터 아무런 영향을 받지 않는다.

한편 양도소득세는 토지 등의 양도로 인하여 실현된 소득에 과세한다. 여기에서 '양도'란 자산에 대한 등기 또는 등록과 관계없이 매도, 교환, 법인에 대한 현물출자 등으로 인하여 그 자산이 유상으로 사실상 이전하는 것을 말한다(소득세법 제88조 제1호 전문). 이처럼 세법상 양도는, 유상으로 자산에 대한 지배권리가 사실상 이전된다는 2가지 요소를 핵심으로 하는 세법 고유의 개념이다. 그런데 이 사건에서 X가 Y로부터 가액반환을 받는 과정에서 양도로 볼 만한 요소는 존재하지 않는다. 원물반환이 불가능하여 가액반환을 받은 경우를 양도로 보는 것은, 존재하지 않는 것을 존재하는 것으로 의제하여 과세하는 것인바, 이는 법률의 근거 없이 이루어진 과세처분으로서 조세법률주의에 위반된다.

---

3) 신영호/김상훈/정구태, 506면.

그리고 유류분반환 대상인 부동산에 대해서는 이미 양도소득세가 부과되었을 텐데 가액반환을 받은 X에게 양도소득세를 부과한다면 그것은 동일한 부동산에 대해 이중 과세를 하는 셈이 된다는 점에서도 부당하다(대상판결에서는 이 사건 양도소득세 부과처분이 7년의 부과제척기간이 도과한 이후에 이루어진 것이라는 점도 지적하고 있다). 결론적으로 이 사건 양도소득세부과처분이 위법하다고 본 1심과 항소심의 판단은 타당하다.

그런데 필자는 유류분을 가액으로 반환받을 경우에 양도소득세를 부과하는 조세 관행 자체에 근본적인 의문이 있다. 유류분반환에 있어서 원물반환과 가액반환 중 어느 방식을 취할 것인가는, 유류분반환소송의 사실심 변론종결일을 기준으로 반환 의무자가 원물 자체를 돌려줄 수 있는지 여부에 의하여 정해진다. 유류분반환이 원물로 이루어질 경우에는 양도소득세를 부과하지 않으면서 가액반환의 방식으로 이루어질 경우에만 양도소득세를 부과하는 것은 위 두 가지 경우 사이의 형평에 맞지 않는다. 원물반환이든 가액반환이든 유류분을 반환받는 경우에는 양도소득세를 부과해서는 안 된다고 생각한다(다만 원물반환이 가능함에도 불구하고 당사자들 간의 의사합치로 가액반환을 하는 경우에는 당사자 간에 양도의 의사가 존재한다고 볼 수도 있을 것이다. 따라서 이 경우에 양도소득세를 부과하는 것은 논리적으로 가능하다고 본다).

3 상속등기 후 상속재산분할을 해서 다시 등기하면 증여세를 내야 할까?

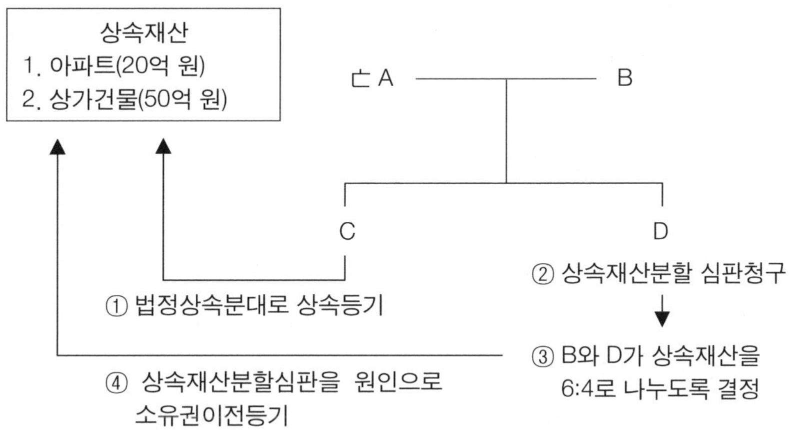

Ⅰ. 사실관계

A와 B는 혼인하여 아들 C와 딸 D를 두었다. A는 2022년 2월 14일 사망하면서 약 20억 원 상당의 아파트 한 채와 50억 원 상당의 상가건물을 상속재산으로 남겼다. 상속인들 사이에서 상속재산을 어떻게 나눌 것인지에 관해 이견이 계속되자, C가 2022년 8월 18일 B, D와 상의 없이 임의로 아파트와 상가건물에 대해 법정상속분대로 상속을 원인으로 하는 소유권이전등기를 했다. 이에 따라 아파트와 상가건물의 등기부에는 B: C: D = 3/7: 2/7: 2/7의 비율로 지분공유등기가 되었다. 그러자 D가 2022년 11월 11일 B와 C를 상대로 서울가정법원에 상속재산분할심판청구를 했고, 가정법원은 2023년 12월 24일 C가 A로부터 생전 증여를 많이 받은 것을 고려하여

C를 제외하고 B와 D가 6 대 4의 비율로 각 상속재산을 분할하도록 결정했다. 이에 따라 B와 D는 A가 물려준 아파트와 상가건물에 대해 상속재산분할심판을 원인으로 하는 소유권이전등기를 다시 했다. 그러자 서울지방국세청에서는 B와 D가 C로부터 이 사건 아파트와 상가건물 중 C의 지분을 증여받은 것으로 보고 증여세를 부과하였다. 과연 이러한 과세처분은 타당할까?

II. 상속재산분할과 증여세

부모님이 부동산을 남기고 돌아가신 경우 상속인들끼리 일단 법정상속분에 따라 공유등기를 하였다가 나중에 다시 협의를 하거나 가정법원의 심판을 통해 법정상속분과 다른 비율로 상속등기를 다시 하는 경우가 종종 있다. 이런 경우에 법정상속분보다 많은 비율을 취득하는 상속인이 더 적은 비율을 취득하는 상속인으로부터 해당 지분을 증여받은 것으로 보아 증여세를 내야 하는지 문제된다.

상속재산의 분할은 상속개시 시부터 소급하여 효력이 발생하기 때문에(제1015조), 상속재산분할협의를 하여 법정상속분과 달리 나누어 가지더라도 그 달라진 비율은 상속개시 시부터 원래 그랬던 것처럼 효력이 발생한다. 따라서 상속인 간에 증여의 문제가 생기지 않는 것이 원칙이다.[1] 그런데 이 원칙을 폭넓게 고수할 경우에는 실질적으로 증여임에도 불구하고 이 원칙을 악용하여 증여세를 면제받으려는 탈법행위가 생길 위험이 있다. 그래서 상속세 및 증여세법에서는, 상속개시 후 상속재산에 대하여 등기·등록·명의개서 등(이하 '등기 등'이라 한다)으로 각 상속인의 <u>상속분이 확정된 후</u>, 그 상속재산에 대하여 공동상속인이 <u>협의하여 분할</u>한 결과 특정 상속인이 당초 상속분을 초과하여 취득하게 되는 재산은 그 분할에 의하여 상속분이 감소한 상속인으로부터 증여받은 것으로 보아 증여세를 부과하고 있다(제4조 제3항).

다만 다음과 같은 경우에는 증여세를 부과하지 않는다(상속세 및 증여세법 제4조 제

---

1) 대법원 2001. 11. 27. 선고 2000두9731 판결.

3항 단서 및 동시 행령 제3조의2).

① 상속세 과세표준 신고기한(상속개시일이 속하는 달의 말일부터 6개월)까지 분할에 의하여 당초 상속분을 초과하여 취득한 경우
② 상속회복청구의 소에 의한 법원의 확정판결에 따라 상속인 및 상속재산에 변동이 있는 경우
③ 채권자대위권의 행사에 의하여 공동상속인들의 법정상속분대로 등기 등이 된 상속재산을 상속인 사이의 협의분할에 의하여 재분할하는 경우

따라서 상속인들끼리 처음에는 법정상속분대로 상속등기를 했다가 신고기한 내에 다시 협의분할을 하는 경우에는 증여세가 부과되지 않지만, 그 기간이 지난 후에는 증여세가 부과된다.

Ⅲ. 상속인이 임의로 상속등기한 후 상속재산분할이 이루어진 경우

그렇다면 상속인들 사이에 협의 없이 상속인 중 한 명이 임의로 법정상속분에 따라 공유등기를 한 후에 상속재산분할협의 또는 상속재산분할심판을 거쳐 법정상속분과 다른 비율로 상속등기를 다시 하게 된 경우에는 어떨까? 상속인들 간에 협의가 이루어지지 않은 상태에서의 공유등기는 잠정적인 것이지 확정적인 것이라고 볼 수 없으므로 상속분이 확정된 후 협의에 의해 재분할하는 것으로 볼 수 없다. 따라서 이런 경우에 증여세를 부과해서는 안 된다고 생각한다.[2] 채권자대위권의 행사에 의하여 법정상속분대로 등기가 된 상속재산을 공동상속인 사이의 협의분할에 의하여 재분할하는 경우를 증여세 부과대상에서 제외하는 취지와 마찬가지로 볼 수 있기 때문이다.

그러나 최초의 공유등기를 하게 된 경위, 최초의 공유등기 이후 재등기까지 걸린

---

2) 대법원 2002. 7. 12. 선고 2001두441 판결; 국심 1999. 6. 23, 1998서1542.

시간, 최초의 공유등기에 따른 재산권 행사 여부 등 여러 사정들을 고려해 볼 때, 최초의 공유등기가 사실상 상속인들 간 분할협의의 결과라고 볼 수 있을 경우에는 그 때 이미 상속분이 확정된 것으로 보아야 하므로 그 후 재협의에 따라 다시 등기를 할 경우에는 증여세가 부과될 것이다.

위 사례에서 최초의 상속등기는 공동상속인 간의 협의에 의해 이루어진 것이 아니라 C가 B, D와 상의 없이 임의로 한 것이므로 서울지방국세청의 증여세 부과처분은 위법하다고 판단된다.

4 사해행위로 취득한 재산이 상속된 후 사해행위가 취소됐을 때 상속세 납세의무 소멸여부

〈대법원 2020. 11. 26. 선고 2014두46485 판결: 경정청구거부처분취소〉

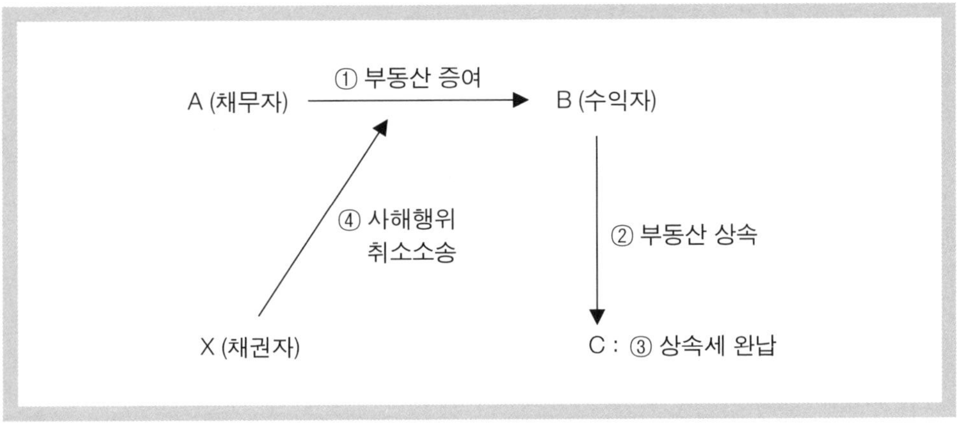

Ⅰ. 사실관계

채무자 A가 채권자 X로부터 강제집행을 면하기 위해 자신의 부동산을 B(수익자)에게 증여하였는데, B가 사망하여 B의 상속인인 C가 그 부동산을 상속하였다. C는 상속받은 부동산을 포함하여 상속세를 납부하였다. 그런데 X가 A와 B 사이의 증여에 대한 사해행위취소소송을 제기하였고, 승소 확정판결을 받았다. 그렇다면 C는 취소된 부동산 부분의 상속세 부과처분에 대해 경정청구를 할 수 있을까?

Ⅱ. 소송경과

1심 법원[1)]과 항소심 법원[2)]은 다음과 같은 이유로 C의 경정청구를 기각하였다.

"사해행위취소 판결에는 소급효가 없고, 수익자 앞으로 이루어진 부동산에 관한 등기의 원인행위인 증여가 사해행위에 해당된다는 이유로 취소될 때까지는 수익자에게 그 부동산의 등기가 유지됨으로써 재산의 무상 이전이라는 담세력이 존재하는 이상, 사해행위취소 판결에 의하여 증여 등과 같은 법률행위가 취소되고, 그를 원인으로 수익자 앞으로 이루어진 부동산에 관한 등기 명의가 원상회복되었다 하더라도, 그러한 사유는 국세기본법 제45조의2 제2항이 정한 후발적 경정청구사유에 해당하지 않는다."

Ⅲ. 대상판결의 요지

C가 상고하였으나, 대법원 역시 다음과 같이 판시하면서 C의 상고를 기각하였다.

"채권자취소권의 행사로 사해행위가 취소되고 일탈재산이 원상회복되더라도, 채무자가 일탈재산에 대한 권리를 직접 취득하는 것이 아니고 사해행위 취소의 효력이 소급하여 채무자의 책임재산으로 회복되는 것도 아니다. 따라서 재산을 증여받은 수증자가 사망하여 증여받은 재산을 상속재산으로 한 상속개시가 이루어졌다면, 이후 사해행위취소 판결에 의하여 그 증여계약이 취소되고 상속재산이 증여자의 책임재산으로 원상회복되었다고 하더라도, 수증자의 상속인은 국세기본법 제45조의2 제2항이 정한 후발적 경정청구를 통하여 상속재산에 대한 상속세 납세의무를 면할 수 없다."

---

1) 서울행정법원 2014. 5. 16. 선고 2013구합56577 판결.
2) 서울고등법원 2014. 11. 20. 선고 2014누53027 판결.

Ⅳ. 해 설

1. 채권자취소권의 상대적 효력

민법 제406조 채권자 취소의 효력에 대해서 판례는 "사해행위취소의 효과는 채권자와 수익자 또는 전득자 사이의 관계에서만 생긴다"고 함으로써 상대적 효력설을 취하고 있다.[3] 사해행위의 대상이 부동산인 경우 사해행위취소로 인해 채무자 앞으로 등기명의가 복귀하고 수익자 앞으로의 등기는 말소되더라도 그 부동산의 소유자는 취소채권자와 수익자 사이를 제외하고는[4] 채무자가 아니라 여전히 수익자라는 것이다. 이처럼 사해행위 취소의 효과는 취소채권자와 수익자 또는 전득자 사이에서만 발생하기 때문에 그 밖의 당사자들의 관계에서는 채무자의 사해행위가 유효하게 된다.[5]

참고로 독일에서는 채권자취소권을 행사하더라도 취소대상 행위로 이전된 책임재산이 채무자 명의로 복귀하지 않는다. 취소채권자는 그것을 수익자 명의로 그대로 둔 상태에서 채무자에 대한 집행권원으로 강제집행 수인절차를 통해 직접 강제집행을 한다. 프랑스도 마찬가지이다. 그러나 우리의 채권자취소권 제도는 상대적 효력설을 취한다고 하면서도 채무자의 수익자에 대한 부동산물권 이전행위에 채권자의 사해행위취소가 이루어지면, 그 사해행위로 인한 등기가 말소되어 '대세적으로' 권리이전의 취소가 행해진다. 즉 사해행위 취소의 효력이 이론적으로는 상대적이면서도 등기부상으로는 절대적인 것처럼 보인다.[6] 이로 인해 채권자취소권에 관

---

3) 대법원 2012. 8. 17. 선고 2010다87672 판결 등.

4) 사실상 강제집행을 유효하게 진행하고 그를 통해 유효하게 배당받아 취소채권자의 피보전채권을 만족시키도록 채무자 소유의 재산으로 의제하는 것으로 이해하는 견해로는, 서종희, "채권자취소권의 상대효와 상속세에 대한 후발적 경정청구," 가족법연구 제38권 2호(2024), 11면 각주 23).

5) 따라서 사해행위 취소 대상 재산 중 채권자가 변제를 받고 남은 나머지는 수익자 또는 전득자의 재산으로 돌아간다. 이현재, "사해행위 취소소송과 민법 제407조의 법적 성질," 한양대학교 법학논총 제33집 2호(2016), 218면.

한 사건을 처리함에 있어서 실무상 많은 난맥상을 보여 주고 있다.

2. 평 석

위 대법원의 결론은, 사해행위 취소의 효과가 채권자와 전득자의 관계에서만 상대적으로 미치고, 채권자와 채무자, 채무자와 수익자, 수익자와 전득자 사이의 법률관계에는 영향을 미치지 않는다는 '상대적 효력설'에 근거를 두고 있다. 그러나 이러한 판결에는 찬성할 수 없다. 우선 상대적 효력설 자체가 문제다. 상대적 효력설에 의하면 실질적 권리는 수익자에게 있으면서 사해행위인 부동산 거래가 취소되면 수익자 명의의 등기가 말소되어 등기부상 권리는 채무자에게 있는 것처럼 공시됨으로써 형식과 실질의 불일치가 발생한다. 또한 대세적 효력을 가지는 것이 원칙인 형성판결이 사해행위취소에서는 대세효를 가지지 못한다는 문제가 있다. 따라서 상대적 효력설을 무제한적으로 적용할 것이 아니라 구체적 타당성을 고려하여 제한적으로 적용해야 한다.[7] 구체적 타당성을 고려했을 때 이 사건의 경우에는 상대적 효력설의 적용을 제한해야 할 필요성이 명백하다. 상속받은 재산이 법원의 판결에 의해 결국 상속재산에서 이탈되었는데 그 부분에 대한 상속세를 부과한다는 것은 납세자의 입장에서는 도무지 납득할 수 없고 부당하기 이를 데 없다. 법논리만을 내세워 부당한 과세를 하는 것은 조세저항을 야기하는 또 하나의 원인이라 생각한다.

다음으로 국세기본법과 지방세기본법에서는 후발적 경정청구의 하나로 "최초의 신고, 결정 또는 경정에서 과세표준 및 세액의 계산 근거가 된 거래 또는 행위 등이 그에 관한 소송의 판결에 의하여 다른 것으로 확정되었을 때"를 규정하고 있다(국세기본법 제45조의2 제2항, 지방세기본법 제50조 제2항). 이처럼 후발적 경정청구제도를 둔 취지는 납세의무 성립 후 일정한 후발적 사유의 발생으로 말미암아 과세표준 및 세

6) 서종희, 앞의 논문, 9면.

7) 이러한 상대적 효력설의 맹점과 한계를 고려하여 그에 대한 제한이 가능하다는 점을 감안하여 대상판결이 상대적 효력설이라는 형식논리만을 내세워 원고의 청구를 기각한 것은 타당하지 않다는 견해로는 서종희, 앞의 논문, 47면.

액의 산정기초에 변동이 생긴 경우 납세자로 하여금 그 사실을 증명하여 감액을 청구할 수 있도록 함으로써 납세자의 권리구제를 확대하려는 데 있다. 따라서 최초의 신고 등에서 과세표준 및 세액의 계산근거가 된 거래 또는 행위 등을 다른 내용의 것으로 확정하는 판결이 있는 경우라면 특별한 사정이 없는 한 국세기본법에서 정한 경정청구사유에 해당한다.[8] 사해행위취소소송 판결로 인해 상속재산이 종국적으로 채무자의 책임재산으로 복귀했으므로 이러한 판결은 후발적 경정청구 사유에 해당한다고 보아야 한다. 이처럼 법률이 후발적 경정청구제도를 마련한 이상, 법원이 해석이라는 이름으로 국민의 권리를 제한해서는 안 될 것이다.

8) 대법원 2017. 9. 7. 선고 2017두41740 판결.

5 부과제척기간이 지난 피상속인의 양도소득세를 상속재산 가액에서 공제할 수 있을까?

〈서울고등법원 2022. 5. 25. 선고 2021누66601 판결: 상속세부과처분취소〉

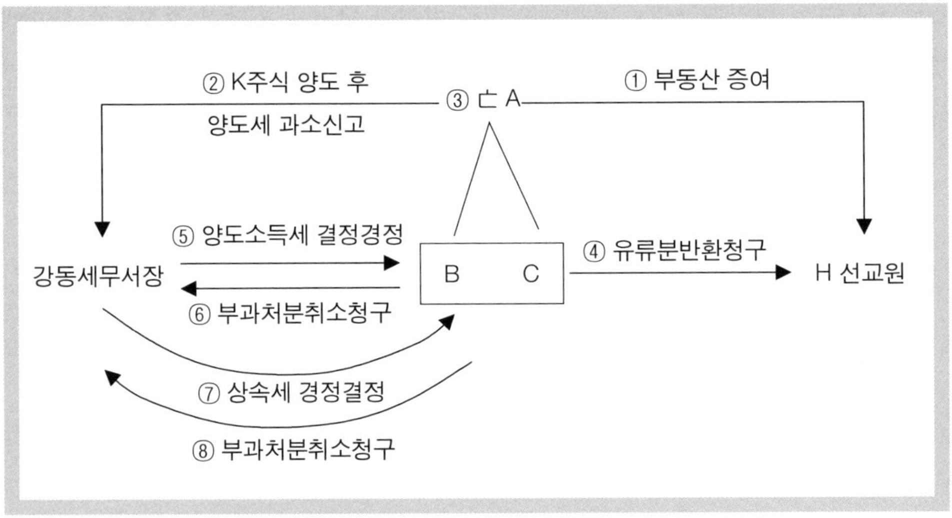

Ⅰ. 사실관계

주식회사 K의 대표이사였던 A는 2010. 12. 1. 사망하였고, B와 C는 A의 양자녀들이다. A는 2007. 12.경 주식회사 K의 주식 5,000주(이하 '이 사건 주식'이라 한다)를 1주당 378,000원에 양도하고도 1주당 10,000원에 양도한 것으로 양도가액을 낮게 신고하는 방법으로 양도소득세를 과소신고하였다. 이를 확인한 강동세무서장은 2011. 7. 15. A에게 2007년 귀속 양도소득세 약 10억 원을 부과하는 고지서를 발송하였으나, 고지서가 반송되며 A가 사망한 사실을 알게 되었고, A의 상속재산과 납세의무를 승계한 상속인이 명확히 확인되지 않자 2011. 8. 12.자로 위 부과처분을 철회하였다.

한편, B와 C는 2011. 7. 1. A로부터 남양주시 별내동 산208-1 임야 등 24필지의 토지를 증여받은 사단법인 H선교원 등을 상대로 유류분반환청구소송을 제기하여 2014. 6. 12. 일부 승소 판결을 선고받았고, 2016. 7. 29. 확정되었다. B와 C는 2017. 1. 25. 위 판결에 따라 반환받은 상속재산에 대한 상속세를 신고하였는데, 강동세무서장은 A에 대한 상속세 세무조사를 실시한 뒤, 2017. 12. 8. A를 납세의무자로, 공동상속인이자 납세의무승계자인 B와 C를 연대납세의무자로 지정하여 납부불성실가산세를 추가한 2007년 귀속 양도소득세 약 14억 원을 결정, 고지하였다. 그러자 원고들은 조세심판원에 위 부과처분의 취소를 구하는 심판청구를 하였고, 조세심판원은 2019. 6. 21. 부과제척기간 경과를 이유로 위 부과처분을 취소하였다.

이후 피고는 2019. 9. 5. 위와 같이 취소된 양도소득세액 약 14억 원(이하 '이 사건 양도소득세'라 한다)을 A의 상속재산 가액에서 공제하지 않기로 하여 상속세 과세가액을 약 3억 5,000만 원에서 17억 5,000만 원으로 경정하였고, B와 C에게 상속세 약 4억 5,000만 원(가산세 포함)을 경정, 고지하였다(이하 '이 사건 처분'이라 한다).

II. 소송경과

B와 C는 이 사건 처분에 대한 취소소송에서 다음과 같이 주장했다.

"상속재산가액에서 공제하는 공과금에는 '상속개시일 현재 납세의무가 성립한 조세'가 포함되므로, A의 사망 당시 엄연히 납세의무가 성립하여 있었던 이 사건 양도소득세는 A의 상속재산가액에서 공제되어야 하고, 상속개시일 이후 그 부과제척기간이 만료되어 납세의무가 소멸되었다 하더라도 이는 상속세액의 결정에 아무런 영향을 미치지 못한다. 그런데도 이 사건 양도소득세를 A의 상속재산가액에서 공제하지 아니하고 상속세를 부과한 이 사건 처분은 위법하므로 취소되어야 한다."

이에 대해 1심인 서울행정법원은 다음과 같은 이유로 B와 C의 청구를 기각했다.

"상속개시일 당시 납세의무가 성립하고 있었던 이 사건 양도소득세가 납세의무자에 의하여 신고되거나 과세관청에 의하여 결정, 경정되지 아니한 채로 부과제척기간이 경과하였고, 이에 그 납세의무 자체가 확정되지 아니한 채 소멸한 이상, 이 사건 양도소득세를 상속재산 가액에서 공제할 수 없다고 봄이 타당하다."[1)]

Ⅲ. 대상판결의 요지

[1] 피상속인 A의 이 사건 주식양도에 따른 양도소득세 조세채무(납세의무)는 해당 과세기간이 끝나는 2007. 12. 31. 성립하였는바(국세기본법 제21조 제2항), 이 사건 상속개시일인 2010. 12. 1. 당시에도 여전히 성립한 상태였다고 할 것이나, 그 이후인 2017. 12. 8. 피고가 납세의무자인 A 및 그 납세의무승계자인 B와 C를 상대로 2007년 귀속 양도소득세 경정결정을 한 때에야 비로소 확정되었다고 할 것이다.

[2] 상속개시일 당시 위 조세채무가 성립한 이상, A의 상속인들인 B와 C는 상속개시일에 위 조세채무를 승계하였다고 봄이 타당하다. 그렇다면, A의 이 사건 주식양도에 따른 양도소득세 조세채무는 상속개시일 현재 A가 납부할 의무가 있는 것으로서 상속인들인 B와 C에게 승계된 조세채무라고 할 것인바, 이는 상속재산가액에서 차감되는 공과금에 해당한다.

[3] 부과제척기간은 조세법률관계의 신속한 확정을 위한 제도로서, 과세관청은 부과제척기간이 지난 이후에는 더 이상 조세의 확정을 위한 부과처분을 할 수 없게 되고 그 효과로서 납세의무자는 조세채무를 납부할 의무를 면하게 되는 것일 뿐이므로, 이 사건 주식양도에 따른 양도소득세 조세채무가 상속인들인 B와 C에게 승계된 이후 위 조세채무에 대한 부과제척기간이 도과하여 실제로 상속인들인 B와 C이 이를 납부할 의무를 부담하지 않게 되었다고 하여 이와 달리 볼 수는 없다.

---

1) 서울행정법원 2021. 10. 1. 선고 2020구합75170 판결.

Ⅳ. 해 설

양도소득세는 납세의무자가 스스로 과세요건이 충족되었는지를 조사, 확인하고 이에 관계되는 세법을 적용하여 과세표준과 세액을 신고함으로써 조세채무를 확정짓는 이른바 신고납세방식을 채택하고 있다. 이와 같이 신고납세방식을 채택하고 있는 경우에는 원칙적으로 납세의무자가 과세표준과 세액을 신고하는 때에 조세채무가 확정되지만, 신고가 없거나 신고내용에 오류나 탈루가 있어 과세관청이 결정 또는 경정결정을 할 경우에는 그 결정을 하는 때에 확정된다(국세기본법 제22조 제2항). 이 사건에서 A의 양도소득세 신고내용에는 오류 내지 탈루가 있었고, 강동세무서장은 2017. 12. 8. 가산세를 추가하여 양도소득세 경정결정을 하였다. 따라서 A의 양도소득세는 이 때 확정되었다. 그러나 양도소득세의 부과제척기간은 7년이므로 강동세무서장이 경정결정을 한 때에는 이미 양도소득세의 부과제척기간이 지난 상태였다(부과권의 소멸). 따라서 B와 C는 A의 양도소득세를 납부할 의무가 없게 되었다.

그렇다면 B와 C가 유류분반환소송에서의 승소를 통해 반환받은 상속재산에 대한 상속세를 부과함에 있어서 A의 양도소득세를 공과금으로 보아 상속재산 가액에서 공제시키는 것이 타당한지가 문제된다. 상증세법에서는 "거주자의 사망으로 인하여 상속이 개시되는 경우에는 상속개시일 현재 피상속인이나 상속재산에 관련된 공과금은 상속재산의 가액에서 뺀다"고 규정하고 있다(제14조 제1항 제1호). 여기서 말하는 공과금이라 함은, 상속개시일 현재 피상속인이 납부할 의무가 있는 것으로서 상속인에게 승계된 조세채무 등을 말한다(상증세법 시행령 제9조 제1항). 따라서 피상속인 A의 위 양도소득세 조세채무는 공과금에는 해당하는데, 이 조세채무가 언제 그 상속인들인 B와 C에게 승계되어 상속재산 가액에서 공제된다고 볼 수 있을 것인지가 문제된다.

우리 민법은 "상속인은 상속개시된 때로부터 피상속인의 재산에 관한 포괄적 권리 의무를 승계한다"라고 규정함으로써, 일반승계 · 포괄승계의 원칙을 채택하고 있다(제1005조). 위와 같은 일반승계 · 포괄승계의 효과는 상속인이 상속개시 여부에 대해 알든 모르든 상관없이 피상속인이 사망함에 따라 법률의 규정에 의하여 당연히 발생한다. 이러한 포괄승계의 성질상 상속인이 피상속인의 세법상 지위를 포괄적으로 승계한다. 따라서 피상속인의 조세채무가 상속개시 당시 이미 성립한 상태라면 상속인은 그러한 조세채무를 그대로 승계하게 된다. 또한, 상속이 개시된 때에 그 상속인은 피상속인에게 부과되거나 그 피상속인이 납부할 국세 등을 상속으로 받은 재산의 한도에서 납부할 의무를 지는데(국세기본법 제24조 제1항), 이때 '피상속인에게 부과되거나 그 피상속인이 납부할 국세 등'은 상속 개시 당시 과세요건이 충족되어 납세의무가 성립하였지만 아직 확정되지 아니하였거나 납세의무가 확정되었지만 아직 납부나 징수가 이루어지지 아니한 국세 등을 말한다(대법원 2011. 3 . 24. 선고 2008두10904 판결 등). 따라서 피상속인 A의 양도소득세 조세채무는 상속개시 시에 B와 C에게 승계되므로, 이 조세채무는 공과금으로서 상속재산 가액에서 공제되는 것이 타당하다.

다만 이렇게 부과제척기간이 지나서 납부할 의무가 없게 된 양도소득세를 공과금에 포함시켜 상속재산 가액을 줄여주는 것은 상속인들에게 이중의 부당한 이익을 주는 것이라고 비판할 여지도 충분히 있다. 그러나 현행법의 해석상으로는 이와 같은 결론에 이를 수밖에 없다고 본다.

• 판례색인

[대법원판례]

[하급심판례]

[헌법재판소 판례]

김 상 훈

[학 력]
- 고려대학교 법과대학 졸업
- 고려대학교 법학석사(친족상속법 전공)
- 고려대학교 법학박사(친족상속법 전공)
- 미국 University of Southern California Law School(LL.M.)

[경 력]
- 제43회 사법시험 합격(사법연수원 제33기)
- 법무법인(유한) 바른 소속변호사, 구성원변호사
- 서울대, 고려대, 성균관대 법학전문대학원 겸임교수
- 법무부 민법(상속편), 가사소송법, 가족관계등록법 개정위원회 위원
- 대한변호사협회 성년후견연구위원회 위원
- 대한변호사협회 변호사특별연수 강사(가족법, 신탁법)
- 서울지방변호사회 변호사의무연수 강사(상속법)
- (현) 법무법인 트리니티 대표변호사
- (현) 한국상속신탁학회 회장
- (현) 한국가족법학회 이사
- (현) 한국신탁학회 실무이사

[저 서]
- 한국과 미국의 상속 · 증여, 차이를 알면 답이 보인다(공저: 삼일인포마인, 2024)
- 가족법강의 제4판(공저: 세창출판사, 2023)
- 미국상속법(세창출판사, 2012)

[수상내역]
대한변호사협회 우수변호사상 수상 | 영국 Chambers(HNW Guide) Private Wealth Law 분야 Band 1 선정 | 리걸타임즈 올해의 변호사상(Lawyers of the Year) 수상 | 리걸타임즈 Leading Lawyers 송무분야(가사, 상속) 리딩로이어 선정 | 한국경제신문사 베스트 필진상(Best Moneyist) 수상 | 고려대학교 법학전문대학원 안암강의상 수상

[제2판] 상속법판례연구

-

초 판 발행 2020년 1월 10일
제2판 발행 2025년 8월 20일

-

지은이 김상훈
펴낸이 이방원

-

펴낸곳 세창출판사
신고번호 제1990-000013호
주소 03736 서울시 서대문구 경기대로 58 경기빌딩 602호
전화 02-723-8660 팩스 02-720-4579
이메일 edit@sechangpub.co.kr 홈페이지 www.sechangpub.co.kr
블로그 blog.naver.com/scpc1992 페이스북 fb.me/Sechangofficial
인스타그램 @sechang_official

-

ISBN 979-11-6684-430-0 93360